세종의 국가경영

정윤재 정재훈
부남철 유미림
배병삼 강숙자
박현모 이지경
박영도 문중양

지식산업사

세종의 국가경영

초판 제1쇄 발행 2006. 10. 4.
초판 제2쇄 발행 2010. 3. 22.

지은이   정윤재 외
펴낸이   김경희
펴낸곳   ㈜지식산업사
         서울시 종로구 통의동 35-18
         전화 (02)734-1978(대) 팩스 (02)720-7900
         인터넷한글문패   지식산업사
         인터넷영문문패   www.jisik.co.kr
         전자우편   jsp@jisik.co.kr
         등록번호   1-363
         등록날짜   1969. 5. 8.

책값은 뒤표지에 있습니다.

ISBN 89-423-3068-1 93340

이 책을 읽고 필자에게 문의하고자 하는 이는
지식산업사 전자우편으로 연락 바랍니다.

이 저서는 2004년도 한국학술진흥재단의 지원에 의하여 연구되었음.
(KRF-2004-074-BM0002)

머리말

세종과 세종시대에 대한 우리의 지식과 정보는 아주 제한되어 있다. 세종대왕이 이순신 장군과 함께 우리 역사에서 가장 손꼽히는 인물로 존경받지만, 세종이 한글을 창제했다는 사실 말고는 각별하게 세종에 대해 깊이 아는 사람은 많지 않을 것이다. 여의도공원에 세워진 세종대왕 좌상 앞에 자녀들을 데리고 가서 그들이 세종대왕을 자랑스럽게 여길 수 있을 만큼 세종에 대해서 잘 말해 줄 부모가 과연 몇이나 될까?

사실, 우리의 고대사 이래 현대에 이르기까지 많은 정치지도자들이 등장했다 사라졌다. 그 가운데에는 세종뿐 아니라 정말 훌륭한 귀감이 될 만한 리더십을 보인 정치 지도자들이 얼마든지 많다. 그렇지만 일제강점기를 거친 뒤 우리의 전통과 역사를 폄하하고 말살시키려 했던 제국주의 일본의 식민사관을 제대로 청산하지 못함으로써 우리 역사에서 주요한 인물들의 업적과 리더십에 대한 체계적인 연구와 평가가 적극적으로 이루어지지 못했고, 주로 구미나 일본, 그리고 중국의 인물들이 대화의 소재가 되거나 벤치마킹의 대상이 되곤 했다.

우리의 사회과학 분야에서는 물론이고 경영학이나 군사학 분야에서도 리더십 훈련과 교육에 관한 자료들은 대부분 수입서적들에서 그 이론적 근거와 실천모델을 구해 왔다. 그러나 근래에 와서는 동아시아 역사에서 유교국가로서 유일하게 500여 년이나 지속되었던 조선시대의 국가경영을 포함한 전통적 역사경험에 대한 새로운 인식이 확산되고 있다. 또 우리의 근대화 경험에 대한 줏대 있는 인식과 평가가 보편화되고 있다. 그리고 '88올림픽과 2002년 월드컵이 성공리에 끝난 뒤, 우리의 전통문화와 역사적 경험에 대한 건강한 자긍심이 특히 젊은이들 사이에 자리 잡아가고 있다. 또 그들 덕분에 '대한민국'이라는 국호도 새로이 각광받고 있다. 또한 아시아는 물론 세계 여러 곳에서 불고 있는 '한류' 바람도 우리의 전통을 재인식하게 하는 계기가 되었다.

최근 한국학중앙연구원 세종국가경영연구소가 2년 동안 수행했던 '세종의 국가경영 연구' 프로젝트를 기초로 6회에 걸쳐《중앙일보》에 연재되었던 〈세종의 리더십〉이 장안의 화제가 되었던 것도 이같은 시대적 흐름의 반영이라고 할 수 있다. 그래서 연구자들은 이 참에 그동안의 연구를 좀더 다듬어서 책을 내기로 뜻을 모았고, 지식산업사 김경희 사장님의 남다른 애정과 호의로 이 책이 나올 수 있었다.

이 프로젝트가 한국학술진흥재단의 지원으로 시작된 것은 2004년 9월이다. 그렇지만, 그 해 봄학기부터 연구책임자인 필자는 대학원생들과 함께 당시 한국학중앙연구원의 학술연구교수로 있던 박현모 박사가 맡은 '세종실록강독모임'에 참여했다. 박박사는 서울대 대학원 정치학과에서 정조(正祖)의 성왕론으로 정치학박사를 받은 촉망받는 조선시대 전문학자이다. 그리고 이 강독모임을 통해 필자는 세종을 제대로 알기 시작했고, 왕조였던 조선시대에 대한 기존의 연구가 이상할 정도로 왕들에 대해 소홀했을 뿐 아니라 조선시대에 대한 전반적인 이해와 평가가 부정적이거나 사대부 중심에 머물러 있음을 알았다. 그리고 필자는 정치리더십을 전공하는 정치학자로서 언젠가 조선시대의 전통리더십을 연구해야 한다는 하와이대학 정치학과 시절의 지도교수였던 글렌 페이지(Glenn D. Paige) 박사의 권고를 기억해 냈다.

그리하여 필자는 박현모 박사와 함께 '정치리더십으로 본 세종시대 연구'를 주제로 하는 연구프로젝트를 준비했고, 당시 한국학중앙연구원의 학술연구교수였던 박영도 박사, 부산 영산대의 부남철 교수와 배병삼 교수, 지금은 한국해양연구소 연구위원인 유미림 박사와 한국학중앙연구원에서 연구하다 서울대 국사학과로 옮긴 문중양 박사, 현재 고려대 북한학연구소의 연구교수로 있는 이지경 박사, 그리고 전통연구에 대한 대단한 열정으로 한국외국어대에서 여성학을 강의하던 강숙자 박사 등이 이 프로젝트의 취지에 동의하고 공동연구자로 참여했다.

연구자들은 지난 2년 동안 10여 차례 이상의 크고 작은 워크숍을 가졌으며, 2회의 학술회의를 통해 자신의 연구를 꾸준히 다듬었다. 연구 참여자 가운데 몇몇은 연구결과를 영어로 작성하여 2005년 7월 영국 세필드대학에서 있었던 유럽한국학회(AKSE)에서 발표했으며, 이 자리에서 원로이신 마르티나 도이힐러(Martina Deuchler) 교수님을 포함한 여러 학자들의 비판과 귀중한 충고를 들을 수 있었다.

그리고 연구자들은 한국학중앙연구원 역사계열의 초빙교수이신 박병호 교수님과 어문계열의 이광호 교수님을 초청하여 특강을 들었다. 또 연구팀은 당시 서울대 국사학과에서 조선 초기의 정치사상 연구로 학위를 받은 정재훈 박사를 초청하여 세종의 왕세자 교육에 대한 특강을 듣기도 했고, 그 인연으로 정박사의 글을 이 책에 실을 수 있었다.

그리고 지난 2년 남짓 연구하고 출판을 준비하는 동안 연구자들은

6

주변의 많은 분들로부터 격려와 지원을 받았다. 먼저 이 연구프로젝트가 바탕이 되어 문을 연 세종국가경영연구소의 고문으로 모셨던 이홍구 전 총리님, 조순 전 부총리님, 구범모 본원 명예교수님, 이성무 본원 명예교수님, 이택휘 전 서울교대 총장님, 신용하 백범학술원 원장님, 유영익 연세대 명예교수님, 정기숙 대구미래대 이사장님께서 베풀어 주셨던 따뜻한 격려와 지도는 연구지들에게 큰 힘이 되었다. 또 이화여대 명예교수이시고 한국동양정치사상사학회 초대회장이셨던 박충석 선생님과 2대 회장이셨던 이택휘 선생님은 때때로 연구자들의 자문에 응하시면서 조언을 아끼지 않으셨다. 3대 회장이셨던 국민대 김영작 선생님과 현재 4대 회장이신 서울대 김홍우 교수님, 그리고 차기회장이신 건국대 신복룡 교수님께서도 학회활동을 통해 연구자들에게 물심양면의 지원을 해주셨다. 이 기회를 빌려 필자는 모든 연구자들을 대표하여 깊은 감사와 존경의 마음을 드리고자 한다.

끝으로 필자는 이번 연구과제를 진행하는 동안 열심히 참여해 주신 공동연구자 한 분 한 분께 진심으로 감사를 드린다. 이분들의 열의와 정진이 아니었더라면 이 책이 나올 수 없었음은 말할 나위가 없다. 또한 충분한 보상을 받지 못하면서도 세종국가경영연구소의 살림살이와 행사보조에 성실하게 임하면서 이 책의 출판을 도왔던 한국학대학원 박사과정의 정혜영 선생과 노홍래 조교에게 감사의 마음을 전한다. 그리고 연구와 출판과정에서 각종 규정과 절차를 슬기롭게 처리해 주신 본원 연구행정팀의 임은선 선생님과, 지식산업사 편집진 여러분께 감사의 인사를 전한다.

2006년 한글날을 기다리며
연구책임자 정 윤 재 삼가 씀.

차 례

정치리더십으로 본 세종시대 연구

정 윤 재
한국학중앙연구원

1. 머리말 _문제제기

일찍이 율곡 이이(李珥)는 세종대왕을 "동방의 성주(聖主)"[1]로 추앙했다. 그리고 오늘날에도 세종은 "세종성왕(聖王)"[2]으로 일컬어지고 있으며, 그가 다스렸던 세종시대(1418~1450)는 "우리나라 전 역사에서 가장 영광된 시대"[3]로 평가받고 있다. 그리고 우리나라 초등학교 교정은 물론 덕수궁이나 여의도공원 등에 그의 동상이 많이 세워져 있으며, 세종이 묻혀 있는 여주의 영릉(英陵)을 찾는 참배객들의 행렬도 끊이지 않고 있다.

그러나 세종에 대한 우리들의 지식은 생각보다 제한되어 있다. 그가 '한글을 창제했던 훌륭한 임금'이었다든지, '과학에도 식견이 높아 물시계·해시계·측우기 등 각종 기구들도 발명했던 영명한 임금'이었다든지, 또 '4군 6진을 설치하여 여진족을 막아내고, 이종무로 하여

---

1) 이이, 《율곡전서》 권7, 疏箚5.

2) 이성무, 2001, 〈세종대의 역사와 문화〉, 한국정신문화연구원 엮음, 《세종시대의 문화》(태학사), 76쪽.

3) 정두희, 1982, 〈세종조의 권력구조 — 대간의 활동을 중심으로〉, 한국정신문화연구원 역사연구실 편, 《세종조 문화연구 I》(박영사), 3쪽.

금 대마도를 정벌하게 했다'는 단편적인 사실들을 말하는 수준에 머물러 있다. 또한 그동안의 연구업적들은, 주로 세종시대의 문화와 문화정책들에 대한 연구이거나,[4] 그를 훌륭한 인격을 갖춘 견실한 학자와 같은 인물로서 부각시킨 경우가 대부분일 뿐,[5] 한 왕조의 최고 정치지도자였던 세종의 국가경영 과정을 체계적으로 분석 평가한 연구는 찾아보기 힘들다.[6] 설령 세종시대의 정치적 측면에 관심을 가졌던 연구라 할지라도, 그것들은 대체로 세종 자신보다는 당대의 재상들을 포함한 고위층 사대부들의 행적에 초점을 맞추거나,[7] 세종의 정치사상이나 정치철학에 관심을 두고 연구한 업적들이[8] 대부분이다. 따라서 세종시대에 관한 연구들이 꽤 축적되어 있다 하더라도, 최고 정치지도자로서 세종이 각종 정책들을 세우고 집행하는 과정을 동태적으로 분석하여, 그의 국가경영 과정에 대한 우리들의 이해와 지식을 넓

---

4) 예컨대, 한국정신문화연구원 역사연구실 편, 1984, 《세종조 문화연구Ⅱ》; 한국정신문화연구원 연구부 편, 1998, 《세종시대 문화의 현대적 의미》; 한국정신문화연구원 편, 2001, 《세종시대의 문화》(태학사)가 있다.

5) 예컨대, 이숭녕, 1981, 《세종대왕의 학문과 사상》(아세아문화사); 박종국, 1996, 《세종대왕과 훈민정음》(세종대왕기념사업회) 등이 있다.

6) 세종시대 연구의 이러한 형편은, 조선시대가 왕조의 역사로 지속되었음에도 이상하게도 왕에 대한 연구가 저조하다는 최근의 평가와 상통하는 것이다. 신명호는 그의 책 《조선의 왕》(가람기획, 2000), 7쪽에서 "필자가 조선시대 역사를 공부하면서 느낀 것 한 가지는, 왕이 철저히 무시되고 있다는 사실이었다. 왕은 술자리의 안줏감으로 또는 드라마의 소재 정도로 치부되었다. 연구되고 이해되어야 할 그 무엇이 아니었다"라고 썼다. 그러나 신명호도 그의 책에서 왕의 교육, 왕제도, 왕의 궁중생활, 족보, 권한 등을 소개했으나, 왕이 어떤 정책을 세워 어떻게 국가를 경영했는지에 대한 연구를 시도하지 않았다. 그리고 세종의 정치리더십을 주제로 다룬 연구로는 김재영, 1998, 〈세종대왕의 정치 지도력〉, 한국정신문화연구원 연구부 편, 《세종시대 문화의 현대적 의미》, 119~137쪽이 있으나, 세종 정치리더십의 개인적 배경과 사상적 내용에 대한 소개가 주를 이루었고, 실제의 정치적 행동과 정책수행 과정에 대한 분석은 시도하지 못했다. 이 논문에 대한 김호성과 정윤재의 논평문(같은 책, 139~146쪽) 참조.

7) 이제까지의 연구들이 대체로 이 같은 경향을 띠었음은 이성무, 앞의 글(2001), 76쪽에서 확인된다.

8) 조남욱, 2001, 《세종대왕의 정치철학》(부산대학교출판부).

히고 깊게 해줄 수 있는 연구업적은 매우 드문 형편이다.

따라서 이 책은 세종시대를 정치리더십 면에서 접근9)하여, 세종의 국가경영 과정을 주요 정책사안에 따라 분석 평가하는 것을 목적으로 한다. 그리고 이 같은 연구는 기존의 연구들이 지닌 위와 같은 한계와 문제점들을 극복하고 보완하는 데 기여할 것으로 기대하며, 궁극적으로 유교적 국가경영(Confucian statecraft)의 특징을 세종의 경우를 바탕으로 밝히고, 이를 개념화하는 전초작업이 될 것이다. 또한 이 책의 필자들은 "과거의 경험을 다시 살피고 성찰하여, 몰랐던 것을 더욱 잘 알게 된다"는 온고지신(溫故知新)10)을 기본방침으로, 앞으로 조선시대의 국가경영 전 과정을 연구하여, 현대 한국의 국가경영에 이바지할 수 있는 새로운 지혜와 지식을 만들어냄으로써, 21세기 한국학의 소임에 적극 부응하는 것을 장기 과제로 삼고 있다.

2. 정치리더십으로 본 세종시대 연구(1) _이론적 배경

조선시대가 군주정치로 일관했던 왕조였음에도, 그러한 왕들의 정치행동이나 국가경영 과정에 관한 연구성과가 아주 보잘것없는 것처럼,11) 현대의 정치와 사회에서 리더십 현상도 "가장 많이 관찰되는

---

9) 정치리더십 접근에 대해서는 정윤재, 2003, 《정치리더십과 한국민주주의》(나남출판)을 참조 바람.

10) 정조 3/02/01(정유). 온고지신에 대해 이유경이 그것은 "옛글을 익혀 새 글을 아는 것"이라 말하자, 정조는 그렇지 않다고 말하면서, 초학자들이 그렇게 이해하는 수가 많은데, 그 뜻은 "대개 옛글을 익히면 그 가운데서 새로운 맛을 알게 되어 자기가 몰랐던 것을 더욱 잘 알게 된다"는 뜻이라고 일렀다.

11) 그럼에도 극작가 신봉승은 왜란과 호란 등 수많은 외환과 내부갈등 때문에 그치지 않았던 내우로 말미암아 위기와 딜레마를 극복하고, 오늘날에까지 찬란한 문화유산을

것이면서도 가정 덜 이해되는 현상"(Burns 1978)으로 남아 있다. 그런 지적 분위기 속에서 정치는 흔히 권력투쟁이나 여러 가지 사회적 가치들의 권위적인 배분 등으로 개념화되는 한편, 정치인들은 겨우 권력에 굶주린 존재들로 규정되거나, 오로지 개인의 이익을 늘려 나가기 위해 각종 이데올로기들과 정책들을 만들고 이용하는 존재로 여겨져 왔다.(정윤재 2003:91~94)

또 정치현상에 대한 체계접근법이 유행하는 동안, 정치엘리트와 리더들은 전 체계 속의 무의미한 부분, 또는 사회경제적 거인들의 영향을 받는 정치적 피그미로 간주되기 일쑤여서, 정치학자들은 그들이 발휘하는 리더십 자체에 대해 무관심했을 뿐 아니라, 그것을 부정적인 시각에서 평가하는 경향이 지배적이었다. 이렇게 정치지도자나 그들의 리더십을 소홀히 하는 지적 경향은, 동시에 여러 가지 유형의 비서구 지역 발전도상국가의 지도자들을 이른바 개발독재자로 분류하고 비판하는 데 그치게 하여, 리더십의 질적 차이가 빚어내는 다양하고 동태적인 발전과정과 그 결과를 과학적으로 분석 평가할 수 있는 기회를 적극적으로 제공하지 못했다.(Paige 1977; 정윤재 2003)

그러나 그럼에도 리더십 현상의 중요성에 착안했던 몇몇 정치학자들은 기존의 정치연구가 지나치게 권력중심적 분석에 치우친 경향이 있음을 비판적으로 지적하고, 리더십 연구의 중요성을 강조했다. 페이지(Glenn D. Paige)는 미국 중심의 현대정치학이 리더십 현상에 소홀했던 것은, 유럽 대륙의 지적 전통에서 수입된 진화론적 결정론, 심리학적 결정론, 그리고 마르크스주의적 결정론에 크게 영향을 받았기 때문이라고 설명하고, 정치지도자들의 창조적 잠재력(creative potential)

남긴 500년 조선왕조를 폄하해서는 안 된다면서, 조선시대 왕들의 '경영마인드'의 현재적 의의를 강조했다.[신봉승, 2002, 《성공한 왕 실패한 왕》(동방미디어), 5쪽 참조]

을 고려하는 정치 분석이 필요하다고 주장했다. 그는 정치리더십의 특징을 "특출함, 이니셔티브, 그리고 상호작용"(salience, initiative, and interaction)으로 정리한 다음, 정치리더십 행동을 성격, 역할, 조직, 임무, 가치관, 그리고 상황 등 여섯 가지 요인들의 함수로 간주하여 분석하는 "다차원, 다변수 접근"을 제안했다.(Paige 1977)

번즈(James M. Burns)는 사람과 사람 사이의 관계를 오로지 권력이라는 시각에서만 분석하는 "권력학파"(power school)에 속했던 정치학자였음을 고백한 다음, 그동안 정치학이 권력접근을 통해 경험적이고 심리학적인 분석에만 너무 치중했음을 비판했다. 그리고 정치를 오로지 권력을 중심으로 한 경쟁과 갈등으로만 파악하는 경향은 "우리로 하여금 정치에서 권력의 역할에 대해 무지하게 만들었으며, 그것 때문에 리더십의 귀중한 역할에 대해서도 까막눈이 되도록 만들었다"고 지적했다. 그는 정치적 사회적 삶 속에 권력현상이 존재하는 것을 부인할 수 없지만, 정치를 포함한 인간 사이의 관계는 물건 사이의 관계와 달리, 순간적이거나 비인격적인 것이 아니고, "상호설득, 교환, 승화, 변혁" 등이 서로 어우러지는 관계이기 때문에, 권력보다는 리더십 개념으로 접근하는 것이 바람직하다고 주장했다. 무엇보다도 "가장 강력한 영향력이란 두 사람 또는 그 이상의 사람들이 서로 엉긴 상태에서 형성되는 깊은 인간관계에서 만들어지는 것"이기 때문에 단순한 권력접근은 한계가 크다고 보았고, 리더십 접근은 방법론에서 구조주의적 접근과 행태주의적 접근을 통합하는 것이라고 주장했다.(Burns 1978)

웰시(William A. Welsh)는 우선 권력 불평등구조에 대한 여러 가지 이론들이 있지만, 정치권력은 언제 어디서나 소수의 사람들에 의해 행사되는 것이기 때문에, 정치와 정치분석에서 더욱 중요한 쟁점은 불평등한 위계구조 그 자체라기보다 "위계질서의 상부에 있는 사람들이 하부구조에 속한 사람들에 대해 반응적인지(responsive) 또는 그렇지 않은지, 그리고 반응적이라면 어떻게 반응적이고, 또는 그렇지 않은지에 대한 문제"라고 주장했다. 이와 비슷한 맥락에서 웰시는 또 민주주의와 관련된 정치이론에서 주요 문제는, 소수의 정치엘리트가 존재한다거나 그들이 막강한 영향력을 행사한다는 사실 자체가 아니라, 그들이 "얼마나 결집능력이 있고 침투력이 있는지, 그리고 그들이 대중들에 대해 어느 정도의 책임감을 가지고, 그들과 어떠한 연계관계를 유지하고 있는지"에 관한 것이라고 지적했다.

그리고 웰시는 현대의 사회과학자들이 엘리트와 리더의 기능에 대한 명확한 구분이 없이 혼동해서 사용하고 있음을 지적하고, "엘리트"(elite) 또는 "엘리트적인 것"(eliteness)은 "위계적 지위"(hierachical position)를 기본으로 하는 "지위 중심적 개념"(positional concept)이지만, "리더십"(leadership)은 "특정목표를 추구하는 과정에서 인간자원들을 동원하는 능력"이 핵심이 되는 "관계 중심적 개념"(relational concept)이라고 분명하게 구분했다. 따라서 이러한 리더십 개념에 충실한 연구를 위해서는 엘리트와 엘리트 사이, 엘리트와 비엘리트 사이, 그리고 엘리트와 잠재적 또는 비활동적인 엘리트와의 "상호작용방식"(patterns of interaction)에 분석적 관심을 두어야 한다고 주장했다.(Welsh 1979)

터커(Robert C. Tucker)는 정치가 권력 추구적 속성을 지니고는 있지만, 그동안 정치연구가 지나치게 "권력 중심적 분석"(power-oriented analysis)에 치우쳤기 때문에, 권력을 지닌 지도자들이 무슨 일을 하는지 또는 어떠한 일을 하도록 기대 받고 있는지에 대한 의미 있는 지식을 생산해내지 못했다고 비판하고, 이 같은 권력접근의 이론적 맥락은 마키아벨리, 마르크스, 앤터니 다운스, 밀즈, 라스웰 등으로 이어졌다고 지적했다. 그러면서 정치가 개인의 이익과 관련된 "권력의 추구와 행사"와 의사나 양치는 목동과 같이 "무리를 돌보는 예술"이라는 기능도 지니고 있는 것이지만, 그동안 전자의 속성이 지나치게 강조되었다고 비판했다.

한편 터커는 정치의 "공동체에 대한 봉사적 기능"과 국민들에 대한 "방향제시 기능"을 강조했던 플라톤을 정치에 대한 리더십 접근의 효시에 해당하는 정치사상가라고 생각했다. 그리고 그는 목적이 있는 정치행동으로서의 정치리더십은 문제상황에 대한 "진단"(diagnosis), 문제해결을 위한 "처방"(prescription), 그리고 진단과 처방에 대한 "국민적 지지의 동원"(mobilization) 등 세 가지의 기능을 실천한다고 보았다. 그리고 이제 정치학은 권력엘리트들을 중심으로 하는 연구에서 벗어나, 지금까지 소홀하게 다루었던 정치·사회운동과 지구적 차원의 문제들에 대한 좀더 적극적인 분석적 관심을 가질 것을 주장했다.

그에 따르면, 정치·사회운동은 이른바 "제도권 리더십"(constituted leadership)에 대비되는 "재야 리더십"(unconstituted leadership)의 출현배경이 되고 동시에, 그들에 의해 주도되었다. 그것은 첫째, 제도권 리더십이 국민들 사이에 존재하는 다양한 요구들을 만족스럽게 대변해 주지 못할 때, 둘째, 변화를 향한 제도권의 리더십이 충분치 못할 때에 발휘된다. 또한 인간생존이 위기상황에 있는 지구촌의 문제를 더 이상 민족국가와 그 지도자들에게 맡길 수 없다고 주장했는데, 그 이유는 그들이 지구촌의 상황을 잘못 진단하거나 아예 외면하기 일쑤라서, 기껏해야 현상유지를 위한 임시처방을 제공하는 데 그치기 때문이라고 설명했다. 그리고 인류를 위기에서 구할 유일한 방법은 인류의 지구적 차원의 행동을 담당할 '중앙지도능력'을 구비하는 것인데, 이는 결국 인류 전체의, 인류 전체를 위한 리더십의 개발에 인류

16

가 성공하느냐 못 하느냐에 달려 있다고 주장했다. 그리고 현대세계
는 미국과 소련의 협동에 의해서보다, 인류구원의 문제의식에 투철한
새로운 리더십의 합리적 설득과 실천적 행동에 의해서 더 평화적이
고 안정된 지구촌으로 전환될 수 있을 것이라고 내다보았다.(Tucker,
1981)

쓰루타니(Tsurutani Taketsugu)는 일본의 근대화 경험과 마키아벨리의
정치사상을 바탕으로, 근대국가의 발전에 대한 정치리더십 접근을 최
초로 시도했던 일본계 미국 정치학자다. 그는 먼저 현대의 많은 비교
정치학자들이 특정국가들의 발전과정을 연구하는 가운데, 정치발전
또는 근대화와 관련된 여러 변수들을 확인하고 열거하는 데에 매달려,
발전과정에서 핵심역할을 담당하고 있는 정치리더십의 솜씨와 역할
은 그들에게 주변적 관심사에 지나지 않는다고 비판했다.

그는 16세기 이탈리아와 현대의 발전도상국가들은 이해관계를 공
유하는 공동체가 없는 가운데 분열되어 있고, 정치권력 담당자가 자
주 교체되며, 정부와 국민들 사이에 조화로운 관계가 성립되지 못한
가운데 국가경영 방향이 부재하다는 공통점이 있다고 지적하면서, 이
렇게 해결되어야 할 과제들이 쌓여 있는 발전도상국가들에서 정치지
도자는, 단순한 대리인이나 상징적인 존재가 아니라 각종 갈등과 문
제의 해결을 전적으로 담당하는 "최종 결재권자"(arbiter)라고 주장했
다. 그리고 이 정치지도자의 소임은 국가 안정의 중심적인 정치적 권
위체를 창출하고, 이로 말미암아 확보된 질서와 안정을 제도화하는
일이다. 그리고 이를 위해서 정치지도자는 언제나 솔선수범의 몫을
다해야 하고 전통문화와 조화를 이루는 정치체계의 형성을 도모해야
한다.

또한 어떠한 경우든 정치사회에 불법적인 폭력이 존재한다는 것은,

궁극적으로 그 정치사회가 부패했다는 것과 발전과정을 이끌어가는 정치지도자의 능력이 부족하다는 것을 의미하기 때문에, 정치지도자는 폭력의 가능성을 최소화하기 위해 꾸준히 노력해야 한다고 주장했다.(Tsurutani 1973)

이상의 정치리더십과 관련된 이론적 논의들을 정리하면 다음과 같다. 정치를 단순히 권력투쟁만으로 볼 수 없다. 예컨대, 일찍이 플라톤은 정치적 지배자들의 권력행사를 부인하지는 않으면서도, 그들이 국민들에게 방향을 제시하고 정의에 입각해서 일상적인 여러 가지 업무들을 처리하는 것이 정치의 에센스라고 주장했다.(Tucker 1981:2~3) 공자(孔子)는 정치란 "백성들이 해야 할 일들을 자신이 먼저 앞장서 실행하고 몸소 수고하는 것(先之, 勞之)"(《論語》 13, 1)이라 했다. 그리고 증자(曾子)는 《대학》(大學)에서 "大學之道, 在明明德也, 在親民也, 在止於至善也"라고 설파함으로써, 정치지도자가 국가를 경영하는 핵심원칙을 "공정한 정책들을 만들어 실행함으로써 덕을 널리 펴고, 언제나 주변 엘리트와 민중들과 교통하며, 누구든 동의하고 따를 수 있는 적절하고 훌륭한 비전을 제시하는 것"으로 삼을 수 있게 했다.[12]

정치체제가 민주적이든 권위주의적이든, 한 국가의 정치과정과 정책의 내용은 최고지도자의 리더십에 따라 달리 나타나는 것이다. 또 소련 같은 전체주의 국가뿐 아니라 미국 같이 민주적 제도화가 성숙되어 있는 국가에서도 최고지도자의 리더십에 따라 그 결과가 다르

---

12) 이러한 해석은 기존의 주자 해석과 달리 공영달의 해석을 따라 필자가 시도해본 것으로, 이에 대한 상론은 앞으로 보완할 것이다. 그리고 현대의 정치리더십적 전망에서 증자의 이 세 강령은 그대로 '정책 및 실천프로그램, 그리고 엘리트 및 국민들과의 상호작용, 그리고 비전과 목표'에 해당하여, 정치리더십의 핵심기능을 표현한 것으로 이해된다.

며(Bunce 1981), 전통적 리더십이 효율적인 근대화를 추구하는 리더십으로 전환되면 폭력의 최소화도 기대할 수 있다는 이론적 처방도 있음을 고려할 때, 정치에 대한 리더십 접근은 적절하고 또 필요한 시도이다.

그렇다면 세종의 국가경영 과정을 정치리더십 면에서 접근할 때, 구체적으로 무엇을 어떻게 분석하고 평가할 것인가? 연구방법과 관련된 분석적 질문들과 연구대상(또는 범위)에 대한 상론은 다음 3절에서 보는 바와 같다.

3. 정치리더십으로 본 세종시대 연구(2) _분석방법과 대상

한 나라의 국가경영 과정을 정치리더십으로 접근한다는 것은, 최고 정치지도자에 의해 꾸려지는 나라 살림살이의 구체적인 국면들을 분석하고 평가하는 것을 의미한다. 그리고 그 구체적인 연구방법은 앞 절에서 시도했던 정치리더십과 관련된 주요 연구사례들을 검토하는 과정에서 이미 시사되었는바, 정치리더십 접근의 주요 내용에 해당되는 분석적 질문들과 대상들을 정리하면 다음과 같다.

첫째, 정치지도자의 성장과정과 교육내용은 어떠한 것이었는가? 예외가 없을 수는 없겠지만, 정치리더십은 타고나는 것이 아니라 학습과 훈련을 통해 습득되고 향상되는 것으로 본다. 설령 왕족이나 귀족으로 태어났다 하더라도 모두가 성공적인 리더십을 발휘하는 지도자가 되는 것은 아니며, 평민이나 천민 출신이라 하더라도 남다른 리더십으로 주요한 업적을 남기는 데 성공하는 경우도 많다.

그리고 지금까지 서양의 사회과학에서는 주로 프로이트 심리학의 이론적 전제에 따른 발달심리학의 성과들을 활용하여, 성격 유형 및 리더십 유형을 추출해 왔지만,[13] 성장단계에 따라 인간의 욕구와 기대가 달라진다는 사실과 반복된 학습과 경험의 유용성을 평가하는 매슬로(A. Maslow)의 인간주의심리학(humanist psychology)이나 콜버그(Lawrence Kohlberg)의 도덕발전이론(a theory of moral developemnt)이 리더십 훈련에 유익한 정보를 제공할 수 있을 것이다. 또 최근에는 집안에서의 "출생순서"(birth order)가 리더십 스타일에 큰 영향을 준다는 심리학 연구가 생산되어 참고할 만하다.(정윤재 2003:509~527)

그리고 동양의 경우, 《소학》(小學)에서 시작하여 《논어》(論語), 《맹자》(孟子), 《대학》(大學), 《중용》(中庸) 읽기로 구성되는 유교적 수기(修己)와 왕세자들의 서연(書筵)은, 그 자체로서 제왕학(帝王學) 또는 정치리더십의 훈련과정이었다. 따라서 한 정치지도자의 리더십을 분석하는 과정에는 반드시 그의 성장과정과 교육과정에 대한 검토도 포함해야 한다. 그리고 민주주의 국가에서는 군주국가와 달리 국가구성원 모두가 책임 있는 이성적인 주체로서 리더십을 발휘할 것으로 기대하며, 오늘날 국민 각자는 서로 다른 가정환경, 학교, 사회생활을 통해 이 같은 리더십 훈련과정을 거치고 있는 것이다. 이것은 곧 현대 민주주의 사회에 필요한 시민의식, 곧 시티즌십(citizenship)이 형성되는 과정이기도 하다.

둘째, 정치지도자의 비전은 무엇인가? 그리고 제시된 비전이나 이에 준하는 정치적 목표들을 정치지도자는 어떻게 설정하고 정당화하고 있는가? 정치지도자는 "말과 일"로서 그 역할을 수행하는데(정윤재 2003:569~577), 그는 무엇보다도 자신의 "말"을 통해 그가 어떠한 비

---

13) 대표적인 학자로 Harold D. Lasswell, Victor E. Wolfenstein, James D. Barber를 들 수 있다.

전과 목표를 제시하고 또 그것을 이루기 위해 "일"한다. 그리고 그가 특정 정책들을 왜 채택하고 추진하는지를 명확하게 언명하고 또 정당화한다. 현대정치학에서 정치지도자들의 사상이나 이념노선은 이데올로기로서 부정적으로 인식되는 경향이 지배적이었다. 이른바 가치중립적인 정치지식을 추구했던 행태주의적 연구경향 때문에 정치지도자들의 합리적인 문제의식과 현실에 대한 통찰, 그리고 그 문제를 해결하고자 하는 의지와 목적에서 나오는 미래비전조차도 경시되거나 폄하되는 경향이 있었다.(Dahl 1976:115)

그러나 정치학이 "보편타당한 영구불변의 진리를 탐구"하기보다 "시대성을 띤 정치현상을 이해하고 설명하며, 또한 정치적 문제의 해결이나 정책적 결정의 선택을 처방하는 데 더욱 기본적인 목적이 있는 학문"(이홍구 1996:97)이라면, 이 같은 정치지도자들의 사상, 비전, 가치관, 의지 또는 목표 등으로 표출되는 정치지도자들의 "창조적 잠재력"(creative potential)을 적절하게 분석하고 평가하는 연구방법은 필수적이다.(Paige 1977)

정치지도자들의 비전은 전반적인 차원에서나 특정 정책의 채택과 추진과정에서 검토될 수 있을 것이다. 그리고 체제가 무엇이든 지도자에 판단과 결단에 의해 선택된 비전이 무엇이냐에 따라[14] 근대적인 발전이 추진될 수도 있고 그렇지 못할 수도 있다.(Tsurutani 1973)

셋째, 정치지도자는 자신이 직면한 문제상황을 어떻게 인식하고 처방했는가?(Tucker 1981) 정치지도자들이 비록 같은 비전이나 목표를 추구하고 있다 하더라도, 그들이 처한 구체적인 문제상황에 대한 "인식"(perception)과 "설명"(explanation)이 서로 다를 수 있다. 즉, 같은 상황

---

14) 예컨대, 최근 부탄의 왕추크 국왕은 100년 역사의 절대군주제를 의회민주주의제로 바꾸는 헌법의 제정을 추진하고 있다.(《조선일보》 2005. 3. 29.)

에서 여러 가지 문제들이 공존할 때, 그것을 해결하고자 하는 정치지도자들은 서로 같은 문제를 주시할 수도 있고 각기 다른 문제를 더 중요시할 수도 있어서 문제점들에 대한 인식이 서로 다를 수 있다. 정치지도자들의 인식 내용은 그의 비전이나 가치관 또는 그에게 주어진 정보의 양과 종류들에 따라 달라질 수 있으며, 무엇보다도 그의 비전이 국민적 지지를 폭넓게 받는 국가발전의 이론까지 포함한 경우라면, 그 영향력은 매우 클 것이다.

지도자의 이 같은 진단은 동시에 그의 처방과 연계되는데, 처방 또한 진단내용과 방법에 따라 내용이 결정될 수 있는 것이다. 이는 마치 의사의 건강에 대한 개념과 이론(비전), 그리고 그의 환자에 대한 진단 내용에 따라 처방이 달리 나오는 것과 비슷하다 할 것이다.(정윤재 1988) 그리고 이론적으로 같은 진단과 처방일지라도 그것을 실행하는 정치지도자의 판단 능력과 업무수행 능력에 따라 성공적일 수도 있고 그렇지 못할 수도 있다.

넷째, 문제해결과정에서 정치지도자는 주변 엘리트 및 일반 국민들과 어떠한 관계를 유지하는가? 리더십으로서의 정치과정은 정치지도자와 구성원들은 서로 영향을 주고받는 상호작용으로 이루어지는 것이기 때문에 리더십 현상은 항상 "집단적"(collective)이다.(Burns 1978) 리더십 현상은 엘리트의 기능과 달리 정치사회적으로 주변의 인적 환경과 교섭하는 가운데 발생되는 것이지, 고립되거나 특정 지위나 위계질서에 국한되는 것이 아니다. 그렇기 때문에 정치지도자는 언제나 주변 환경과 "상호작용을 하지 않을 수 없는"(cannot interact) 존재이다.(Paige 1977)

또 정치지도자가 아무리 좋은 비전과 정책을 가지고 있다 하더라도, "친민"(親民)함으로써 엘리트나 민초들과 함께 호흡하지 못하면 성공할 수 없는 것이다. 정치지도자 또는 잠재적 정치지도자가 엘리트이건 아니건 그가 공동체 구성원들과 함께 상호작용하면서, 그들이 지닌 문제들을 해결하거나 그것으로 인한 고통을 감소시켜주는 역할을 적극적으로 실천할 때 그는 리더십을 발휘할 수 있는 것이며, 동시에 팔로우어십(followership)도 생성된다. 따라서 정치리더십의 전개과정을 검토할 때, 우리는 자연스럽게, 특정 정치지도자가 자신의 주변 엘리트들과 어떠한 관계를 유지하고 있는지는 살펴보아야 한다. 또한 그에게 비판적이거나 적대적인 엘리트들에게 어떻게 반응하고 그들과 어떠한 관계를 유지하는지 주의 깊게 살피는 것이 필요하다.

이뿐 아니라, 정치리더십 접근에 의한 국가경영 과정에 대한 연구는 정치지도자가 일반 국민들과 어떠한 관계를 형성하고 있는지, 일반 국민들의 집단적 또는 조직적 요구는 무엇이며, 이러한 요구들에 대한 지도자의 반응은 어떠한지를 검토할 필요가 있다. 이러한 질문들은 정치지도자가 주변 엘리트와 일반 국민들의 팔로우어십을 어떻게(민주적으로 또는 강제적으로) 창출하고 활용하는지를 살피는 데도 유용하다. 이 같은 질문들은 동시에 정치지도자들의 "상황장악 능력"(Tsurutani 1973)을 검토하는 것이며, 정책실행과정에서 공론(公論) 형성의 방법과 정도를 살피는 것이기도 하다.

다섯째, 선택된 정책을 집행하는 과정에서 정치지도자는 어떠한 방식으로 그것을 추진하는가? 구성원들의 지지를 창출하고 동원하기 위해 무슨 일을 하고 있는가? 우리가 정치지도자의 역할을 "방향제시, 임무분담 및 위임, 그리고 점검과 추진"(direction, division of labor & delegation, and drive & monitoring)으로 규정할 때, 정치지도자들이 책임과 권한을 어떻게 위임하고 있는지(또는 안 하고 있는지), 그리고 정책의 추진과정에서 현장점검과 그것을 통해 발견된 문제점들에 대해 어떠한 방식으로 대응하고 있는지를 살펴보는 것은 필수적이다.

세종도 업무분담이나 권한위임에 대해 긍정적이었음을 볼 때,15) 분담이나 위임이 민주국가에서만 있는 일이 아니다. 정치지도자는 이론형성과 학습과정에 충실하도록 기대되는 정치학자와 달리, 정치공동체 안의 여러 가지 현실적인 문제들을 해결하는 역할을 하도록 기대되는 존재다. 따라서 정치지도자들은 "현실감각"(the sense of reality)을 갖추고(Berlin 1995), 언제나 현실과 현장에 충실한 "안목과 기술"(intelligence & skills; Tsurutani 1973)로써 국가를 전반적으로 다스리도록 기대되고 있다.

여섯째, 특정 정책의 수행결과, 그 성과(results)는 어떠했으며, 그것에 대한 자신과 주변의 평가는 어떠했는가? 그리고 정치지도자의 성취 결과에 대해 연구자는 어떻게 평가하는가? 이상과 같은 적어도 다섯 종류의 분석적 질문들을 통해 특정 정치지도자의 리더십 과정이 분석되었을 경우, 이에 대한 지도자 주변 사람들의 평가는 어떠했는지도 살펴야 한다.(Paige 1977) 그리고 연구자 자신도 이 같은 주변의 평가들이나 자신의 정치적 역사적 견해와 이론적 전망을 고려하여, 연구대상자인 특정인물의 특정정책에 대한 자신의 평가적 의견을 제시할 수 있어야 한다. 물론 이러한 분석과 평가는 연구대상자 및 그가 활약했던 시기의 국가경영이 지니는 현대적 함의가 무엇인지를 헤아려 보는 것으로 자연스럽게 연결되는 것이 필요하다.

이상과 같은 분석적 질문들은 결국 세종시대의 각 분야 정책들이

---

15) 세종 원년 1월 11일, 세종 앞에서 참찬 김점이, 정사는 마땅히 중국의 황제처럼 모든 일을 친히 담당하는 것이 마땅하다고 하자, 예조판서 허조가 중국의 법도도 본받을 것도 있고 본받지 못할 것이 있다면서, 죄수를 다루는 일은 그 직무를 같은 관리에게 맡기고, 일단 맡겼으면 의심하지 말아야 한다고 주장하자, 세종은 허조의 말을 들어 택했다.(《세종실록》 1, 178쪽 참조)

24

세종을 중심으로 한 조선왕조의 궁정과 내외관계 속에서 어떻게 입안되고 실행되었으며 또 추진되었는지를 심층 검토하는 데에 활용될 것인바, 그 주요 대상(내용)은 다음과 같다.

1. 세종의 왕자 교육
2. 세종의 불교 신앙과 유교정치
3. 세종의 한글 창제의 정치
4. 지방관 임기 논쟁을 통해 본 세종의 리더십
5. 세종의 유교 예치(禮治) 경영
6. 세종의 조선 음악[國樂] 경영
7. 세종의 공론 형성과 국가경영 — 공법(貢法) 도입과정을 중심으로
8. 세종의 공세적 국방안보—대마도 정벌과 파저강 토벌을 중심으로
9. 세종의 유교적 법치—인정(仁政)과 법의 관계를 중심으로
10. 세종대 과학기술의 자주성에 대한 검토

4. 맺음말 _연구의 의의

이 책에서 여러 필자들은 '정치리더십 접근'을 통해, 그동안 소홀했던 세종시대의 정치적 맥락, 다시 말해, 세종의 각 분야별 국가경영 과정에 대한 분석과 평가를 시도했다. 즉, 이 책은 조선시대가 왕조의 시기였음에도, 왕 중심의 정치분석이 빈곤했던 기존 연구경향의 큰 줄기를 비판하고 또 바로잡으면서 구체적인 정책의 입안 및 실행과 연결된 정치과정을 왕 중심으로 분석한 것이다. 그리고 이 같은 연구결과는 적어도 다음 세 가지의 유용성을 지닌 것으로 생각한다.

첫째, 이 연구는 조선왕조에 대한 기존의 부정적 인식과 평가를 극

복하고, 나아가 조선왕조의 장기지속 원인 분석에 기여할 수 있다. 조선왕조가 일제에 의해 패망한 이후 유교정치시대였던 조선왕조는 비록 문화적으로는 우수했지만 정치적으로는 보잘것없던 시기로 평가되는 것이 상례였다. 그리고 그러한 인식과 평가는 조선왕조 패망 이후, 신채호나 박은식과 같은 민족주의 역사학자들의 조선왕조에 대한 비판적 성찰에서 비롯된 것이었으나, 일제강점기를 거치면서 그것은 한민족과 한민족사의 고칠 수 없는 정치적 한계로 단정해버리는 이른바 '정체사관'(停滯史觀)으로 변질되었다. 그러나 이제 동아시아 역사에서 유교국가로서 500년 이상 지속되었던 국가가 조선왕조뿐이었다는 역사적 사실에 유의하여 조선왕조 지속의 국제환경, 정치사상, 문화, 국가경영상의 원인들에 대한 분석과 평가가 새롭게 이루어질 필요가 있다. 이러한 점에서 《세종의 국가경영》은 조선왕조에 대한 건강한 이해와 평가를 이끌고, 나아가 조선왕조의 장기지속 원인을 밝히는 새로운 연구의 실마리가 될 수 있을 것이다.

　둘째, 조선왕조의 위민적(爲民的) 국가경영 과정은 현대민주주의 국가에서도 유용할 수 있다. 왜냐하면 민주적 정부는 주권재민의 원칙(of the people)과 국민참여의 원칙(by the people)뿐 아니라 위민의 원칙(for the people)에 따라 운영되는 정부기 때문이다. 제2차세계대전 이후 세계 각 지역에 보급된 민주주의는, 주권재민의 원칙과 국민참여의 원칙에 너무 치우쳐 위민의 원칙에 따른 국가와 공직담임자들의 책임과 권위, 그리고 효율적인 국정관리의 중요성이 경시되는 경향이 있었다.(자카리아 2004) 수기치인의 정치이론이라 할 수 있는 유교사상과 그 실천적 사례로서 조선왕조의 국가경영 연구는, 현대민주주의의 이러한 한계를 보완하고 공공리더십의 혁신과 교육에 기여할 수 있는 자료생산에 부응하는 것이다.

셋째, 이러한 연구는 궁극적으로 유교적 국가경영의 개념화에 유용한 자원을 제공할 수 있다. 이제까지 유교정치 또는 유교적 국가경영과 관련된 연구는 주로 경서 읽기와 해석의 방법으로 수행되어왔으나, 세종의 국가경영 연구와 같이 유교적 이상사회를 구현하기 위해 실제로 노력했던 실천적 과정들에 대한 분석은 거의 이루어지지 못하고 있는 실정이다. 그리고 설사 정치과정에 대한 분석이 있었다 하더라도, 대부분 '당쟁'이나 '권력쟁투'의 관점에서 시도되었기 때문에, 유교정치의 전반적인 양태를 포괄하지는 못했다. 그러나 세종의 국가경영 연구와 같은 유교정치의 실천사례들이 꾸준히 연구되고 축적된다면, 이는 궁극적으로 조선시대의 경험을 바탕으로 한 유교적 국가경영의 개념화(conceptualization)를 가능하게 하는 것이다.

■ 참고문헌

《세종장헌대왕실록》《정조실록》《율곡전서》

김재영, 1998, 〈세종대왕의 정치 지도력〉, 한국정신문화연구원 연구부 편, 《세종시대 문화의 현대적 의미》.
바우만(Zygmunt Bauman)/김동택 역, 2003, 《지구화, 야누스의 두 얼굴》, 한길사.
박종국, 1996, 《세종대왕과 훈민정음》, 세종대왕기념사업회.
신명호, 1998, 《조선의 왕》, 가람기획.
신봉승, 2002, 《성공한 왕 실패한 왕》, 동방미디어.
이숭녕, 1981, 《세종대왕의 학문과 사상》, 아세아문화사.
이성무, 2001, 〈세종대의 역사와 문화〉, 한국정신문화연구원 편, 《세종시대의 문화》, 태학사.

이한우, 2003, 《세종, 그가 바로 조선이다》, 동방미디어.

이홍구, 1996, 〈사회보존과 정치발전〉, 효당이홍구선생문집간행위원회 편, 《이홍구문집 Ⅱ—정치사상과 자유의 모색》, 나남출판.

자카리아(Fareed Zakaria)/나상원 · 이규정 역, 2004, 《자유의 미래》, 민음사.

정두희, 1982, 〈세종조의 권력구조 — 대간의 활동을 중심으로〉, 한국정신문화연구원 역사연구실 편, 《세종조 문화연구 Ⅰ》, 박영사.

정윤재, 2003, 《정치리더십과 한구민주주의》, 나남출판.

조남욱, 2001, 《세종대왕의 정치철학》, 부산: 부산대학교출판부.

홍이섭, 2004, 《세종대왕》, 세종대왕기념사업회.

Berlin, Isaiah, 1996, *The Sense of Reality: Studies in Ideas and their History*, Edited by Henry Hardy with an introduction by Patrick Gardiner, Chatto & Windus.

Bunce, Valerie, 1981, *Do New Leaders Make a Difference?: Executive Succession and Public Policy Under Capitalism and Socialism*, Princeton: Princeton University Press.

Burns, James M., 1978, *Leadership*, New York: Harper & Row.

Chung, Yoon-jae, 1988, *A Medical Approach to Political Leadership: An Chae-hong and a Healthy Korea*, Ph. D. Dissertation, University of Hawaii, Manoa.

Dahl, Robert A., 1976, *Modern Political Analysis*, 3rd ed., Englewood Cliffs: Prentice-Hall.

Paige, Glenn D., 1977, *The Scientific Study of Political Leadership*, New York: The Free Press.

Tucker, Robert C., 1981, *Politics as Leadership*, Columbia: The University of Missouri Press.

Tsurutani, Taketsugu, 1973, *The Politics of National Development: Political Leadership in Transitional Societies*, London: Chandler Publishing Co..

Welsh, William A., 1978, *Leaders and Elites*, New York: Holt, Reinhart and Winston.

세종의 왕자 교육

정 재 훈
서울대 규장각한국학연구원

1. 머리말

세종은 조선왕조의 기틀을 잡는 데 크게 이바지한 왕이다. 조선왕조가 세워진 지 27년 만에 왕위에 오른 세종에게는 새로운 왕조의 기반을 마련해야 하는 책무가 지워졌다. 세종은 태종의 셋째아들로서, 맏형이 이미 세자로 있었기에 왕위계승의 가능성은 거의 없었다. 그러나 태종 18년 6월 3일에 세자로 책봉되어 8월 11일에 국왕으로 즉위했으니, 세자로 있었던 것은 겨우 두 달이었다. 따라서 세자로서 왕위를 준비하는 데 필요한 만큼의 시간을 갖지 못했다.

충녕대군의 급작스런 세자 임명과 국왕 즉위 과정은 조선초 급격했던 정치변동의 과정을 보여주는 사례이기도 하다. 태종으로서는 장자였던 양녕대군을 폐하고 셋째아들을 다시 세자로 삼는 정치적 부담을 빨리 덜어내야 했을지도 모른다.[1] 그래서 세종의 왕위 등극은 매우 빠른 시간 안에 이루어졌을 것이다. 따라서 세자로 있었던 기간이

---

[1] 태종 말에 양녕을 폐세자시키고 충녕을 세자로 삼은 전말에 대해서는 다음의 논문을 참조. 최승희, 1990, 〈태종말 세자폐위사건의 정치사적 의의〉, 《이재룡박사환력기념논총》; 《조선초기 정치사연구》(지식산업사, 2002)에 재수록.

짧았던 세종으로서는 본격적인 왕세자 교육을 받지 못했다.

이 글에서 살펴볼 세종의 성장과 교육에 대해서도 사실 관련되는 사료가 아주 적다. 따라서 조선 초에 이루어진 왕자 교육의 전반적인 면모를 살펴봄으로써, 세종의 성장과 교육에 대해 간접적으로 추정하고자 한다.[2] 세종은 왕위에 있으면서 왕세자 교육의 틀을 어느 정도 갖추어 놓았다. 조선 초기에 이루어진 제도의 경우, 대체로 초기에는 태종 때에 제도적인 기틀이 마련되어서, 세종 때에 웬만큼 정비가 되며, 성종 때에는 수선과 보완이 이루어졌다. 마찬가지로 왕세자 교육도 세종 때에는 제도적인 정비가 이루어지는데, 이 글에서는 세종이 왕세자 교육에 어떻게 기여했는가를 살피고자 한다.

왕세자 교육은 다음 세대에 나라를 이끌 국왕을 가르치는 교육이었으므로 최고의 교수진과 최선의 교재를 선택했음은 두말할 나위가 없다. 따라서 이 당시 왕세자 교육을 담당했던 인물들과 교재를 검토함으로써 이 시기 조선의 사상적인 지향을 가늠할 수 있다.

불교를 기반으로 했던 고려왕조에 견주어 조선왕조는 성리학을 사상의 기반으로 삼고, 이에 바탕을 두고 국가를 이끌어 가려던 경향이 강했다. 이런 점은 왕자 교육에도 그대로 적용되어, 조선에서는 성리학이 왕자 교육의 주된 교육내용이 되었다.

---

2) 조선 초의 왕세자 교육에 대해서는 서연(書筵)을 중심으로 한 다음의 연구를 참조. 이석규, 1986, 〈조선초기 서연연구〉, 《역사학보》 110.

2. 왕세자 교육제도의 정비

2.1. 세종 이전

세종이 왕위에 오르기 전에 왕세자 교육을 전담하는 제도는 태조가 즉위 후에 문무백관의 관제를 정한 데에 포함되어 있다. 세자 관속(官屬)은 모두 강학(講學)과 시위(侍衛) 등의 일을 겸해 관장했다. 그 구성원은 좌·우사(左·右師) 각 1명(정2품), 좌·우빈객(賓客) 각 1명(종2품), 좌·우보덕(輔德) 각 1명(종3품), 좌·우필선(弼善) 각 1명(정4품), 좌·우문학(文學) 각 1명(정5품), 좌·우사경(司經) 각 1명(정6품), 좌·우정자(正字) 각 1명(정7품), 좌·우시직(侍直) 각 1명(정8품), 서리(書吏) 4명이었다.[3] 이 가운데 세자의 시위를 담당했던 좌·우시직과 서리를 뺀 좌·우사에서 좌·우정자까지의 인원이 세자 교육을 담당했다. 이 제도는 고려 공양왕 때 왕세자 교육을 위해 설치한 서연(書筵) 관직과 좌·우정자를 빼고는 거의 같아서, 고려의 관제를 그대로 이었음을 알 수 있다.

그러나 조선 초에는 고려의 관제를 계승했음에도 실제로 세자 교육을 운용하는 데서는 고려의 제도와 조금 차이가 있었다. 태조 4년에 정도전이 세자 이사(貳師)였던 사실,[4] 같은 해에 종2품의 좌·우빈객뿐만 아니라 좌·우부빈객을 두어 한상경(韓尙敬)과 유경(劉敬)을 임명한 사실[5] 등은 차이를 드러내는 부분이다.

---

3) 《태조실록》 권1, 태조 원년 7월 정미.
4) 《태조실록》 권7, 태조 4년 3월 병오. 엄밀하게 세자 이사(貳師)는 조선왕조에 들어서 설치한 것은 아니고 고려 충렬왕 때의 기록에 나타나는 것으로 보아 고려 때 설치된 것이 분명하다.(《고려사》 권29, 세가29 충렬왕 6년 12월)
5) 《태조실록》 권7, 태조 4년 5월 계묘.

이후 태종이 즉위함에 따라 왕자 교육에 새로운 전기가 마련되었다. 우선 태종은 자신의 집권과정에서의 문제점을 염두에 두었던 듯 어린 원자를 위해 원자부(府)인 경승부(敬承府)를 설치하고, 남달리 왕자 교육에 힘을 기울였다.[6] 세자로 책봉되기 전에 국왕의 장자였던 원자를 위한 교육을 일찍부터 시작했던 것이다. 원자의 나이 8세가 되자 태종은 원자를 승려에게 보내 수학(受學)하게 하려고 했다. 이에 지신사(知申事) 박석명(朴錫命)은 건의를 올려 산승에게 배우는 것은 고려말 학교제도가 무너져서 불가피했던 상황임을 지적하며, 앞으로는 성균관에서의 강론과 덕성의 함양을 권했다. 태종은 이를 받아들여 성균관에 원자를 위한 학당 터를 보게 명을 내렸다.[7] 이후 양녕대군을 위한 학궁이 태종 2년 5월에 완성되었고,[8] 태종 3년 4월에 성균관에 원자로서 입학했다.[9] 이에 따라 세자였던 양녕대군은 궁궐에서 일정하게 떨어진 곳에서 수학을 하게 되었는데, 경승부는 태종 8년에 세자시강원이 설립되기 전까지 세자 교육을 담당했다.[10]

고려말에 문과에 급제했던 태종이 왕세자 교육을 위해 교수자로서 승려를 고려했다는 점은 시사하는 바가 적지 않다. 비록 고려말 공교육제도가 무너졌다는 표면적인 이유가 있었다고 하더라도, 아직 이 시기까지 불교에 의탁했던 관습을 쉽게 버리지 못했던 사실을 짐작할 수 있다. 또 태종이 왕세자 교육을 위해 성균관에서의 수학을 받아들인 점은 앞으로 조선왕조에서 왕세자 교육의 기준점을 마련했다는 점에서 의미가 있다.

6) 《태종실록》 권3, 태종 2년 4월 경진.
7) 《태종실록》 권2, 태종 원년 8월 무인.
8) 《태종실록》 권3, 태종 2년 5월 무자.
9) 《태종실록》 권5, 태종 3년 4월 갑인.
10) 《태종실록》 권16, 태종 8년 10월 기해.

사실 왕세자의 교육을 위해 반드시 성균관에서 수학할 필요는 없었다. 따로 서연과 같이 왕세자의 교육을 전담할 기관을 두어 교육을 해도 무방했다. 그럼에도 굳이 성균관에 원자를 입학시켜 교육시키려 했던 것은 의미가 있었다.

세자의 교육을 위해 국학에 입학시킨 예는 이미 고려 때에도 있었다. 충렬왕 12년에 세자가 국학에 입학하여 육경(六經)을 강했다는 《고려사》의 기사는 고려 때에도 성균관에서 왕세자 교육이 이루어졌음을 알게 해 준다.[11] 그러나 고려시대에 충렬왕 때의 기록 말고는 성균관에서 왕세자 교육이 꾸준히 이루어졌는지는 알 수 없다. 이에 견주어 조선에서는 태종 이후 왕세자가 성균관에 입학하는 것이 관례화되었다.[12] 그 뒤 세종 이후로는 왕세자뿐만 아니라 대군을 포함한 종친의 입학의(入學儀)도 마련되고 성균관에 입학하게 되었다.[13] 원자는 성균관에 입학례를 치렀지만 성균관 안에서 지속적으로 교육을 받지는 않았다. 원자의 학궁(學宮)을 성균관의 동북쪽 모퉁이에 짓기는 했지만, 여기에서 얼마나 지속적으로 교육을 받았는지는 확인되지 않는다.[14]

세자와 대군을 포함한 종친이 상징적이나마 성균관에 입학했다는 사실은 왕자 교육의 중심이 성리학의 틀 안에서 이루어진다는 사실을 의미했다. 성균관이 곧 유학의 종사(宗師), 공자를 모신 문묘가 자리한 곳이기 때문이다.

태종은 서연제도도 정비하여 세자에게 강학하는 방법도 정했다. 우

---

11) 《고려사》 권30, 세가30 충렬왕 12년 7월 임진.
12) 이성무, 1967, 〈선초의 성균관연구〉, 《역사학보》 35·36합집, 257쪽. [표 7] 王世子入學現況 참조.
13) 《세종실록》 권47, 세종 12년 정월 정축의 宗親入學儀; 권48, 세종 12년 5월 병진.
14) 《태종실록》 권3, 태종 2년 4월 병자.

선 서연관들이 태조가 세자 관속을 정한 이후 모두 겸관으로 임명되어 겸직제로 운영됨에 따라 실제 세자 교육에 전념할 이들이 적어지는 문제가 생겼다. 태종은 이의 해결책으로 사간원의 건의를 받아들여 보덕 이하의 서연관들은 본사(本司)에 나가지 말고 서연의 임무에만 전념할 수 있도록 조치했다.(태종 5년 6월) 그러나 이러한 조치도 실효를 거두지 못했던 것으로 보이는데, 약 2년 뒤에 사간원에서 다시 이 문제를 거론한 것은 겸직제의 문제가 해결되지 않았음을 보여준다.15) 여기에 사간원에서는 보덕 이하 정자까지 다시 본사의 직무를 면제하고 시강에만 전념하게 해야 함과, 대간 1명을 입시하게 할 것을 상소했다. 다음 해인 태종 7년에 예조의 건의를 받아들여 서연에서 대간이 입시함에 따라 예를 행하는 절차를 정비하기도 한 것으로 보아 시강관의 겸직금지도 어느 정도 실천되었던 것으로 보인다.16)

태종 8년에는 사간원과 권근(權近)의 진언을 받아들여 세자로 하여금 매일 서연에 나가 경서를 습독하게 하고, 또 뜻을 한차례씩 강론하게 했다.17) 또 태종 13년에는 아예 서연관에서 세자에게 강학할 사목을 바치게 하여 세자가 강학하는 방법을 규례로 정했다. 세자의 강학 사목(講學事目)은 다음과 같다.18)

> 1. 매일 해가 뜰 때에 세자가 좌당(坐堂)하면 이사(貳師) 이하가 차례로 돌아가며 진강하는데, 경사(經史)를 3장씩 혹은 2장씩 강하여 10차례에 이르고, 또 오후에도 10차례 혹은 5차례 하고, 또 배운 것을 신시(申

---

15) 이석규, 앞의 글, 7~8쪽 참조.
16) 《태종실록》 권13, 태종 7년 4월 병오.
17) 《태종실록》 권16, 태종 8년 12월 갑술.
18) 《태종실록》 권26, 태종 13년 9월 을유.

時)까지 익히다가 이에 파합니다.

1. 매일 세자가 거동하면 입번(入番)한 우두머리 되는 내관(內官)과 사약(司鑰)이 서연과 경승부에 고하는데, 고하지 않으면 대간에서 죄를 청합니다.

1. 경승부에서 상직(上直)하는 1원(員)과 궁문 안에 들어와 숙직하는 사약(司鑰)이 반드시 나아가서 고한 뒤에야 문을 열고 닫습니다.

1. 숙위하는 법은 마땅히 전후좌우가 있는데, 반드시 경승부와 숙위사로 하여금 각각 1원씩 서북쪽 담장 밖에 나아가서 날을 바꾸어가며 숙위하게 합니다.

1. 궁의 담장이 낮고 짧으므로 마땅히 높고 두텁게 개축하여 첨시(瞻視)를 (못하게) 엄하게 하소서.

강학사목에는 강학에 관련된 사항만이 아니라 세자를 숙위하는 방법까지 제시되었다. 곧 태종 13년까지 세자에 관련되어 강학과 시위가 분리되어 있지 않았음을 알 수 있다. 세자 관속에서 강학과 시위의 기능이 분리되는 것은 태종 18년이었다. 태종은 익위사(翊衛司)를 두어 기존의 세자 좌사위(左司衛)와 세자 우사위를 좌익위(左翊衛)·우익위(右翊衛)로, 좌익위·우익위를 좌익찬(左翊贊)·우익찬(右翊贊)으로 바꾸었다.[19] 익위사는 이후 세종대에도 그대로 이어져 왕세자의 시종과 시위의 역할을 전담했다.[20]

2.2. 세종의 정비

세종은 즉위하고 얼마 지나지 않아 8세인 원자를 세자(문종)에 책봉했다.[21] 세자 책봉 전에 정월 세자의 나이 8세가 되었을 때 집현전

---

19) 《태종실록》 권35, 태종 18년 6월 병술.
20) 《세종실록》 권19, 세종 5년 3월 임진.

직제학 신장(申檣)과 김자(金赭)를 시켜 원자에게 소학을 가르치게 했다.[22] 세종 3년 10월에 세자를 책봉한 후 바로 다음달 11월에 서연을 열고 세자 교육을 시작했다.[23] 12월에는 세자로 하여금 성균관에 입학하게 했다.[24] 이후 세종은 세자의 교육을 위해 사부(師傅)·빈객(賓客)과 상견하는 의식, 서연에 진강하는 의식 등을 정비했고, 태종 때부터 문제가 된 서연관 겸직제 문제를 해결하려 했고, 종친들의 교육을 위해 종학(宗學)을 개설하기도 했다.

세자 교육을 위한 관련 의식의 정비는 서연관과 빈객이 사고가 있는 경우 대처하는 방법이라든지,[25] 사·부와 이사의 회강 일시에 관한 것이라든지,[26] 서연에 대관이 참여하는 문제라든지[27] 등의 서연과 관련된 적지 않은 일에 대해 구체적인 정비를 했다. 또 사부·빈객과 상견하는 의식, 서연에 진강하는 의식을 정비[28]하여 나중에 오례 가운데 하나인 가례로서 서연진강의(書筵進講儀)로 정리되었다.

겸직제의 문제는 전임인 서연관이 녹봉을 받는 실직으로 배치되지 않았기 때문에 겸직을 금한다는 명령으로만은 해결되지 않아서 지속적으로 제기되었다. 서연관의 겸직으로 본직에 나아가 업무를 봄으로써 서연이 지연되거나 세자 교육의 일관성에 문제가 생겼다. 따라서 세종은 이 문제를 해결하기 위해 세종 13년에 의정부의 의논을 거쳐

---

21) 《세종실록》 권13, 세종 3년 10월 을묘.
22) 《세종실록》 권11, 세종 3년 정월 을해.
23) 세자 책봉 바로 전에 집현전 관원 4명에게 좌보덕·우보덕·좌문학·좌사경 등의
    서연 관직을 내렸다.(《세종실록》 권13, 세종 3년 10월 을묘)
24) 《세종실록》 권14, 세종 3년 12월 갑인.
25) 《세종실록》 권18, 세종 4년 12월 을사.
26) 《세종실록》 권38, 세종 9년 10월 무진.
27) 《세종실록》 권39, 세종 10년 1월 기해.
28) 《세종실록》 권52, 세종 13년 6월 병신.

서연 낭청인 보덕·필선·문학·사경·정자 각 2명에 대해 겸관이 아닌 녹관으로 임명했다. 그러나 4년 뒤인 세종 17년에 녹관인 서연관을 혁파하여 다시 겸직으로 바꾸었다. 이는 집현전의 관원들에게 서연을 겸하게 하면서 취해진 조치였다. 세종 18년에 의정부의 요청으로 집현전 외에 각사의 관리도 서연관을 겸임할 수 있도록 했으나 결국에는 집현전 관원 10명만으로 서연을 전담하게 했다. 이렇게 형식적으로 겸직제의 문제가 해결되어 전임 녹관의 형태로 서연관이 바뀌다가 집현전 관원으로 다시 겸직하는 형태로 바뀌었다. 하지만 전임관에서 집현전 관원의 겸직제로 서연관의 직제가 바뀐 것은 단순히 후퇴는 아니었고, 집현전 관원들의 학문적인 전문성이 담보되었기에 서연제도로 보아서는 내용면에서 강화된 측면도 있었다.[29] 타관이 아닌 집현전 관원만이 서연을 겸무한 것은 문종 때의 서연에서도 그대로 유지되다가, 세조 2년 집현전이 혁파된 이후 서연은 녹관 6명, 겸관 4명으로 되었다.[30]

서연관은 세종 후반에 첨사원(詹事院)이 설치되면서 위상이 높아졌다. 널리 알려졌듯이 세종은 건강을 이유로 신하들이 크게 반대했음에도 세종 24년에 첨사원을 설치하고 세자에게 서무(庶務)를 재결하게 했다. 이에 따라 실록의 기사에는 전에 없이 서연에서 정무에 관해 논의하는 내용이 자주 등장한다. 경기 향시에 감찰을 보내어 고시를 규찰하는 문제,[31] 군기감(軍器監) 피혁의 저축과 이의 운반 문제에 대

---

29) 이석규, 앞의 글, 9~11쪽 참조. 세종 17년 7월에 집현전의 원수(員數)가 32명이었는데, 그 가운데 22명이 경연을 겸하고 10명이 서연을 겸했던 것에 비해, 세종 20년 이후 집현전인 정원이 20명으로 고정되면서 경연은 22명에서 10명으로 대폭 줄어든 반면 서연에 참여하는 인원은 10명으로 고정된 것은 서연의 기능이 약화된 것이 아님을 반영한다.(최승희, 1966, 〈집현전연구(상)〉, 《역사학보》 32, 21~22쪽 참조)
30) 《세조실록》 권4, 세조 2년 7월 기묘.
31) 《세종실록》 권103, 세종 26년 정월 을묘.

한 논의,[32] 평안도의 축성을 중지하는 여부에 대한 논의,[33] 왜적을 막을 전선(戰船)을 축조하기 위해 소나무의 벌목을 막는 문제에 대한 논의,[34] 종묘의 악공을 당상과 당하로 미리 나누어 시행할 것과 전품(田品)의 분간(分揀)을 우선 정지하는 문제에 대한 논의,[35] 모람(冒濫)하다는 이유 때문에 진사시와 생원시를 파하는 것이 부당하다는 논의,[36] 의주 백성들이 유이(流移)하지 않게 할 방법과 토관(土官)을 더 설치하여 의주를 부성(阜盛)시키는 것에 대한 논의,[37] 행대(行臺)와 경차관(敬差官)을 보내 백성을 진휼하는 것에 대한 논의,[38] 고신(拷訊)의 법을 세밀하게 정하는 것에 대한 논의,[39] 하삼도(下三道)의 민폐와 시정책에 대한 논의,[40] 총통 제작을 위한 감련관(監鍊官)의 파견을 정지시킬 것에 대한 논의,[41] 윤대(輪對) 폐지의 부당함에 대한 논의[42] 등 국정에 관련된 중요한 논의가 진행되었다.

　종친을 위한 교육기관이었던 종학(宗學)은 세종에 의해 처음으로 설치되었다. 세종 9년, 예조에서 당·송의 제도를 따라 건춘문 밖에 따로 학사를 건립하여, 종친 자제로서 8세가 되면 입학시켜 공부를 시키자는 건의를 올려서 세종 10년 7월에 만들어졌다.[43] 서울의 성균관이나 각 부(部)와 외방으로는 주·부·군·현에 모두 학교가 있는데

32) 《세종실록》 권103, 세종 26년 정월 경신.
33) 《세종실록》 권103, 세종 26년 정월 계유.
34) 《세종실록》 권103, 세종 26년 정월 병자.
35) 《세종실록》 권103, 세종 26년 정월 정축.
36) 《세종실록》 권103, 세종 26년 정월 기묘.
37) 《세종실록》 권103, 세종 26년 2월 계미.
38) 《세종실록》 권104, 세종 26년 5월 갑자.
39) 《세종실록》 권104, 세종 26년 6월 계미.
40) 《세종실록》 권110, 세종 27년 11월 을해.
41) 《세종실록》 권110, 세종 27년 11월 기묘.
42) 《세종실록》 권110, 세종 27년 11월 계사.
43) 《세종실록》 권37, 세종 9년 9월 기축; 권41, 세종 10년 7월 임술.

도 정작 종친의 자제를 교육할 기관이 없으니 학사(學舍)를 세우고 교관을 두어 8세 이상의 종친 자제의 교육을 맡기자는 것이었다.

종학의 교관은 종3품·종4품·종5품·종6품 각 1명으로 정했다.[44] 이후 입학하는 종친의 수가 늘어나자 점차 교관도 증원되었다. 종학의 설립 초기에는 학관(學官)은 학사(學士)라고 했고, 성균관원이 겸했다.[45] 그러다가 세종 15년 6월에 성균직강(成均直講) 김말(金末)과 집현전 부수찬(副修撰) 남수문(南秀文)을 시켜 여러 대군들에게 글을 가르치게 하면서 집현전 관원도 종학 교육에 참여하게 되었다.[46] 그 뒤 취학하는 종친이 늘어남에 따라 종학박사 2명을 두었다.[47] 집현전 관원이 참여함에 따라 종학 교육의 수준이 한 단계 높아졌음을 짐작할 수 있다. 그러나 집현전 관원의 참여는 집현전의 직무가 지나치게 많아짐에 따라 점차 줄어들었던 것으로 추정된다.[48]

기구의 정비와 함께 세종의 종학에 대한 관심은 꾸준하여, 종친들을 종학으로 적극 끌어 들이고, 이를 어길 경우 벌을 받게까지 했다. 세종 12년에 예조에서 올린 종학의식에는 종학에서의 교육과정에 대해 강학시간에서부터 수업방식, 평가방식, 불참시의 처벌 등을 매우 상세하게 규정해 놓았다.[49] 또 종부시(宗簿寺)에 내린 전지를 통해 종학에서 반드시 익혀야 할 책으로 《소학》과 사서(四書)를 들어 최소한의 성리학에 관한 소양을 갖추어야 함을 강조했다.[50]

이렇게 보면 왕세자 교육과 관련하여 서연관에 집현전의 관원이 관

---

44) 《세종실록》 권43, 세종 11년 2월 기묘.
45) 《세종실록》 권47, 세종 12년 3월 병오.
46) 《세종실록》 권60, 세종 15년 6월 경인.
47) 《세종실록》 권61, 세종 15년 8월 갑진.
48) 최승희, 앞의 글(1966), 26~27쪽 참조.
49) 《세종실록》 권47, 세종 12년 3월 정미.
50) 《세종실록》 권100, 세종 25년 6월 경자.

여한 것이 특징임을 알 수 있다. 세종은 왕자 교육을 정비하면서 이전까지 학문적 성취가 있었던 개별 관원에게 그 본래의 직무와 상관없이 겸무했던 구조에서, 학문적 중추기구였던 집현전을 중심으로 교육제도를 정비했다는 점이 특징적이라고 할 수 있다.

3. 세종의 왕자 수업과 교육내용

3.1. 왕자 수업

세종은 태종의 셋째아들로 태어났다. 그의 나이 12세 때인 태종 8년 2월 충녕군(忠寧君)으로 책봉되었다. 또 16세 때인 태종 12년 5월에 충녕대군으로 진봉되었다. 세자가 된 것은 세자였던 양녕대군의 폐세자사건을 겪은 태종 18년, 충녕대군이 22세였던 6월이었다. 왕위에 오른 것은 불과 두 달 뒤인 8월이므로 실제 세자로 지낸 기간은 두 달밖에 되지 않았다. 따라서 세종이 왕위에 오르기 전의 기록은 그가 세자로 주목되기 전에는 매우 제한적으로 적을 수밖에 없었다. 단편적이나마 실록의 기록을 참조하여 세종이 왕자로서 받았던 수업과 세자로서 받았던 수업을 간략하게 살펴보겠다.

우선 세자 이전 충녕군과 충녕대군 시절의 세종은 정규적인 학교에서 교육을 받지는 못했다. 아직 종친을 교육하는 종학과 같은 제도가 마련되어 있지 않았기 때문에 스승을 초빙하여 교육을 받았다. 태종은 충녕군을 충녕대군으로 봉한 3개월 뒤에 효령대군과 충녕대군을 가르칠 스승을 구했다. 이에 성균 대사성이 생원 이수(李隨)가 경사(經史)에 능통하다 하여 추천했다.[51] 이수는 이미 태조 5년의 생원시에서 장원을 한 바가 있었고,[52] 태종 7년 경연의 시독관(試讀官)으로 추천

될 정도로 학문적 성과를 인정받은 사람이었다.[53] 다만 생원시 장원 이후 성균관에서 수학을 했으나 아직 회시(會試)에는 급제하지 못한 상황이었다.

그럼에도 이수를 세자에 버금가는 대군의 스승으로 초빙한 사실에서 이수의 학행에 대해 어느 정도 평가가 이루어졌음을 알 수 있다. 졸기에 나타난 이수에 대한 인물평은 이런 점을 잘 보여준다. 이수가 '모친상을 당하여 상례에 불교식을 쓰지 않고, 성품이 후중하여 겉치레를 좋아하지 않았으며, 치산(治産)을 일삼지 않았다'[54]는 지적은, 당시 불교보다는 성리학의 상례에 충실하면서도 평생을 치산을 추구하지 않고 검박하게 살려고 했던 지향을 보여주었다는 점에서 대군의 스승이 될 만한 자질을 갖추었다고 하겠다. 세종이 세자로 되자 이수는 따라서 서연관으로 되었고, 이후 세종은 이수에게 각별하게 예우를 해 주었다.

16세에 대군이 되기 전 세종의 호학하는 성품에 대해서는 알려주는 기록은 거의 없다. 다만 세종 때에 세종 자신이 경연에서 《자치통감강목》(資治通鑑綱目)을 수십 번 읽은 경험을 경연관에게 말한 기사에 대한 사신(史臣)의 평에, 잠저에 있을 때부터 학문을 좋아했고 게을리 하지 않아서, 가벼운 병이 들었을 때에도 책읽기를 그만두지 않아 태종이 환관을 시켜 서책을 감추었는데도 남아 있던 《구소수간》(歐蘇手簡)을 몇 번이고 반복하여 읽었다고 했다. 또 식사 때에도 책읽기를 멈추지 않았고, 스스로 "내가 궁중에 있으면서 손을 거두고 한가롭게

---

51) 《태종실록》 권24, 태종 12년 8월 갑자.
52) 《태조실록》 권9, 태조 5년 6월 정해.
53) 《태종실록》 권14, 태종 7년 7월 기묘.
54) 《세종실록》 권48, 세종 12년 4월 정해.

앉아 있을 때는 없다"고 할 정도로 공부하여 경적(經籍)에 널리 통했고, 본국 역대의 사대문적(事大文籍)까지 보지 않은 책이 없었다고 한다. 그리고 명나라 사신과 만날 때를 염두에 두고 한어(漢語)의 역서까지 학습했다고 한다.55)

대군 시절 세종의 수학(受學)과 관련된 기록은 몇 가지 찾아볼 수 있다. 서연관이 병풍을 만들기 위해 《효행록》에서 뽑아 그림을 그리고, 이어서 이제현(李齊賢)의 찬문(贊文)과 권근(權近)의 주석을 그 위에 썼는데, 세자가 충녕대군에게 해석하게 했다. 이에 17세인 충녕대군은 바로 그 뜻을 자세하게 풀이했다.56) 또 태종이 "집에 있는 사람이 비를 만나면 반드시 길 떠난 사람의 노고를 생각할 것이다"라고 하니 20세의 충녕대군은 "《시경》에 이르길, '황새가 언덕에서 우니, 부인이 집에서 탄식한다'고 했습니다"라고 하여 태종을 기쁘게 했다.57) 같은 해에 상왕을 모시고 경복궁의 경회루에서 술자리가 있었는데, 여러 신하들이 다투어 연구(聯句)를 바쳤다. 그 가운데 말이 노성(老成)한 사람을 버릴 수 없다는 데에 이르자, 충녕대군은 "《서경》에 이르길, '기수준(耆壽俊, 나이와 경험이 많은 사람)이 궐복(厥服)에 있다'(文侯之命 第三十)고 했습니다" 하고 답하여 또 태종을 감탄시켰다.58)

위와 같은 사례들은 충녕대군의 학문 연마가 충분히 이루어졌음을 반증하는 예들이다. 그래서 충녕대군의 학문 수준은 태종뿐만이 아니라 서연관에게까지 시샘을 받아, 서연관들이 서연에서 충녕대군을 칭찬하여 세자로 하여금 분발의 계기로 삼게 할 정도로 알려진 사실이

---

55) 《세종실록》 권22, 세종 5년 12월 경오.
56) 《태종실록》 권26, 태종 13년 12월 을해.
57) 《태종실록》 권31, 태종 16년 2월 임신.
58) 《태종실록》 권32, 태종 16년 7월 정미.

되었다.59) 게다가 그의 지식은 학문으로만 그친 것이 아니라 아우인 성녕대군의 병이 위독할 때에는 실천하는 지식으로까지 활용되었다. 성녕대군의 병이 위독해지자 《주역》으로 점을 치게 했는데, 그 점괘에 대해 충녕대군이 분명하게 풀이하여 세자를 비롯한 좌우의 신하들을 감복시켰다.60) 그리고 끝내 사망한 성녕대군을 위해 종사(宗嗣)를 세워 제사를 받드는 것이 문제가 되자 충녕대군은 조말생(趙末生)과 함께 여러 고전을 상고하여 비슷한 사례를 찾으려고 애썼다.61) 이러한 사례들은 충녕대군의 학문 수양뿐만이 아니라 인품까지 보여주는 예라고 할 수 있다.

대군 시절 세종의 인품을 드러내는 사례는 이것 말고도 몇 가지를 더 들 수 있다. 태종은 애초부터 세자를 도와 큰일을 결단할 수 있는 사람으로 충녕을 꼽았고,62) 세자(양녕대군) 또한 충녕이 보통이 아닌 사람임을 일찍부터 인정했다.63) 이미 궁중에서는 태종의 자제 가운데 충녕대군과 셋째딸인 경안궁주(慶安宮主)를 가장 어진 사람으로 평가하고 있었다.64) 충녕대군의 어짊과 인정은 궁궐 안에서만 머문 것이 아니라 이미 궁궐 밖에까지 소문이 났다. 이에 걸식하는 사람 가운데 미처 진휼을 받지 못하여 충녕대군에게 부탁하는 사람까지 있었다. 태종으로서는 이미 그 일을 주관하고 있는 유사(有司)가 있는 마당에 여간 곤란한 일이 아닐 수 없었다. 그래서 형식적으로는 진휼을 제대로 챙기지 않은 해당 부령(部令)을 조사하게 할 것을 명했지만, 충녕대

---

59) 《태종실록》 권32, 태종 16년 9월 을미.
60) 《태종실록》 권35, 태종 18년 정월 정축.
61) 《태종실록》 권35, 태종 18년 3월 경신.
62) 《태종실록》 권26, 태종 13년 12월 을해.
63) 《태종실록》 권28, 태종 14년 10월 병신.
64) 《태종실록》 권29, 태종 15년 4월 기축.

44

군이 백성을 긍휼하게 여기는 실정을 확인하는 계기가 되었음은 물
론이다.[65]

이와 같이 충녕대군이 학문적으로나 덕성으로나 모든 면에서 발군
의 모습을 드러내자 애초에는 충녕대군을 인정했던 세자나 태종으로
서도 크게 부담을 느끼지 않을 수 없었다. 세자가 의복을 갖추어 입고
주위를 돌아보며, 자신의 성장(盛粧) 여부를 묻자 충녕대군은 '먼저 마
음을 바로 잡은 다음에 용모를 다듬으라'는 충고를 하기도 했는데,
이때 태종의 마음이 편치 않았다고 한다.[66] 세자 또한 태종 앞에서
문무를 논하다가 '충녕은 용맹하지 못하다'라고 지적한 것은 세자가
충녕대군에게 지녔던 부담감을 확인하게 해 주는 사례이다.[67] 실제로
세자는 상왕이 베푼 술자리에서 부마인 청평군(淸平君) 이백강(李伯剛)
이 일찍이 축첩한 기생 칠점생(七點生)을 데리고 돌아오려 하니 충녕
대군이 만류하며, "친척 사이인데 먼저 이와 같이 행동하는 것이 어
찌 옳겠습니까?"라고 했다. 이에 세자는 속으로는 화가 났으나 충녕
대군의 옳은 충고를 따를 수밖에 없었고, 이후 도가 맞지 않아 마음속
으로 매우 꺼려하게 되었다고 한다.[68]

세자에 대한 충녕대군의 충고는 이후에도 지속되었다. 세자가 흥덕
사에 가서 신의왕후(神懿王后)의 기신(忌晨)에 소향한 후에 두세 사람
을 불러 바둑을 두었는데, 충녕대군은 바둑 두는 것도 문제이지만 더
구나 기신하는 날에 바둑 두는 것에 대해 지적했다. 세자는 충녕대군
에게 '관음전에 가서 잠이나 자라'고 대했는데, 이제는 세자가 극도로

---

65) 《태종실록》 권30, 태종 15년 11월 기해.
66) 《태종실록》 권31, 태종 16년 정월 임인.
67) 《태종실록》 권31, 태종 16년 2월 임신.
68) 《태종실록》 권31, 태종 16년 3월 임자.

충녕대군을 꺼려했음을 알 수 있다.[69] 그래서 세자가 우연히 길에서 충녕대군을 만났을 때도 전 중추 곽선(郭璇)의 첩인 어리(於里)와 파생된 문제를 충녕대군이 고자질했다고 따질 정도로 관계가 나빠졌다.[70] 그러나 세자의 거듭된 실행과 그에 비해 반듯한 행동을 하는 충녕대군의 행실은 비교가 될 수밖에 없었고, 결국은 세자 교체라는 중대한 사건을 맞게 된 것이다.

태종 18년에 단행된 세자 교체에서 충녕대군이 세자로 결정되었는데, 이 과정은 매우 정치적인 결정일 수밖에 없었다. 아무리 실행을 거듭한 세자라고 할지라도 한 번 결정된 세자를 폐위시키는 문제는 정치적으로 매우 많은 문제를 불러일으킬 수밖에 없는 대단히 민감한 문제였다. 중국에 세자를 폐위하고 새 세자를 세우는 이유를 밝혀야 했고, 무엇보다도 이제 새로 수립된 왕조의 기틀을 다져야 하는 왕조의 초기에, 다시 왕자의 난과 같은 정치적인 격변이 없으리라는 보장이 없었다. 따라서 태종으로서는 매우 위험하고도 중대한 결정을 내리기 위해 더없이 신중할 수밖에 없었다.

태종이 세자를 바꾸는 과정은 이미 자세하게 밝혀진 바가 있지만, 그 과정에서 신하들은 새 세자를 결정하는 방법으로 세자 제(禔)의 아들이나 택현(擇賢), 복정(卜定) 등 세 가지 의견을 제시했다.[71] 태종은 이 세 가지 방법을 차례로 하나씩 선택하며 혼란스러운 모습을 보여주지만, 결국 '택현'을 새로운 세자 선정의 기준으로 삼았다. 태종의 최종적인 선정기준을 보여주는 언급을 보면 다음과 같다.

---

69) 《태종실록》 권32, 태종 16년 9월 정미.
70) 《태종실록》 권35, 태종 18년 5월 경신.
71) 최승희, 앞의 글(1990) 참조.

충녕대군은 천성이 총명하며 민첩하고 자못 학문을 좋아하여, 비록 몹시 추운 때나 몹시 더운 때에도 밤이 새도록 글을 읽으므로, 나는 그가 병이 날까 봐 두려워하여 항상 밤에 글 읽는 것을 금지했다. 그러나 내가 가지고 있는 거질의 책은 모두 청하여 가져갔다. 또 치체(治體)를 알아서 매번 큰일이 있을 때마다 헌의(獻議)하는 것이 진실로 합당하고, 또 보통의 의견을 넘어서는 것이 있었다. 중국의 사신을 접대할 때에는 신채(身彩)와 언어, 동정(動靜)과 주선하는 모두가 두루 예에 부합했다. 술을 마시는 것이 비록 무익하지만 중국의 사신을 대하여 주인으로서 한 모금도 능히 마실 수 없다면 어찌 손님에게 권하여서 그 마음을 즐겁게 할 수 있겠는가? 충녕은 비록 술을 잘 마시지 못하나 적당히 마시고 그친다. 또 그 아들 가운데 특별히 장성한 자식도 있다. 효령대군은 한 모금도 마시지 못하니, 이것 또한 불가한 점이다. 충녕대군이 대위를 맡을 만하니, 나는 충녕으로서 세자를 정하겠다.[72]

위와 같은 태종의 언급에서 중요한 대목은, 세종이 어느 누구보다도 왕자로서의 수업을 충실히 받아 누구도 좇아올 수 없는 독보적인 경지에 이른 것을 지적한 점이다. 호학과 경세에 대한 능력은 국왕으로서 필수적이었으며, 세종은 왕자로서 이 점을 가장 훌륭하게 수양한 점이 '택현설'의 밑받침이 될 근거가 될 수 있었다.

3.2. 진강과목으로 본 교육내용

세종은 세자로서 지낸 기간이 두 달밖에 되지 않으므로 실제 서연에서 공부한 과목이나 내용이 많을 수는 없었다. 다만 서연을 시작하면서 서연관들이 요청한 진강과목은 사서(四書)였으며, 태종은 이를 허락했다.[73] 따라서 약 두 달 동안의 서연에서는 주로 사서가 진강되

---

72) 《태종실록》 권35, 태종 18년 6월 임오.

었던 것을 알 수 있다. 사서는 성리학에서 가장 기초가 되며 근본이 되는 경전이다. 하지만 두 달 동안의 서연에서 사서를 강론하는 것은 한계가 있는 일이었다. 그렇다면 세종시대를 전후로 하여 서연에서 읽힌 진강과목을 두루 살펴서 세종이 왕자로서 받았을 교육내용에 대해 살펴보도록 하겠다.

우선 태조대에는 세자 이사 정도전이 서연에서 《맹자》를 강했다고 했다.74) 또 정종 때 맹사성의 상언에서 정종이 세자로 있으면서 서연을 열어 《대학연의》를 강론했다고 전하고 있다.75) 이러한 사실로 보면 태조대에는 《맹자》와 《대학연의》를 서연에서 진강과목으로 삼고 있었음을 알 수 있다.

다음 정종대에는 서연에서 진강한 과목과 관련된 기록이 거의 없다. 다만 태종 때에 사간원에서 올린 시무에 관련된 조목에서 태종이 세자로 있던 정종 때에 《대학연의》를 읽어 격물에서 평천하까지의 학문을 강구한 바가 지극했다고 한다.76) 서연에서 《대학연의》를 읽은 사실은 태종대에도 반복되었다. 태종은 세자인 양녕대군에게 활쏘기를 익히기 전에 지금 읽고 있는 교재를 강하겠다고 했다. 그러나 태종의 뜻과는 달리 세자는 대답을 충실하게 하지 못했는데, 이때 사용된 교재가 《대학연의》였다.77)

또 태종은 세자가 《대학연의》를 배울 때에 권수가 많아 보기가 쉽지 않으므로 모범을 삼고 경계가 될 만한 내용을 추려서 간략하게 편찬하게 하기도 했다.78) 태종 때에는 특별히 서연의 교재로서 《대학연

---

73) 《태종실록》 권35, 태종 18년 6월 기축.
74) 《태조실록》 권7, 태조 4년 3월 병오.
75) 《정종실록》 권6, 정종 2년 11월 계유.
76) 《태종실록》 권3, 태종 2년 6월 경오.
77) 《태종실록》 권17, 태종 9년 3월 무진.

48

의》가 주목된 것으로 보이는데, 태종 13년 10월에 세자가 《대학연의》의 강독을 마쳤다고 하면서, 강독을 마치는 데 6년이나 걸렸다고 했다.79) 이러한 사실로 미루어 볼 때 태종대의 서연에서 《대학연의》의 비중은 매우 컸음을 알 수 있다. 《대학연의》 말고도 태종대에 서연과 관련해서는 《효경》의 강습을 주장하거나80) 서연관들이 병풍을 만들면서 《효행록》에서 뽑았다는 기록이 있다.81)

세종대의 서연에서는 매우 다양한 진강과목이 등장했다. 이는 세자였던 문종이 세자로서 지낸 기간(30년, 세종 3년에 세자로 책봉됨)이 매우 길고, 또 세종이 애초부터 세자 교육을 철저히 시켰기 때문이다. 세종 20년의 기록에 따르면 세자는 이미 사서와 오경의 강독을 마쳤으며, 《자치통감강목》까지 마친 상태였다고 한다.82) 다만 중국어의 발음을 알게 하기 위해서 《직해소학》(直解小學)과 《충의직언》(忠義直言)을 가르치게 했다.

이 밖에 세종대 서연에서 진강한 교재로 주목되는 것은 《사륜요집》(絲綸要集)이다.83) 이 책은 세종이 집현전에 명하여 진·한에서부터 명나라까지의 모든 제고(制誥)·조칙(詔勅)을 편찬하게 하여 《사륜전집》을 만들었는데, 이어 예문 대제학 정인지에게 명하여 책의 주요 내용을 간추려서 만든 것이다.84) 따라서 이 책은 국정을 수행하는 데 직접 도움을 받을 수 있는 면이 있었다. 또 세종 때에는 태종대를 이어 여전히 《대학연의》가 주목되었는데, 문종이 된 세자는 서연관에

78) 《태종실록》 권18, 태종 9년 9월 계유.
79) 《태종실록》 권26, 태종 13년 10월 계축.
80) 《태종실록》 권3, 태종 2년 6월 경오.
81) 《태종실록》 권26, 태종 13년 12월 을해.
82) 《세종실록》 권80, 세종 20년 3월 계묘.
83) 《세종실록》 권114, 세종 28년 10월 기해.
84) 《세종실록》 권97, 세종 24년 9월 정해.

게 명하여 한글로 《대학연의》에 어조사를 써서 종실 중에서 문리가 통하지 않은 사람을 가르치려고도 했다.[85]

위와 같이 살펴보면 태조대에서 세종대까지 왕세자 교육의 현장인 서연에서 활용된 교재는 대체로 《효경》, 《소학》, 사서, 오경, 《자치통감강목》, 《대학연의》, 《사륜요집》 등을 들 수 있다. 이들 진강과목들은 사실 국왕을 대상으로 열린 경연에서도 동등하게 존중되었던 것들이다.[86] 다만 왕세자의 어린 나이를 고려하여 선택된 《효경》이나 《소학》 등의 차이가 있을 따름이다.

사서와 같은 기본경전을 제외하고 주목되는 진강과목은 《대학연의》와 《사륜요집》이었다. 이 가운데 《대학연의》는 고려말 원나라로부터 성리학이 도입되면서 함께 들여온 대표적인 제왕학의 교과서였다. 이 책은 이전까지 고려에서 주목받은 《정관정요》(貞觀政要)를 대체하여 '이제삼왕'(二帝三王)의 성리학적 제왕상을 구현하는 데 중요하게 참조되었다. 성리학에서는 본래 국왕에 대해 내면적 수양을 통해 성군을 지향하는 '내성외왕'(內聖外王)의 구도 아래 철저하게 국왕의 학문적 수련을 강조했다. 이는 경연이라는 제도를 통해 뒷받침되었고, 결국 국왕은 구체적인 정치사안에 직접 관여하기보다는 덕성을 기른 뒤에 훌륭한 신하에게 위임하여 통치하는 형태의 국정 운영체제가 지향되었다.

《대학연의》는 성리학적 제왕상에 대한 시대적 요구에 따르는 측면이 있었다. 주희의 재전제자(再傳弟子)인 진덕수(眞德秀)는 남송에서

---

85) 《문종실록》 권5, 문종 즉위년 12월 정해.

86) 남지대, 1980, 〈조선초기의 경연제도—세종～문종연간을 중심으로〉, 《한국사론》 6(서울대 국사학과); 권연웅, 1982, 〈세종조의 경연과 유학〉, 한국정신문화연구원 편, 《세종조 문화연구 I》(박영사).

주희의 사후 성리학의 보급을 위해 경학과 사학을 합쳐서 현실에서 필요한 제왕학의 지침을 완성한 것이었다. 그러나 성리학은 원나라와 명나라를 거치면서 제도화되고 관학화되어 체제교학이 되어 버렸다. 이에 따라 국정운영에서 국왕의 위상은 한층 높아졌으며, 그 가운데 《대학연의》가 꾸준하게 읽힐 수 있었던 이면에는 현실적인 제왕으로서 '존군(尊君)'적인 요소도 잃지 않았다는 장점이 있었기 때문이다.[87]

세종대에 편찬된 저술 가운데 특별히 주목되는 《치평요람》(治平要覽)이나 《자치통감강목훈의》(資治通鑑綱目訓義)의 경우도 모두 《대학연의》와의 연관관계 속에서 찬술된 것이었다.[88] 곧 《치평요람》은 송대의 《자경편》(自警編)을 범본으로 하여 《대학연의》에서 소홀히 한 치국평천하의 영역을 보완한 책이었다. 《자경편》이 제왕보다는 사대부의 처지에서 치도를 논했던 것에 견주어, 《치평요람》은 제왕의 처지에서 왕권이 추구해야 할 기준을 제시한 점에서 차이가 있다. 《자치통감강목훈의》의 경우에도 정치운영에서 사적인 영역을 최소한으로 줄이고 인주(人主)에게 일정한 기준을 제시하는 등 제왕학의 관점에서 활용되었다.

《대학연의》의 성격이 이와 같이 성리학적인 제왕상을 염두에 두면서도 현실에서 필요한 군주의 '정치기술'을 가르치는 데 부족함이 없었다면, 세종대 서연에서 《사륜요집》이 읽히는 분위기는 형성되어 있었다고 하겠다.

---

87) 정재훈, 2005, 《조선전기 유교정치사상연구》(태학사), 95~150쪽 참조.
88) 정재훈, 2003, 〈세종대 학풍과 정치사상〉, 《애산학보》 29 참조.

4. 맺음말

세종은 태종의 셋째아들로서 이미 맏형이 세자로 있는 상황에서 왕위계승의 가능성이 별로 보이지 않았기 때문에, 세자로서 왕위를 준비하기 위한 충분한 시간을 갖지 못했다. 그럼에도 타고난 호학으로 인해 오히려 왕위계승에 얽매이지 않고 자유롭게 성리학이라는 신학문의 탐구를 통해 학문을 닦을 수 있었다. 짧은 두 달여의 세자 기간 동안 본격적인 왕세자 수업을 받지는 못했으나, 이미 16세 때 대군이 되면서 성리학을 착실히 익힌 이수(李隨)을 맞이하여 훌륭한 학자로서의 소양을 기를 수 있었다.

이를 기반으로 해서 세종은 자신이 왕위에 있으면서 왕세자 교육의 틀을 어느 정도 갖추었다. 조선 초기에 이루어진 제도가 대체로 초기에는 태종 때에 그 기틀이 마련되기 시작하여, 세종 때에 어느 정도 정비가 되며, 이후 성종 때까지 수선과 보완이 이루어지는 것과 같이 세종 때에는 왕세자 교육에서도 집현전을 중심으로 교육되는 등 제도적인 정비가 이루어진다.

왕세자 교육을 위해 마련된 서연에서도 고려 때의 지배원리를 대체해서 등장한 성리학과 관련된 서적들이 주로 교재로 채택되었다. 국왕의 교육을 위해 마련된 경연에서도 비슷하게 나타나는 현상이지만, 왕세자 교육에서도 성리학의 중심 경전인 사서(四書)와 이에 앞서 공부하는 《효경》이나 《소학》 등이 주목되었다. 한편 조선 초기에는 강력한 왕권을 중심으로 국가를 운영하려는 목적에서 제왕학을 위해 저술되었던 《대학연의》와 진·한에서부터 명나라 때에 이르기까지의 모든 제고·조칙을 편찬하여 요약한 《사륜요집》 등을 강론하기도

했다. 이러한 왕자 교육의 틀은 세종대에 크게 정비되어 이후 세자시
강원으로 이어지는 기틀을 마련한 것이었다.

■ 참고문헌

《고려사》《태조실록》《태종실록》《세종장헌대왕실록》

권연웅, 1982, 〈세종조의 경연과 유학〉, 한국정신문화연구원 편, 《세종조 문화
　　연구Ⅰ》, 박영사.
남지대, 1980, 〈조선초기의 경연제도—세종~문종연간을 중심으로〉, 《한국사
　　론》 6(서울대 국사학과)
이석규, 1986, 〈조선초기 서연연구〉, 《역사학보》 110.
이성무, 1967, 〈선초의 성균관연구〉, 《역사학보》 35 · 36합집.
정재훈, 2003, 〈세종대 학풍과 정치사상〉, 《애산학보》 29.
———, 2005, 《조선전기 유교정치사상연구》, 태학사.
최승희, 1966, 〈집현전연구(상)〉, 《역사학보》 32.
———, 1990, 〈태종말 세자폐위사건의 정치사적 의의〉, 《이재룡박사환력기념
　　논총》; 《조선초기 정치사연구》(지식산업사, 2002)에 재수록.

세종의 불교 신앙과 유교정치

부 남 철

영산대

1. 머리말

유학자는 불교 신앙을 가질 수 없는가? "이단을 전공하면 해롭다"는 말이 《논어》에도 있고, 이단의 학설을 막는 것이 자신의 임무라고 자부했던 맹자의 주장이 있듯이, 유학자가 불교 신앙을 갖는 것은 곤란했음을 짐작할 수 있다. 더욱이 신유학[성리학]의 단계에 이르러 이단 비판이 강화된 점을 생각하면 더욱 그렇다. 그렇지만 여말선초에 유교적 교양을 갖춘 지식인들 일부가 불교 신앙을 가지고 있었음을 참고할 필요가 있다.

《입학도설》과 같은 신유학 이론서를 저술했던 유학자 권근은, 《불씨잡변》을 쓴 정도전의 이론적 동지였다. 그렇지만 그는 일상생활에서 불교를 멀리하지 않았다. 그는 조선 초기에는 고위공직자로서 왕명에 따라 불교 행사에 참여했다. 그는 이론적으로는 불교를 비판했지만 실제 행동은 그렇지 않았다.(부남철 1999:201~206)

그런데 문제는 이런 권근의 사례가 당시에 특이한 것이 아니라는 점이다. 조선 전기 불교와 유교의 교체기에 유교적 교양을 가진 학자들 일부도 이런 경향을 가지고 있었다. 세종도 이런 경향에 속한다고 할 수 있다. 세종은 이론적으로는 분명하게 유교·신유학에 대한 지식과 확신을 가지고 있었지만, 신앙 차원에서는 불교에 의지했다. 그는 군주로서 유교를 국가적으로 진흥시키는 정책을 지속적으로 추진하면서, 한편으로 필요할 때는 불교 신앙에 의지했다. 이런 그의 태도에 대해 이론과 실천이 일치하지 않았다고 혹평할 수도 있을 것이다.

그렇지만 필자는 유교·신유학[성리학]의 지식과 불교 신앙이라는 것이 충돌하지 않는다고 생각한 세종을 주목하게 되었다. 유학자는 불교 신앙을 가지면 안 된다거나, 유교·신유학의 지식과 불교 신앙은 충돌한다고 전제하는 유교적인 관념에 구애받지 않고, 정치적 필요에 따라서 유교와 불교를 함께 선택했던 세종의 태도는 흥미로운 사례라고 생각했다. 더욱이 그가 한명의 유학자가 아니라 국가정책의 최고 결정자인 군주였다는 점에서, 세종의 정치와 종교에 관한 정책과 태도는 조선시대 정치와 사상, 종교의 문제를 이해하는 데 흥미로운 연구 주제라고 할 수 있다.

2. 세종의 유교와 불교에 대한 인식 _지식과 신앙

세종은 불교 신자인가? 이 문제에 대답하기 위해 세종 이전의 군주인 태조와 태종의 불교에 대한 태도를 먼저 살펴보면 참고가 될 것이다. 태조는 자신이 조선을 건국할 수 있었던 것도 불교 신앙심 때문이라고 생각했다. 그는 자초(自超)를 왕사(王師)로 삼았고(태조 1/10/9 정사), 조구(祖丘)를 국사(國師)로 삼았다(태조 3/9/8 을사). 그리고 《법화경》을 궁중에서 강의하게 했다.(태조 3/9/15 임자) 한편 그의 뒤를 이은 태종은 불교 신앙을 가졌다고 보기는 어려운 군주였다. 그는 덕수궁

옆에 장막을 치고 승려 100명을 모아 불교 행사를 벌였고(태종 8/1/28 정축), 흥천사 사리전을 수리하게 했다(태종 11/3/30 경인). 그리고 그는 중궁의 병이 위독할 때 승려들을 동원해 불경을 읽게 했고, 그런 다음 병에 차도가 있을 때 기뻐했다. 그렇지만 신앙심으로 그렇게 한 것은 아니었다. 그는 불교 행사를 할 때 늘 태조를 위한다는 명분을 내걸었다. 어떤 경우에는 "부인이 이를 믿는 까닭"(태종 13/5/6 갑신)이라고 둘러댔다. 이 밖에도 그가 불교를 신앙의 차원이 아니라 현실의 필요 때문에 찾았던 사례가 많다. 실제로 그의 측근 관료들도 유교 교양을 쌓은 그가 불교 신앙을 갖고 있지 않다는 사실을 잘 알고 있었다.

그러면 세종은 어떠한가? 세종은 명나라 사신 황엄을 내불당(內佛堂)으로 오게 하여 사리를 준 일이 있었다.(세종 1/9/7 기유) 내불당에서 금으로 《법화경》을 쓰게 한 일도 있다.(세종 2/8/11 정미) 태종을 위해 수륙재를 열었고, 흥천사를 수리하게 했고, 여기에 새로 인쇄한 《대장경》을 두어 사람들로 하여금 보게 했다.(세종 22/9/12 신해) 세종이 이 정도의 차원에서 불교를 대했다면, 그는 태종과 마찬가지로 현실적 필요에서 불교를 이용한 군주였다고 평가할 수 있다. 그렇지만 그가 1440년(세종 22)에 흥천사를 고치고 이를 기념하는 행사를 벌였을 때, 이전과는 다른 비판이 등장했음을 주목할 필요가 있다.

그것은 그 이전에는 세종이 불교 행사를 벌이면서 "부처를 위하는 것이 아니라 조종(祖宗)의 유물이 쓰러지는 것을 차마 볼 수 없기 때문이라는 명분을 내걸었는데, 이제는 부처를 위해 반드시 공경하고 제사하여야 하겠다고 하시니" 하는 직설적인 지적이 관료들로부터 제기된 것이다.(세종 23/11/10 계유) 이러한 비판에 대해 세종은 "불교의 해가 크게 일어나 화가 박두하여 구제하기 어렵다고 하지만, 나는 이와 같은 데 이르지는 아니했다고 생각한다"고 반박했다. 그렇지만 이

때부터 세종과 일부 관료들 사이에 불교 행사를 두고 논쟁이 이어졌다. 세종은 관료들의 성토가 있었지만, 그래도 흥천사에서 경찬회를 5일간 베풀게 했다.(세종 24/3/24 을유) 관료들은 세종의 명령에 따라 불교 행사를 진행했고, 세종은 이 행사를 "전후하여 10일 동안은 도첩이 없는 중이라도 서울 안에 왕래하는 것을 금하지 말라"고 지시하면서 행사를 강행했다.

세종 28년(1446)에는 왕비를 위한 재(齋)를 여러 절에서 돌아가며 베풀게 했다.(세종 28/3/29 병신, 28/4/15 임자) 이때도 관료들은 세종이 금은으로 불경을 쓰게 했고, 여러 사찰을 새로 창건하게 했다는 지적을 하면서, "성상께서 불법을 숭상하여 믿으시니"라고 직설적으로 비판했다.(세종 28/10/4) 이런 비판에 대해 세종은 "내가 이미 불교를 좋아하는 임금"이라고 드러내놓고 응수했다. 이렇게 불교 문제를 둘러싸고 세종과 관료들 사이에 긴장이 지속되는 가운데, 세종은 관료들이 우려했음에도 궁중에 불당을 설치했다.(세종 30/12/5 정사)

또한 세종은 다수의 불경을 간행토록 한 군주로 잘 알려져 있다. 무엇보다도 나중에 세조가 되는 수양대군 등을 시켜 불경을 한글로 풀어쓰도록[諺解] 한 것을 주목할 필요가 있다. 세조 8년(1462)에 제작된 《능엄경 언해》 등 불경 언해 서적이, 사실 세종의 지시로 시작되었음을 고려한다면, 세종의 불교에 대한 관심은 현실의 정책적 필요에 따른 것을 넘어서, 그 자신의 신앙심이 분명하게 작용한 것이라고 짐작하지 않을 수 없다. 유교에서 강조하는 사서(四書)의 언해가 세종의 명에 따라 시도되었지만, 결과적으로 선조 통치기인 1590년대에 와서 이루어졌다는 점을 고려한다면 더욱 그렇다. 현실적 필요라는 것은 그것이 필요한 정도에서 수동적으로 대응하는 것인데, 태종의 경우가 그러했다. 그렇지만 다수의 불경 간행과 언해 작업은 학술적인 목적 말고도 종교적인 신앙심이 작용한 경우라고 할 수 있다. 이에 더하여 세종은 소헌왕후를 추모하는 〈월인천강지곡〉(月印千江之曲)을 작곡했다.

이와 같은 불교 관련 사업을 진행할 때 반대 여론이 있었지만 그래도 강행한 것은, 세종의 신앙심이 작용한 측면도 있다고 생각된다. 이런 점에서 세종의 불교에 대한 태도는 태조와 태종의 중간 입장이라고 평가할 수 있다. 세종은 드러내놓고 불교 신앙을 과시하지는 않았으나 실제로는 신앙심을 가지고 있었다. 세종이 불교 행사를 개최하면서, 이를 충효와 같은 유교적 명분이나 조종(祖宗)의 유훈(遺訓)과 전통이라는 논리를 동원했지만, 그가 불교 신자인 것만큼은 분명했다.

그렇지만 세종은 동시에 유교·신유학[성리학]에 대한 확고한 신념을 가진 군주였다. 그는 그 이전의 어느 군주보다 적극적으로 경연에 참석했다. 그리고 그는 말년까지 유교·신유학[성리학] 관련 학술 서적을 수집·인쇄·보급하는 일에 관심을 가졌다. 세종은 경상도·전라도·충청도 감사에게 《성리대전》, 《역경》, 《서경》, 《춘추》, 《시경》 등의 책을 보내고, 이를 목판에 새기게 했다. 그리고 각 지역에서는 그런 책을 출판하여 세종에게 바쳤다.[1] 세종은 이런 책을 관료들과 함께 읽고 토론했다. 그리고 관료들과 지방 향교에 이런 책을 보냈다.[2]

---

1) 세종 9년 9월 3일(무자)에 경상도 감사에게, 세종 9년 9월 28일(임오)에 전라도 감사에게 책 출판을 목판에 새기도록 지시한 일과, 강원도 감사가 《사서대전》을 간판(刊板)하고 이를 보관하는 누각을 건축했다는 보고; 세종 10년 4월 1일(임오)에 경상도 감사가 《성리대전》 50부를 진상하자 이를 관료들에게 나누어 준 일; 세종 12년 3월 20일(경신)에 충청도 감사가 《상서》 30벌과 《예기》 20벌을 인쇄하여 바쳤다는 기록.

2) 세종 17년 9월 21일(기축)에 《대학》, 《중용》, 《논어》, 《맹자》, 《시경》, 《서경》, 《예기》, 《역경》, 《춘추》, 《성리대전》 각 2질과 《소학》 10질을 제주향교에 보냈다는 기록; 세종 26년 8월 14일(경신)에 《근사록》, 《통감강목》, 《집성소학》 등을 청주향교에 보냈다는 기록.

그런 일 가운데에서 세종이 유교·신유학[성리학] 교육에 대한 중대한 관심을 입증하는 사례가 바로 경서(經書)에 토(吐)를 다는 작업을 지시한 일이다. 태종이 권근(權近)에게 오경(五經)에 대한 토를 달 것을 지시하여 권근이 《시경》, 《서경》, 《역경》의 토를 단 일이 있었다. 이런 일을 알고 있었던 세종은 그때까지도 《예기》와 사서에는 토가 없다는 점을 걱정했다. 한문 원문에 토를 붙이는 것은 해석의 기준을 제시하는 것인데, 세종은 "이것이 없으니까 후학들이 혹시 본래의 뜻도 잘 모르고 여러 생도들을 가르칠까 봐 염려된다"고 하면서, "만약 이것을 가지고 가르친다면 어찌 유익하지 않겠는가?" 하면서 경서에 토를 붙이는 작업의 필요성을 언급했다.(세종 10/4/18 기해) 이와 같은 교육의 쟁점을 파악하고 있을 정도로 세종은 유교·신유학[성리학]에 대한 지식이 있었고 그것의 보급에 대한 확신을 가지고 있었다.

신유학[성리학]을 공부한 학자들마다 강조하는 책은 다르겠지만, 그래도 공부하는 순서로 본다면 《소학》을 우선 거론할 것이다. 《소학》은 학자들 사이에서 성리학의 세계로 들어가는 입문서로 강조되었다. 이런 《소학》을 생원시 시험 과목에 포함시키자는 건의(세종 8/1/27 임술), 《소학》을 더 인쇄하여 보급하자는 건의, 그리고 《소학》 교육을 더욱 강화하자는 건의가 있을 때마다 세종은 주저하지 않고 그렇게 하라고 지시했다. 의례에서 《주자가례》 또한 중요한데, 세종은 궁중의 의례에 이를 적용하자는 건의도 곧바로 수용했다. 이와 같은 유교·신유학[성리학]의 학습과 학술 사업에 노력했던 세종이, 한편으로는 금으로 불경을 쓰는 신앙심을 가지고 있었다. 세종은 한때 중국 유학자들과는 달리, 유독 조선의 유학자들이 불교를 심하게 비판하는 경향의 문제를 관료들에게 제기한 바 있었다.(세종 12/11/12 기유) 이런 질문에 대해 세종의 신하들은 "중국에서 나라의 운명이 오래 가지 않은 것은 불교를 좋아했기 때문”이라고 했지만, 이는 세종의 질문에 대한 본질적인 대답은 아니었다.

세종은 유교·신유학[성리학]을 공부하면 곧 불교를 배척해야 한다는 등식에 대해 문제를 제기했다. 이런 문제 제기는 세종이 갑자기 한 것이 아니라 그 이전에 태조도 비슷한 말을 한 적이 있었다. 태조는 당시의 유력한 유학자였던 이색도 불교에 관심을 가졌던 사례를 들면서, 신유학[성리학]의 지식과 불교 신앙은 서로 충돌하지 않는다고 말했다. 그는 오히려 유교와 불교의 관계를 대립적으로 파악하는 태도 자체가 잘못이라고 힐난했다.[3] 그의 뒤를 이은 정종도 “불씨(佛氏)는 자비불살(慈悲不殺)로서 도를 삼고 유자의 도 또한 호생오살(好生惡殺)의 이(理)가 있으니, 이는 즉 근사(近似)한 것이다” 할 정도로 유불의 유사성을 주목하면서, 이에 반대하는 관료들과 논쟁을 벌인 일이 있었다.(한우근 2001:56)

이런 주제에 대해서 신유학[성리학]을 공부한 학자들 일부도 유불이 근본정신에서는 결국은 같은 것이라고 주장했다. 세종은 위에서 설명한 바와 같이, 유교·신유학[성리학] 학습과 진흥에 전념했기 때문에 학자의 레벨에 있었고, 또 한편으로 불교 신앙심을 갖고 있었는데, 그가 이러한 같은 질문을 제기하는 것 자체가 그 자신은 신유학[성리학]의 지식과 불교 신앙심이 병존할 수 있다는 점을 의식한 것으로 짐작할 수 있다.

고려시대에는 유교는 정치의 교양으로 불교는 신앙으로 자연스럽

---

3) 불교신자였던 태조 이성계는 태조 1년 12월에 양광도 안렴(按廉) 조박(趙璞), 경상도 안렴 심효생(沈孝生)이 상복자(喪服者)로서 사찰에 가서 공불(供佛)하는 것을 금지했다는 사실을 듣고, “이색(李穡)은 당대의 대유(大儒)가 되어서 역시 또한 숭불하는데, 이 무리는 무슨 책을 읽었길래 이렇듯 불(佛)을 좋아하지 않는가?”(태조 1년 12월 임자 기록; 한우근 2001:49 재인용) 했다.

게 생활 속에서 병존했다. 그리고 신유학이 도입된 뒤에도 이제현(李齊賢)과 같은 학자는 유불의 일치를 주장했다.(한우근 2001:8) 또한 세종시대에 활약했던 기화(己和)와 같은 승려는 불교와 유교가 모두 정치와 생활에 도움이 된다고 역설했다. 이렇게 유교와 불교가 서로 충돌하지 않고 함께 존속할 수 있다는 주장이 있었지만, 그럼에도 신유학의 이론에서 보면 불교는 분명하게 배척해야 할 이단이었다. 이런 이론에 대해서도 잘 알고 있었을 세종이, 위와 같이 신유학의 지식과 불교 신앙을 충돌하지 않는다고 생각했던 이유는 무엇일까?

이런 문제에 대해 돈 베이커(Don Baker)의 설명은 참고가 된다. 그는 1780년대에 서구의 기독교가 도입되기 이전에는 한국에는 '종교'라고 번역되는 서구적 의미의 'Religion'은 존재하지 않았다고 주장한다. 종교는 기독교(Christianity)가 들어온 다음의 현상이라는 것이다.(Baker 2004:2~5) 이렇게 조선시대에는 서구적 의미의 신 중심적인 종교와 같은 것이 없었기 때문에, 그 이전에 유교·불교·샤머니즘에서 교리 차원의 심각한 대립은 없었다는 것이다. 신앙은 기존의 유교적 질서를 인정하고 그것을 존중하는 한 체제 내에서 존속할 수 있었다는 것이다. 이런 논리로 세종시대를 보면, 당시에 신유학의 지식과 불교 신앙이 관계가 심각한 갈등의 관계는 아니었다고 해석할 수도 있다. 유학자들 사이에서도 현실적으로 불교의 존재가 묵인될 수 있는 정도라는 것이다.

한편 신유학의 도입으로 불교를 이단으로 규정하고 비판하는 경향이 강화되었다고 본다면, 존 던컨(John Duncan)의 설명도 참고할 만하다. 존 던컨은 고려 말기로부터 조선 초기에 전통적인 유학과 신유학의 차이 또는 변화가 분명하지 않았음을 분석했다. 그렇기 때문에 조선 초기에 전통유학과 신유학 사이의 분명한 교체현상은 찾기 어렵다는 것이다. 단지 오랜 시간을 두고 서서히 변해갔을 뿐이라는 것이다.(Duncan 1999:238~262)

이런 던컨의 설명을 세종의 사례에 적용한다면 세종시대를 유교와 불교가 혼재했던 고려 말기의 경향이 그대로 이어진 상황 속에서 세종도 그런 시대적 경향을 따른 것으로 해석해 볼 수 있다. 이처럼 당시는 유교와 불교 사이에는 종교적인 갈등이 약했다고 하는 설명이나, 그 시대가 전통유학의 경향이 상당 부분 그대로 존속되었기 때문에 신유학의 이단 배척 관념이 덜 철저했다는 해석을 할 만한 여지는 있다고 하겠다. 그래서 세종의 유교와 불교에 대한 태도를 당시의 시대적 경향을 반영한 것으로 해석할 수 있지만, 세종은 그래도 나름대로 국가 경영의 책임자로서 유교 정치의 입장에서 불교계를 개혁하면서 불교 신앙을 유지했다.

3. 불교 비판론의 대두와 세종의 불교계 정비

세종시대에 거론된 불교 비판의 이론적인 측면을 보면, 《불씨잡변》의 내용과 거의 비슷하고, 이에 더하여 당시의 실제 사례를 추가한 정도였다. 《세종실록》에 들어 있는 불교 비판 관련 기사 내용으로 먼저 지적할 수 있는 것은 불교에 대한 감정적인 비판이었다. 그것은 "부처가 본디 서방 오랑캐로서 요망하게 죄와 복의 인연이라는 말을 일으켜 어리석은 백성을 속이고 꾀었는데"라는 사간원의 상소문(세종 22/9/13 임자) 서두에 등장하는 문장에서 짐작할 수 있다. 불교는 야만 지역인 서방에서 나온 것이기 때문에 가치가 없다는 경멸적인 표현인 것이다. 조선이 동주(東周)가 되기를 희망했던 사람들에게 서방의 교라는 것은 아무런 가치가 없는 것이었다.

다음으로는, 불교의 세외적(世外的)인 경향에 관한 것이다. 불교는 "천하와 국가의 일은 망각한 것"(세종 3/7/2 임술; 사간원에서 올린 소), "세상을 등지고 속세와 인연을 끊는 도"(세종 21/4/22 기해; 사헌부와 사간원에서 연명으로 올린 소)라고 표현한 것이 바로 불교에 대한 그런 인식을 보여주는 것이다. 불교는 가족과 국가를 버리는 또는 멀리하는 교로서, 이는 신민들의 정치사회에 대한 의무감과 관심을 약화시킨다는 것이다. 앞에서도 인용했지만, 불교는 무부무군(無父無君)의 교라는 비판이 바로 이것이다. 불교의 이러한 경향은 노동을 하지 않게 하고, 가족을 꾸리게 만들기보다는 이를 버리게 유도하고, 궁극적으로는 국가와 군주의 명령을 배반하는 사람을 만든다는 것이다.

그 다음으로는, 성리학자들은 불교에서 복을 받기 위해서 선행을 권장하는 방식이 문제라고 비판했다. 천당과 지옥이 있다고 위협하면서 선행하도록 하는 경향을 만들어내는 방식이 잘못이라는 것이다. 이는 사생관(死生觀)에 관한 유불의 인식 차이와도 연관이 있는데, 유교·성리학자들은 사람이 죽으면 혼백이 천지에 사라진다고 보기 때문에, 불교에서 말하는 천당과 지옥의 존재를 인정하지 않았다. 삶이란 일회적이라고 보는 것이다. 그렇기 때문에 이들은 천당지옥설이란 단지 어리석은 백성을 속이려는 거짓이라고 비판했다.

이렇게 유학자들은 불교 교리 전반을 인정하지 않았다. 그러면서 이들은 불교가 유교와 비슷하기 때문에 위험하다고 생각했다. 불교에서 마음[心]의 수련을 강조하는 것과 수기(修己)를 통해 마음을 닦을 것을 강조하는 성리학의 논리가 비슷해 보이기 때문에, 불교는 유교·성리학의 발전에 더욱 해로운 존재라고 혹평했다.

이렇게 불교를 비판했던 당시의 관료들과 유생들은 한유(韓愈), 주자(朱子)와 같은 학자들이 불교를 비판한 글, 중국 여러 왕조의 불교 신앙과 그 왕조의 붕괴, 고려조에서 불교의 타락과 같은 이론적 역사적 사례를 비판의 근거로 제시했다. 이러한 유교·성리학의 이론적인 이단 인식을 바탕으로, 당시 불교를 비판한 실제 쟁점들은 다음과 같다.

우선, 승려의 정치적 영향력 증가에 대한 우려 측면을 생각해볼 필요가 있다. 불교국가라고 할 수 있는 고려조에서도 승려들이 정치 문제에 관여했던 일에 대한 비판이 있었다. 승려들이 군주와 그 가족들과 친밀함을 이유로 정치적 영향력을 행사했던 것을 비판했다. 집현전 부제학 설순이 세종에게 "요망한 중이 정사를 어지럽게 만들어 종묘와 사직이 멸망하게 되었다"(세종 14/3/5 임자)고 한 것은 고려 말기에 있었던 그런 사례를 염두에 두고 비판한 것이다. 세종시대의 관료들도 이런 가능성을 생각하고 있었지만 고려조에서와는 달리 조선 건국 이후에는 이런 우려는 덜 심각했다. 물론 태조 때 국사·왕사와 같은 제도가 있어서 승려가 군주와 공식적으로 접촉하면서 영향력을 발휘할 수 있는 여지가 있었지만, 태종 때 그런 칭호를 없애고 국사를 더 이상 임명하지 않은 바와 같은 조치를 취하면서, 불교계의 정치적 영향력을 약화시켰다. 다만 세종과 그 가족들이 불교에 대한 관심을 표명하고 직접 불교 행사에 참여했기 때문에, 일부 승려들이 군주의 신임을 관료나 지방 수령들에게 과시하는 정도의 일들은 있었다.(한우근 2001:41) 그러나 이미 세종시대에는 불교계의 정치적 영향력이라는 것이 고려조와 같이 위협적인 수준은 아니었다. 불교를 비판했던 인사들도 이 문제를 심각하게 생각하지 않았다.

당시 불교 비판의 핵심 쟁점은 경제와 재정 문제에 관한 것이었다. 관료들은 상소문에서 승려들이란 놀고먹는 존재라고 규정했다.(세종

3/7/2 임술; 사간원 소) 승려가 증가하면 곧 농민의 숫자가 감소할 것으로 계산했던 이들은, 국가 재정도 어려운데 "놀고먹는 승려들이 일반 백성들이 먹을 것을 앗아간다"고 분노했다. 불교 비판자들은 위에서 지적한 바와 같이 복을 비는 불교 행사의 효력을 믿지 않았기 때문에, 불교 행사에 들어가는 비용을 국가 재정의 낭비 요소로 규정했다. 그렇기 때문에 불교 행사를 완전히 없애거나, 그럴 수 없다면 최소한의 비용으로 절약하면서 하라고 촉구했다. 또한 이들은 승려들이 좋은 음식을 먹거나 좋은 옷을 입는 것을 참을 수 없었다. 이들은 승려들이 가벼운 옷을 입고, 유밀과를 먹고, 말을 타는 일을 용인할 수 없었다. 더구나 승려들이 술을 마셨다고 흥분했다. 이들이 불교를 비판하는 글 첫머리에, 불교란 "과욕 청정(寡慾淸淨)의 교"이며 "설산(雪山)의 고행(苦行)"과 같은 수행을 행해야 함을 언급한 것도, 승려들의 사치를 비판하고, 불교가 본래 모습을 잃어버렸다는 개탄이었다.

이런 경제적인 차원에서 비판의 초점은 토지와 사찰 소유 노비 처리에 있었다. 당시에 사찰이 소유하는 토지와 노비는 군역과 부역 담당 노동력의 감소라는 문제에 연결되어 있었다. 기존 연구에서 고려 말 전제(田制)의 문란과 이로 인한 전제 개혁 문제가 격화된 원인 가운데 하나가 "여말(麗末) 사원 경제의 팽창에 있었다"(한우근 2001:83)고 지적되는 바와 같이, 불교계에 대한 개혁은 국가 재정의 필요성 때문에 절박한 문제였고, 그 개혁의 핵심은 토지였다. 이런 이유로 사찰이 소유한 토지에 대해 태조와 태종 때 관료들의 거듭된 개혁 요구가 있었고, 태종은 단계적으로 사찰 소유 토지와 노비의 숫자를 규제했다. 또한 도첩제의 실시와 같이 승려가 되는 길을 엄격하게 함으로써 양민의 숫자와 군역을 충실하게 하려고 했다. 이런 조치에 대해서는 호불의 군주였던 태조까지도 동의했다. 사찰이 소유하는 토지 규모를 조정하고 이에 과세한 바와 같이, 태조·정종·태종대까지 대세는 불교계에 대한 정비였다. 이런 과정을 통하여 불교계의 위상은 약화되고 있었다.

세종 때에도 불교계에 대한 대대적인 정비사업이 전개되었다. 세종 6년(1424) 4월 5일(경술)에 예조에서 불교 개혁에 관한 건의문을 올린 내용을 보면, 당시에 7종으로 세분된 종파를 선교(禪敎) 양종으로 정리하고, 승록사를 혁파하고 그 일을 흥천사와 흥덕사에 맡기면서, 흥천사는 선종도회소, 흥덕사는 교종도회소로 고쳐 승려들에 관한 일을 관장하게 했다. 이러한 조치는 승려들에 대한 관리를 승려 단체에 맡기는 것으로, 이런 업무의 중요성을 약화시킨 것이다.

양종으로 합친 구체적인 내용을 보면, 이미 있던 조계·천태·총남 3종을 합쳐서 선종으로, 화엄·자은·중신·시흥 4종을 합쳐서 교종으로 하고, 서울과 지방에 선별적으로 36개 사찰만 두어 위의 양종에 분속시키는 조치를 건의했다. 이렇게 하면서 선종에 예속된 절 18개소에는 전지(田地) 4250결, 교종에 예속된 절 18개소에 전지 3700결을 두게 하는 조치를 통해, 양종에 속한 각각의 사찰에 할당할 전지 면적과 승려 인원을 축소 조정했다.4) 이렇게 관료·유생들의 불교 비판과 그 여론에 따라 세종은 불교계를 정비하는 조치를 취했다.

그리고 세종은 이단 비판을 허용했고, 상황에 따라서 그들의 주장을 일부 받아들였다. 세종 15년(1433)에 문소전의 불당을 폐지하고 인왕불과 불사리를 흥천사로 옮긴 일, 세종 16년(1434)에 내원당에서 하

---

4) 이 밖에도 불교를 비판하는 쟁점에는 윤리 문제 등이 있다. 불교 비판자들은 여성들이 사찰을 방문하거나 불교 교리를 전파는 승려를 만나는 것 자체를 도덕적인 타락으로 규정했다. 그래서 아예 사찰을 없애거나 여성들이 사찰에 출입할 수 없게 하라는 주장이 들끓었다.

던 5교 양종 승려와의 하례를 그만둔 일들이 그런 것이다. 세종은 관료들의 간(諫)이나 유생들의 척불 상소 내용을 수긍했다. 그리고 이들의 주장에 따라서 불교를 대체하는 유교적 교양을 중시하는 정책을 표방했다. 그는 집현전을 운영했고, 그 이전의 군주보다 적극적으로 경연에 참여했다. 그가 학술 서적을 수집 발간하고 지방에 배포한 일이, 유교·성리학으로 향하는 그의 정책 방향을 알게 하는 조치인 것이다. 그는 이러한 학술사업과 더불어, 백성들을 유교적인 윤리 세계로 이끄는 교화 정책을 꾸준히 펼쳐 나갔다. 《삼강행실도》 같은 교화서 간행은 바로 세종의 그런 의지를 반영한 것이다.

그러면서 세종은 국가 재정의 측면에서 불교계를 정비하자는 건의는 받아들었다. 승려들이 사소하게 법을 어겼을 경우에 이를 처벌하라는 관료들의 요청을 거부하면서, 승려들을 보호하고 승려들에 대한 통제를 심하게 하지 말라고 당부했던 부드러운 조치와는 달리, 경제적 문제에 관련된 정책에 대해 세종은 토를 달지 않았다. 그리고 그 이전의 군주들이 그랬던 것처럼 도첩제를 유지하여 승려가 되는 길을 통제했고, 사찰의 신축을 제한하고, 일부 사찰 소유 토지와 노비를 환공 조치했다. 세종은 이렇게 불교계를 정비하는 조치를 취했다.

그렇지만 위와 같은 불교계의 정비 내용을 보면, 그것은 불교의 존립 자체를 부인하는 차원의 정책 조치는 아니었다. 세종시대에 있었던 억불이라는 것은 불교계의 외형적인 규모를 축소시키고, 세속적 권력 또는 영향력을 억제하여, 그것을 단지 본래의 역할인 신앙의 대상으로 남아 있게 하려는 것이었다. 세종이 이렇게 한 것은, 유교 정치의 세계에서도 불교가 신앙으로 존속할 수 있다는 신념이 있었기 때문이다. 그리고 불교가 국가경영의 관점에서도, 당시의 생활 속에서 신앙으로서 그 가치와 필요성이 있음을 주목했기 때문이었다.

4. 세종이 불교를 묵인했던 이유와 명분

세종시대에는 불교 개혁 문제에 대해서 다양한 입장이 있었다. 강경하게 척불을 주장하는 사례로는, 세종 6년(1424) 3월 8일(갑신)에 집현전 제학 윤회 등의 상소를 들 수 있다. 이들은 상소에서, 당시에 일반적으로 지적되었던 불교에 대한 이론적 비판을 바탕으로 불교를 "오랑캐의 법"이라고 규정하면서, 불탑을 파괴하고, 불경을 불사르고, 승려들을 모두 환속시키는 한편으로, 《주자가례》를 알기 쉽고 행하기 쉽게 정리하여 일반에서 전파할 것을 촉구했다.

또 이들의 뒤를 이어 세종 6년(1424) 3월 12일(무자)에, 성균관 생원 신처중 등 101명이 올린 상소도 같은 강경 기조를 유지했다. 이들은 또한 불교의 삶과 죽음의 문제 등과 같은 교리를 비판하고, 불교의 폐해에 대한 역사적 사례를 나열하면서 강력 대응을 촉구했다. 승려는 강제로 고향에 돌아가게 한 뒤에 병부(兵部)에 충당시키고, 승려가 살던 집은 주택으로 만들고, 불경은 불살라버리고, 사찰 토지는 군자(軍資)에 소속시켜 군량을 넉넉히 하고, 사찰 노비는 관사에 나누어주고, 사찰에서 사용하던 그릇은 관용(官用)으로 하고, 판각하여 놓은 경판(經板)은 유서(儒書)로 고쳐 간행하고, 서울에 있는 사찰은 여러 관사에 나누어주고, 외방에 있는 사찰은 주현(州縣)의 역참(驛站)이나 그 고을 학교의 옥사(屋舍)로 사용하게 하라는 것이다. 이렇게 강경하게 불교를 근절할 것을 주장한 이들은, 또한 동일하게 《주자가례》를 불교식 의례에 대한 대안으로 주장했다. 세종은 이들의 주장을 직언으로 받아들인다고 하면서 언로를 열었지만 "급격하게 한번에 다 개혁하기는 어렵다"(세종 6/3/8 갑신)고 하면서, 이들의 주장을 따르지는 않았다.

한편으로, 현실적인 관점에서 불교 문제에 유연하게 접근한 이들이 있었다. 이들은 불교를 이단으로 규정하고 그 폐해를 말하지만, 불교를 갑자기 뿌리 뽑을 수는 없으므로, 불교의 폐단을 줄이는 방식으로 불교를 억압하는 방안을 제시했다.

세종 5년(1423) 5월 9일, 사헌부 대사헌 하연 등이 상소한 내용이 그러한 것인데, 불교를 없애는 것이 아니라 그 폐해를 줄이기 위해 불교 본래의 청정의 도를 수행하는 종교적 역할에 충실하게 만드는 조치를 제안한 것이다. 불교로 하여금 종교 본래의 자리로 돌아가게 하자는 것이다. 이에 대해 세종도 "나도 또한 급작스럽게 개혁할 수는 없는 일이라 생각한다"는 말로 이들의 주장을 인정했다.

바로 이것이 세종시대의 불교 정책의 기조라고 할 수 있다. 이렇게 일부 관료들도 불교계에 대한 점진적인 개혁 방향에 동조함으로써 세종은 불교계 개혁의 완급과 내용을 조절할 수 있었다. 세종이 이렇게 유생·관료들의 척불 주장보다 조금 천천히 불교 개혁을 추진했기 때문에, 그의 불교에 대한 대응이 수동적이라는 평가를 받을 수도 있었다. 심지어는 불교를 옹호하는 경우도 있었다. 이렇게 세종이 여론의 대세에 밀리고 있었던 불교를 붙들고 있었던 이유는 무엇인가?

그것은 첫째, 세종시대에도 여전히 불교 신앙에 대한 수요가 있었다는 점이다. 당시에는 국가 행사에 승려가 동원되고 있었다. 세종시대 이전과 이후에도 상당 기간 지속되었던 일이지만, 《세종실록》에는 승려와 무당이 기우제에 참여했다는 기록을 쉽게 찾을 수 있다. 가뭄이 심해지자 관료들이 승려를 동원해 기우제를 지내자고 건의하는 형편이었다. 승려들은 기우제를 지낸 다음에 비가 왔을 때는 보답을 요구하기도 했다. 본격적인 불교 행사인 수륙재도 태조가 진관사에서 시작한 이래 태조 4년(1395)부터 해마다 국가적인 행사로 열렸고, 이는 중종 10년(1515)까지 계속되었다. 세종도 태종을 추모하는 수륙재 행사를 성대하게 열었다. 태종의 소상 기신재도 진관사에서 거행했다.(세종 5/5/9 무자) 그리고 여러 사찰들은 공식적으로 왕실의 안녕을 기원하는 목적으로 창건되었고, 왕실의 후원을 받고 있었다.

이런 상황은 일반 백성들의 경우도 다르지 않았다. 불교는 신앙으로서 생활 속에서 버티고 있었다. 일반 백성들을 대상으로 한 승려들의 포교활동이 상당 부분 정책적 묵인 아래서 계속되고 있었다. 이렇게 불교가 신앙으로서 정치와 일상생활 속에서 일정 부분 역할을 하고 있었기 때문에 일시에 금지시킬 수 없었다. 물론 유생들과 관료들은 "중은 국가에 이익이 됨은 없고 세상에 누만 끼친다"(세종 6/2/7 계축)고 성토하면서, 이들을 근절시킬 것을 주장했지만, 당장 불교를 없앨 순 없었다. 불교를 엄금할 수는 있겠지만 그것에 대한 대안이 없었다. 물론 그 대안이 유교·성리학의 의례였지만, 당시에 《주자가례》 등의 보급 수준은 초기 단계였다.[5] 설령 《주자가례》와 같은 의례가

---

5) 물론 당시에 불교식 의례를 비판하면서 "초상이나 장사 때에는 한결같이 《가례》의 법에 의거할 것이며, 이를 범한 자는 엄중히 죄를 물어 나머지 사람에게 경계가 되게" 하라고 성균 생원 신처중 등 101명이 건의한 일이 있다.(세종 6/3/12 무자) 그리고 세종 7년 1월 25일, 사간원 좌사간 유계문 등이 상소한 내용 가운데 "무릇 대소 인민의 상제(喪祭)의 예를 한결같이 《문공가례》(文公家禮)에 따라서 불공을 베풀지 말도록 하고, 이를 어기는 자는 엄중히 법으로 다스리도록" 하라는 건의도 있었다. 그렇지만 세종 6년 3월 8일, 집현전 제학 윤회 등이 불교를 비판한 상소를 보면, 그 내용 가운데에는 당시에 《주자가례》에 능숙한 사대부도 적은 상황이기 때문에, 일반 백성들에게 《가례》에 따르라고 강요하기 어렵다고 지적한 내용이 있다. 심지어 《가례》에 따르면 "남과 다른 짓을 한다"는 평가를 듣게 될 형편이었다고 한다. 궁중에서도 《가례》의 내용을 조금씩 적용해가는 과정이었는데, 종묘에서 제사할 때 《주자가례》에 따라 "각 실(室)의 장막을 걷어 올리기를 청"한 예조의 건의(세종 6/5/25 기해), 문소전 별제 때 《가례》에 따라 데운 술을 사용하자는 예조의 건의(세종 17/1/17 기축) 등이 그러한 것이다. 이렇게 《주자가례》의 실행을 강조하는 주장이 있었으나, 실제에서는 여전히 불교식

사회 전반에 보급된 수준이라고 해서, 불교의례나 신앙활동이 오로지 그것으로 대체되는 것도 아니었다. 주도적인 흐름에서는 변동이 있겠지만, 완전히 대체되는 상황은 실제 세계에서는 어려운 일인 것이다. 이런 현실적인 상황을 무시하고 이념의 실현이라는 측면에서 척불을 강행하는 것도 무리한 상황이었다.

둘째, 승려 집단을 유사시 동원할 수 있는 예비 노동 집단으로 인식할 수 있었음을 생각해볼 필요가 있다. 태조 때 선정을 베풀 것을 건의했던 관료들의 충고에는 "공역(工役)을 그만두게 할 것입니다"라는 내용이 들어 있다.[6] 이런 민본정치를 표방했던 당시의 군주·관료들은 백성들을 각종 사업 현장에 동원하는 일이 부담스럽기 그지없는 상황이었다. 이렇게 농부들을 농번기에 동원하기 곤란했던 상황에서, 승려들은 그 대안은 아니더라도 이를 보충하는 노동 집단으로 인식될 수 있었다. 물론 이런 일에는 하급 승려들이 주로 동원되었지만, 태조 2년(1393)에 태조가 내원당 감주 조생에게 신도읍 건설에 승려들의 참여를 요구했던 사례가 있었고, 임진왜란 때 승려들이 축성, 수성 등의 작업에 동원되었던 기록이 있음을 감안할 때, 세종시대 또한 승려 집단을 이렇게 계산했을 것으로 짐작된다.

셋째, 승려들은 특수 공물 납부를 담당했다는 점을 들 수 있다. 승려들은 제지와 인쇄 작업에 동원되었고, 심지어는 지방 특산물을 납부하기도 했다. 세종은 유교와 성리학 관련 서적의 배포에 특별한 관심을 갖고 있었는데, 지방 감영에서 이를 제작하라고 명령하기도 하고, 또 지방에 서적을 보내기도 했다. 강원감사의 보고에 관한 내용인데, 《사서대전》(四書大全)을 출판하고 보관함에 "그 장서각의 영조(營

의례가 생활화되어 있었다.
6) 태조 7/5/11 병술. 토목의 역사(役事)를 빨리 그만두라는 내용이 들어 있는 건의문.

造)도 자원하는 중들에게 맡기되, 공역(功役)을 마치면 상을 줄 것이다"라고 한 부분이 있다.(세종 10/1/26 기유) 이런 기록으로 보아, 그리고 조선 후기까지 사찰에서 서적 출판에 관여했던 점으로 보아, 승려들의 이런 역할을 참고했을 것으로 짐작된다.

넷째, 세종시대에는 아직 조사가 더 필요하지만, 승려들을 군사적으로 활용했을 가능성도 짐작할 수 있다. 위에서 승려들이 축성 등에 동원되었다는 점을 지적했고, 성곽의 수비도 승려들이 담당했다는 기록도 있다. 더욱 분명하게는, 임진왜란 때 휴정 등의 승군(僧軍) 활동이 있었음을 고려할 때, 승려들을 군사적 목적으로 이용할 수 있었던 가능성도 짐작된다.

다섯째, 당시의 외교와 불교의 관계도 참고할 필요가 있다.《세종실록》을 보면 일본에서《대장경》,《법화경》,《반야경》 등을 요구했다는 기록이 자주 나온다.《태종실록》에 "종정무(宗貞茂)의 사인(使人)이《법화경》을 요구"(세종 12/5/28 신해)하자, 예조판서 황희가《법화경》은 조선에서도 드문 것이지만 간절하게 원하기 때문에 애써서 찾아서 보낸다고 한 기록이 있다.(태종 14/9/16 병술) 일본에서 외교사절을 통해 불경을 구하는 경향은 세종 때에도 계속되었다. 세종 4년(1422) 11월 16일(기사)에는 일본 국왕이 대장경을 보내달라고 간청한 글이 있다. 이후에도 일본에서《대반야경》을 구하는 요청이 계속되고 있다.

또한 명 황제가 호불(好佛)의 경향을 갖고 있었던 상황도 고려할 필요가 있다. 세종시대에 명나라에서 온 사신들이 불교 관련 물품을 요구한 일도 있었고, 또 명나라 황제는 월경하여 중국에 간 조선의 승려들을 보호 조치한 일도 있었다. 이런 대외적 환경은 세종이 당시의 불교계를 적극 격려하는 요인은 아니었다고 하더라도, 불교계를 보호하는 데 긍정적인 환경으로 작용했을 것으로 짐작된다.

이렇게 사찰과 승려의 군사적 활용 측면, 예비 노동력으로서의 인식, 특산물 공급처 등의 역할, 그리고 명과 일본의 불교에 대한 우호적인 입장 등을 고려해 보지만, 그 가운데서도 세종은 처음에 거론한 신앙으로서 불교의 기능을 무엇보다 중요한 요소로 평가했을 것이다. 불교 신앙에 대한 분명한 수요가 있는데, 이를 금지하기만 하는 조치는 취하기 어려웠을 것을 생각한다.

이상과 같은 상황과 경향을 고려한다면, 세종이 관료와 유생들의 반발이 있었음에도 불교에 대한 개혁 강도를 조절하면서 불교를 붙잡고 있었던 조치를 이해할 수 있다. 이와 같은 상황에서 세종이 관료와 유생들의 반발을 무마시키면서 불교를 변호하면서 내건 논리는 무엇이었는가? 그리고 그는 불교 신앙과 유교 정치 사이의 갈등을 어떤 방식으로 통합했는가?

첫째, 세종은 이전의 군주들의 결정을 존중한다는 명분을 강조했다. 태종도 자신은 불교에 대한 적극적인 신앙심이 없었지만, 불교가 태조의 신앙이었기 때문에 자신의 시대에도 그런 경향을 유지해야 한다는 생각을 갖고 있었다. 그래서 건원릉에 사찰을 건축했고, 개경사에 종을 만들어 달게 했고, 흥천사 사리전을 중수하게 했다.(태종 11/3/30 경인) 세종 또한 "조종(祖宗)의 유훈을 따른다"는 명분을 내걸고 불교행사를 정당화했다. 그러면서 충효와 같은 유교적인 윤리와 논리로 자신의 불교에 대한 관심을 정당화했다.

> "예전에 어떤 사람이 주자(朱子)에게 묻기를, '아비가 부처를 좋아하고, 아들이 부처를 싫어했을 경우, 아비가 죽었다면 아들이 아비를 위해서 재(齋)를 베풀 것인가, 베풀지 말 것인가' 하니, 주자가 말하기를, '아비가 살

아계셨을 때 극진히 부처의 해(害)를 말해서 혹신하는 것을 풀어 드려야 마땅할 것이다. 만약에 좇지 않으셨다면 아비를 위해서 재를 베푸는 것이 옳다.' 했다. 우리나라의 흥천사는 태조께서 영건(營建)하신 바요, 태조께서 태종에게 부탁하시매, 태종께서는 비록 이단을 믿지 않으셨다 하더라도, 태조께서 부탁하신 것이라 또한 폐하지 않고 부처의 일을 행한 것이다."(세종 18/6/9 갑진)

이렇게 하면서 세종은 흥천사 탑전의 개축을 지시했다. 이후에 세종은 흥천사를 수리하고, 여기에 《대장경》을 보관하게 할 때도 "흥천사는 조종께서 창건한 것인데"라는 명분을 내세우면서 관료들의 반발을 막았다.

둘째, 그 다음으로 위와 같은 맥락의 논리인데, 세종은 "전통이기 때문에 갑자기 바꿀 수 없다"는 방침을 표명하곤 했다.(세종 6/2/7 계축) 세종은 단순히 전통이기 때문에 바꿀 수 없다는 것이 아니라, 생활 속에 뿌리내리고 있는 것을 갑자기 바꿀 때 일어날 수 있는 문제를 생각하고 있었다. 유학자들은 불교가 이단이라고 비판하지만, 일반 백성들에게 이단 문제를 어떻게 쉽게 납득시킬 수 있냐고 반문했던 세종의 태도가 그런 것이다. 그냥 전통이기 때문에 붙들고 있겠다는 것이 아니라, 그런 조치로 발생할 전후좌우의 문제를 고려하지 않을 수 없다는 것이다. 세종의 이런 태도에 척불을 주장했던 관료들도 공감했다. 그렇기 때문에 이들도 하루아침에 불교를 없애는 조치를 취할 것이 아니라, 불교의 폐해가 지나치지 않도록 억제하고 조율하는 것을 제안했다.(세종 3/7/2 임술)

이렇게 세종은 그 자신이 불교 신앙을 가지고 있었기 때문에 불교를 옹호한 측면이 있지만, 이상에서 살펴본 바와 같이 국가적으로도 불교가 실제로 필요하다는 점을 파악하고 있었다. 세종은 그것을 인정하고 국가경영의 차원에서 불교를 활용한 것이다. 그의 시대에 이념적으로 유교 정치와 불교 신앙을 대결적인 구도로 파악하는 척불론자들도 있었지만, 그는 현실 정치의 차원에서 불교의 가치를 인정하고 포용했다. 그런 그에게 유교 정치와 불교 신앙이란 이론적으로는 긴장 관계이지만 현실적 필요에 따라 통합될 수 있는 요소였다.

5. 맺음말

이상에서 살펴본 바와 같이, 세종은 불교 신앙을 가지고 있었던 군주였다. 그렇지만 그는 유교 고전을 성실하게 학습한 군주로서 경연에 충실했고, 유교·신유학[성리학] 교육 사업에 전념했던 군주였다. 이렇게 세종이 유교의 이단 배척이라고 하는 틀에서 보면 앞뒤가 맞지 않는 일면을 가지고 있었지만, 당시에 세종처럼 생각하고 행동했던 그 이전의 태조와 정종 같은 군주들이 있었고, 또한 그의 생각에 동감하는 관료들도 다수 있었던 것을 감안하면, 세종의 사례가 당시에 특이한 것은 아니었다. 그 시대가 유불 교체기였고, 불교 문제에 관한 한 강경한 척불론자로부터 온건한 경향의 억불론자, 그리고 유불의 병존 가능성을 말하는 학자와 관료들에 이르기까지 다양한 경향이 섞여 있었다.

이런 시대에 세종은 그 자신은 불교 신앙심을 가지고 있었지만, 당시 불교의 정치적 경제적 폐단에 대해서는 공감했고, 국가 재정의 문제를 해결하기 위해 불교계를 정비하자는 관료들의 건의를 받아들일 수 있었다. 그는 말기에 내불당을 설치하고, 자신이 신앙의 차원에서 불교에 관심을 드러낸 경우도 있었지만, 자신의 신앙과 국가 정책적인 목적과 필요를 구분했다. 그렇기 때문에 정책적 필요의 측면에서 불교계를 획기적으로 정비할 수 있었던 것이다.

그리고 불교 폐단을 지적하는 관료들의 충고가 설령 과격한 점이 있고, 또 자신에 대해 비판적인 용어를 사용했다고 하더라도, 이런 일로 관료를 처벌하지는 않았다. 그는 이단 문제에 관해 언로를 개방했다. 그리고 관료들이 제안했던 바에 따라 양민이 승려가 되는 것을 가능한 억제하고, 사찰의 숫자를 정비하고, 그 토지와 노비 일부를 공적인 부서로 옮겼다. 이렇게 세종이 불교계를 정비한 것은, 불교의 세속화에 따른 폐단을 극복하자는 것이지 불교 자체를 부정하자는 것은 아니었다. 바로 이런 점 때문에 척불을 주장하는 관료들과 불교 개혁에 대한 견해를 달리했다.

세종이 불교 개혁의 범위를 이렇게 잡은 것은, 스스로 유교 · 신유학[성리학]의 지식과 불교에 대한 신앙심이 대립적인 것이 아니라고 생각했기 때문이다. 세종의 개인적 신앙심, 지식과 신앙의 병존 가능성에 대한 인식, 그리고 당시에 국가적 사회적으로 존재했던 종교적 필요에 대한 종합적 인식이 그의 불교에 대한 혼합적인 대응과 태도로 나타난 것이다. 불교를 신앙으로서 인정하는 바탕에서, 불교를 신앙으로서 그 본래의 자리로 돌려놓으려는 것이 바로 세종의 불교정책의 핵심이었다. 그렇기 때문에 세종은 불교가 본래 수행해 왔던 종교적 역할을 인정할 수 있었다. 세종 자신은 물론 다수의 신민이 의지하는 신앙으로서의 불교를, 일부 신유학자들의 비판 주장 때문에 금지할 수는 없었다. 그의 불교정책의 밑바탕 또한 불교를 인정하는 것이었다.

또한 그가 불교를 붙잡고 있었던 데에는 불교의 신앙적 기능 말고도, 일부 승려 집단을 유사시에 동원할 수 있는 예비 노동력 등으로 파악하는 등 현실적이고 부수적인 이유도 잠재해 있었다. 물론 불교가 담당했던 국가적 사회적 의례나 행사는 유교와 성리학의 그것이 사회 전반에 확산됨에 따라 축소되겠지만, 세종은 신앙의 차원에서 불교의 가치를 인정했다.

그러면서 그는 유교와 신유학[성리학]의 학술, 윤리 교육을 진흥했다. 집현전과 경연과 같은 학술 기능을 강화했고, 이에 입각하여 유교와 성리학의 각종 서적을 출판 보급했다. 이처럼 세종은 교육의 세밀한 문제까지를 고민하면서 유교국가를 지향했다.

유불이 혼재하고, 다양한 주장과 갈등이 표출될 수 있었던 이념의 변혁기에서, 세종은 불교에 대한 신앙심 표현을 자제하면서, 유교와 신유학[성리학]의 지식과 불교 신앙이 함께 갈 수 있다는 신념을 가지고, 이념 문제에 관한 다양한 목소리를 들어주면서 불교 개혁의 속도와 내용을 조절했다. 그는 유교와 성리학적 지식을 가지고 있었기 때문에, 당시에 불교 문제에 관한 한 한쪽에 치우치지 않는 균형 감각을 가지고 정책에 임할 수 있었다.

이렇게 세종은 분명한 지식과 신념을 가지고, 불교 신앙 문제를 유연하고 현실적으로 대응함으로써 건국 초반기의 혼란을 최소화하면서, 그 이후에 조선에서 유교와 신유학[성리학]의 정치와 문화가 발전할 수 있도록 토대를 마련한 군주로 평가할 수 있다.

▓ 참고문헌

《세종장헌대왕실록》
《논어》《맹자》

부남철, 1999, 〈조선건국기 성리학자의 이단 논쟁 — 불교를 배척하지 않은 권
　　근의 사례〉, 《정치사상연구》 창간호.
이정주, 1999, 〈조선 태종·세종대의 억불정책과 사원창립〉, 《한국사학보》 6호.
한우근, 2001, 《유교정치와 불교》, 한국학술정보(주).

Baker, Don, 2004, "Christianity and the Invention of Korean Religion: From Ritual
　　to Theology", Symposium on 'The Impact of Christianity on Korean Culture',
　　The Center for Korean Studies, UCLA, May 7, 2004.
Duncan, John B., 1999, *The Origins of the Chosŏn Dynasty*, Seattle: The University of
　　Washington Press.

세종의 한글 창제의 정치

유 미 림
한국해양수산개발원

1. 머리말

한글, 곧 '훈민정음'이 지닌 문자로서의 과학성과 독창성, 그리고 훈민정음을 지님으로 해서 풍부해진 문화적 성취에 관해서는 용훼(容喙)를 요하지 않을 정도로 많은 연구가 이루어져 있다. 그러나 훈민정음의 창제를 군주의 국가경영 구상과 관련지어 고찰한, 구체적으로는 정음의 창제과정에서 세종의 리더십이 어떻게 작동하고 있는가 하는 데까지 연구의 시각을 확대해서 논의한 것은 그리 많지 않아 보인다.

지금까지 훈민정음에 관한 연구는 문자 체계와 관련된 언어적 연구를 제외하면, 훈민정음을 창제하게 된 세종의 의도에 초점을 맞추어 그의 애민·민본사상을 부각시킨 논의가 주를 이루어 왔다. 즉 훈민정음은 처음부터 백성을 지극히 생각하던 세종의 애민·위민사상에서 만들어진 것임을 밝히는 데 연구의 목적이 있었다. 그리하여 훈민정음의 창제는 《용비어천가》나 율문의 언문화, 운서의 편찬 등을 가능하게 했고, 이들은 결국 국가와 왕실의 권위 선양에 기여하게 되었다는 식으로 논의되었다. 그러나 이러한 논의는, 정음과 정음 창제로 파생된 여러 성과를 정음의 창제라는 목적 수행에 따르는 부차적인 산물인 듯이 인식하게 만들 소지가 있다. 더구나 세종의 정음 창제를 애민 내지 민본사상에만 근거하여[1] 설명하는 것은, 세종시대에 훈민정음을 비롯한 여러 정책이 나오게 된 정치 사상적 배경을 설명하는 데도 미흡하다. 이 때문에 훈민정음은 국가와 왕실의 권위를 드높이는 데 이바지할 목적에서 나온 것이 아니며, 정음 창제가 가져온 효과 또한 역사적 산물일 뿐, 처음부터 그러한 가치를 만들어내기 위해 꾸며진 일로 보기 어렵다는 반론도 나왔다. 세종의 애민사상을 정음 창제의 배경으로 보는 시각은, 당시의 정치적 조건을 배제한 일면적인 이해방식(이근수 1996:17)이라는 것이다.

그리하여 이러한 문제를 풀어나가기 위한 보완으로, 건국 초기 여러 정책을 추진하는 과정에서 정음과 같은 어문정책이 나오게 된 정치적 배경에 초점을 맞춘 연구가 나왔다. 그러나 당시의 정치적 배경이 세종으로 하여금 어문정책을 고안하지 않을 수 없게 만들었다고 보는 시각도, 마찬가지로 그 제작 의도에만 연구의 중심을 두고 있어, 이들 일련의 정책적 작업을 이루어낸 세종이라는 군주의 사상적 지향을 밝혀주기에 충분하다고는 할 수 없다.

세종의 언어·문화정책과, 이들 정책의 추진 결과 완성된 업적들을 보면, 이들은 인적 구성 면에서나 정책의 목적 면에서 깊은 상관성이 있었음을 알 수 있다. 따라서 이들은 세종이 국가경영의 방책으로 준비한 것들이며, 차례대로 이루어지도록 처음부터 계획했음을 알 수

---

1) 대부분의 세종시대 연구자들은 세종의 정치사상과 훈민정음의 창제를 애민·위민·민본사상에 의거하여 설명하고 있다. 그러나 천인합일적 사고에 근거하여 펼쳐지고 있는 유교의 통치론은 '민본'이 그 사상적 전제가 되어 있기 때문에, 세종의 사상과 정책이 애민사상에 근거하여 이루어졌다고 하는 것은 별 의미가 없다. 오히려 세종과 그의 시대에 관한 연구에서 중요한 것은, 세종이 실행한 여러 과제가 어떠한 구상에서 이루어졌는가 하는 의도와 목적을 파악하는 것이 중요하다고 본다.

있다. 이 가운데 훈민정음은 다른 문화정책을 실행하기 위해 무엇보다 앞서 이루어져야 할 필수정책이었다.

이는 세종의 치세(治世) 동안 취해진 일련의 어문·문화정책을 봄으로써 증명할 수 있는데, 이를 좀더 자세히 언급해 보자. 우선 정음과 직접 관계가 없는 듯이 보이지만, 정음 창제의 동기를 부여한 것이라는 점에서 거론하지 않을 수 없는 《삼강행실도》의 편찬은 세종 14년에 이루어졌다. 그리고 훈민정음은 《삼강행실도》가 나온 지 10년 뒤인 25년 12월 30일에 이루어졌다. 정음이 이루어지고 난 뒤 26년 2월에는 《운회》 번역 명령이 내려졌으며, 27년 4월에는 《용비어천가》 10권이 완성되었다. 28년 9월에는 《훈민정음 해례본》이 반포되었으며, 1년 뒤인 29년 9월에는 《동국정운》이 완성되었고, 27년부터는 《홍무정운》 번역 작업이 시작되었다. 세종 31년에는 불경 언해본인 《석보상절》과 《월인천강지곡》이 이루어졌다. 그리고 이 기간 동안에는 《대명률》을 언문으로 번역해야 한다는 논의도 간간이 보였다.

그런데 위의 사업들은 이미 언급했듯이, 정음의 창제 및 활용과 직접 간접으로 연관되어 있으며, 또한 정음이 만들어진 뒤에야 실행 가능한 것들이 대부분이었다. 이런 까닭에 정음의 창제는 그 창제만으로 끝나는 것이 아니었으며, 더구나 정음과 다른 정책들은 인적 측면에서도 밀접히 연관되어 있었다. 이 점에서 정음은 단순히 세종의 애민사상에서 나온 것이라거나, 운학(韻學)에 대한 관심에서 나왔다고 보기만은 어렵다.

따라서 세종시대에 이루어진 정책들은 각기 개별적으로 나온 것이 아니라, 처음부터 밀접한 상관성을 지닌 채 연속되어 있었으며, 그것이 또한 세종의 의도였음을 미루어 알 수 있다. 이러한 관점은 나아가 세종의 어문정책이 나오게 된 배경을 좀더 다각도로 조망할 수 있는 단서도 마련해 준다. 이 과정을 추적해 가다 보면, 우리는 세종이 훈민정음을 창제하게 된 의도는 물론이고, 그의 국가경영 구상과 스케일을 가늠해볼 수 있으며, 아울러 그의 통치스타일을 리더십의 관점에서 설명할 수 있다.

이 글은 이러한 문제의식으로 훈민정음의 창제 과정에서 세종의 국가경영 구상과, 그 실행 과정에 드러난 정치가 '세종'의 리더십을 고찰해 보려는 것이다.

2. 정음 창제의 사회적 배경

조선은 유교적 통치이념을 바탕으로 하고 왕조국가의 지속을 꾀하는 정치체제였다. 그리고 왕조의 지속이란 통치자가 요순(堯舜)과 같은 성왕(聖王)을 본받아 왕도정치를 펼칠 때 가능한 것이라고 보아왔다. 그런데 왕도정치란 백성들이 통치자의 존재를 의식하지 않고도 살아갈 수 있는, 안정되고 교화된 사회 풍속을 이룬 상태를 의미하기도 한다. 이를 위해서는 무엇보다 군주 자신의 수신(修身)이 절대적으로 요구되었고, 그래야만 백성의 교화를 기약할 수 있는 다음 단계로의 진입이 가능했다. 즉 조선시대는 치자의 수신이 민생의 안정과 국가의 영속화로 이어진다고 본 시대정신 아래 있던 시기였다. 세종 또한 이러한 유교적 통치이념을 받들어 누구보다 이를 충실히 수행하려 한 군주였다.

세종은 즉위하자마자 '시인발정'(施仁發政; 0/8/11)[2]을 표방함으로써

---

2) 《세종실록》 즉위년 8월 11일. 이하 본문 인용에서는 (0/8/11)로 적는다. 윤달인 경우에는 앞에 #를 붙인다.

성왕의 역할을 자임할 것을 다짐했다. 조세를 감면해 주고, 진휼과 사창제를 실시하며, 공천의 비(婢)에게 출산 휴가를 3개월 동안 준다든가, 주인이 노비를 죽이는 일을 금지하는 것(정구복 1998:18) 같은 조치는 '시인'을 위한 적극적인 조처이기도 했다. 그러나 '민유방본'(民惟邦本) '본고방녕'(本固邦寧;《尙書》夏書 '五子之家')을 하나의 명제로서 받아들이고 있던 세종에게, 이러한 정책의 시행은 백성의 생활을 안정시키고 교화시키는 수단이긴 했지만 그 자체가 통치의 최종목표라고 할 수는 없었다.

세종은 통치의 최종목표를 결국 국가의 모든 문물제도가 유교적 이념 아래 편제되는 일종의 '유교국가화'에 두고 있었다. 세종의 야망은 조선을 중국과 같은 '중화'문물의 상태에 이르게 하는 것이었다. 주자학은 이를 실행하기 위한 이념적 초석으로 받아들여졌는데, 조선 초기만 해도 정서화된 주자학적 이념에 의거하여 통치 전반이 규제받던 상태에 있기보다는, 여러 분야에서 유교적 이념에 근거한 문물제도의 수립을 추진하던 시기였다. 그러므로 유술(儒術)도 중국의 것을 그대로 받아들여 그 보급에 힘쓰는 단계였고, 법제적 측면에서도 중국 제도인《대명률》을 받아들여 시행하고 있었다. 유교적 이념의 집대성이며 그 이념의 강제장치인《대명률》의 도입과 적용은, 비(非)유교적 가치관이 지배적이던 조선 초기의 사회를 유교국가로 만드는 데 커다란 공헌을 했다.(박병호 1998:36)

그러나 유교국가를 달성하기 위해서는 무엇보다 주자학의 보급이 이루어져야 했다. 이 때문에 세종 원년에 영락제가 하사한《성리대전》과《사서대전》을 가져온 이래, 이를 간행·반사하는 작업이 이루어졌다.3) 14년에는《성리대전》이 경연에서 처음으로 강의되기 시작했고(14/2/6), 17년에는 제주의 향교에도 내려질 정도로 보급되었다.

그러나 이렇듯 주자학과 주자학에 기반을 둔 통치이념을 보급하려고 노력했음에도 사회에는 여전히 불교, 도교 및 무속과 같은 민간신앙이 가득 퍼져 있었고, 반(反)유교적 풍속들이 남아 있었다.

이에 통치층은 고려시대의 유제(遺制)를 말소하고 풍속과 제도를 유교식으로 만들기 위해 수륙재를 금지한다든가 친영제를 실시하도록 권장했다. 무엇보다 상례와 제례에서 《주자가례》를 따를 것을 장려했다. 그러나 의례 전반을 유교식으로 바꾸는 문제, 특히 예제를 《주자가례》에 의거하여 시행하는 것은 널리 민간에까지 파급되기가 어려웠다. 이는 사대부들에게조차 장려하는 단계에 머물러 주로 왕실의 전례에서 시행되는 정도였다.[4] 민간에서는 여전히 상례나 제례를 불교에 의거하는 경우가 많았고, 왕실이라 하더라도 심한 가뭄이 들거나 왕족이 병들었을 때는 유교식만을 고집하기가 어려웠다. 가뭄이 심해 흉년이 들게 되면, 이는 백성의 안위와 직결되는 문제이므로 기우제를 지낼 수밖에 없었는데, 여기에는 유교뿐만 아니라 동원할 수 있는 모든 종교와 수단이 동원되기도 했다.

이와 같이 사회 체제 전반을 주자학적으로 편제하려는 노력이 있었지만 사회질서는 여전히 문란했고 기강조차 잡히지 않았다. 더구나 인륜을 무시하고 질서를 문란하게 하는 행위가 줄지 않았다. 이러한 상황은 통치자가 구상한 국가경영책을 실현하는 데 불리한 환경일 수밖에 없다. 세종은 이 점에 주목했다. 세종은 '삼대(三代)의 정치가 훌륭했던 것은 인륜을 밝혔기 때문'(《삼강행실도》 서문)이라고 보았다.

---

3) 간행하라는 명령은 7년(7/10/15)에 내려져 인쇄는 9년(9/7/18)에 이루어졌다.

4) 대비의 상(2/7/10)이 《주자가례》에 따라 치러졌고, 왕세자의 초계례에 친영제가 시행되는(9/4/26) 등 주로 왕실에서 행해졌다. 사대부들이 《주자가례》에 의거하여 상례를 치르는 것은 성종대가 되어야 그에 관한 기록이 보이기 시작한다.

그러나 세종 연간에도 친족 살해와 강도, 강간, 절도 등이 줄어들지 않아 아주 문란한 사회상을 드러내고 있었다.

이에 세종에게는 사회 기강의 확립이 무엇보다 절실한 문제로 인식되었다. "인륜을 도타이 하여 풍속을 이루게 하는 것은 나라를 가진 자의 선무(先務)"(16/4/27)라고 하여, 세종은 통치자의 역할을 풍속 교화에 두었고, 문란해진 사회질서를 바로잡는 것을 급선무로 여겼다. 《삼강행실도》의 편찬은 이러한 인식의 산물이었다. 세종은 "잘 다스려지는 날은 항상 적고, 어지러운 도적의 무리가 세상에 발을 붙이게 된 것은 임금이 인간의 본성을 제대로 교도 보양하지 못한 데"(14/6/9) 원인이 있다고 보았다. 즉 통치의 득실을 통치자의 책임과 연결 짓고 있었던 것이다. 《삼강행실도》의 편찬은 세종 13년 무렵에 착수되었는데, 세종은 이를 "널리 민간에 보급하여 어진 자와 어리석은 자, 귀한 자와 천한 자, 어린이와 부녀자의 구별 없이 모두 다 즐겨보고 익히 들으며…… 읊어서 인정(人情)과 성품을 본받게" 되기를 고대했다.5)

그러나 이 책은 지식인만이 접할 수 있었다는 점에서 교화에 근본적인 한계를 지녔다. 즉 문맹인 백성들에게는 "책을 나누어 준다 할지라도 남이 가르쳐 주지 않으면 그 뜻을 알아 감동하고 착한 마음을 일으킬 수"(16/4/27) 없는 무용지물이었던 것이다. 이 때문에 세종은 "학식 있는 자를 선택하여 (무지한 백성에게) 항상 가르치고 지도하여 일깨워 주도록"(16/4/27) 했는데, 이는 피지배층의 교도를 지배층에게 다시 위촉해야 하는 이중의 과제인 셈이다.

그러므로 세종으로서는 자신이 구상한 통치방책을 더욱 효율적으

---

5) 《삼강행실도》가 종친과 신하 그리고 각 도에 내려진 것은 세종 16년 11월이다.

로 실행하기 위한 방법을 모색하게 되었을 것이다. 국가가 안정되려면 무엇보다 피지배층의 안정이 절대적으로 요구되는데, 이를 위해서는 피지배층을 교화시키는 것보다 좋은 방법이 없어 보였던 것이다. 이에 세종은 교화 수단의 필요성을 자각하게 되었다. 언문(諺文)에 대한 구상은 이렇듯 백성에게 직접 교화할 수 있는 방법을 모색하는 단계에서 싹트기 시작한 것으로 보인다.

세종이 언문의 필요성을 자각한 시기가 정확히 언제부터인지는 단정하기 어렵다. 다만 《삼강행실도》를 편찬할 즈음에는 이미 편찬된 《효행록》에 조선인의 행실을 보태고, 이를 그림으로 그려 잘 알 수 있게 했다는 점으로 미루어 보건대, 《삼강행실도》를 구상하던 시점에 곧바로 언문의 구상에 착수했다고는 볼 수 없다. 왜냐하면 《삼강행실도》를 반포하는 세종 16년만 해도, 군주를 포함한 지배층은 여전히 백성의 교화를 지식인의 계도에 기대고 있었기 때문이다. 그러나 《삼강행실도》의 편찬 효과가 곧바로 통치에서 실감되지 않자 이때부터 세종은 다른 방도, 즉 더 쉽게 백성에게 다가가 '지치'(至治; 16/4/27)를 실현할 방안을 강구하게 되었을 것이다. 그리고 언문이 그 방안이었다. 더구나 인륜의 파괴자를 처벌하는 법률을 적용할 때, 언문의 부재로 많은 문제가 생긴 것은 언문의 필요성을 촉진했다. 여기에다 세종이 언문이 있을 경우 파생될 수 있는 여러 효과까지 염두에 넣게됨으로써 그 필요성은 더욱 커졌다.

세종시대 법에 관한 관념에 대해서는, 일찍이 그가 법치와 형평, 신형주의(愼刑主義)에 근거해 있었으며 형벌의 남용을 경계하고 진상(眞相)제일주의를 강조해 왔던(김운태 2002:50) 것으로 일컬어지고 있다. 그러나 이는 원칙적인 차원의 논의일 뿐, 법의 적용이라는 현실적인 측면에서 보면 반드시 그런 것은 아니었다. 특히 범죄인을 처벌할 형법을 적용하는 문제에서는 법률의 언문화가 이루어지지 않았기 때문에 여러 가지 폐해가 생겼다. 그것은 법률 조문을 적용하는 데 해석자의 자의성이 끼어들기 쉽다는 점이다.

형률의 경우, 주로 《당률소의》(唐律疏義), 《지정조격》(至正條格), 《대명률》(大明律), 《의형이람》(議刑易覽) 등 여러 율문을 참조해서 적용해 왔지만, 이들이 한문과 이두로 복잡하게 씌어 있어 문신(文臣)이라 할지라도 제대로 알기가 어렵다는 점이 부단히 지적되어 왔다.(8/10/27) 특히 《대명률》에 따라 형벌을 적용할 경우, "뜻을 이해하기가 어려워 율문과 대조할 적에 죄의 경중에 실수가 있기"(13/6/22) 쉬웠다. 이 때문에 이를 쉬운 우리말로 번역하여 여러 사람들이 알기 쉽게 해야 한다는 논의가 조정 내부에서 제기되기 시작했다.

따라서 훈민정음은 이렇듯 일차적으로는 교화의 확대와 법률의 적용이라는 현실적인 필요성에서 고안이 촉진된 것이다. 그런데 이러한 실천이 가능하게 된 데는 중국이 조선의 내정에서 자율권을 보장해 주고, 조선도 외교로서 사대와 내정을 분리시켜 인식한 데 말미암은 측면이 크다.

정음의 창제는 이제까지 써오던 중국의 문자를 조선의 문자로 대체하는 것을 의미하는데, 이 과정에서 중국과의 관계가 문제되지 않았을까. 신하들이 반대한 이유도 여기에 있었지만, 정음의 창제는 결과적으로는 중국 운학(韻學)을 올바르게 수용하기 위한 것이었다. 그리고 운학이란 중화문물의 올바른 수용을 의미하는 것이기에 이것이 문제가 될 명분은 없었다. 더구나 세종의 기본 방침이 외교에서는 사대정책을 기조로 하고 있었으며, 내정에서는 조선의 독자성을 살려 정책을 실행하는 유연성을 보여주고 있었다. 그렇기 때문에 세종이 통치구상을 실천하는데 대(對)중국관계는 신하들이 염려하듯이 그렇게 크게 문제되지는 않았을 것이다.

조선은 기본적으로는 중화 문물을 모범으로 하려는 '모화'적 경향이 강했다. 그리하여 건국 초기에 요청되는 시대적 과제의 해결에 필요한 모델과 방책을 가능한 한 중국의 전장(典章)제도에서 찾으려 했다. 더구나 '모화'는 '사대'사상과 맞물려 외교에서 극진한 사대로 일관하게 했다. 이 시기 국가관의 관계를 규율하는 '사대' 관념은 본래 권력정치적인 현실인식에서 파생한 개념이었다. 그런데 명나라가 중화의 정통국가라는 사실 때문에 '사대'는 외교적 방략으로 머문 것이 아니라 '중화'사상과 결부되어 갔다. 그리고 이러한 중화적 사대는 시대를 내려오면서 점차 불변의 '대의'(大義)로 되어 가는데, 세종의 극진한 사대도 이런 중화적 사대관으로 말미암아 강고했다. 중국이 끊임없이 공물을 요구하자 이를 거부할 의사를 밝히라는 신하들에게, 세종은 다음과 같이 말함으로써 그의 사대의식을 극명히 보여준다.

> "어허, 이 무슨 말인가. 사대는 마땅히 성심껏 해야 한다. 황제께서 우리나라에서 해청이 난다는 사실을 이미 알고 있으니, 속일 수는 없다. 민간의 폐해를 나도 잘 안다. 그러나 대의로 말할 것 같으면, 민간의 폐해는 가벼운 일이지만 사대를 성실히 하지 않는 문제는 중한 문제이다.…… 번왕(藩王)에게는 본래 황제를 간하는 의리는 없는 것이다."(8/9/29)

세종은 외교적 사대를 극진히 하는 한편으로, 제도적 측면에서는 중국의 첨사부를 모방하여 첨사원을 설치하고(24/7/28), 《홍무정운》을 모방하여 《동국정운》이라 명하는 등 모화정책을 적극 실천했다. 세종에게 조선이 배워야 할 일차적인 대상과 내용 또한 중국이었기 때문이다. 세종은 즉위 초기에 《대학연의》를 강독했으나 《자치통감강목》, 《사기》, 《한서》, 《자치통감》 등의 사서(史書)도 지속적으로 강독했다. 사학은 경학과 병립되어야 하는 것이므로 중국 역사서를 학습하는 것은 당연하다. 그럼에도 대부분의 유학자는 경학을 우선하고 사학을 부수적인 것으로 인식하려는 경향이 있었다.

이에 비해, 세종은 경학과 사학을 함께 중시하고 그 섭취에도 같은 힘을 기울였다. 그런데 궁극적으로 세종에게 중국의 사학은 조선의 사학에 응용될 수 있을 때만 의미가 있는 것이었다. 세종이 고려사의 개수 편찬(1/9/19)을 명한 것은 이러한 의도에서였다고 할 수 있다.[6] 《고려사》의 〈본기〉를 〈세가〉로 바꾼 것이 세종의 의도가 아니라 김종서와 정인지 등 신하의 의도였고, 그 편찬과정에서 사대명분을 고집한 변계량을 해임한 자가 세종(정구복 1998-a:33)이라는 견지에서 보면, 세종의 역사의식은 그것을 사대의식과 일치시키려 하지 않았음을 알 수 있다. 세종이 보기에 역사 기록에서 중요한 것은 사실성이었다. 그는 역사 서술에서 명호(名號)를 바로잡는 것을 중국과 제후국 사이의 명분을 바로잡는 것과는 분리시켜 보았다. 《고려사》를 개수하는 과정에서 변계량과 벌인 논란을 보면, 세종의 역사의식이 잘 드러난다.

변계량은 정도전의 역사서술 방법을 답습하여 태자의 태부(太傅)를 세자의 태부로, 태자비를 세자빈으로 하고, 제칙(制勅)을 교(敎)로, 사(赦)를 유(宥)로, 주(奏)를 계(啓)로 했다. 이에 사관들은 "태자, 태부 등의 칭호는 당시의 관제요, 제(制), 칙(勅), 조(詔), 사(赦)도 당시에 호칭하던 바"(5/12/29)라고 하여 사실 그대로 기록할 것을 주장했다. 세종은 "사필(史筆)을 잡는 자가 성인이 취하고 버리신 본지를 제대로 살피지 못할 바엔 차라리 사실대로 바르게 기록하면…… 후세에 전하고 신

---

6) 세종은 《고려사》 편찬이 정도전의 직필법에 따른 데 불만을 가지고 개수를 명했다.

빙할 수 있을 것이다. 그러니 전대의 임금 때문에 그 과실을 엄폐하기 위해 후일 경솔히 고쳐 사실을 인멸되게 할 필요는 없다"(5/12/29)고 했다. 즉 고려조에 있었던 엄연한 사실을 현재의 명분론에 의거하여 제후국 호칭으로 고칠 필요는 없다고 보는 것이다.

세종은 이처럼 '사대'를 국내 통치와 분리시켜 인식했기 때문에 외교의 사대주의가 내정의 자율성을 해친다고 보지 않았다. 이러한 사고의 연장선에서 조선의 제도는 조선인의 풍속과 지리적 조건에 맞추어 재량하는 것을 당연하게 여겼다. 세종의 사상적 지향으로 보자면, 중국의 사상과 문화를 받아들여 조선의 현실에 맞추어 국가를 통치하는 일은 '사대'와는 다른 차원의 일로 간주되었다. 문자 창제는 이러한 인식에서 가능했던 것이며, 또 바로 이러한 이유에 근거하여 정당화될 수 있었다. 세종은 사대란 중국 사신에 대한 접대와 조공, 왜적에 대한 보고 등 외교관계에 한정된 것이므로, 국내 통치에서는 별도의 자율권을 보장받아야 한다고 생각했다. 최만리 등 집현전 학사들의 반대상소를 통하여 알 수 있듯이, 대외정책의 기조로서의 '사대'를 국내 통치와 일체화하려는 경향은 오히려 군주보다 신하들이 더 심했다.

물론 이러한 대내적 자율성을 조선이 오로지 독자적으로 확보한 것이라고는 할 수 없다. 그것은 어디까지나 대(對)중국 관계에서 정책적 사대를 취하는 한에서 허용된 제한된 자율권이었다. 중국은 조선이 조공과 책봉, 사대의 원칙을 지키는 한에서 내정의 자율성을 보장해 주었는데, 이는 중국 대외정책의 기조이기도 하다. 중국은 "의례(儀禮)는 본속(本俗)을 따르고 법은 구장(舊章)을 지키라"(28/6/7)고 했듯이, 의식(儀式)과 복식, 형옥 등에서는 조선이 조선의 풍속에 따를 것을 요구했고, 명나라 법률을 준수하도록 강제하지 않았다. 이에 조선에서는

《대명률》을 쓰되, 시속(時俗)과 사세(事勢)에 따라 경중을 재량으로 하거나, 따로 새 조장(條章)을 세울 수가 있었다.(박병호 1998:18) 《대명률》은 주로 범죄에 적용(박병호 1998:20)되었지만, 《대명률》에 규정이 없는 경우에는 원이나 당의 법률을 적용하기도 했다. 이 과정에서 조선의 풍속과 법률이 충돌하면, 여기에는 군주의 자아준거적인 시각이 작용했다. 그것은 조선의 특성을 우선시하고 강상질서를 중시하려는 의식으로서, 재판에는 이런 점이 반영되어 영향을 미치는 경우가 많았다. 그리고 이러한 자율성이 굳이 법률에만 한정되지도 않았다. 중국은 조선이 사대의 예(禮)로 자신을 섬겨오는 한 조선의 내정에 간여할 필요성을 느끼지 않았다. 더구나 중국이 조선의 사회문제나 시속(時俗)에 대해 일일이 간여하려면 풍속이나 관습에 대한 깊은 이해가 필요한데, 중국으로서는 그럴 수도 없었을 것이다. 세종은 이러한 상황을 적극 활용했던 것으로 보이는데, 정음의 창제도 이러한 자율성의 틈새 안에서 리더십을 발휘함으로써 가능했던 것이다.

훈민정음의 발명은 중화문물에 대한 숭배의 염(念)을 지니고 중국과 동등한 문물을 이루어 보려는 의식의 산물인 동시에, 중국과 조선의 차이를 인지하고 그 속에서 조선의 정체성을 찾아보려는 세종의 의지의 산물이기도 하다. 세종은 사대와 중화의 대상으로서 중국을 인정했지만 그들의 풍속에 대해서까지 무조건 인정하고 추종한 것은 아니었다. 그는 "중국 사람은 거지(擧止)도 똑똑하고 말도 재치 있다. 그러나 심술이 좋지 못하고 풍속이 박하여, 한 사람도 임금을 사랑하는 자가 없다. 내관(內官) 같은 것은 책망할 가치조차 없다"(12/#12/23)고 하여, 중국의 야박하고 비루한 풍속을 폄하했다. 세종은 풍속과 제도의 차이는 단지 사람의 차이가 아니라 풍토의 차이에서 비롯되는 것임을 알았다.[7] 그리하여 음악이나 언어, 식습관 등에서 차이가 나는 것을 당연시했다. 이에 고제 연구, 법령의 정비, 《고려사》 편찬, 지리지와 지도 작성, 전제 정비, 측우기 설치, 아악의 제정 등은, 조선의 고유성에 대한 긍정적인 인식에서 비롯된 것(강신항 1984:4)으로 보아야 할 것이다. 마찬가지로 《농사직설》, 《팔도지리지》, 《향약집성방》과 같은 전통문화의 정리도 이러한 인식의 결과물로 보아야 할 것이다.

그런데 다른 한편으로 세종시대는 주자학적 통치규범을 확립해 가던 시기로서, 이 시기는 《주자가례》와 《성리대전》에 의거한 유교적 규범을 적극적으로 장려하고 강화해 가던(19/5/14) 시기기도 하다. 이에 조선에서는 성리학의 진작 과정에 비례하여 의례(儀禮)의 유교화도 강화되어 갔다. 그러나 이러한 통치규범의 유교적 편제를 가리켜 곧바로 조선이 그 정체성을 중국과 동화시켜 가는 데서 구했다고 말하기는 어렵다. 물론 사회의 유교적 편제화가 심화되면 될수록 명나라에 대한 사대를 통치이념의 차원에서 강화해 간 것은 사실이다. 통치의 모델을 '중화'에 두었던 것은 이를 말해 준다.

이런 점에서 본다면 조선이 국가적 정체성을 모색하려 했다는 것에 일정한 한계가 있는 것도 부인하기 어렵다. 그러나 조선에서 '사대'와 '모화'는 중국과의 역학관계의 고려에서 나온 일종의 생존전략의 문제였으며, 나아가 통치방식으로서 자발적으로 선택되었다. 세종 연간은 국가적으로는 '모화' 정책을 펼쳐나가면서, 한편으로는 조선의 특수성과 개체성을 인식하여 제도적으로 이들을 습합하려는 노력을 함

---

7) "아악(雅樂)은 본시 우리나라의 성음이 아니고 중국의 성음인데, 중국 사람들은 평소에 익숙하게 들었을 것이므로 제사에 연주해도 마땅할 것이다. 우리나라 사람들은 살아서는 향악(鄕樂)을 듣고, 죽은 뒤에는 아악을 연주한다는 것이 과연 어떨까 한다.…… 우리나라가 동쪽 일각에 위치하고 있어 춥고 더운 기후 풍토가 중국과 현격하게 다른데, 우리나라의 대[竹]로 황종의 관을 만들어서야 어찌 되겠는가."(12/9/11)

께 펼치던 시대이기도 하므로, 중화문물을 수용하면서 국가 정체성을 모두 잃어버렸다고 보는 시각은 곤란하다.

세종의 통치구상은 위에서 언급했듯이 유교적 이상국가의 달성이었으나, 이를 실천하는 과정에서 외교적으로는 사대정책을 취하여 중국과 갈등을 빚지 않으려 했다. 사회 제도적으로는 중화 문물을 수용하되, 조선의 풍토와 조화시켜 조선적 정체성도 함께 찾기를 원했다. 그런데 세종이 보기에, 훈민정음이 바로 이러한 통치구상의 실현을 가능하게 해줄 가장 효율적인 수단이었다. 그렇다면 정음의 창제에는 교화와 법률 적용에 필요한 문자를 조선인의 풍토와 기질에 맞추어 만들어야 한다는 자의식이 작용했음은 부인할 수 없을 것이다. 그러나 세종이 훈민정음의 창제가 가져올 것으로 기대한 궁극의 목표는 모든 국민의 문명화, 조선의 유교국가화였다.

3. 훈민정음의 창제

3.1. 정음의 창제와 그 통치효과

지금까지의 연구는 훈민정음 창제의 배경을 크게 두 가지 차원에서 보아왔다. 앞에서 말했듯이, 하나는 세종의 애민사상에 근거하여 창제 동기를 밝힌 연구다. 즉 정음 창제는 세종의 민본주의, 겨레문화주의의 발로로서, 백성에게 표기 수단을 마련해 주기 위한 세종의 순수한 애민적 발상의 결과물[8]이라는 것이다. 다른 하나는 정음이 창제될 수밖에 없었던 사회적 배경에 초점을 두어, 민중의 동향을 파악하기

---

8) 강신항·유창균·박종국의 연구가 이에 해당한다.

위한 국가정책의 차원에서 고안된 것, 아니면 백성의 자의식의 성장이 초래한 것으로 보고 있다.[9] 이와 함께 중국의 굴레에서 벗어나 보려는 민족주의적 정신(허웅 1976:334)도 창제의 커다란 배경이 되었다고 보는 견해도 있다. 그렇다면 과연 세종으로 하여금 훈민정음을 만들게 한 직접적인 동기는 무엇일까?

정음의 창제 동기를 알기 위해 가장 먼저 보아야 할 자료는 아마 세종이 쓴 서문과 정인지의 《훈민정음 해례본》일 것이다. 서문에는 세종이 "우매한 백성들이 말하고 싶은 것이 있어도 그 마음을 잘 표현하지 못하는 사람이 많으므로, 이를 딱하게 여겨 어리석은 백성에게 문자를 마련해주려는" 생각에서 창제하게 되었음을 밝히고 있다. 이 말로 보자면 문자를 만들게 한 일차적인 동기는 자기 의사를 표현할 수단을 지니지 못한 백성에 대한 군주의 깊은 배려임을 알 수 있다. 그런데 이러한 '애민'적 동기는 어찌 보면 유교국가에서는 그 자체가 레토릭적인 측면이 있다. 따라서 이를 다른 관점에서 보자면, 세종이 비로소 피치자와 소통의 필요성을 인식하기 시작했으며, 그 결과 좀더 효율적인 통치수단을 강구하게 된 것이라고 생각할 수 있다.

그러나 이 경우에도 피치자와 소통의 필요성을 절감했다는 것이 자연히 문자 창제로 귀결되는 논리는 성립되지 않는다. 따라서 이 지점

---

9) 남윤경의 논문(2001, 〈세종대 창제된 훈민정음에 대한 역사적 접근 — 최만리 등 집현전학사들의 훈민정음 반대상소를 통하여〉, 서강대 대학원 석사논문, 3~4쪽)은 기존의 연구에 대해 정리하고 있다. 이에 따르면 이우성(1976, 〈조선 왕조의 훈민정책과 정음의 기능〉, 《진단학보》 42)의 연구는 민중의 동향을 파악하기 위한 정책적 고려에서 창제되었다고 보는 반면, 강만길(1978, 〈한글 창제의 역사적 의미〉, 《분단시대의 역사적 인식》, 창작과비평사)의 연구는 백성의 자의식이 성장하여 한글을 창제하게 만들었다고 본다. 두 연구가 모두 강신항(1984, 〈세종조의 어문정책〉, 《세종조 문화연구II》, 한국정신문화연구원)의 연구의 미흡함에서 출발한 것이라고 지적하고 있다. 언어와 문자의 분리로 말미암은 사회적 계층의 분리를 염려하여 나온 것으로 보는 허춘강(2000, 〈성삼문의 훈민정음 창제와 문화정책〉, 《한국행정사학지》 8)의 시각도 있다.

에 바로 군주 세종의 능력을 개입시킬 여지가 생긴다. 즉 정음이 창제된 데에는 무엇보다 현안에 대한 군주의 인식이 중요하다는 점이며, 이에 덧붙여 요구되는 것은, 이러한 인식을 실천할 수 있는 리더십이라는 점이다. 그러면 이 과정을 좀더 다각도로 조망해 보자.

세종은 《삼강행실도》를 편찬할 때부터 백성 교화의 필요성을 느끼고 있었다.(14/6/9 《삼강행실도》의 서문) 백성 교화의 필요성을 절감하게 한 직접적인 계기는 친족 살해 사건의 만연과 강상범죄의 증가 등 인륜질서가 파괴되고 있는 현실이었다. 집권 중반기에 접어들어 왕권이 어느 정도 안정되었을 것으로 생각하고 있던 세종에게, 진주사람 김화(金禾)가 아비를 살해했다는 소식은 세종으로 하여금 "깜짝 놀라 낯빛을 변하고 곧 자책하"(10/10/3)게 할 정도의 대사건이었다. 이 사건으로 세종은 신하를 소집하여 효제(孝悌)를 돈독히 하고, 풍속을 돈후하게 할 방책을 논의했는데, 그것은 태종대에 나온 《효행록》을 널리 활용하는 것이었다. 그리하여 《효행록》을 증보하여 "어리석은 백성들을 깨우쳐 줄 것을 생각"했다. 세종은 "이것이 폐단을 구하는 급무는 아니지만, 교화를 위해 가장 먼저 해야 할 선무로" 보아 명을 내렸다. 그렇다면 《효행록》은, 말하자면 《삼강행실도》의 전신 구실을 한 셈이다.

그러나 《효행록》이 나온 뒤로도 범죄는 줄지 않았다. 《삼강행실도》[10]가 나오게 되는 것은 이러한 상황에 따른다. 세종이 생각하기에 교화를 위해 가장 좋은 방법은 모범 효행자를 본받게 하는 것이다. 이에 《효행록》에는 없던 조선인들을 《삼강행실도》에는 싣게 했다. 멀리 외국인에게서 본받을 것이 아니라, 가까이에 있는 조선인에게서

---

10) 집현전 부제학 설순에게 명하여 찬술하게 했는데, 직제학 권채가 서문을 지었다.

본받게 하려는 뜻에서였다. 이는 앞에서 말한 세종의 자아준거적인 시각이 여기에서도 작용하고 있음을 보여주는 예이다. 그러나 강상 범죄라는 것이 《효행록》과 《삼강행실도》라는 규범서의 편찬으로 없어지지는 않았다. 현실적으로도 범죄자에 대한 처벌이 문제가 되었으므로 다른 방안을 강구하지 않을 수 없었던 것이다. 이러한 현실적인 방안으로 나오게 된 정음은, 세종에 의해 그것이 만들어진 이후에 파생될 부수적인 효과까지 염두에 두어 창안되었다.

세종은 훈민정음을 창제할 때 이미 《용비어천가》의 제작도 함께 염두에 두고 있었던 것으로 보인다. 나아가 정음을 활용하여 사서오경과 운서, 《대명률》[11]의 번역에까지 확대할 생각이었다. 세종 25년부터 각종 운서가 편찬되었다는 사실은, 훈민정음이 구상 단계에서부터 이미 활용 가치를 염두에 두고 진행되어 온 것임을 보여준다. 특히 운서는 율문의 적용과도 직접 관련되는 것이므로 정음의 필요성은 이로써 가속화되었다. 정인지가 밝히고 있듯이, 대부분의 율문은 중국글로 되어 있으므로 형리들이 이를 해석하여 적용하는 데 어려움이 있었다. 그러므로 율문만으로는 어리석은 백성들을 제대로 교화할 수가 없었다. 언문의 부재로 말미암은 통치의 어려움에 대해서는 《훈민정음 해례본》에도 밝혀져 있다.

율문은 조선의 방언과 이언(俚言)이 중국과 달라 글을 배우는 사람이 이해하기가 어렵고, 옥사를 다스리는 사람은 곡절을 자세히 통하기가 어려운 문제가 있었다. 이 문제를 해결하기 위한 방법이 이두문자의 사용이었다. 그러나 이두도 뜻이 다 통하지 않는 부분이 있기 때문에 그것만으로는 사송(詞訟)의 공정한 재단에 한계가 있었다. 이

---

11) 《대명률》의 번역에 대한 논의는 세종 13년에 있었다.(13/6/23)

점이 언문의 필요성을 촉진했다.《대명률》번역의 필요성이 제기되는 것은 형(刑)을 담당하는 유사(有司)들이 적용하는 데 어렵기 때문이다.

율문과 형옥의 관계에 대해, 최만리는 형옥(刑獄)은 형리의 문제이므로 문자와 상관이 없다고 보았다. 이는 법과 형(刑)에 대한 세종과 신하의 사고방식에 차이가 있었음을 말해 준다. 현실적으로 언문의 부재는 실생활에서 여러 문제를 노출시키고 있었으므로 이 점을 세종은 기민하게 통찰하고 있었다. 언문을 창제하려는 것은 이 문제에 대한 적극적인 대처였으므로 군주의 언문 창제 시도에 신하들이 무작정 반대하기는 어려웠다. 그것은 유교국가의 국시(國是)를 저버리는 일이기도 하기 때문이다. 세종의 시도는 이 때문에 그 주장이 정당성과 설득력을 지니게 되었고, 따라서 리더십을 발휘 가능한 상황이 조성된 것이다. 권력 기반이 확고하지 않던 초반부터[12] 세종은 이 문제로 신하와 마찰을 빚었으나 중반 이후에는《대명률》을 번역하자는 논의와 고소의 길을 넓혀주자는 두 가지 방향에서 논의되었다.

율문의 번역을 둘러싼 논의에서 세종은 자신의 어문정책의 정당성을 알리고, 그로써 신하에 대한 선제권을 잡는 방식을 취했다. 세종은 "비록 사리를 아는 사람이라 할지라도, 율문에 의거하여 판단이 내린 뒤에야 죄의 경중을 알게 되거늘, 하물며 어리석은 백성이야 어찌 범한 죄의 경중을 알아 스스로 고치겠는가. 백성들로 하여금 다 율문을 알게 할 수는 없겠지만, 따로 큰 죄의 조항만이라도 뽑아 적고, 이를

---

12) 세종 초기에 법률교육의 확대와 신문고의 확대로 형리와 수령에 대한 고소가 증가하자 허조는 이러한 고소 관행이 상하존비의 위계질서를 해친다고 여겨, 세종 2년 9월에 부민고소금지법을 제정하게 했다. 이로써 수령권의 일방적 강화가 초래되었는데, 이처럼 세종의 의도와 상반된 조처가 나타나게 된 배경에는 세종 2년은 태종이 상왕으로 물러난 시기라 세종의 기반이 확고하지 않은 때문으로 보고 있다.(남윤경, 앞의 글, 30쪽)

이두문[吏文]으로 번역하여, 우부우부(愚夫愚婦)들로 하여금 범죄를 피할 줄 알게 하는 것이 어떻겠는가"(14/11/7)고 하여, 율문 번역의 정당성을 유교적 명분론에 의거했다.

이에 대해 허조는 "간악한 백성이 율문을 알게 되면, 죄의 대소를 헤아려 두려워하고 꺼리는 바가 없어 법을 마음대로 농간하는 무리가 이로부터 일어날 것"이라고 반대했다. 이에 대해 세종은 "그렇다면 백성으로 하여금 알지 못해 죄를 범하게 하는 것이 옳단 말이냐. 백성에게 법을 알지 못하게 하고 그 범법자를 벌주게 되면, 이는 조사모삼(朝四暮三)의 술책에 가깝지 않겠는가. 더구나 조종(祖宗)께서 율문을 읽게 하는 법을 만드신 것은 사람마다 모두 알게 하려는 것이니 경들은 고전을 상고하고 의논하여 아뢰라"(14/11/7)고 명했다.

이 대화로 보건대, 세종은 "옥사를 결단하는 자가 흔히 율문을 깨닫지 못하고 사의로 죄를 마음대로 하므로 원통하고 억울한 자가 호소할 길이 없는" 폐단을 인지하고 있었다. 그리고 이 문제를 시정하려는 의지가 확고함을 보여주고 있다. 유교국가에서 '애민'을 내세우는 군주에 대해 신하가 반대하는 것은 어떤 상황에서도 명분이 서지 않는 일이다. 따라서 율문의 번역에 착수할 것을 명하는 것은 군주 리더십의 승리이기도 하지만 결국은 명분의 승리를 의미한다. 백성들이 율문을 이해하게만 된다면, 형리는 "한 차례의 태(笞)나 한 차례의 장(杖)이라도 반드시 율에 따라 시행하지"(14/11/13) 않을 수 없게 된다. 따라서 율문의 번역이 가져오는 효과는 여러 가지 효과를 파생시킨다. 정음 창제로 말미암은 율문 번역의 효과는 백성에게 단순히 문자만 제공해 주는 데 그치는 것이 아니었다. 즉 정음이 있게 되면 이두문을 정확히 표기할 수 있게 되고, 이두문의 정확한 표기는 다시 율문의 공정한 집행으로 이어져, 결국 범죄를 줄이고 예방하는 효과가 있다. 군주가 보기에는 이것이 진정한 교화였다. 그러니 한 가지 정책의 실행이 가져올 수 있는 파급효과가 무한한 것이다. 이런 효율성을 지닌 정책을 추진하는 것은 세종이 자신의 리더십을 검증받을 수 있는 좋은 기회이자, 동시에 더없이 좋은 치국의 과업 수행이기도 했다.

《훈민정음》의 제작은 율문의 적용과 관련한 운서를 편찬하기 위한 전초작업일 뿐이라고 보기는 어렵다. 《운회》의 번역이나 《용비어천가》의 제작도 정음이 있음으로 해서 가능한 작업들이었다. 이들이 국가체제의 지속과 관련되는 것임을 생각한다면, 정음 창제가 가져올 수 있는 효과가 단순히 통치수단 구실에만 머물지는 않을 것이다. 그렇다면 정음 창제에 '애민'사상이 기본으로 전제된 것은 틀림없는 사실이지만, 이는 다른 면에서 보자면 통치의 효율성을 극대화하기 위한 방책으로서 등장한 것이라는 점도 배제하기 어렵다. 이 점에서 정음은 고도의 통치전략적인 고려에서 창안된 발명품이었다는 점도 포착할 수 있다.

그렇다면 구체적으로 정음이 운서와 어떻게 연관되는가. 이 관계를 좀더 살펴보면, 운서의 편찬에는 신숙주의 역할이 컸다고 한다. 그러나 이에 관해 《세종실록》에는 27년[13]에 한 번의 기사가 있을 뿐 운서를 편찬하기까지의 경위가 자세히 언급되어 있지 않다. 그런데 《보한재집》[14]에는 신숙주가 운서에 관한 자문을 중국인으로부터 받아온 사실이 기록되어 있다. 신숙주는 요동에 13번이나 가서 황찬(黃瓚)의

---

13) 집현전 부수찬 신숙주와 성균관 주부 성삼문과 행(行) 사용(司勇) 손수산을 요동에 보내 운서를 질문하여 오게 했다.(27/1/7)

14) "上以本國音韻與華語雖殊. 其牙, 舌, 脣, 齒, 喉淸濁高下. 未嘗不與中國同. 列國皆有國音之文. 以記國語. 獨我國無之. 御製諺文字母二十八字. 設局於禁中. 擇文臣撰定. 公實承睿裁. 本國語音註僞. 正韻失傳. 時適翰林學士黃瓚以罪配遼東. 乙丑春. 命公隨入朝使臣到遼東. 見瓚質問音韻. 公以諺字翻華音. 隨問輒解. 不差毫釐. 瓚人奇之. 自是往還遼東凡十三度."(《保閑齋集》附錄姜希孟 撰〈文忠公行狀〉)

100

자문을 받아왔다는 것이다.[15)]

　이 기록으로 보건대, 세종의 통치스타일을 짐작할 수 있다. 그것은
세종이 운서 편찬을 추진하면서 자신이 신임하는 신하를 택하여 일
을 맡기되, 그들에게 모든 권한을 위임하고 있었다는 사실이다. 그렇
게 한 이유는, 여러 신하를 시켜 공개적으로 추진하는 것보다는 신임
할 만한 극소수의 전담자에게 맡기는 것이 더 효율적이며, 보안도 유
지될 수 있으리라는 판단에서였을 것이다. 이는 세종이 정책 실행에
서 절차적 정당성보다는 결과를 더 중시했음을 보여주는 점이기도
하다.

　세종이 정책을 실행하는 과정에는 위와 같은 효율성 외에도 또 다
른 요인이 작용했다. 그것은 민족과 국가적 정체성도 함께 고려하고
있었다는 점이다. 세종은 당시 다른 나라들이 모두 그 나라 음운에
바탕을 둔 문자로 언어를 기록하고 있는데, 조선은 그렇지 못한 현실
을 직시했다. 그리고 조선인의 음운은 기본적으로 중국의 것과는 다
르다는 점에 주목했다. 즉 풍토에 따른 음운의 차이를 인식하게 된
것이다. 《훈민정음》의 〈어제 서문〉에는 이에 대한 인식이 보이지만,
열국(列國)의 문자정책에 대한 언급은 보이지 않는다.

　당시에 거란(920~924)과 서하(1036), 여진(대자 1119, 소자 1138), 일본
등이 문자를 가지고 있었는데, 이들 문자가 모두 한자를 바탕으로 하
여 생성된 것인 점에서는 공통적(김완진 1984:12)이다. 그러면서도 이
들 국가는 자국의 음운에 맞는 문자를 가지고 있었다. 조선이 이적(夷
狄)이라고 무시하던 나라들이 문자를 가지고 있다는 사실은 세종에게
충격이었을 것이다. 그리하여 이는 세종이 국가경영의 방책을 구상하

<hr>

15) 신숙주가 요동에 가서 질정 받은 사실을 증명하는 기록은 《성종실록》에도 보인
　다.(18/2/2, 20/5/27)

고 실천하는 데 어느 것보다 문자 창제를 우선하도록 자극했을 것이다. 이두의 정확한 사용을 위해서 정음에 의한 운서 편찬의 필요성을 종전부터 절감하고는 있었지만, 열국이 문자를 가지고 있다는 정보는 세종으로 하여금 정음 창제를 서두르게 했던 것이다.

더구나 운서는 조선의 유교국가화 작업에도 반드시 필요한 작업이다. 중국의 사상을 받아들여 유교적 문명국가로 진입할 야망을 지니고 있던 세종으로서는, 성인(聖人)의 도를 옳게 이해하기 위해서도 정확한 성운학과 문자학의 이론적 연구가 필요했다.[16] 그리고 음운서와 총서류에 대한 이해는 《성리대전》을 다루면서 더욱 깊어졌다. 세종은 인간의 소리란 풍토에 따라 달라지며, 언어의 혼란은 정성(正聲)과 정음(正音)으로만 바로잡을 수 있다고 본 소강절의 언어 이론을 조선의 문자 창제를 정당화하는 이론적 근거로 활용했다. 그리하여 이러한 근거는 정책추진의 정당성을 확보하는 데도 도움이 되었다.

또한 운서는 정확한 한어(漢語)의 표기를 목적으로 하기 때문에, 중국과 사대외교를 원활히 수행하기 위해서도 필요했다. 정음과 운서의 관계에서 선후관계를 보면, 운서의 정리를 위해서 정음이 선결조건이기는 하지만, 정음이 운서의 정리만을 위해 만들어진 것은 아니다. 앞에서도 말했듯이, 정음의 파생효과는 운서뿐만 아니라 여러 방면에 걸쳐 있었고, 결과적으로는 통치자가 정치의 득실을 파악하는 데 유효한 도구로 기능하게 하는 데 더 큰 목적이 있었다.

《동국정운》 서문(29/9/29)[17]은 정음 창제가 가져올 통치효과를 함축

---

16) 《동국정운》〈서문〉(29/9/29). "더구나 글자[書契]가 만들어지지 못했을 때는 성인의 도(道)가 천지에 의탁했고, 글자[書契]가 만들어진 뒤에는 성인의 도가 서책(書冊)에 실리었으니, 성인의 도를 연구하려면 마땅히 글의 뜻을 먼저 알아야 하고, 글의 뜻을 알기 위한 요령은 마땅히 성운(聲韻)부터 알아야 하니, 성운은 곧 도를 배우는 시작[權輿]인지라……."

적으로 표현하고 있다. 이 서문에 따르면, "성인의 도를 알기 위해서는 글의 뜻을 먼저 알아야 하고, 글의 뜻을 알기 위한 요령은 성운부터 알아야 하는 것"이므로 소리가 중요하다는 것이다. 소리의 정확한 기록이 중요한 이유는 "소리를 살펴서 음을 알고, 음을 살펴서 음악을 알며, 음악을 살펴서 정치를 알게 되"기 때문이다. 그러므로 정치의 득실을 알기 위해서는 통치자가 '소리'를 제대로 살필 줄 알아야 한다는 것이다. 그렇다면 통치의 효율성을 높이는 방법도 다름 아니라 '소리에 제대로 귀를 기울이는 것'이다.

유교사상에서 소리와 음악과 정치의 상관관계를 인식하는 것은 일반적인 논리다. 그러기에 세종도 당연히 성운을 연구하고 음악을 연구하게 했으며, 이들을 정치에 직결시켰다. 그런데 이 과정에서 세종은 조선의 음이 중국과 다른 차이를 보고, 조선인의 사성(四聲)에 맞는 성운을 찾아내어 정음을 만들어낸 것이다. 이러한 과업의 달성은 아무나 할 수 있는 일은 아니었다. 세종의 위대성은 이러한 점을 인식했다는 데 있는 것이 아니라, 이를 업적으로 완성시켰다는 데 있다. 더구나 이러한 능력에 대해 세종 자신이 자부한 것은 물론이고 신하들도 인정하지 않을 수 없었다는 점은 리더십의 관점에서 또 다른 분석자료를 제공하는 것이다.

3.2. 정책 수행에서 세종의 리더십

훈민정음의 창제 내력을 밝혀주는 기록으로는, 세종 25년 12월에

---

17) 《동국정운》은 본래 한어의 표기를 정확히 하기 위해 그때까지 사용하던 한자음 표기의 개정을 시도한 내용이다. 그러나 여기에는 세종이 그동안 세간의 습관을 채집하고, 문적을 널리 상고하여, 널리 쓰이는 음에 기본을 두고 옛 음운을 연구하여, 우리나라 사람의 기운에 맞는 성음을 찾아내었고, 그에 의거하여 훈민정음의 음을 정했다는 경위까지 기록되어 있다.

세종이 친히 언문 28자를 지었다는 《세종실록》의 기사가 최초의 공식 기록이다. 그러나 이것만으로는 훈민정음이 창제되기까지의 경위가 불투명할 뿐만 아니라 불충분하다. 이 때문에 후대의 연구자들은 그 창제과정이 비공개로 진행되어 왔다거나, 28년의 어제(御製) 서문을 읽고 사관이 25년 기사로 추가한(이숭녕 1958:49) 것이라고 하는 등의 추론을 해왔다.

《세종실록》에는 훈민정음 창제과정에 관한 기사뿐만 아니라, 훈민정음의 활용으로 이루어지는 운서의 편찬에 관한 경위도 자세히 나와 있지 않음으로 해서 이러한 의문과 추론은 증폭되어 왔다. 즉 훈민정음은 구체적으로 어느 때부터 착수되었고 어떻게 진행되어 왔으며 누가 관여했는가, 그리고 최만리가 창제에 반대한 실제 이유는 무엇인가 등에 관해서는 기록의 빈곤으로 자세히 알기가 어렵다. 그러나 이것들을 밝혀줄 수 있는 직접적인 기록은 부족하지만, 세종대 이외의 《조선왕조실록》 기사와 신숙주의 문집인 《보한재집》과 성삼문의 《성근보집》, 야사 등의 기록으로 정음이 창제된 경위와 운서의 편찬과정 등을 추론해 볼 수 있다. 또한 이것들을 통해 창제 반대론자들에게 대처해 가는 과정에서 세종의 리더십도 엿볼 수 있다.

《세종실록》에는 정음 창제 과정에 대해 아예 기록하고 있지 않으므로, 이를 두고 후대에서는 군주가 단독으로 비밀리에 추진했다고 보는 견해가 있다. 그리고 창제시기도 반포시점인 25년을 전후한 시기로 보고 있다. 한편 정음은 세종의 단독작업이 아니라고 보는 견해가 있는데, 이 경우에는 세종이 신하들과 공개적으로 대규모로 추진한 것이 아니라 세자들과 소수의 집현전 학사들만으로 비밀리에 작업을 했다고 보고 있다. 그러나 세종이 아무리 능력이 탁월한 군주라 할지라도 군신공치체제에서 신하들을 배제하고 단독으로 했다고 보기는 어렵고, 오히려 소수의 측근 신하만으로 이 사업을 추진했을 가능성이 높다. 그 이유는 다음과 같이 추론해 볼 수 있다.

세종은 자신의 집권 후반기에 세자가 섭정을 원활히 할 수 있는 환경을 조성해 주어 지속적으로 정권을 안정시킬 필요성을 느끼고 있었다. 이를 위해서는 당시 훈구대신과 신진사류의 관계에서 집현전의 신진학사들을 보호하여 세자의 후원세력으로 삼을 필요가 있었다. 그러나 세종이 자신의 집권 후반에 대한 염려 때문에 세자와 소장 학사를 중심으로 역학 구도를 재편하려 했다면, 그 반대의 경우가 더 효율적일 수 있지 않겠는가 하고 반론을 제기할 수도 있다. 다시 말해 세자에 대한 보호를 목적으로 한 것이라면, 세종이 훈구파 대신들과 일을 도모하는 것이 세자에게 불리할 것이라고 단정하기도 어렵다고 생각되기 때문이다. 따라서 어느 것이 세종의 진정한 의도였는가는 쉽게 단정하기가 곤란하다. 그러나 비공식으로 전해지는 이야기에 따르면, 세종이 극비리에 소수의 친위세력에게 일을 전담시킨 것으로 보는 것이 더 타당하다.[18]

한편으로는 이러한 군신간의 역학관계를 떠나 당시의 사대적 상황에서 원인을 찾아볼 수 있다. 즉 세종은 당시 사대주의적 사고에 물들어 있는 신하들이 자신의 어문정책에 반대할 것이 자명할 것이므로 이를 비밀에 붙인 것이 아닌가 하는 점이다. 물론 이러한 가정은 세종이 운학에 대한 높은 수준을 자부하고 있던 것으로 보아 신하들의 도움 없이도 문자 창제가 불가능했던 것은 아니라고 볼 때 성립한다.

---

18) "世宗以諸國各製字. 以記國語. 獨我國無之. 御製字母二十八字. 名曰諺文. 開局禁中. 擇文臣撰定. 公獨出入內殿. 親承睿裁. 定其五音淸濁之辨. 紐字諧聲之法. 諸儒受成而已."(신숙주의 《保閑齋集》 附錄의 이승소 撰 〈碑銘〉); "世宗設諺文廳. 命申叔舟成三問等製諺文…… 御製諺文子母二十八字. 設局禁中. 使成三問, 崔恒, 申叔舟等撰定之."(성삼문, 《成謹甫先生集》 권3 〈實紀〉)

어쨌든 세종이 단독으로 창제했든 아니든, 창제를 공식화한 뒤에도 신하들의 반대에 부딪혔던 것은 사실이다. 그리고 세종이 신하들의 반대를 무릅쓰고 언문의 활용을 명하여 자신의 국가경영 구상을 관철시킨 것도 사실이다. 우리가 세종의 리더십의 역량을 평가해 볼 수 있는 것은 바로 이 지점이다. 왜 신하들은 세종의 훈민정음 창제에 대해 그토록 반대했는가? 훈민정음이 반포되기 이전에는 이에 대한 언급이 전혀 없는 점으로 미루어 보면, 대부분의 신하들은 정음의 제작 사실을 몰랐을 것으로 보인다. 그렇다면 위에서 언급했듯이, 이 사실은 처음에는 철저히 비밀에 붙여졌음을 반증한다. 그런데 이는 극소수의 태스크 포스[19]를 형성하여 프로젝트를 추진하게 했을 경우에도 이렇듯 보안 유지가 가능하다. 군신간의 협의로써 국가정책을 의결하는 행정시스템 아래에서 정음이 반포 전까지는 비밀이 철저히 유지되었다는 사실은, 이 자체가 세종의 국정 운영 스타일을 보여주는 것이며, 나아가 그것이 세종의 역량이었음을 말해 준다.

그러나 정음은 반포만으로 끝날 사안은 아니기 때문에 결국에는 군신간의 역학문제를 대두시키게 마련이다. 또한 정음은 그것이 국가적 차원에서 적극 보급 실행되기 위해서도 신하들의 지지가 필요했다. 이 때문에 정음을 둘러싼 군신간의 논의는 단절되지 않을 수밖에 없었고, 세종은 신하들의 반대에 직면해야 했다. 그런데 신하들이 반대

---

19) 일종의 태스크 포스팀에 포함되었을 것으로 보이는 인물은 신숙주·성삼문·이개·이선로·박팽년·최항 등이다. 흥미로운 사실은 정음이 반포되기 한 해 전인 세종 24년 겨울에 성삼문과 신숙주, 이개가 복정산에서 함께 사가독서를 했다는 기록이 있는 점으로 미루어보건대, 아마도 이들이 세종의 특임을 받아 함께 작업해 오던 사람들이 아닌가 추측된다.(신숙주의 〈연보〉 참조) 아래의 기록도 세종이 특히 신임한 일단의 신하들이 있었음을 보여준다. "英廟晚年. 有宿疾. 屢幸溫泉. 常令先生及朴先生彭年, 李先生塏, 申叔舟, 崔恒等. 便服在駕前. 以備顧問. 一時榮之云."(성삼문, 《成謹甫先生集》 권3 〈實紀〉)

상소를 하는 시점은 공교롭게도 훈민정음이 반포된 직후가 아니라 《운회》의 번역 명령이 내려진 시기와 맞물려 있다. 이 때문에 과연 신하들이 정음의 창제에만 반대한 것인지, 아니면 《운회》의 번역에 대해 반대한 것인지 모호한 측면이 있다.

이를 좀더 자세히 살펴보면, 정음 28자에 관한 언급은 25년 12월 30일에 나왔고, 이에 대한 반대상소는 26년 2월 20일에 나왔다. 그런데 세종은 반대상소가 있기 전인 26년 2월 16일에 《운회》를 언문으로 번역할 것을 명했다. 그리고 이 작업을 동궁과 수양대군 이유, 안평대군 이용으로 하여금 관장하게 했다. 이러한 시간차를 두고 신하들이 세종의 훈민정음 자체에 반대한 것이 아니라 운서 사업에만 반대한 것이라고 보는 견해(이숭녕 1976:324)가 있다. 그러나 반대상소의 내용을 보면, 상소문을 나오게 한 도화선은 2월 16일의 명령인 것이 사실이지만, 반대 이유가 단지 세종의 운서사업에만 있지 않음을 알 수 있다. 즉 운서의 성립은 정음이 확립되어야 가능한 것이므로, 운서에 반대하는 것은 바로 정음을 반대하는 것을 의미한다. 이 점을 세종이 몰랐을 것으로는 보이지 않는다.

그러나 세종은 신하들의 반대상소에 대하여 정면으로 논박함으로써 자신을 정당화한다. 물론 이 과정은 이미 훈민정음이 창제된 후에 신하들이 반론을 제기한 것이므로, 정책 결정과 그 추진과정에서 보이는 군신간의 역학관계와 그 안에서의 군주 리더십의 전개양상을 보기에는 미흡한 점이 있다. 그러나 이미 결정된 정책에 대해 사후에 전개된 것이라 할지라도, 거기에는 군주가 자신의 정책을 정당화하는 논리가 드러나 있다. 우리는 이 과정에서 세종의 통치스타일과 리더십을 추론해 볼 수가 있다.

반대상소는 집현전 부제학 최만리를 중심으로 이루어졌는데, 그 내용은 크게 여섯 가지로 분류된다. 첫째, 대국을 섬기고 중화제도를 사모하여 이를 준행해 온 조선이 고유의 언문을 만듦으로써, 이 사실이 중국에 보고될 경우 초래될 위험이 있다고 경고하고 있다. 둘째, 몽고·서하·여진·일본과 서번(西蕃)이 자기 글자를 지니고 있는 것은 이적의 일인데, 이제 우리가 따로 언문을 만드는 것은 스스로 이적과 같아지려는 것이라고 한다. 셋째, 설총의 이두로 중국에서 통행하는 글자를 빌려 사용했기 때문에, 이두로 말미암아 문자를 알게 되고 이것이 결국은 학문의 흥기에 일조했다는 것이다. 이두를 쓰려면 먼저 문자를 대강 알아야 하므로 문자를 익히려 하지만, "만일 언문을 시행하면 관리된 자가 언문만을 습득하고 학문하는 문자를 돌보지 않아서 이원(吏員)이 둘로 나뉠 염려"가 있다는 것이다. 이렇게 되면 수십 년 뒤에는 문자를 아는 자가 적어져 오래도록 쌓아온 우문(右文)의 교화가 아예 없어질 것이라고 염려하고 있다. 넷째, 옥사를 언문으로 써서 읽게 하면 백성이 쉽게 그 내용을 알아 억울하게 당하는 일이 없을 것이라고 보는 군주의 예견은 틀렸다는 것이다. 본래 옥사의 억울함은 초사(招辭)를 이해하지 못한 데서 나오는 것이 아니라 옥리에 달린 것이라고 하여, 문자의 문제가 아닌 사람의 문제로 보았다. 다섯째, 정치하는 체제가 재상으로부터 백료(百僚)에 이르기까지 함께 의논하여 여러 사람의 의논을 채택하는 것인데, 갑자기 이배(吏輩) 10여 인으로 하여금 익히게 했으며, 또한 지금 시급한 국사가 많은데, 이미 만들어 놓은 운서를 고치고 언문을 부회하여 급히 시행하려는 이유를 모르겠다는 것이다. 여섯째, 성학에 잠심해야 할 동궁에게 육예(六藝)의 한 가지에 불과한 언문을 익히게 하는 것은 정치에 유익함이 없고 시민(時敏)의 학업에 손실이 된다는 것이다.

위의 언설을 보면, 신하들의 시각이 세종과 매우 다르다는 사실을 보여준다. 대체로 신하들은 관습과 고례에 익숙하여 관행적인 제도를 고치는 것에 거부감을 보여주고 있으며, 문자를 비롯한 제도를 만든 목적의식이 결여되어 있다. 게다가 백성의 자질을 고정불변의 것으로 보고 있기까지 하다. 세종은 신하들의 생각을 간파하고 이들 논리의 허점을 지적하는 방식을 통해 자신의 논리를 정당화했다. 그 방식은 유교적 명분론에 근거하여 논박하는 방식이었고, 이로써 그들을 설복시키려 했다.

그 과정을 자세히 보면, 세종은 관행적으로 사용해 오던 이두 율문을 백성에게 적용하는 것이 문제될 것이 없다고 보는 신하의 관점을 우선 비판한다. 당시의 신하들은 언문이나 운서의 제작이 이 시점에 왜 필요한지 그 이유를 납득하지 못하고 있었다. 이와는 달리 세종은 현재의 한자음이 혼란된 것이므로 대대적인 개신(改新)이 필요함을 역설했다. 그러고는 자신의 개신 능력이 설총 못지않음을 자부했다. 그리하여 "네가 운서를 아느냐. 사성 칠음에 자모(字母)가 몇이나 있느냐. 만일 내가 그 운서를 바로잡지 아니하면 누가 이를 바로잡을 것이냐"고 하여 자신이 적임자임을 강변했다. 그리고 이두가 백성을 위해 만들어졌듯이, 언문도 백성을 편리하게 하려는 것이라고 주장함으로써 정책의 정당성을 '위민'에서 구했다. 유교국가에서 통치의 정당성의 가장 큰 근원이 백성임을 감안한다면, 세종의 이러한 언급은 그 자체로도 명분이 있다. 그리하여 오히려 신하들의 반대는 '명분' 없는 반대가 된다.

정창손이 《삼강행실도》를 반포한 뒤에도 충신·효자·열녀의 무리가 나오는 것을 보지 못하는 것은 그것을 행하는 사람의 자질에 달린 문제이므로, 언문으로 번역한 후라야 사람이 본받을 수 있는 것이 아니라고 하자, 세종은 "이따위 말이 어찌 이치를 아는 선비의 말이겠느냐. 아무짝에도 쓸데없는 용속(庸俗)한 선비다"고 비판했다. 세종은 정창손의 이 논리는 백성의 교화를 담임해야 할 지배층으로서의 기본적인 자질이 아니라고 보았다.

세종의 이런 논박은 백성을 교화하고 보도할 책임이 군주와 지배층에게 있음을 강변하려는 것이므로 신하들이 쉽게 반론을 제기할 수 없었다. 최만리가 "급하지 않은 일을 무엇 때문에 시간을 허비하며 심려하십니까" 하고 반대한 것도 마찬가지로 명분을 얻지 못한다. 명분으로 보자면, 군주가 백성의 편리를 도모하는 일에 힘을 쏟는 것보다 시급한 일은 없기 때문이다. 그러므로 최만리의 반대는 오히려 세종이 논박하기에 좋은 빌미를 준 것이다. 따라서 신하들이 언문 제작에 반대하는 것은 실효가 없었다. 신하들의 반대는 그들이 반대하는 실제 이유를 은폐하기 위한 구실에 지나지 않았다.

세종도 이들의 반대 이유가 실제로는 다른 데 있음을 알아차렸다. 즉 신하들은 세종이 세자에게 운서 편찬 임무를 맡기되, 신진학사들만 참여시키고 훈구대신들은 배제한 데 불만을 품고 반대상소를 한 것이다. 이전부터 세자의 섭정을 반대하고 있던 훈구대신들은, 이러한 세종의 처사를 보고 군주가 자신들을 배제하고 신진학자 중심의 권력 재편을 구상하고 있는 것으로 여겼다. 신하 가운데 김문은 전에는 언문 제작이 가능하다고 했다가 나중에 이를 뒤집고 반대했다. 이를 보고 세종은 신하들의 반대 이유가 언문이 아닌 다른 데 있음을 알아차렸다.

그러나 세종은 바로 이 점을 빌미로 하여 김문을 비롯한 신하들의 반대에 선제공격을 했다. 세종이 "내가 늙어 국가의 서무(庶務)를 세자에게 맡겼으니, 아무리 작고 보잘것없는 일일지라도 참예하여 결정하는 것이 마땅하거늘, 하물며 언문이겠느냐. 세자로 하여금 늘 동궁에만 있게 하고 환관에게 일을 맡긴단 말이냐"(26/2/20)고 하는 것으로 알 수 있듯이, 세종은 언문을 국가의 중요 사업으로 생각하고 있었고, 따라서 이처럼 중대한 사업을 후임자인 세자가 관장하는 것이 당연하다고 생각했다. 물론 대신들도 이 사업의 중대성을 모르지는 않았다. 그런데 세종이 세자로 하여금 섭정하게 하던 후반기에, 세자와 이른바 코드가 맞는 젊은 학자들하고만 일을 추진하려는 것이라 생각하고는, 이 사업이 그들의 권력을 위협한다고 보아 반대했을 것이다. 그러나 이러한 역학구도의 재편 가능성을 알아차렸다 할지라도, 환관이 아닌 동궁에게 국정을 맡겨야 한다는 세종의 당위론을 반대하기에는 신하들의 명분이 미약했다.

당시 집현전 학사의 구성을 보면, 반대상소에 가담한 자는 최만리·정창손·신석조·김문·하위지·조근 등으로,[20] 이들은 운학에 무관심한 자들이었거나 군주의 정책 수행에서 배제된 자들이었다. 이에 비해 《운회》 번역작업에 가담한 자들은 최항·박팽년·신숙주·성삼문·이선로·이개 등의 젊은 학자들이었다. 반대상소의 조짐은 세종 19년 1월부터 세자에게 세무를 이양시키기 위한 첨사원 설치가 논의된 뒤, 《운회》 번역으로 세자와 수양·안평 두 대군 중심으로 학사들을 새로운 세력으로 결집하는 과정에서 이미 싹트고 있었다. 그러나 이들의 반대에도 세종은 강력한 리더십으로 반대세력을 제압하

---

20) 운회 언해를 위한 모임에 동궁과 두 대군이 참여한 데 대한 정치적 해석을 내리기를 세자 중심의 집현전 관리는 소장 학자가 주축을 이루고 있었으며 학문이나 직급이 높은 녹관은 참여하지 않아 이들의 정치적 불만이 있었을 것으로 보고 있다. 찬성하다 반대로 돌아선 김문의 경우는 진급에 대한 불만이 있었으며, 최만리와 김문, 정창손은 높은 품계이고, 신숙주·박팽년·이선호·이개 등은 낮은 관직이었던 것으로 보고 있다.(최기호 1983:546~547) 그러나 반대상소에 가담한 자 가운데는 하위지 송처검·조근 같이 관직이 낮은 자도 있으므로, 이를 품계로만 구분할 것이 아니라 세종의 친위세력권 안에 드는 사람과 그렇지 못한 사람으로 구분하는 것이 오히려 타당할 것이다.

고 사업을 밀고 나갔다.

이때 세종이 리더십을 펼치면서 쓴 전략은, 이치와 명분으로 따져 묻는 방식이었다. 그리고 덧붙여 신하로서 말을 바꾼 사실을 탄핵하고 그 희생양을 만들어 일벌백계를 하는 식이었다. 그 희생양이 된 사람이 바로 정창손과 김문이었다. 부제학 최만리, 직제학 신석조, 직전 김문, 응교 정창손, 부교리 하위지, 부수찬 송처검, 저작랑 조근은 의금부에 내렸다가 이튿날 석방을 명했다. 이러한 조처는 바로 이들을 석방할 심산이 처음부터 있었음을 말해 준다. 그럼에도 이렇게 한 것은 아마 군주의 위엄을 보이기 위해서였을 것이다. 이들 가운데 정창손은 파직시키고, 김문은 "앞뒤로 말을 바꿔 계달한 사유를 국문하여 아뢰라"고 하여, 그 죄를 물어 다른 신하들을 경계시키는 희생양으로 삼았다.

한편 초기 정음 창제 때 참여했던 신하는 다른 사업에도 참여하고 있었다. 뒷날의 《동국정운》과 《홍무정운》 편찬에는 세종 28년의 훈민정음 편찬 때와 거의 같은 인물로 충원되어 있었다. 이는 《훈민정음》의 편찬이 세종의 국가경영의 구상을 단계적으로 실행해 가는 하나의 과정에 지나지 않았으며, 《동국정운》을 비롯한 다른 사업들과도 처음부터 계획적으로 연계되어 있었음을 증명해 준다. 이는 두 사업에 같은 인재 풀이 동원되어 있었을 뿐만 아니라, 사업의 성격이 비슷하다는 사실로도 뒷받침할 수 있다. 또한 《동국정운》이 세종 29년 9월에 탈고되고, 《훈민정음 해례본》이 세종 28년 9월에 탈고된 것으로 볼 때, 이 두 사업은 거의 동시에 진행된 것으로(이숭녕 1958:77) 보아야 한다. 《용비어천가》도 27년 4월에 일차로 탈고된 사실로 보면, 이들 사업은 대략 비슷한 시기에 이루어지고 있었음을 알 수 있다.

이 가운데 《용비어천가》는 세종의 역점사업이 아니었다고 하지만,

훈민정음의 세칙을 모르고는 《용비어천가》가 완성될 수 없었다.(이숭녕 1958:65) 이 점에서 보면, 《용비어천가》 또한 세종이 기획한 국가경영의 구상들을 단계적으로 실천하는 가운데 나온 결과물의 하나로 보아야 할 것이다. 그러면 여기서 말하는 세종의 국가경영 구상의 궁극은 무엇인가. 그것은 바로 조선왕조의 정당성을 확립하여 왕조의 영원한 안정을 꾀하려는 것이었다. 조선왕조는 그 창업 과정에서 정당성이 결여되어 있었다. 세종은 선대왕의 창업으로 야기된 정당성의 결여 때문에 백성들의 정서가 비도덕적 왕권을 받아들이지 않고 있다는 사실을 잘 알고 있었다.(이근수 1996:7) 그러니 그가 권좌에 오른 이후 왕위의 정당성을 확보하고 왕권을 안정시키기 위해 노력했으리라는 것은 쉽게 짐작할 수 있다. 세종은 선대왕, 특히 태조의 정권 찬탈을 천명사상으로 합리화하고, 이를 운명적인 것으로 받아들이게 하려고 노력했다. 그리하여 이러한 목적에서 구상된 것이 바로 《용비어천가》였다. 《용비어천가》가 선대왕들의 공덕을 부각시키고 찬미하는 내용으로 이루어진 것은 이를 뒷받침한다. 정음이 창제된 이후 최초로 정음 문자를 활용하여 나온 저술이 《용비어천가》라는 점도(허춘강 2000:34) 그것의 찬술 목적이 어디에 있었는가를 말해 준다고 하겠다.

《용비어천가》를 세종의 일련의 국가경영 구상책의 하나로 볼 수 있는 또 다른 근거는, 그것이 정음이 반포되는 시점보다 앞서 구상되었다는 사실이다. 세종은 24년에 "홍무 13년 9월에 왜구가 떼를 지어 우리의 경계를 침략했을 때, 우리 태조께서 부오(部伍)를 정비하여 이끌고 바로 운봉에 이르러 한 번에 소탕했으니, 그 훌륭한 공과 위대한 업적은 후세까지 전하지 아니할 수 없다"(24/3/1)고 하여, 《용비어천가》를 지을 뜻이 있음을 내비쳤다. 즉 《용비어천가》의 내용에 관한 찬집은 정음의 창제보다 앞서 이루어지고 있었던 것이다.《용비어천가》는 태조와 태종의 잠저 때의 덕행에 초점을 두고 부각시킨 것으로, 본가의 107개 장은 선왕과 관련된 사적 가운데 태조(65개)와 태종(20개)이 절대 다수를 차지한다.(이근수 1996:11~12) 이는 선왕의 공덕을 백성에게 알리는 데 목적이 있는[21] 것이지, 단순히 정음을 활용하기 위한 작품만은 아니었음을 말해 준다. 따라서 조선왕조의 정당성과 왕권 확립에 목적을 두고 제작된《용비어천가》는 당연히 정음으로 제작되어야만 그 효과를 발휘할 수 있는 것이었다.

정음의 반포는 세종 25년 12월에 이루어졌고,《훈민정음》에 관한 해례본은 세종 28년 9월에 반포되었다. 그러나 정음으로 된《용비어천가》는 세종 27년 4월에 발표되었다.[22] 해례본은 정음이 창제되고 나서 2년여 뒤에 나왔으나《용비어천가》가 해례본보다 앞서 세종 27년에 나왔다는 사실은, 정음의 구성 원리가 해례본 이전에 이미 갖추어져 있었음을 방증한다. 이는 마찬가지로 운서의 제작도 이미 정음이 창제되던 초기에 동시에 진행되고 있었음을 증명한다. 따라서 이들 어문·문화정책은 정음이 창제되던 그 시점부터 함께 추진되던 정책들로서,《훈민정음》이나《용비어천가》가 모두 세종이 왕조의 정당성을 확립하고 그 영속화를 기할 목적으로 구상한 것임을 알 수 있다. 특히《용비어천가》는 정음의 글자로서의 성능을 시험하고 문자로서의 권위를 세우기 위한 대상물이 본래 아니었다는(이근수 1996:15) 지적이 사실이라면, 이는 왕조 초기의 정당성의 하자를 극복

---

21) "시나 노래를 제작하는 것은 다 선왕들의 융성한 덕과 신성한 공을 칭송하고 찬양하기 위한 것인데…… 이제 용비어천가를 내리신 것은 조종의 융성한 덕과 거룩한 공을 노래하고 읊게 하기 위해 지은 것이니, 마땅히 상하에 통용하여 칭송하고 찬양하는 뜻을 극진히 하여야 하고 종묘에서 쓰는 데만 그치게 해서는 불가하니……"(29/6/4)

22) 세종 27년 4월에 탈고했으나 28년 10월에 수정, 29년 10월에 반포되었다.

하고 명분에 합당한 유교국가를 완성하려는 데 기여할 목적으로 고 안된 것임을 말해 준다.

그렇다면 지금까지의 논증으로 보건대, 정음과 여러 문화정책의 연 관성은 좀더 내밀하게 연관되었음을 알 수 있다. 따라서 이러한 사실 은 《훈민정음》의 창제를 둘러싼 논란에서 그 반포 시점을 중심으로 만 볼 것이 아니라, 구상 시기를 중심으로 오래전부터 창제를 구상하 고 있었다고 보아야 한다는 주장을 뒷받침한다. 즉 정음에 대한 구상 은 《삼강행실도》가 나온 집권 중반기, 즉 세종 14년 이후에 싹트고 있었으며, 《삼강행실도》를 언문으로 번역하여 보급할 것을 생각하던 세종 16년 이후에는 더욱 구체화되었던 것으로 볼 수 있다. 그 뒤 10 년이라는 기간은 세종이 정음을 비롯한 여러 사업을 집중적으로 구 상하여 실행한 시기라고 할 수 있겠다. 따라서 정음은 세종 25년 이전 에 이미 그 기본체제가 갖추어져 있었으며, 해례본은 그 이론적 성격 을 자세히 밝혀 보급의 확대를 기하려는 목적에서 나중에 발간된 것 으로 보아야 할 것이다.

특히 정음은 그 일차적인 목적이 급증하는 범죄를 막아 풍속을 교 화하려는 데 있었다. 나아가 정음은 통치의 효율성을 증대시키기에 유효한 수단이었다. 통치자의 측면에서 보면, 정음의 창제가 결과적 으로는 국가의 명령체계를 일사불란하게 아래로 전달하는 효과를 가 져와, 중앙집권적인 문치주의를 달성하는 데(정구복 1998-b:31) 기여한 면이 있기 때문이다. 그러나 이는 정음의 창제가 가져온 여러 통치효 과 가운데 하나일 뿐[23] 그것이 목적이자 전부였다고 하기는 어렵다.

---

23) 훈민정음 창제의 근본 목적이자 실질적인 동기는 정권 보존의 차원에서 나온 것이라 는 견해가 있는데[김민수, 1969, 〈훈민정음 창제의 시말 — 세종의 국권확립책을 중심 으로 하여〉, 《김재원박사회갑기념논총》(을유문화사)], 왕조국가에서는 정권 보존의

국가경영자로서 세종이 목표한 바는 주자학적 이념에 기초한 중앙집권적 국가체제를 형성하는 데 있었다. 이를 위해 군주와 백성 사이의 의사소통이 중요한 요소였음은 말할 것도 없다. 정음은 그 소통 수단이었다. 그런데 이 경우 군민(君民) 사이의 의사소통이란, 상호적인 관계라기보다는 치자의 명령체계가 일방적으로 전달되는 하향식의 성격이 강했다. 그렇기는 하지만 국가경영의 측면에서 정음의 창제를 보면, 그것은 어디까지나 의사소통의 수단으로서, 즉 치국을 위한 방략(方略)의 일부로 고안된 것이지, 그 자체를 목적으로 만들어진 것은 아니었다.

그리고 정음의 창제는 처음부터 운서의 편찬을 염두에 두고 고려된 것인데, 운서는 결국 중국과의 관계 때문에 요청된 것이기도 하다. 이 점에서 훈민정음의 창제를 순전히 신흥국가의 자주성을 모색하기 위한 고려에서 나온 것으로 보는 민족주의적 시각은, 당시의 시대정신을 배제한 단편적인 분석에 지나지 않는다. 그러므로 오히려 정음과 관련한 연구에서는, 창제의 목적만 부각시키기보다는 창제과정과 그 효용성에 초점을 맞추어 이를 군주의 리더십과 연계시켜 분석하는 것이 더 생산적일 듯하다. 이는, 다시 말해, 훈민정음의 창제과정에서 당시의 시대정신과 사대질서적인 상황에서 중국의 언어정책에 동화되지 않고, 도리어 조선의 풍토와 실정에 맞는 음운체계를 발명하려 한 세종의 사상체계와 리더십의 수행을 인정하는 것이 의미 있을 뿐, 지나치게 민족적 자의식을 강조하는 것은 별 의미가 없음을 뜻한다.

관념이 있었다고 하기보다는 오히려 보민의 관념, 즉 국가 보존의 관념이 더 우세했으며, 통치의 정당성도 이 관념에 의해 지배받았다고 보아야 할 것이다.

4. 맺음말

세종이 훈민정음의 창제가 가져올 것으로 기대한 정치적 효과는 이미 언급했듯이, 풍속의 교화에 도움이 된다는 것이 일차적이었다. 세종은 정음을 창제하자마자 《삼강행실도》를 언문으로 번역하여 보급, 이를 백성들이 본받게 함으로써 인륜을 드높이고자 했다. 뿐만 아니라 어려운 율문을 쉬운 언문으로 번역하면 형옥(刑獄)이 공정해지며 범죄도 예방할 수 있을 것으로 낙관했다. 나아가 세종은 정음이 완성되면 조선인의 성음에 바탕을 둔 음악과 가사의 정리가 이루어져 선왕들의 공덕을 칭송하고 왕조 창업의 의미도 부각시킬 수 있으리라고 계산했다.

이 때문에 세종은 정음을 창제하고 난 다음, 여러 면에서 그것을 사용하도록 권장했다. 자신이 직접 대간의 죄를 일일이 언문으로 써서 의금부와 승정원에 보이게 했고(28/10/10, 28/10/13), 이과(吏科)와 이전(吏典)의 취재(取才; 28/12/26), 그리고 각 관아의 관리시험에서 훈민정음을 시험하여 뽑게 했다(29/4/20). 또한 언문으로 사서(四書)를 번역할 것을 명하기도 했다.(30/2/28) 그리고 세종은 무엇보다 음악을 통해 정음의 효과를 높이려 했다. 오래전부터 음악, 그 가운데서도 민속악과 정치의 상관성을 인지하고 있던(15/9/12) 세종은, 태조의 행적을 조사한 자료를 이용하여 《용비어천가》를 만들어 연향에서 연주하게 했고, 이를 신하들에게도 나누어 주었다. 물론 여기에는 신하의 불충을 경계하고 충성을 권장하려는 목적도 있었다. 정음으로 만든 최초의 작품이 《용비어천가》이며, 그 내용이 왕조 창출의 비정통성, 비도덕성을 합리화하기 위한 건국 송덕가라는 점은, 세종시대에 펼쳐진 일련의 언어문화정책이 궁극적으로는 왕실의 권위를 높이고 왕조의 정당성을 확립하여 왕조국가를 영속시키려는 목적과도 관련되어 있음을 보여준다.

세종은 이러한 여러 가지 효율성을 지닌 문화정책을 추진하면서, 자신의 정책에 동조하지 않는 신하들을 설복시키거나 제압하는 과정에서 리더십을 발휘했다. 리더십은 정음의 창제에서는 물론이고, 운서의 편찬 등 일련의 문화정책을 시행하는 단계에서도 주도권을 잡는 방식으로 발휘되었다. 공론정치를 실현해야 하는 유교국가의 군주가, 혼자서 또는 몇몇의 측근 신하만으로 정책을 비밀리에 추진하기 위해서는, 누구보다 정책의 비전과 실행 효과에 대한 자신감을 지니는 것이 요구되는데, 이 부분에 대해 호학(好學) 군주인 세종은 언어학·음운학에 대한 실력을 키워 이를 공인하게 했다.

그리고 정책을 추진할 때는 되도록 극비리에 추진함으로써 반대세력의 저항을 최소화하려 했고, 반대가 있다 하더라도 유교적 명분론에 근거하여 상대를 설복시키는 방법을 취했다. 이때 세종의 전략은 신하들을 제압하되 권력적 우위로서가 아니라 그들 논리의 허점을 공박하는 방식을 취했다. 세종은 신하들을 논박할 때 '애민'과 '위민'을 전면에 내세움으로써 자신이 추진하는 정책의 정당성을 유교적 명분론에서 찾았다. 그리고 필요한 경우에는 정치적 희생양을 만들어 정책반대 세력을 제압하고, 그로써 다른 정파를 경계시키는 책략을 구사하기도 했다.

이러한 세종의 전략이 적중할 수 있었던 데는 그 주장과 방법이 대체적으로 시의(時宜)와 명분에 맞았기 때문이라고 할 수 있다. 결국 세종이 구상한 국가 경영의 청사진이 관철될 수 있었던 데는 이러한 그의 리더십의 특성에 연유하는 점이 크다고 하겠다.

◼ 참고문헌

《상서》(尙書)
《보한재집》(保閑齋集;《한국문집총간》, 민족문화추진회)
《성근보집》(成謹甫集;《한국문집총간》, 민족문화추진회)

강규선, 2001,《훈민정음 연구》, 보고사.
강만길, 1978, 〈한글 창제의 역사적 의미〉,《분단시대의 역사적 인식》, 창작과
　　　비평사.
강신항, 1984, 〈세종조의 어문정책〉,《세종조 문화연구Ⅱ》, 한국정신문화연구원.
──── , 2003,《훈민정음연구》, 성균관대학교출판부.
김광해, 1990, 〈훈민정음 창제의 또 다른 목적〉,《강신항교수회갑기념 국어학
　　　논문집》.
김민수, 1969, 〈훈민정음 창제의 시말 ― 세종의 국권확립책을 중심으로 하여〉,
　　　《김재원박사회갑기념논총》, 을유문화사.
김석환, 1997,《훈민정음 연구》, 한신문화사.
김완진, 1984, 〈훈민정음 창제에 관한 연구〉,《한국문화》 5, 서울대.
김운태, 2002, 〈조선조 세종대왕의 민본사상〉,《사회정책논총》 14-1, 한국사회
　　　정책연구원.
남윤경, 2001, 〈세종대 창제된 훈민정음에 대한 역사적 접근 ― 최만리 등 집현
　　　전학사들의 훈민정음 반대상소를 통하여〉, 서강대 대학원 석사논문.
박병호, 1982, 〈법제도면에서 본 세종조 문화의 재인식〉,《세종조 문화의 재인
　　　식》, 한국정신문화연구원.
──── , 1998, 〈조선초기 법제정과 사회상〉,《국사관논총》 80, 국사편찬위원회.
박종국, 1984,《세종대왕과 훈민정음》, 세종대왕기념사업회.
심희기, 1998, 〈한국적 전통성과 시민적 덕성 ― 부민고소금지법과 세종의 고
　　　뇌〉,《세종시대 문화의 현대적 기능》, 한국정신문화연구원.
유창균, 1993,《훈민정음 역주》, 형설출판사.
이광호, 2001, 〈세종의 언어정책과 훈민정음의 창제〉,《세종시대의 문화》, 한

국정신문화연구원.

이근수, 1996, 〈훈민정음 창제와 조선 왕조〉, 《인문과학》 4, 홍익대 인문과학연구소.

──, 1998, 《조선조의 어문정책 연구》, 홍익대학교출판부.

이숭녕, 1958, 〈세종의 어문정책에 관한 연구〉, 《아세아연구》 1 · 2, 아세아문제연구소.

──, 1964, 〈최만리 연구〉, 《이상백박사회갑기념논문집》, 을유문화사.

──, 1966, 〈세종대왕의 개성의 고찰〉, 《대동문화연구》 3집, 성균관대 대동문화연구원.

──, 1976, 〈세종을 견제한 직간인 ─ 최만리는 한글창제에 반대했나〉, 《월간중앙》 103, 중앙일보사.

──, 1981, 《세종대왕의 학문과 사상 ─ 학자들과 그 업적》, 아세아문화사.

이우성, 1976, 〈조선 왕조의 훈민정책과 정음의 기능〉, 《진단학보》 42, 진단학회.

이한우, 2003, 《세종, 그가 바로 조선이다》, 동방미디어.

정구복, 1998, 〈'세종조 역사의식의 계승'에 대한 한영우의 논평〉, 《세종시대 문화의 현대적 의미》, 한국정신문화연구원.

──, 1998, 〈'세종조 역사의식의 계승'에 대한 이성무의 논평〉, 《세종시대 문화의 현대적 의미》, 한국정신문화연구원.

정두희, 1993, 〈조선건국 초기 통치체제의 성립과정과 역사적 의미〉, 《한국사 전환기의 문제들》, 지식산업사.

──, 1980, 〈집현전학사 연구〉, 《전북사학》 4, 전북대 사학회.

조남욱, 2001, 《세종대왕의 정치철학》, 부산: 부산대학교출판부.

최기호, 1983, 〈훈민정음 창제에 관한 연구 ─ 집현전관과 언문반대상소〉, 《동방학지》 36 · 37, 연세대 국학연구원.

최상천, 1991, 〈용비어천가 찬술의 역사사회적 의미에 관한 연구〉, 《한국전통문화연구》 7, 효성여대 한국전통문화연구소.

최승희, 1993, 〈세종조 정치지배층의 대민의식과 대민정치〉, 《진단학보》 76, 진단학회.

──, 1966 · 1967, 〈집현전 연구(상) (하)〉, 《역사학보》 32 · 33, 역사학회.

한국정신문화연구원 편, 1982, 《세종조 문화연구 I》, 한국정신문화연구원.

──, 1998, 《세종시대 문화의 현대적 의미》, 한국정신문화연구원.

허 웅, 1976, 〈사대주의에 빠진 인물 — 최만리는 한글창제에 반대했나〉, 《월
　　간중앙》 103, 중앙일보사.
허춘강, 2000, 〈성삼문의 훈민정음 창제와 문화정책〉, 《한국행정사학지》 8, 한
　　국행정사학회.

지방관 임기 논쟁을 통해 본 세종의 리더십

배 병 삼
영산대

1. 머리말

　지금까지 우리에게 조선의 군주 세종은 문화(한글창제)와 과학(농업 및 측량기구)쪽 업적을 중심으로 강조되었고, 현실정치가로서의 면모는 소홀히 여겨졌다. 이 글은 세종의 정치가로서의 면모를 '지방수령 6년 임기제' 즉 수령육기제(守令六期制)의 도입과 그것이 제도화되는 과정을 통해 살펴볼 수 있다는 가설 위에서 이루어졌다.

　수령육기제를 소재로 한 연구는 역사학계에서 여러 차례 다루어진 바 있다. 역사학계 연구의 특징은, 첫째 중앙권력(왕권)의 영향력 확대 과정에 초점을 맞춘 연구, 둘째 수령의 구임책(久任策)의 의미, 즉 임용기한 연장의 의의를 천착한 것, 그리고 지방행정제도의 변화를 추적하는 제도사적 측면에 주의한 것들이다.[1]

　이 글은 사학계의 연구 성과를 수용하되, 특별히 정치가 세종의 정

---

[1] 구완회, 1988, 〈세종조의 수령육기법〉, 《경북사학》 11, 경북사학회; 임용한, 1998, 〈조선초기의 수령제 개혁과 그 운영 — 태종~세종 연간을 중심으로〉, 《인문학연구》 2, 경희대 인문학연구소; 임용한, 1996, 〈여말선초의 수령제 개혁론〉, 《인문학연구》 1, 경희대 인문학연구소; 이수건, 2001, 〈세종시대의 지방통치체제〉, 《세종문화사대계》 3, 세종대왕기념사업회.

책결정과정과 정책의 제도화과정에 주목했다. 즉 특정한 정책의 집행과정(political process)에 시각을 고정하여, 그 전변과정을 추적함으로써 정치가 세종의 리더십의 특성을 부각하려는 것이다.

이를 위해서 《조선왕조실록》을 텍스트로 삼았다. 수령육기제도의 제안과 정책수립과정, 그리고 수정절차 및 제도화 과정은 《세종실록》을 편년(編年)으로 확인했고, 그 정착의 현장은 《문종실록》을 통해 점검했다. 따라서 이 글은 첫째, 수령육기제도의 제도화과정을 시간대별로 추적하여 변천과정을 확인하고, 둘째, 이를 바탕으로 세종 리더십의 특징을 추출하는 것으로 구성된다.

1.1. 수령(守令)의 의의

조선의 현실정치에서 지방수령의 위상과 그들을 지휘 통솔하는 군주의 역할은 중차대하다. 즉 유교정치 이념을 현실 속에 실천하는 데서는 "백성들과 가장 가까운 위치에 있는"(近民之職; 《태조실록》) 수령들의 역할이 중요하다. 수령은 군주와 백성들 사이에 위치하면서, 통치자의 정치이념을 아래로 관철하는 동시에 피치자의 욕망을 위로 전달하는 소통의 매개체, 이를테면 몸으로 치면 관절과 같은 존재기 때문이다.[2] 조선 후기 사상가로서 특별히 지방정치와 수령문제에 천착한 정약용은 수령의 중요성과 그 업무의 복잡성을 다음과 같이 지적하고 있다.

---

[2] 퇴계 이황은 1549년에 수령직을 내놓으면서, 자신이 수령으로서 무능한 점을 피력하기를 "恩不能下究, 而寃不得上通"이라고 했다. 곧 "군주의 은택이 아래로 내려가도록 하고, 백성의 요구사항이 위로 통할 수 있도록 하는 것이 수령의 직분"이라는 뜻이다.(〈答韓巖李相國〉, 《退溪全書》 권1, 書, 254)

수령이란 옛날의 제후(諸侯)이다. 노인을 봉양하고 어린이를 사랑하며 곤궁한 이를 구휼하고 외로운 이를 어루만지며, 재앙을 구제하고 없는 자를 진휼하며 효제(孝悌)를 돈독히 하고 친척간의 화목을 높이는 것은 모두 사도(司徒)의 직책이니 가는 곳마다 그 책임 아닌 것이 없다. 또 도량형(度量衡)을 삼가고 고르게 하며, 조적(糶糴: 쌀을 사들이고 구휼함)의 이(利)를 통하게 하고, 관시(關市)에 세금 받는 것을 살피는 것은 어디서나 수령의 직책이 아닌 것이 없다. 그리고 농기(農器)와 직기(織器)를 만들고 수리(水利)를 일으켜 민생을 윤택하게 하고, 산림(山林)과 천택(川澤)을 길러 농업을 돕고 국가재정을 넉넉하게 하는 것은 어디서나 수령의 직책 아닌 것이 없다. 종(僕)을 바꿔가며 세더라도 그 종류를 다 헤아릴 수 없을 정도다.(《與猶堂全書》, 〈玉堂進考課條例箚子〉)

서울이나 도읍을 다스리는 방백(方伯)이 아니라 시골과 제읍을 두루 포괄하는 국가를 통치해야 할 군주라면 그 정치의 성패는 '지방'을 잘 다스리는 일에 달렸다고 해도 지나친 말이 아니다. 그러므로 요순(堯舜) 이래로 지방을 어떻게 통솔할 것인가 하는 문제는 치평(治平)의 요체가 되었으니, 이에 따라 지방관(太守 또는 守令)의 의의가 특별한 의미를 갖게 되는 것이다.

1.2. 세종의 수령관

조선 초기는 고려말 문란했던 관기(官紀)를 숙정하여 신왕조의 기틀을 잡는 것이 중요한 정치적 과제였다. 이에 수령의 기강 확립에 주의를 기울이지 않을 수 없었다. 태조는 〈즉위교서〉 제5조에서, "수령은 백성과 가까운 직책이므로 중히 여기지 않을 수 없다. 이에 도평의사사(都評議使司), 대간(臺諫), 육조(六曹)로 하여금 각각 아는 자를 천거하여, 그 가운데 염결하고 재간 있는 자를 등용하도록 하라. 30개월이

124

되어 치적이 특별히 탁월한 자는 거듭 중용하되 미치지 못하는 경우 그를 추천한 자에게 죄를 물어야 한다"(《태조실록》 태조 즉위년 7월 28일)고 지시한 바 있다.[3]

이런 뜻을 계승한 세종은 "백성은 나라의 근본이니, 근본이 튼튼해야만 나라가 평안해진다. 내가 박덕한 사람으로서 외람되이 생민의 주가 되었으니, 오직 이 백성을 기르고 어루만지는 방법만이 마음속에 간절하다. 이에 백성과 친밀한 수령을 신중히 선택하고 출척(黜陟)하는 법을 거듭 단속했는데도, 오히려 듣고 보는 바가 미치지 못함이 있을까 염려된다"(《세종실록》 세종 5년 7월 2일)고 하여 백성을 직접 대하는 수령의 선별과 그 단속에 특별한 관심을 표하고 있었다.

세종은 취임 첫 해, 9개 조목의 시정책을 제시하는데, 이들은 대부분 지방수령들에 의해 집행되어야 할 구체적이고, 실무적인 사안이다.[4] 이 가운데 특별히 지난 30년에 걸친 수령들의 고적(考績)사항을 제출할 것을 요구하고 있는 점이 눈에 띈다. 곧 위민정치는 수령에 대한 통솔의 성공 여부에 따라 그 성패가 달린 문제로 인식하고 있었던 것이다. 문제는 수령의 기강확립과 부정부패의 방지에 있었다. 세종이 수령의 부정부패에 대해 얼마나 깊이 고민했던가 하는 점은 그의 분노를 엿봄으로써 확인할 수 있다.

3) 김성준, 1990, 《목민심감연구》(고려대 민족문화연구소), 10쪽.
4) (1) 농사와 누에치는 일은 의식(衣食)의 근본이니 흉년에 노역을 삼가며 실농(失農)이 없도록 할 것, (2) 학교는 풍속과 교화의 근원이니 유학교육을 숭상할 것, (3) 수령은 백성과 가까운 직책이니 그 선임(選任)이 중요하다. 각 도와 기관에서는 지난 30년간의 치적을 조사 보고할 것, (4) 늙어 홀로되거나 외로운 자, 병든 자들에게 진휼대책(賑恤對策)을 마련할 것, (5) 탐관오리의 폐습을 일소하고 민생을 아낄 것, (6) 각 수령들은 흠휼정신(欽恤精神)으로 형옥(刑獄)에 임하고 각 소임에 충실할 것, (7) 효자, 순손(順孫), 의부(義夫), 절부(節婦)를 널리 찾아 표창할 것, (8) 전사자의 후손을 보호하고 서용할 것, (9) 초야에 은거한 사람들 가운데 재주와 도가 높은 자를 찾아 보고할 것 등이다.(《세종실록》 세종 즉위년 11월 3일; 이하 《세종실록》은 줄이고 날짜로만 표기한다)

(1) 강원도 행대(行臺) 김종서가 복명하기를 "경차관(敬差官) 김습(金襲)이 흉작을 풍작으로 꾸며 과중하게 간평(看坪)했습니다."고 아뢰니, 임금은 말하기를 "이야말로 토색질하는 놈이니, 사헌부로 하여금 엄중히 처벌하게 해야 한다"고 하다.(세종 즉위년 1월 17일)

(2) 임금이 상소문을 보고 노해서 말하기를, "근일에 박금·진준 등이 모두 창고의 곡식을 제 마음대로 출고했는데, 진준은 기민(飢民)에게 나누어 주어서 박금과 비교할 것은 아니나, 진준이 이미 제 마음대로 출고했고 이를 보고하지도 않았다. 또 미수한 것을 거짓으로 회계장부에 기록했으니, 기만한 죄는 매한가지다. 진준의 죄가 바로 여기에 해당되는데, 지금 사헌부의 말이 적중하지 못하다. 사헌부원이 한 사람뿐만이 아닌데 그 의론이 어찌 이렇게 정확하지 못하단 말인가."(세종 6년 6월 14일)

온유한, 그리하여 졸기(卒記)에 "치세 동안 죽임을 당한 사대부가 없었다"는 점이 칭송될 정도인 세종이, 유별나게 민생과 관련해서는 크게 분노하고 있는 점, 그리고 지방관들의 통제책에 관심을 기울인 점은 주목할 만하다. 그가 수령을 통제하고 장악하는 데 특별히 주의하고 있었음은 다음 대목에서도 잘 드러난다.

세종 13년 대사헌 오승(吳陞)이, 지방관아에도 사관(史官)을 파견하여 이들이 지방수령들의 언행과 출납 및 민속의 실제를 기록하여 궁극적으로 지방통제체제를 강화하자고 제안한다. 이에 대해 세종은 매우 솔깃해하며 의정부에 논의를 붙인다. 여기서 "지방에 사관을 두어 시사(時事)를 기록하는" 중국의 야사관(野史官) 사례를 도입하려는 세종과, "우리 역사에는 그런 제도가 없었다"는 황희의 견해가 엇갈리고 있다. 여기에 세종은 중국 역사책에 나오는 야사(野史)의 경우를 들어 재차 뜻을 관철하려 하지만, "야사와 중앙에서 지방에 사관을

파견하는 것"과는 그 경위가 다르다는 판정이 나자 마지못해 세종은 물러선다.(세종 13년 11월 5일)

그러나 장령 이사임의 지적처럼, 지방수령의 부패와 무능의 양상이 계속 드러나는 상황에서[5] '야사'직에 대한 유혹을 떨치지 못한다. 이 회의를 끝내면서 세종은 비서에게 다음과 같이 명한다.

> 대간과 육조가 의정부에서 밖으로 나가니, 임금이 안숭선에게 하교했다. "외방에 사관(史官)을 보내는 일은 이조에 내리어 정부와 육조에서 의논하여 아뢰도록 하라."

이처럼 세종은 지방수령의 장악과 통제에 깊은 주의를 보이고 있었다. 한편 그는 수령들이 지방으로 파송되기에 앞서 친견하여, 그들에게 고구정녕 직분의 의의를 설명하고 위민정치에 매진할 것을 간곡히 요청하는 등, 수령에 대한 기대를 때마다 피력하곤 했다.[6] 또한 지방수령의 넘치는 업무부담과 엄격한 고적(考績)으로 인한 사기 저하, 그리고 열 가지를 잘하다가도 하나를 잘못하여 피해를 받는 점들에 대한 안타까움을 표시하고 있기도 하다.

그럼에도 그는 수령은 군주와 한몸으로서 공공의식을 가지고 투신

---

5) 대사헌 오승(吳陞) 등이 상소했다. "오늘날 수령(守令)이 된 사람은 성상의 뜻을 본받지 않고 탐욕이 많고 잔인 혹독하여, 백성들에게 해독을 끼치고 국법(國法)을 범하는 사람이 빈번히 있게 되니, 이것은 출척(黜陟)이 밝지 못한 때문입니다. 또 전최(殿最)할 때에도 사중(四中)이 된 후에야 체직하게 하여, 평범하고 용렬한 관리(官吏)들이 오랫동안 백성에게 친근한 임무에 처하게 하여, 일하지 않고 관청의 봉록만 허비하고 구차스러이 세월만 연장하여 폐해가 백성들에게 미치게 하니, 전혀 성상(聖上)께서 백성을 사랑하여 수령의 임명을 신중히 하는 뜻에 어긋났습니다."(세종 13년 11월 5일)

6) 전하께서는 요순(堯舜) 같이 밝으신 지인지감(知人之鑑)으로 더욱이 인선을 중히 여기시어 신중히 선정 임명하시고, 또 폐사(陛辭)할 때에는 친히 접견하시니, 그 사람을 택하는 정밀하심과 백성을 걱정하시는 뜻이 지극하십니다.(세종 8년 7월 25일)

해야 하는 존재임을 놓치지 않는다. 그는 수령 개개인의 인정(人情)과 사정(事情)이 수령직의 공공성을 훼손해서는 안 된다는 원칙을 고수한다. 수령에 대한 권한위임과 지방민에 대한 대책으로 그가 채택한 것은 수령이 임소에 오래 머무르는 구임책(久任策)인데, 구체적으로 '6년 임기제'를 뜻하는 수령육기제(守令六期制)의 실시였다[7].

2. 수령육기제의 형성과 그 시행과정

2.1. 수령육기제의 형성

전통적으로 관리의 직임은 3년을 기준으로 했다. 3년 임기제는 고적(考績)과 연관되어, 해마다 1~2회씩 5~7항목에 걸쳐 수령의 치적을 고사(考査)하고, 이를 3년 동안 합산한 결과를 바탕으로 상·중·하 3등급으로 나누어 출척을 시행했다.[8] 이 제도는 원나라 행정제도(元吏典)였던 것을 고려에서 도입했고, 조선에서도 태종과 세종을 거치면서 고사대상을 7항목으로 늘려 수령의 고적에 사용했다.

---

7) 이하 '수령육기제'를 '육기제'로 줄인다. 필요에 따라 '6년 임기제'라고도 한다.

8) 조선 수령 7사(七事)는 수령이 지방행정을 펴나가면서 꼭 지켜야 할 일곱 가지 심득(心得)으로서, 《경국대전》 이전(吏典) 고과조(考課條)에 "農桑盛·戶口增·學校興·軍政修·賦役均·詞訟簡·奸猾息"이라고 보인다. 수령 7사가 법제적으로 정착된 것은 태종·세종 연간이지만, 그 전 형태는 고려 수령 5사다. 고려 수령 5사가 처음 기록에 보이는 것은 《고려사》 권75, 〈선거〉(選擧)에 "수령고적의 법은 전야벽(田野闢), 호구증(戶口增), 부역균(賦役均), 사송간(詞訟簡), 도적식(盜賊息) 다섯 가지 일로서 전최를 삼고, 그 체임된 자는 반드시 신관에게 문서와 전곡의 계권이 교부되는 것을 기다려 임지를 떠나 조참(朝參)하게 했다" 하여, 전야벽·호구증·부역균·사송간·도적식의 5사를 수령 전최의 기준으로 삼았던 것이다. 그러나 이것은 고려가 독자적으로 제정한 것이 아니라 원(元)의 수령 5사를 그대로 받아들인 것이다. 즉 《원사》(元史) 〈선거지〉(選擧志)에 "凡選擧守令, 至元八年詔, 以戶口增 田野闢 詞訟簡 盜賊息 賦役均 五事備者 爲上選"(《元史》 권82, 選擧 2, 銓注 上)이라고 했다.(김성준, 앞의 책, 2~3쪽)

그런데 세종대에 접어들면서 3년의 수령임기를 6년으로 늘이는 정책을 수립하게 된다.9) 그 제안자는 당시 이조판서 허조(許稠)였다. 그러나 육기제는 초창기부터 관료들의 반발에 부닥치고 있다. 오늘날 교과서적인 원리원칙을 고집하는 것을 '공자님 말씀'이라고 비아냥대듯, 허조 또한 "주공"(周公)이라는 별칭으로 비난을 받곤 했다.10) 그러나 실제 육기제의 제안자는 세종이었고, 그 시행에서 공론에 붙인 흔적이 없었다. 그만큼 이 제도는 군주의 의지가 결정적이었다. 훗날 세종은 다음과 같이 술회했다.

> 내(세종)가 여러 가지 일에 있어서 여러 사람의 의논에 좇지 않고, 대의(大義)를 가지고 강행하는 적이 자못 많다. 수령 육기(守令六期)나 양계 축성(兩界築城)과 행직(行職), 수직(守職)을 자급(資級)에 따르는 등의 일은 남들은 다 불가하다고 하는 것을 내가 홀로 여러 사람의 논의를 배제하고 이를 행했다.(세종 26년 7월 23일)

또 대부분 선왕의 제도를 계승한 세종이 이 제도에 관한 한 독단적으로 시행한 점도 주목할 만하다. 태종은 세종 4년에 죽었다. 육기제는 바로 그 다음 해부터 곧바로 시행에 들어간다. 물론 태종의 유지를

---

9) 처음 상소를 올린 이조판서 허조의 장계에서는, 중국의 사례를 다음과 같이 분석하고 있다. "《한당선거의》(漢唐選擧議)에 이르기를, '당우(唐虞) 때 벼슬을 옮기는 것은 반드시 9년[載]으로 했고, 위진(魏晉) 이후에는 수령들은 모두 육기(六期)로 정했고, 당초(唐初)에는 수(隋)를 따라 사고(四考)로 했다가, 그 뒤에 감하여 삼고(三考)로 되었다'했습니다. 이제 삼고와 사고는 너무 적고 육기(六期)나 9년은 너무 많으니, 오주(五周)로 한정하면 거의 중간이 될 것입니다."(세종 5년 6월 5일)

10) "허조는 마음가짐이 정직하고 옛 제도에 밝으며, 삼가 예법을 지켰다. 또 제도를 마련한 것도 모두 그의 손에서 나왔는데, 혹 옛 제도에 얽매여서 지금 사정에 통하지 않는 것이 있으며, 수령의 6기 개월(六期箇月)의 가자(加資)하는 법도 서로 어긋나 통하지 못할 형편도 있으므로, 그때 사람들이 미워하여 허조를 주공(周公)이라고 호칭했는데, 대개 기롱한 말이었다."(세종 6년 4월 25일)

은밀히 알아서 계승하는 것이라고 그는 주장하지만,11) 이것은 세종이 독단적으로 내린 결정을 밀어붙인 정책이었음에 분명하다. 이것 때문에 그의 재임기간 내내 신하들의 끊임없는 비판과 반발에 봉착하고 있다. 그럼에도 세종은 끝까지 그의 뜻을 꺾지 않는다.

문제는 수령의 임기가 늘어나면 그들의 자율성은 강화되지만, 동시에 부패 가능성도 그만큼 늘어난다는 점이다. 그런데 세종은 지방민들이 자기 수령에 대해 고소하는 행위에 대해 엄격히 금지했다.12) 즉 사회계급을 구별하는 강상윤리(綱常倫理)는 유지하면서 수령의 방만한 행위는 통제해야 하는 어려움을 가지고 있었다. 그런 점에서 중앙정부의 감찰, 그리고 고적의 엄격한 시행은 더욱 필요한 조처였다.13) 이에 고려시대에 다섯 가지로써 고적하던 법을 세종대에 이르러 일곱 가지 조목으로 수령을 고사(考査)하도록 강화하고 있다.14) 세종이 육기제 시행에 즈음하여 지방수령들의 행태에 대한 우려와, 이를 극복하기 위해 감찰을 엄격히 시행한 데 대한 조처는 다음에서 잘 보인다.

---

11) 임금이 대신들에게 이르기를, "수령은 육기(六期)에, 서울 안의 전곡(錢穀)이 있는 각 관사(官司)는 30개월 만에 체임(遞任)하는 것은 선왕께옵서도 뜻을 두셨으나, 겨를을 얻지 못하시었던 까닭으로, 내가 드디어 선왕의 뜻을 이어 이를 행한 것이다."(세종 7년 2월 20일)

12) "사헌부에 명하여 풍문(風聞)을 듣고 비리를 저지른 수령을 규탄하여 순량(循良)한 관리를 얻어 함께 백성을 다스리기를 희망한다. 다만 부민(部民)이 적발하여 고하는 것은 존비(尊卑)의 명분에 어긋난 점이 있다."(세종 5년 7월 3일) 그러나 이 조치는 재위 말년(29년)에 이르러 "백성들이 (수령에게 당한 개개인의) 원통하고 억울한 일은 모두 진소(陳訴)하여 추핵케 하라"(세종 29년 2월 21일)고 명함으로써 실제로 철폐된다.

13) 구임책(久任策)과 엄격한 고적제(考績制) 시행은 서로 짝을 이루는 것이다. 이 글에서는 구임책과 수령육기제만 논하고, 고적제는 다음 기회로 미룬다.

14) 《경국대전》〈이전〉(吏典) '고과'(考課) 조에 "農桑盛·戶口增·學校興·軍政修·賦役均·詞訟簡·奸猾息"이라고 보인다. 수령 7사가 법제로 정착된 것은 태종·세종 연간이다.

왕이 분부했다. "사방의 광대함과 주·군이 많음에, 또 어찌 탐욕 많고 잔혹한 관리가 법만 믿고 위엄을 세워 거리낌이 없이 제멋대로 행하여 백성을 파리하게 하고 나라를 병들게 하는 자가 없으랴. 조관(朝官)에게 명하여 주·군을 조사하러 다니고, 이려(里閭)에 출입하면서 모든 수령들의 탐오하고 가혹한 형벌을 쓴 것 등의 일을 모두 적발하게 하여, 일체 민간의 기한(飢寒), 곤고(困苦)와 원통함을 머금고 억울한 일을 당한 사람에게 스스로 진술함을 허가하고자 한다. 이조에서는 이 점을 중앙과 지방에 효유(曉諭)하라."(세종 5년 7월 3일조. 요약)

그러면 육기제의 시행과정을 살펴보고, 이 와중에 파생된 군신 사이의 쟁론을 통해 정치가 세종의 면모를 추출해 보자.

2.2. 시행과정과 공방

육기제의 시행과정에서 빚어진 공방은 크게 3단계로 나누어진다. 세종 7년에 임금은 지난 2년 동안 이 제도를 시행해 본 결과를 보고받으면서 제도화에 성공했음을 선언한다. 그러면서 그 보완책을 신하들에게 요구하는데, 이 와중에 군신 사이에 논전이 일어난다. 이때부터 그 다음해인 세종 8년까지 대략 2년 동안이 초창기에 속한다.

중반기는 세종 9년부터 13년에 걸친 약 5년 동안이 이에 해당한다. 이 기간이 중요한 까닭은 세종 5년에 시작한 육기제의 한 텀(term)이 종결되는 시기기 때문이다. 그리고 후반기는 세종 22년 군주와 '고약해'간의 논전이 불붙고 난 후, 세종의 말년에 이르는 기간이다.

2.2.1. 초창기(세종 7~8년)

세종 7년 2월, 임금이 육기제의 정착을 선언하는 가운데 그 보완책을 신료들에게 요구하면서 시작된 논쟁의 특징은, 신하들이 원론적 수준에서 비판하고 군주 또한 교과서적 차원에서 반응하는, 이른바 논전의 서론에 해당한다는 점이다. 신하들의 수령육기제 비판은, 첫째 역사적 근거(經學/史學)가 없고, 둘째 중국의 사례(元六典)와 선왕의 사례(태조·태종)에도 걸맞지 않으며, 셋째 관료들의 입장에서 문제점이 있고(내직과 외직의 승진 기회의 차등), 넷째 관리대상인 지방민의 입장에도 문제가 있다(6년은 긴 기간이어서, 또 현재 수령의 자질로 보아 도리어 악정이 유발)는 것이다.

이에 대해 세종은 첫째, 육기제가 수령의 빈번한 교체로 인한 업무 연속성의 문제와, 또 백성들에게 폐를 끼치는 영송(迎送)의 폐단을 개선하기 위한 개혁정책임을 환기시키고, 둘째, 이념적 차원에서 육기제의 폐해에 대한 경학적 근거를 대보라고 신료들에게 거꾸로 힐문한다.

세종 7년

시행 이후 별 다른 언급이 없던 육기제는 세종 7년 2월, 임금이 제도의 정착을 선언하는 가운데, 그 보완책을 신료들에게 요구하면서 공방을 촉발한다.[15] 그 해 여름, 사헌부 집의 김타(金峴)는 수령이 군주와 백성을 연결하는 관절로서 지극히 중요한 직책이라고 전제한[16] 위에서 다음과 같이 육기제를 비판한다.

첫째, 수령 3년 임기제는 태조와 태종을 거쳐 확립된 헌장제도(즉

---

15) 임금이 대신들에게 이르기를, "내 생각으로는 비록 육기가 차지 않았더라도 그 재능에 따라 갈아서 쓰는 것이 옳을 것 같다. 경들도 헤아려 생각해 보라. 나도 또한 다시 생각해 보겠노라" 했다.(세종 7년 2월 20일)

16) 백성은 나라의 근본이요, 백성과 가까운 관원은 수령보다 중한 것이 없습니다. 은택을 받들어 교화를 선포하며 백성을 사랑하여 돌보고, 물건을 기르고 아끼는 것이 그 수령의 직분입니다.

先王之制)이므로 개체해서는 안 된다는 점. 둘째, 6년 동안 외직을 떠돌다보면 경직(京職)에서 출세할 기회를 잃어버린다는 점. 셋째, 현재 수령의 자질을 놓고 볼 때, 백성을 해치는 기간을 두 배로 늘리는 결과일 뿐이라는 사실. 넷째, 6년이란 긴 기간이어서 결과적으로 좋은 뜻을 갖고 시작한 지방수령도 관료주의, 문서주의의 병폐에 빠져 백성에게 해가 돌아간다는 점. 요컨대 "출척·고적제도는 모두《원속육전》(元續六典)의 제도에 따라, 30개월의 고사를 통해 세 번 중(中)을 받은 자는 파면하고, 계속 두 번 중등을 받은 자는 직임을 바꾸게 하자"는 것이었다.(세종 7년 6월 2일)

이에 대해 세종은 의례적으로 "마음의 품은 바를 숨김없이 모두 다 말했으니, 내가 그 뜻을 아름답게 여겨 다 자세히 보았노라"라고 답했으나, 그 다음 20일 후 형조·공조·사간원에서도 역시 혁파를 진언하므로, 곧 육기제에 대해 다음과 같이 옹호한다. 첫째, 육기제는 드러나지는 않았지만 실은 선왕인 태종의 뜻이었다. 그러므로 이 제도는 선왕의 뜻을 계승하는 것이다.[17] 둘째, 이는 경전(《尙書》〈舜傳〉)의 사례인 9년과 근래의 3년제를 참작하여 그 중간을 취한 것이다. 즉 3년 임기제가 결코 선왕지제가 아니며, 도리어 현행 6년제보다 훨씬 더 긴 9년제도 경전적 근거가 있다는 사실이다. 따라서 육기제는 이상과 현실을 감안한 시중지도(時中之道)라는 것. 셋째, 지방관을 3년 임기제로 하면 "30개월이 될 때에 임기가 차서 서울 벼슬로 제수되어 옮기게 된 자로서, 만약 전곡(錢穀) 같은 관사라면 전관(前官)이 창고 정리를 마치지 못하고 신관이 와서 교대하기에는 그 폐단이 적지 않을 것"이므로 "육기의 법을 정한 것"이며, 결코 "육기제는 혁파할 수

---

17) 선왕께옵서도 뜻을 두셨으나, 겨를을 얻지 못하시었던 까닭으로, 내가 드디어 선왕의 뜻을 이어 이를 행한 것이다.(세종 7년 2월 20일)

없다"고 완강하게 거부한다.(세종 7년 6월 22일)

그런데 그 5일 뒤인 6월 27일, 다시금 집현전 부제학 신장(申檣) 등 13인이 합동으로 글을 올려 육기제를 비판한다. 그 첫머리부터 "모든 신하들이 육기제를 혁파하자는 자가 10 가운데 8, 9가 되니, 사람들의 마음이 이렇다면 하늘의 뜻은 가히 알 것"이라고까지 하며, 그 비판이 전체 신하들의 공론임을 강조한다. 그 아래에서 신장 등은 크게 네 조목으로 구분한다.

첫째, 320여 명에 달하는 전국의 수령들의 속사정은 매우 다양하므로, 그들의 실제 성적은 3년으로도 정확하게 고찰하기 어려운데, 6년으로는 정확한 고찰이 더 어렵다. 둘째, 지방수령은 6년 임기제로 하고, 경직(京職)은 3년 임기제로 두게 되면 둘 사이에 상호교대가 어려움이 있다. 그리고 셋째, 수령이란 직책은 그 업무가 과중한데, 게다가 6년이라는 기간은 긴 세월이므로 나태와 방만을 조장하는 것이 된다. 또 자칫 한 번 잘못 평가되면 그 성적을 돌이키기 어려우므로, 수령 개인의 경력에도 큰 문제가 된다. 넷째, 육기제는 그 경학적 역사적 근거가 없으며, 당송대의 경우도 6년 임기제는 아니다. 또 경학적 근거가 있다 하더라도 모든 신료들이 싫다 하는 것이라면 그 마음을 거슬러가며 강행할 이유가 없다. 요컨대 육기제는 역사적 근거가 없고, 현재의 공론에 위배되며, 대상인 민심을 거스르고, 또 그 성과도 결코 좋지 않으리라는 다방면의 비판이다.

이에 대해 세종은 육기제가, 수령의 빈번한 교체로 인한 업무연속성의 문제와, 이로 인해 백성들에게 미치는 영송(迎送)의 폐단을 개선하기 위한 정책임을 환기시키면서, 육기제의 폐해에 대한 경학적 근거를 대보라고 거꾸로 힐문하면서 뜻을 누그러뜨리지 않는다. 세종은 신장 등의 상소에 비평하기를, "너희들이 육기제로 결정한 것을 혁파하고 3년제를 다시 행하자고 하지만, 관리의 자주 갈림과 창고를 자주 뒤지는 데에 폐단이 있는 것은 처음부터 헤아려보지 아니한 것이다. 내가 시행하려는 일이 그렇게도 그른 것인가. 너희들은 모두 역사책[史籍]을 읽었을 것이니, 구임(久任)의 불가함과 자주 갈리는 것의 유익함이 어느 전적(典籍)에 기재되어 있더냐."(세종 7년 6월 27일)라고 도리어 신하들에게 역공한다. 이런 힐문은 실상 세종이 육기제를 요순의 사례로부터 근대까지 경사(經史)에 대한 정독과 그 결과 획득된 정치적 판단에서 추진한 것이라는 뜻이기도 하다.

세종 8년

이렇게 '육기제가 고례(古例)에 없는 것'이라는 신하들의 비판에 대해 도리어 "육기제가 나쁘다는 역사적 근거를 대보라"는 역비판으로 옹호하는 세종은, 다음 해에 들어 육기제를 철폐하는 것이 공론(公論)이라고 주장하는 신하들에게 그 '공론'이라는 것의 근거를 되묻는다.

세종 8년 4월, 봄 가뭄을 기화로 올린 우사간 박안신(朴安臣) 등의 상소에서 다시 육기제가 거론된다. 먼저 박안신 등은 세종의 육기제 옹호를 염두에 둔 듯, "지금의 수령들을 60개월로써 기한하여 직책에 오래 있도록 하여 성과를 책임지게 했음은 진실로 좋은 법이라"고 전제하면서도 "그러나 (1) 무능한 수령이 구차하게 녹(祿)을 먹는 것을 다행으로 여겨, 한갓 아첨만 하면서 그 직책에 오래 있어 백성을 여위게 하고 나라를 병들게 하며, (2) 조금 재주가 있다는 사람도 외직에만 오랫동안 머물러 있게 되면, 도리어 게으른 마음이 생기어 그 직책에 힘쓰지 않으므로 백성들이 덕택을 입지 못하게 되니, 온 나라의 신민들이 이를 고통스럽게 여기지 않는 사람이 없다"는 이유를 대면서 결국 "(3) 선왕의 법에 따라 30개월로써 기한하여 성과를 책임 지워서,

무능한 사람을 물리치고 유능한 사람을 등용시켜 신민들의 기대에 부응할 것”(세종 8년 4월 12일)을 요구한다.

요컨대 육기제는 유능한 수령에게도 문제가 있고, 무능한 수령에게도 문제가 있다는 것이다. 이에 대해 세종은 “육기제를 모두 싫어하는데 그 폐해를 환히 알고서 이를 싫어하는 것인가. 나는 그 싫어하는 뜻을 알지 못하겠다”라고 짐짓 무시한다. 이는 곧 신하들이 제기하는 육기제 폐단이라는 것이 실은 그들의 ‘사사로운 자기 이익’에 기초한 것이 아니냐는 힐문이다.

즉 세종은 신하들의 육기제 불가론을 맹자(孟子)적인 ‘의리 대 이익’의 대결구도로 압축하여 이해한다. 세종이 “육기제가 잘못되었다는 경전의 근거를 대라”고 신하들에게 도리어 요구하는 것도, 이런 경전의 의리론(義利論)적 구도로 몰고 가는 행보라고 할 수 있다. 즉 ‘그대들의 이른바 공론이라고 하는 것이 경사(經史)적 근거를 획득하지 못한다면, 그것은 실은 공(公)이 아닌 사(私)의 집합에 불과하지 않은가’라는 힐문이다. 구체적으로 세종은 “대체로 육기의 법은 선현이 의논한 바이며, 중국에서도 이를 행했는데, 만약 그 직임에 오래 있어 백성을 궁핍하게 하고 나라를 병들게 하여, 도리어 게으른 마음이 생긴다면 어찌 다만 수령뿐이랴. 보통사람들도 모두 그럴 것이니, 이와 같다면 어느 사람을 맡기겠으며, 무슨 일이 이루어지겠는가” 하여 고삐를 죄 챈다. 경사(經史) 두 방면에서[18] 신하들의 공공의식을 의심하고 있는 것이다. 경학적 토대 위에 정책의 정당성을 확보하는 조선국가

---

18) 이 가운데 “육기의 법은 선현이 의논한바”란 대목이 경학(經學)적 근거를 말한다면, “중국에서도 이를 행했는데” 하는 구절은 사학(史學)적 근거를 말한다. 세종의 경사 두 방면의 연구와 박학에 대해서는 세종 연구자들이 두루 빠뜨리지 않고 지적하고 있다.[예컨대 조남욱, 2001, 《세종대왕의 정치철학》(부산대학교출판부), 51~73쪽]

에서 최후의 심판이 경학에 의거할 수밖에 없다는 점을 감안하면, 세종의 이런 지적은 신하들을 벼랑으로 모는 것이다.

둘째, 3년 임기제를 시행한다고 해서 육기제의 단점이 보완되는 것은 결코 아니라는 것이다. 현재의 수령들의 수준에 문제가 있다는 것은 인정하지만, 또 그렇다고 똑같이 문제 있는 수령들을 자주 교체한다고 해서 문제가 나아질 것이 없고 도리어 영송(迎送)의 폐단만 많아질 뿐이라는 현실론이다. 즉 육기제는 3년 임기제의 문제점을 현실적으로 감안한 바탕 위에서 제시된 정책이라는 주장이다. 3년제의 문제점을 모르고 육기제를 시행토록 한 것이 아니라는 것.[19] 육기제는 "수령들이 서울과 지방에서 자주 갈리기 때문에 해이해지는 기강을 바로잡기 위해" 제출된 정책이라는 것이다. 나아가 그는 "조종(祖宗)의 성헌(成憲)을 한결같이 좇는다는 것은 옳지만은, 육기의 폐단을 증험하지도 않고 곧 폐지하기를 청하는 것은 진실로 옳지 못하다" 하여 선왕지제를 묵수하지는 않을 것임도 천명하고 있다.

그러나 이에 대한 신하들의 반박도 강력한 것이어서, 박안신은 세종의 답변에 대해 첫째, 오랜 기간 한 자리에 있다 보면 사익(私益)을 도모하고, 또 윗사람에게 아첨하여 사익을 영위할 가능성이 더욱 커진다는 점, 둘째, 긴 세월을 빙자하여 업무에 나태·방만하여 '교활한 아전들'들이 업무를 농단하게 될 가능성이 있다는 점, 셋째, 다시금 '선왕이 정한 법은 고칠 수 없다'는 의지를 재천명한다. 이런 재비판에 대해 세종은 '3년 임기제라고 한들 첫째, 둘째의 가능성이 상존한

---

19) "만약 육기를 폐지하고 3년의 법을 행한다면, 수령들이 과연 모두 순리(循吏)가 되겠는가. 비록 삼대(三代)의 법을 행하더라도 모두 일반 사람으로서 어질고 지혜로운 사람이 없다면 자주 갈려서 영접하고 전송하는 폐단이 있는 것보다는 그 직책에 오래 있는 것이 옳지 않겠는가."(세종 7년 6월 27일)

다'며 일축한다.

한편 세종은 구언(求言) 때마다 틀에 박힌 신하들의 반개혁적 저항에 대해 비난하면서,[20] 번다하게 개혁법을 만들지 않겠지만, 그렇다고 선왕지제를 묵수하지는 않을 것임을 천명한다.

'한 가지 법이 만들어지면 한 가지 폐단이 생긴다' 하니, 나는 이 말을 옳게 여겨 새 법을 만들고자 하지 않는다. 그러나 국가의 대체에 그만둘 수 없는 것이 있으니 어찌 새 법이라고 해서 만들지 않겠는가.(세종 8년 4월 28일)

2.2.2. 중반기(세종 9~13년)

세종 13년, 봄·가을에 걸쳐 육기제에 관한 중요한 비판이 제기된다. 유생 오흠로의 상소문과 사간원에서 제출된 소장이다. 오흠로의 상소문은 관료들(또는 관료예비군)의 입장을 망라한 가장 치밀한 육기제 비판이다. 한편 사간원 소장은 그간 불만으로 잠복해 있던 육기제 문제가 정치적 차원으로 확산하는 계기된다는 점에서 중요하다. 이 비판을 계기로 의정부 대신들 사이에 파쟁이 발생하고, 6년제 추진파인 허조와 황희를 중심으로 한 '친정책파'와 맹사성을 필두로 한 '반정책파'로 나누어진다.

세종이 그 시행에서 개선책을 받아들이고 있음이 눈에 띤다. 즉 세종 13년, 그는 집현전에 명령하여 고전연구(文獻通考/通典)를 통한 육기제 개선책을 지시한다. 그 결과 '내·외관 순환근무제'라는 개선책

---

20) "나는 장차 길에 굶어 죽은 사람이 가득 차 있을까 두려운데, 재앙을 구제하는 계책을 듣고자 하면 기껏 말하는 것들이 수령의 육기(六期)의 법을 고치자거나, 전폐(錢幣)를 사용하지 말자거나, 선군(船軍)을 구휼하자는 데 지나지 않았으니, 이것은 모두 이미 만들어진 법이므로 다시 번거롭게 고칠 수 없는 것이다."(세종 8년 4월 28일)

138

을 통해 지방직과 경관직을 승진에서 동등하게 대우함으로써 불만을 해소시키는 계기를 만든다. 특별히 개선책의 근거를 고전연구를 통해 마련하고 있다는 점이 주목할 만하다.

세종 9~12년

세종 9년, 가뭄을 기화로 다시 우사간 우승범(禹承範) 등이 육기제의 철폐를 요구하고 있으며(《세종실록》 9년 6월 14일), 이 해 겨울에 접어들어 대사헌 김맹성(金孟誠) 등이 철폐를 거듭 요구하고 있다(《세종실록》 9년 11월 7일). 이들의 상소에 대해 세종은 모두 거부한다. 그런데 김맹성의 상소에서 특기할 것은, 외직과 경직의 순환이 되지 않아 외직은 외직의 사이클을, 경직은 경직 나름대로 순환되는 현실을 비판하고 있다는 점이다.[21] 내 · 외직간 소통의 실패는 결국 신하들이 지적한 현실론, 즉 수령들의 의욕상실과 이로 인한 부패가 형성된 터전이 될 수 있는 것이다.

한편 세종 11년은 이 제도가 시행된 지 6년째에 접어든 해이다. 즉 육기제를 통해 처음으로 수령들의 출척을 행하는 해[大比]였다. 이때의 기록은 육기제의 정착 가능성보다 신료들의 피로도가 더욱 높아지고 있음을 보여준다. 다음 기록은 신료들이 느끼는 육기제에 대한 거부감이 얼마나 컸던지를 잘 보여준다.

세종 12년, 이숙묘(李叔畝)는 전라도처치사(全羅道處置使)를 마치고,

---

21) "국가에서는 비록 외임(外任)을 중히 여기나, 사람들의 생각은 모두 내직을 중히 여기고 외임을 가볍게 여기는 것이온데, 고만(考滿)하여 부름을 받은 이가 겨우 두어 달을 지나면 산직에 두든지 혹은 외직에 임명하게 되옵니다. 오래 경직에 있는 이는 자못 육기(六期)의 고통을 알지 못하오니, 어찌 고르지 못하다는 한탄의 소리가 없겠습니까. 더구나 작록이란 사람의 큰 욕심이라 노소(老少)에 다름이 없사오니, 원컨대 지금부터 고만하여 경직에 제수된 이를 속히 바꾸지 마시와 공도(公道)를 보이소서."(세종 9년 11월 7일)

경기도 광주목사(廣州牧使)로 임명되자 부임하기를 꺼렸다. 이에 임금 '비서실장' 이사후(李師厚)에게 "광주가 비록 가깝기는 하지만, 그러나 육기(六期)를 치러야 하는 외직에 임명되는 것은 내게는 괴롭다. 또 묵은 병이 있으니, 원컨대 잘 아뢰어서 체임되도록 해달라"는 청탁을 넣었다. 이에 이사후가 세종에게 사정을 아뢰니, 임금이 노하여 책망하기를, "이숙묘가 어찌 이와 같은 말을 할 수 있으며, 너도 어찌 아뢰느냐. 네가 근신(近臣)이 되어 어찌 외인(外人)의 청을 듣고 나에게 번거롭게 하느냐. 다시는 이런 말을 하지 말라"고 각하한다.(《세종실록》12년 2월 23일) 이처럼 신료들 전반에게 육기제는 힘겨운 제도가 되어, 제정된 지 7년이 지난 시점에서도 뿌리 내리지 못하고 있었다.

세종 13년

세종13년에 접어들면서 그간 쌓인 육기제에 대한 신료들의 피로감은 불만으로 노출되어, 아래로는 관료예비군인 성균관생원으로부터 중앙관료에 이르기까지 육기제 불가론이 다양하게 분출된다. 7년이란 세월은 비판론자들에게도 현실적 경험을 부여하는 넉넉한 시간이었던 셈이다. 한편 이런 현장의 비판적 목소리는 의정부에까지 전달되어 급기야 정책결정자들 간 견해의 균열을 보이기에 이른다.

우선 13년 3월, 성균관생원 오흠로(吳欽老)가 삼년상 문제와 더불어 육기제에 대해 전면 비판을 가하고 있다. 오흠로의 상소는 그동안 신료들 사이에 형성되어 왔던 육기제 비판을 망라한 것으로서, 그 결정판이라고 할 수 있다. 이 속에 육기제 시행과정에서 빚어진 현실적 문제점들이 잘 드러난다. 그는 육기제의 시행 결과는 "수령뿐만 아니라 백성들 전체에 이익보다 해가 많은 정책"이라고 단언하고 그 이유를 다음과 같이 든다.

첫째, 질이 낮은 수령들이 오히려 높은 성적을 받고 도리어 유능한 수령들은 나쁜 성적을 얻는 경우가 많아 결국 '악화가 양화를 몰아내는 결과'를 빚었다는 것이다. 질이 낮은 수령들이 남고 우수한 수령들은 몰아내는 까닭은, 우선 수령들에 대한 고적이 정확하지 않기 때문이며, 또 고적이 정확하지 않은 원인은 수령의 성적을 평가하는 방백(관찰사)들의 무지(不明)와 불공정성(不公) 때문이다. 그는 그 이유로써 "정의로운 수령들은 벼슬을 구하고 명예를 낚으려 하지 않기 때문에, 그 하는 일이 실정에 맞지 않은 경우가 많아 감사가 이를 무능하다(昏迷)고 내치고", 반면 "소인배들은 아첨하고 간교하여 백성들을 수탈하여 감사에게 아첨하고 때맞춰 일을 처리해 내기 때문에 감사는 이를 유능하다고 평가받고 있다"는 것, 그 결과 현실적으로 "백성들이 모두 그 덕(德)에 감격하여 사모하는 자는 산림(山林) 속으로 물러가고, 사람들의 손가락질을 받고 입에 오르내리는 악한 자만이 군현(郡縣)에 많이 남게" 되었다는 것이다. 요컨대 악화가 양화를 몰아낸 결과가 나타났다는 것이다.

둘째, 현실적으로 유능한 관리는 경직(京職)을 선호하고 지방 수령직을 회피하기 때문에, 수령은 대부분 자질이 떨어지는 인물들로 충원된 결과가 나타났다는 것, 결과적으로 백성들은 무능한 수령들에게 오랜 기간 피해를 보게 된다는 것이다. 그 까닭은 (1) 무엇보다도 "수령의 임무를 어진 자는 싫어하고 어질지 못한 자는 좋아하는" 현실적 이유 때문이다. 부모와 처자식을 서울에 두고 오랜 기간 낯선 지방에서 생활하기를 좋아하는 관료는 현실적으로 드물다는 것이다. 또 (2) 외직의 출척이 6년마다 이루어지는 데 반해, 경직(京職)의 출척은 3년마다 이루어지므로, 결국 승진에서 뒤처지게 되는 결과로 나타났다는 것, 요컨대 신료들의 꿈은 '승진'인데, 거기에 동료들보다 뒤처지게 되는 것도 관가에서 외직을 혐오하는 이유라는 '현실적' 이유이다. 이 점에 대해 오흠로는 매우 실감 있게 묘사하고 있다. 인용하면 다음과 같다.

> 가령 두 사람이 재주가 서로 같고 벼슬이 동등한데, 그 한 사람은 봉훈(奉訓)계급으로서 육조(六曹)의 정랑(正郎)으로 승진되고, 다른 한 사람은 역시 봉훈으로서 외방 수령으로 나갔다면, 저 정랑이 된 자는 비록 재덕(才德)이 출중하지 아니하더라도, 만약 그 개월이 차게 되면 봉훈에서 조봉(朝奉)으로 뛰어올라 대부(大夫)가 되고, 이내 사인(舍人)에 임명되면, 곧 중훈(中訓)에 옮겨져 3품이 되어 몇 년이 되지 않는 사이에 벼슬이 더욱 높아지는데, 수령에 이르러서는 오고(五考)에 상(上)이 된 뒤에야 가자(加資)하여 봉직(奉直)이 되고, 또 오고(五考)에 상(上)이 된 뒤에야 가자하여 통선(通善)이 됩니다.
>
> 그러나 이는 보통 법으로 말한 것이요, 만약 그 십고(十考) 사이에 혹 상도 되고 혹 중(中)도 되어, 상과 중이 섞이면 비록 6년 동안을 근로한다 하여도 봉훈(奉訓)에 그쳐서 늙어 백발이 되어도 낭관(郎官) 밖에 아니 되니, 앞에서 말한바 재주와 벼슬이 서로 같은 자라도 큰 차이가 있게 됩니다. 지금 사대부(士大夫)로서 영달에 급급한 마음으로 어찌 수령의 오랜 임기를 싫어하지 아니하겠습니까. 이런 까닭으로 정권을 잡은 대신의 아들과 사위들은 수령으로 나가는 자는 열에 한둘도 아니 되며, 수령이 되고자 하는 자는 속리(俗吏)들뿐입니다.[22]

그리고 (3) 점차 수령들의 자질이 떨어지게 된 결과는 역시 고적(考績)의 농간에서 비롯되는 것이다. 그는 주장하기를, "청요(淸要)를 지

---

[22] 오흠로의 상소 가운데 바로 이 부분, 경관과 지방관 사이에 존재하는 승진의 격차문제는 세종도 심각하게 받아들이지 않을 수 없었다. 이 주장은 곧 '경외관 순환제'라는 개선책으로 실현된다.

냈거나 혹 벌열(閥閱)이 있는 자는 '어질다'고 평하되, 이름이 본래 드러났고 세력이 강한 친족이 조정에 가득하면 비록 실적이 없더라도 반드시 상열(上列)에 천망(薦望)하고, 혹 나이가 젊지 아니하거나 혹 한미한 가문의 출신자는 '장래의 소망(所望)이 없다'고 평하고, 기세에 의지할 만한 데가 없고 비록 뚜렷한 실정(失政)이나 드러난 허물이 없더라도 반드시 하등(下等)으로 깎아내리"는 현실이라는 것이다. 그 결과 "탐욕스럽고 가혹한 수령 가운데 승진하는 경우가 있는가 하면, 정직하고 투명하여 백성들에게 혜택을 베푼 수령 가운데 파면되는 경우도 있다"는 것. 이런 결과는 복무기간이 길수록 더욱 악화된 형태로 백성들에게 피해가 돌아간다는 점을 잊어서는 안 될 것이라고 경고한다.

셋째, 사람의 인정상 처음 먹었던 뜻을 끝까지 유지하는 경우가 드물기 때문이다. 3년의 경우라면 또 모르지만 6년이라는 긴 기간은 수령들로 하여금 나태 방만하게 만드는 기간을 늘어나게 할 뿐이다. 결론적으로 태조가 만들고 태종이 갈고닦은 3년 임기제로 돌아가야 마땅하며, 더욱이 모든 사람들이 다 비판해 마지않는 공론을 어기면서까지 해로운 육기제를 계속해야 할 까닭이 없다는 것이다.

한편 10월에 들어 좌사간 김중곤 등이 육기제에 대한 상소를 올리고 있다. 그 요지 역시 수령의 책임을 중히 하려는 구임책은 의도는 좋으나 현실적으로는 실패하고 말았다는 것이다.(세종 13년 10월 16일) 이렇게 이 해 봄·가을로 펼쳐진 육기제 불가론은 현실적 경험을 보강하여 더욱 정밀해지고 있음을 알 수 있다. 그리고 이런 정밀한 비판은 세종으로서도 심각하게 받아들이지 않을 수 없었던 것 같다. 육기법에 반대하는 신하들의 상소가 계속되자 세종 13년 10월, 세종은 집현전에 명하여 《문헌통고》(文獻通考)와 《통전》(通典)을 통한 중국의 역대 구임법의 장·단점을 연구하게 한다. 그리고 그 결과를 다시 정신회의(廷臣會議)에 회부하여 외관 구임제에 대한 중신의 의견을 청취한다. 결국 세종은 경관과 지방관의 순환근무제를 철저히 시행하라고 다음과 같이 지시한다.[23)]

> 수령은 백성에게 친근한 직책이므로(近民之職) 고금으로 선임을 엄중히 했다. 무릇 조사(朝士)가 되면 반드시 수령을 지내게 하여 서무를 숙달하게 했으니, 장차 훗날의 쓰임을 위한 것이면서도 또 치체(治體)에도 도움이 된다. 지금의 조사들은 이 뜻을 체득하지 못하고 경관(京官)을 사모하는 사람이 많고 외임(外任)을 즐겨하지 않아서, 한번 외직의 수령에 보직되면 육기(六期)를 꺼려하여 사고를 핑계하고 모면하려 하니, 심히 부당한 일이다. 지금부터 대소 조사와 공신과 2품 이상의 아들과 사위에게는 예에 의거하여 외임을 주어 외직을 가벼이 여기는 폐단을 막도록 하고, 만약에 이를 모피하려고 하는 사람이 있으면 6년까지 서용하지 않도록 하여, 이를 일정한 규정으로 삼을 것이다."(세종 13년 10월 무신)

이 해 봄 오흠로의 '육기제 전면검토' 상소와 가을의 사간원 상소는, '경·외관 순환제'라는 개선책을 마련하는 계기가 되었던 점에서 반대파에게는 일정한 성취를 이룩한 셈이다. 그러나 세종은 근본적으로 봄·가을의 상소들 모두 수령의 입장, 즉 '관료들의 불편'이라는 사적 이익을 관철하려는 점에서는 다를 바가 없다고 보았다. 이 점에 관한 한 세종은 계속 거부입장을 보인다.

그런데 이런 반대파 신하들의 육기제 비판은 정책결정과정의 핵심인 의정부 안에서도 반영되기 시작한다. 즉 이 해 가을, 사간원에서

---

23) 이수건, 앞의 글, 260쪽.

상소문을 올린 바로 그 다음날 의정부에서는 의견이 둘로 나누어진다. 특히 그 비판 가운데 "'육기제가 좋다'는 사람들의 자제들 가운데 지방수령으로 6년을 채운 이가 없다"는 대목이 의정부 재상들에게 뼈아픈 부분이었다. 이를 기화로 의정부에서 정쟁으로 비화한다.

맹사성 일파는 육기제가 "제정 9년째가 되는 현재까지도 그 효과를 보지 못하고 있다"고 진단하면서, 그것을 실패한 정책으로 판단한다. 그리고 그 대안으로 "《원전》(元典)의 3년제를 회복하고 조사(朝士)와 공신(功臣) 3품 이상의 아들과 사위 가운데 민사를 지내지 않은 사람에게는 모두 외직에 임명하자"는 대안을 제시한다. 이에 대해 애초 육기제의 발의자였던 허조와 황희는 "백성이 지치(至治)의 혜택을 입지 못한 것은, 그 수령이 된 사람들이 다만 부세(賦稅)만 재촉하고 장부를 일정한 기일 안에 제출하는 것만으로써 능사를 삼고, 백성을 사랑하고 교화시키는 것이 무슨 일인지 알지 못할 뿐이니, 진실로 개월 수의 많고 적은 데 있지 않다"며 기능의 문제로 축소하면서, "육기제의 임기를 정하는 법은 비록 그 효과를 보지 못하더라도 또한 백성들에게 크게 해로움이 있지 않으니, 이미 만든 법을 경솔하게 고치지 말아서 백성에게 신용을 얻을 것"을 주장한다.

다만 허조와 황희 또한 육기제의 개선책으로서 "조사(朝士)와 공신(功臣)과 2품 이상의 아들과 사위로서 백성을 다스릴 만한 사람이, 여러 사람이 다 아는 바 몸에 묵은 병이 있거나, 부모가 늙고 병든 경우 외에는"[24] 지방수령으로 나가게 하여 "외직을 숭상한다"는 점을 알리고, 둘째, 수령의 경우 고적제의 엄격함을 누그러뜨려 "재주가 비록

---

24) 앞서 맹사성 등이 제안한 '조사와 공신 3품 이상의 자제'의 조건 가운데 '조사와 공신 2품 이상의 자제'로 공신의 등급을 한 품 높여 그 대상을 축소하고 있다는 점이 눈에 띈다.

시무(時務)에 어두워서 낱낱이 계산하면 부족한 점이 있더라도, 탐오 불법하여 명분과 의리를 범하고 불법적으로 사람을 죽인 일 외에는 특별히 논죄하지 말게 하고, 그 임기가 차면 등급을 올려주고 의복을 내려주어 존중한다는 점"을 보여주자고 조언한다. 일종의 미봉책으로 여겨지는 후자의 견해를 세종은 좇고 있다.[25]

여기서 주목할 점은 세 가지다. 첫째, 육기제 시행 9년째에 접어들어 관료 전반의 비판이 의정부에서도 쟁점으로 승화되었다는 것, 둘째, 앞서 개혁법으로 여겨지던 육기제가 점차 뿌리를 내리는 조짐을 보인다는 것, 즉 허조의 주장 가운데 "이미 만든 법을 경솔하게 고치지 말아야 한다"는 표현 속에서 육기제가 관료 전반의 비판 속에서도 점차 정착되고 있는 추세에 있음을 감지할 수 있다. 셋째, 반대파의 집요하고 총체적인 비판을 세종이 부분적으로 수용하여, 경직과 지방직의 보직 순환제를 시행하도록 개선했다는 점이다. 특히 개선안을 마련하면서, "집현전에 명하여 《문헌통고》와 《통전》을 통한 중국의 역대 구임법의 장단점을 연구하게 하는 한편, 이를 다시 정신회의(廷臣會議)에 회부하여 외관 구임제도에 대한 중신의 의견을 청취"하는 과정을 거치고 있음은 주목할 만하다.

즉 제도개선 과정에서 (1) 경전과 역사서에 대한 연구를 바탕으로, (2) 의정부 중신들의 회의를 통해 의견을 모으고, (3) 이를 집행한다는 삼 단계 절차를 거치고 있다는 점이다. 이것은 세종이 독단적으로 결정하여 집행하는 정책사안일지라도, 그 개선책은 정보수집과 신료들

---

25) 그런데 이에 앞서 7월에 외직수령의 형벌을 둘러싼 문제로 맹사성과 허조는 서로 대립된 견해를 밝힌 바 있다.(세종 13년 7월 4일) 이런 점은 세종 13년에 접어들어 의정부 안에서 '육기제 유지파'와 '3년제 환원파' 사이의 대립이 형성되었음을 추론케 한다. 이 두 인물이 다른 정책에서도 서로 대립적인 것인지의 여부를 확인하는 작업은 다음 기회로 미룬다.

의 토론절차를 거쳤음을 보여주는 사례다.

2.2.3. 후반기(세종 14~말년)

이 시기 가장 중요한 사건은 호조참판 고약해와 세종의 쟁론이다. 이 쟁론으로 세종은 관료들이 사익 때문에 국가정책의 공공성을 도외시하고 있음을 비판한다. '공익 대 사익'의 대결구도는 맹자로부터 연면한 경학적 주제다. 이 이원적 구도를 형성함으로써 이후 육기제 비판은 곧 사익을 추구하는 모리배로 몰리게 된다. 고약해 사건 이후 강력한 육기제 비판이 사라진 것도 이 구도를 세종이 정치적으로 장악했기 때문으로 보인다. 이 사건을 계기로 육기제는 완전히 제도화되고, 그 뒤 조선 후기까지 변함없이 유지된다.

고약해 사건

세종 치세의 후반기에 들어서도 육기제에 대한 반발은 간헐적으로 이어지고 있었다. 예컨대 18년 영동현감 곽순(郭珣)의 비판(세종 18년 7월 4일)과 세종 20년, 2품 이상 연로한 고관의 지방수령 재직연한을 3년으로 축소해 달라는 사간원의 상소(세종 20년 11월 23일)가 있었다.

관료들의 계속된 '동어반복적인' 반발과 비판에 대해 세종은 육기제 문제를 공과 사의 구도로 압축해서 공박한다. 그것은 곧 있을 '고약해 사건'에 대한 세종의 기본 인식이자 더 근본적으로는 신료들의 육기제 기피에 대한 세종의 정치적 결단을 보여준다. 예컨대 2품 이상의 직을 거친 연로한 지방수령에 대해 6년 임기를 3년으로 단축해 달라는 사간원 상소에 대해, "대저 인신(人臣)의 직분이란 오로지 힘과 마음을 다할 뿐이고, 자기의 사정(私情)을 헤아리지 아니하며 죽은 뒤에야 그만둘 것인데, 2품 이상은 직위가 이미 높아서 혹 나라 일에 태만한 자가 있다는 뜻이냐"는 세종의 응답이 그것이다. 그리고 정 그러하다면 아예 "일흔 살에 가까운 자는 수령직에 파견하지 말라"는 뜻을 비친다. 요컨대 나이가 많으니 적으니 하는 것은 구실일 뿐, 힘든 외직일수록 공공을 위해 투신하려는 마음이 문제일 따름이라는 것이다. 곧 육기제의 불만을 공사(公私)의 구별로 문제를 압축함으로써, 이 제도에 조그마한 손상도 허용하지 않겠다는 단호한 의지의 표명이다.

이런 완강한 세종의 태도에 의정부도 꼬리를 내릴 수밖에 없었으니, "2품 이상 수령을 3년 만에 체임시키자는 조목은 단지 연로한 자를 보내지 말고서, 예전대로 육기제도로 하는 것이 편하겠습니다" 하는 수용안을 올리고 만다. 이처럼 관료 내부의 육기제 회피풍조를 국가[公益]보다는 제 한 몸의 안일을 추구하는 사리(私利)로 인식하는 세종의 단호한 이분법은, 곧 호조참판 고약해(高若海)의 거친 항의에 부닥친다.26) 그 발단은 세종 22년 고약해가 육기제 철폐를 요구하면서

---

26) 세종 25년 1월 17일조에는 고약해의 졸기가 실려 있다. "개성부 유수(開城府留守) 고약해(高若海)가 죽었다. 약해의 자(字)는 순평(順平)으로 개성부 사람이었다. 17세에 성균시(成均試)에 합격했으나, 성균관에 나아가 배우지 않고 등용 시험공부도 익히지 않았다. 21세에 부친상을 당했는데, 초상 장례를 한결같이 《가례》(家禮)에 따라서 했고, 삼년상을 치른 뒤에는 모친 섬기기를 심히 독실하게 하므로, 사간원(司諫院)의 천거로 공안부 주부(恭安府注簿)에 제수되었다. 벼슬이 차례로 올라서 사헌부 장령(司憲府掌令)이 되었다가 을사년에 지사간원사(知司諫院事)에 승진되고, 병오년에 상호군(上護軍) 겸 판통례문사(判通禮門事)에 승진되었다. 윤대(輪對)할 때 조목에 따라 시폐(時弊)를 진술하는데 언사가 매우 알맞고 적절하여 채납(採納)된 바가 많았다. 여러 번 벼슬을 옮겨 예조·호조·이조의 참의(參議)를 지내다가, 나가서 충청도와 강원도의 관찰사가 되었다. 들어와서는 형조참판과 사헌부 대사헌이 되었는데, 몇 달 안 되어 사건에 연좌되어 파직되었다. 판황주목사(判黃州牧使)가 되었다가 임기가 차서 인수부윤(仁壽府尹)의 벼슬을 받고, 도로 형조참판이 되었다. 사건으로 파직되었다가 뒤에 경창부윤(慶昌府尹)의 벼슬을 받고, 승진되어 자헌대부(資憲大夫) 개성부 유수가 되었는데, 이에 이르러 세상을 떠나니 나이 67세였다. 부음(訃音)이 들리매, 세종은 하루 동안 조회를 그치고 조의를 표하고 부의를 보내고 시호를 '정혜'(貞惠)라 내렸다. 숨기지 않고 굽힘이 없음을 정(貞)이라 하고, 너그럽고 인자한 것을 혜(惠)라 한다. 고약해는 타고난 성품이 고상하고 흉중이 넓게 터져서, 사소한 절개에 거리끼지 않고 임금에

시작되었다.

> 수령의 육기법(六期法)은 진실로 아름다운 법입니다. 그러하오나 수령
> 이 되는 자가 6기(期)의 오랜 것을 꺼려서 민사(民事)에 게으르므로, 백성
> 들이 교활한 아전에게 침노당하여 원망을 품는 것이 적지 않사옵니다. 신
> 은 3년으로 고치기를 청하옵니다. 신이 몸소 수령을 지낸 까닭으로 그 폐
> 해를 잘 아옵니다.(세종 22년 1월 19일)

이에 대해 세종은 "육기제는 가볍게 의논할 수 없다. 그러므로 내가
감히 경솔하게 대답하지 아니한다"고 짐짓 무시하는 태도를 보인다.
(세종 22년 1월 19일) 그런데 그 두 달 뒤인 3월에 고약해는 매우 불손
하게 임금에게 대든다. 실록에는 그 정황이 실감나게 그려져 있다.(세
종 22년 3월 29일)

임금의 말을 가로막으면서까지 제 할 말을 다하고, 끝까지 "비단
허락하지 않을 뿐만 아니라 도리어 저더러 그르다 하시오니, 저는 실
로 실망했습니다" 하며 임금의 면전에 대고 '짜증을 낼' 정도인 신하
와, 그 신하에 대해 분노하면서 "지방수령으로 가고 싶지 않아 잔꾀
를 내는 것이 아니냐"고 의심하면서[27) 신하를 몰아붙이는 임금의 공
방은, 이미 대화의 수준을 넘어 말싸움이라고 해야 할 정도다. 그 끝
에는 도리어 임금이 한 발 물러서서 "내가 알았다"고 하고 다시 앉으
라고 할 정도로, 신하의 항의도 선을 넘었던 것이 분명해 보인다. 세

충간(忠諫)하는 일을 자기의 임무로 삼아 간혹 직위를 초월하여 감히 말하기도 했다.
아들은 고수장(高壽長)과 고수전(高壽全)이다."
27) 세종의 분노는 "열두어 고을을 전전하면서도 지방수령직을 묵묵히 종사하는 사람들
도 혹 있는데…… 그대는 겨우 한 고을을 지내고서, 그 싫어함이 이와 같은 것은 어찌
된 것인가" 하는 표현 속에 잘 드러난다.

종은 이 문제는 도저히 그냥 넘어갈 수 없다고 판단한 듯하다. 바로 그날 오후, 세종은 사헌부에 다음과 같이 명령한다.

> 고약해가 한 비판은 그 한 몸의 사정(私情)을 가지고 한 것이 명백하다. 수령 가운데 도둑질하는 자가 또 어찌 다 3년 임기에는 범하지 아니하고 반드시 육기(六期)에만 범하겠는가. 어찌하여 지난날 3년일 때에도 또 도둑질하는 자가 있었던가. 육기의 법은 《육전》(六典)에 기재되어 있는데, 당시에도 큰 폐해가 생기지 않았다. 고약해가 한 몸의 사사로 굳이 분경(紛更)하려고 하니, 이것이 어찌 사생(死生)을 피하지 않는 의리이겠는가. 또 일을 아뢸 때에 그 언사가 무례했으니 추국하여 아뢰라.(요약)

요컨대 세종은 고약해의 항거가 제 한 몸의 안위를 꾀하기 위해 육기제의 폐해를 허위로 꾸미고 있다고 본 것이다. 다만 고약해를 법으로 다스리는 까닭은, 그가 군주에게 불경하게 대들어서가 아니라(즉 임금이 신하의 의견을 무시하기 때문이 아니라)[28] 사익을 위해 공익을 해치는 점에 국한된 것임을 분명히 하고자 한다. 바로 그 다음날, 사간원에서는 자칫 이런 사태의 확대가 언로(言路)의 봉쇄로 전환될까 염려한다는 비판이 들어온다. 즉 "고약해가 육기제를 혁파할 것을 청하면서 그 폐해를 극진하게 진술했는데, 비록 그 언어가 무례했다 하더라도, 원하옵건대, 추문(推問)하지 말게 하시어 말길[言路]을 넓히게 하소서"(세종 22년 3월 19일) 하는 지적이 그것이다.

이에 대해 세종은 곧 "너희들의 말이 옳다. 나도 역시 생각하지 않은 것이 아니다. 그러나 고약해가 한 번 수령을 지내고서 구임(久任)을 싫어하여 나에게 계달하되, 그 언사가 매우 무례했다. 그 추핵하라고

---

28) "신하로서 굳게 간[固諫]한다는 뜻에는 옳은 것이다."

한 것은 직언(直言)을 미워함이 아니고 그 무례함을 미워함인데, 너희들은 나의 추핵하라고 한 뜻을 모르는 것이다" 하여 문제가 언로의 봉쇄에 있는 것이 아니라 사익의 추구로 국사를 해치는 의도에 있다고 피력한다. 그 자리에서 재차 세종은 사헌부의 담당자를 직접 불러, 고약해를 추달할 것을 명한다.(세종 22년 3월 19일)

이에 대해 사헌부에서는 1차 취조했던 결과를 보고하면서, "그가 바른 말을 하고자 하는 마음이 지나쳐 불공에 이른 것을 뉘우치고 있을 뿐만 아니라, 자칫 신하의 말이 불순하다고 죄를 주면, 다음 언로가 막혀버리게 됨"을 염려하면서, "원하옵건대, 관대하게 용서하옵소서" 하고 청한다.

그러나 세종은 이 자리에서, 자신의 결정은 결코 사사로운 분노에서가 아니라 고약해의 언행을 깊이 관찰해 온 바탕 위에서 결정한 것임을 피력하면서 동의를 구한다. 즉 "고약해는 일이 제 몸에 불편하면 반드시 고치려고 하는 사람"이라고 비평하고, 그동안 "그가 말과 행동은 거칠지만 마음은 충직하여 험한 일은 마다할 사람이 아니라"고 여겼지만, 이번 건을 보니까 "실은 그 마음도 뜻도 올바르지 못하다"는 판단을 내렸다고 술회한다. 즉 고약해가 지방수령 한 번의 경험을 가지고 침소봉대하여 개인적 안일을 위해 국가정책을 해치려 한다고 확신한 것이다. 그런 판단을 세종은 끝까지 밀어붙여 황희 등 정승과의 심의를 거쳐 이조로 하여금 그를 파면토록 조치한다.

이 사건을 기화로 육기제에 대한 저항은 곧 공공에 대한 사익의 추구로 몰리게 되는 결과를 얻게 되었는데, 공론을 중시해 온 세종의 그동안 통치 스타일과는 아주 다른 면모라고 하겠다.[29]

---

29) 그 후, 6개월이 지난 뒤인 9월에 이르러 집현전 부수찬(集賢殿副修撰) 하위지(河緯地)는 "고약해가 비록 무죄한 것은 아니나, 대신으로서 언사(言事)로 인하여 폐출당한 것

2.2.4. 그 이후

고약해 사건을 기화로 하여 육기제에 대한 비판은 급격히 사라지고 그 뿌리를 내리고 있다. 가령 세종 25년 장령(掌令) 조자(趙孜)는 그동안 신하들의 육기제 비판 상소의 관례와는 달리, 육기제의 원래 취지를 살려 좀더 엄격하게 시행할 것을 요청하는 상소를 올리고 있는데, 이것은 육기제가 '제도화'에 성공하여 정착단계에 접어든 좋은 예로 보인다.

> 국가에서 이미 수령 육기의 법을 세웠고, 그 연고를 칭탁하고 부임하지 아니하는 자는 6년 동안 서용(敍用)하지 아니하기로 하여, 그 법이 매우 상세합니다. 그런데 공조좌랑(工曹佐郞) 박충지(朴忠至) 등을 필두로 교묘하게 면하는 자가 무려 수십 인입니다. 이것으로 보면 수령되기를 싫어하고 꺼려하여 교묘한 핑계로 모면한 정상이 현저합니다. 또 6년 동안 서용하지 않는 법에도 벗어날 뿐 아니라, 그동안 여러 번 영전했습니다. 이는 간혹 질병으로 인하여 부임하지 못한 자와 규정에 따라 서용되지 못한 경우와는 차별될 뿐 아니라 실로 법을 세운 본의(本意)에도 어긋납니다. 청하옵건대 다시 신칙하여 그 법을 엄하게 하소서.(세종 25년 7월 25일)

나아가 세종의 말년인 30년에는 전 가각고부녹사(前 架閣庫副錄事) 탁비(濯毖)가 예의 육기제 철폐를 상소했는데, 이에 대한 조정의 반응이 흥미롭다. 의정부에서는 이 육기제 비판상소를 두고 비평하기를

은 성덕에 큰 누가 될까 두렵사오니, 성상께서는 다시 생각하시어 후회를 남기지 말기를 엎드려서 바랍니다"(세종 22년 9월 17일) 하는 요지의 상소를 올린다. 즉 고약해 문제는 공론을 형성하는 데 큰 장애가 될 수 있음을 경고하는 것이었다. 이에 대해 세종은 "그 상소를 허락하지 아니하고, 대신 하위지에게 주식(酒食)을 공궤하도록 했다." 이는 언로 문제에 대한 비판은 받아들이지만, 육기제[公]에 대한 비판[私]은 용납하지 않겠다는 뜻이다. 이런 뜻이 '하위지에게 말없이 밥과 술을 내리는 조처'로 표현된 것이다.

"그가 제시하는 조건들이 모두 고지식하여, 실정에 맞지 아니하니 실행할 수 없다" 하면서, 특히 "녹사(錄事)는 미관말직인데도 폐단을 논함이 이러하니, 많은 녹(祿)을 먹고 높은 지위에 있는 자들이 어찌 부끄러움을 알지 못할까" 하고 비평하고 있다.(세종 30년 10월 8일) 즉 육기제에 대한 비판이 이제 시대정신을 읽지 못하는 어리석은 짓이 되어버린 것이다. 이런 점을 두고 볼 때, 육기제는 신료들이 (특히 지방관들이) 끊임없이 반발했지만 세종 당대에 제도화에 성공한 것으로 판단된다. 육기제의 시작과 그 시행과정, 그리고 그 결과에 대해서는 다음 사관의 비평이 가장 정확해 보인다.

> 세종이 왕위에 오르게 되니, 유정현과 허조가 매양 육기제를 임금에게 실행하자고 권했다. 세종 5년에 이르러 허조가 이조판서가 되니, 임금이 드디어 뜻을 결정하고 법을 세웠다.
>
> 중외가 떠들어대며 모두 불편하다고 했는데, 혹은 말하기를, "조종이 이루신 법을 변할 수 없다" 하고, 혹은 말하기를, "부모 봉양을 오래 궐하게 된다" 하고, 혹은 말하기를, "자녀의 혼인이 때를 잃게 된다" 하여, 폐해를 말하는 것이 여러 가지였다. 또 당나라 육지(陸贄)가 덕종(德宗)에게 상소하여 '구임책이 그르다'고 말한 것을 인용하여, 임금에게 힘써 말했다.
>
> 그러나 임금이 모두 듣지 아니하고 굳게 고집하여 실행했더니, 이 때에 중외가 다 편안하고 백성이 직업에 안심했다. 법을 세움이 정밀했고, 관리들이 법을 받들기를 더욱 삼갔다."(세종 7년 6월 27일)

결국 거의 30년 동안에 걸친 육기제 공방은 다양한 비판이 나왔지만 '공익 대 사익'의 논전을 계기로 하여 제도로서 정착되었다고 할 수 있다. 그렇다면 세종의 사후 육기제의 운명은 어떻게 되었는가. 우선 그를 계승한 문종(文宗)대 육기제에 대한 평가를 잠시 보자.

(문종대) 예조판서 허후(許詡)가 말하기를, "옛날에는 외방(外方)의 직임을 사람들이 모두 꺼렸습니다. 근래에 또 혹은 이를 하고자 하는 것은 실로 6기제라는 아름다운 법이 있기 때문에 그러한 것입니다" 했다. 임금이 말하기를, "사람들이 모두 이를 하고자 함은 반드시 까닭이 있을 것이다. 어찌 아름다운 법이라 이르는가?" 했다.

허후가 답하기를, "옛날에 경관(京官)은 차례를 어기고 초천(超遷)했으나, 수령은 반드시 모름지기 오고(五考)를 거쳐야 하는 까닭에 사람들이 모두 그것을 꺼려했습니다. 이제 차례를 따르는 법이 중앙과 외방에서 한결같이 성행되기 때문이니, 어찌 다른 이유가 있겠습니까?" 했다.(문종 즉위년 12월 22일)

즉 문종대 예조판서 허후는 "옛날에는 지방직임을 꺼렸으나, 이제는 지원자들이 생기는 것은 육기제라는 아름다운 제도" 때문이라고 지적하면서, 그 까닭이 지방직이 승진에서 경관직과 차별되지 않는, 육기제의 개선책, 즉 '경·외관 순환보직제'에서 기인한다고 주장한 점은 특기할 만하다. 이와 같이 육기제는 이미 "아름다운 제도"로 정착한 것이다.

나아가 이렇게 제도화된 육기제는 조선 말기까지 이어진다. 이익은 《성호사설》(星湖僿說)에서, "오늘날 제도에 고을수령은 반드시 6년마다 교체하는데, 잘 다스린 자에게는 또 1년을 더해 주게 된다"(〈三考〉)고 기술하고 있다. 결론적으로 세종대에 수립되어 시행된 수령 육기제도는 18세기 후반에까지 그 정체성을 의연히 유지하고 있었다.

3. 맺음말

첫째, 수령육기제는 세종의 독단적인 결정으로 추진된 것이다. 세종 스스로 공론을 거슬러 독단으로 결정하여 시행했음을 고백한 바 있다.(세종 26년 7월 23일) 세종은 역사적 사례를 통해 확인된 정책인 경우, 공론을 거스르면서도 끝까지 추진하여 제도화시키는 집중력을 보여주고 있다. 이런 점은 세종이 공론 형성을 통해 정치를 집행한 군주라는 그동안의 인식과 궤를 달리하는 면모다. 공론 형성은 그가 수립한 정책의 정당성을 확보하기 위한 수단의 측면이 더 큰 것으로 보인다. 육기제 실행과정에서 보여준 세종의 정치가적 면모를 경전에서 확인하면, "올바른 정책을 선택했다면 이를 단단히 붙잡아 집행함"30)에 해당한다.

둘째, 반대파들의 육기제에 대한 저항은 추진시기에 따라 세 유형으로 구분된다. 초창기에 반대파들은 (1) 선왕지제(先王之制)라는 전통과 관습의 정당성을 근거로 비판한다. 이때의 전통은 3년 임기제다. (2) 육기제가 당시 공론에 위배된다는 점, 그리고 (3) 이론적(경학적) 차원에서 사례가 없다는 비판 등이다. 한편, 중·후반기에는 경험적 사례를 토대로 육기제가 시의성(時宜性)에 부합하지 못한다는 비판이 주를 이룬다. 여기 공론은 물론 신료들(특히 지방관들)의 견해다. 그런데 초창기에 전통과 관습을 토대로 육기제를 비난한 것과, 후반기 현실 적용에서 육기제에 문제가 있다는 비판은 서로 모순된다. 이런 비판들의 모순이 발생한 이유로, 세종은 '이의 제기자들'의 사익 추구를

---

30) "誠之者, 擇善而固執之者也."(《중용》 18장)

꼽았다.

이런 비판들에 대해 세종은 첫째, 전통도 시의에 맞추어 개혁되어야 한다는 시중론(時中論)을 통해 논박하고, 또 3년 임기제가 갖는 영송(迎送)의 번다함 등을 해소하기 위한 개선책이 육기제라는 점을 들어 설득하고자 한다. 셋째, 자신이 갖춘 경사(經史)에 대한 해박한 지식을 토대로 전통의 의의를 해체한다. 넷째, 공론이라는 말의 뿌리에 감추어진 신료들의 욕망을 드러내어, 실은 그것이 사사로운 이기심의 집합임을 폭로함으로써 공론의 의의를 해체한다. 이것이 '고약해 사건'에서 잘 드러난 바다. 세종이 육기제를 시행하게 된 까닭을 거슬러 헤아리면 다음과 같다.

(1) 3년제로 하면 수령의 영송(迎送)의 번다함으로 민폐가 많다.[31]

(2) 통치 영속성을 확보하여야 지역 민정을 안정시킬 수 있다.[32]

(3) 수령의 책임성을 높여야 한다.

(4) 수령의 전문성을 확보할 수 있다.

(5) 경전적 사례가 있는 9년제와 현행 3년제를 절충하여, 그 중간을 잡았다.[33]

---

31) 도승지 안숭선이 아뢰기를, "수령(守令)의 육기(六期)의 법은 그 직임에 오래 있게 하여, 인민이 수령을 맞고 보내는 폐단을 없애자는 것이었습니다. 운운."(세종 16년 11월 17일) "수령을 맞아들이고 보내는 부담은 일찍부터 주목되었다. 그리하여 정해진 임기에 융통성을 부여하여 농번기를 피하여 수령의 고대가 이뤄지도록 배려했다. 즉 3~6월 동안에는 수령의 고대를 금하는 경우가 많았고 고대를 하더라도 전임 및 후임수령의 가족들은 1~2월과 8월 이후에 각각 옮기게 했다. 또한 부득이 농사철에 교대하는 경우에는 초료(草料)와 음식을 관에서 지급하도록 지시하기도 했다."(구완회, 앞의 글, 4쪽)

32) "육기법을 세운 본뜻은 수령을 그 자리에 오래 두면 민간의 작은 일을 두루 알지 못함이 없어서 부역이 반드시 고르게 되고 전토(田土)가 반드시 개간되어 백성들이 그 은혜를 입는 데 있을 것입니다."(세종 19년 5월 20일조. 사간원 상소)

33) 그런데 후대 청나라 사상가 고염무(顧炎武)가 수령세습제를 주장하는 가운데서 단임제의 폐해를 논하고 있는데, 세종의 육기제를 사상사적으로 이해하는 데 도움이 된다.

그러면 육기제의 추진과 그 정착과정에서 나타난 세종의 리더십의 특징을 가려내 보자. 무엇보다 '정치가 세종'의 리더십의 특징은 '텍스트에 대한 이해'와 '정치적 해석능력'에서 비롯되었다. 스스로 술회했듯, 양계축성과 육기제 문제는 독단적 결정에서 비롯되었다고 했다. 그런데 이런 정책들의 독단적 결정과 추진은 그의 학문 연구, 즉 '경학과 역사서'에 대한 연구와 심득에서 비롯된 것이다.

즉위 후반기인 세종 29년에 이르러 다음과 같은 술회를 하고 있는 바, 이 점은 육기제가 단지 조선의 당시 정황을 고려한 시무책(時務策)일 뿐만 아니라, 경전(요순정치)과 역사적 사례들에서 검증한, 즉 '사상사적 토대' 위에서 제출되고 집행된 것임을 말해 준다.

> 세종이 이조와 병조에 전지하기를, "관리가 오래 소임에 있는 것을 역대에 모두 소중하게 여기었으니, 당우(唐虞) 때로 말하면 전례(典禮)와 전악(典樂)을 처음부터 끝까지 한 사람이 했고, 후대로 내려오면서는 벼슬사는 자가 혹 만 자손으로서 벼슬 이름으로 씨(氏)를 삼아도 구차한 의미가 없었는데, 송(宋)나라 때에 이르러서 삼사(三司)가 자주 바꾸이게 되매 사

첫째, 지방관의 잦은 교체와 짧은 임기는 부임하는 시간과 정력소모가 많다. 둘째, 짧은 임기로서는 부임한 지방의 병폐를 미처 헤아리기 어렵다. 셋째, 부임지의 문제점들을 헤아린다 해도 그것을 개혁할 시간을 확보하지 못해 실천하지 못하는 경우가 많다. 넷째, "내일이면 곧 떠날 것인데, 열심히 하면 무엇해"(明日我卽去, 何用如此) 하는 마음가짐을 갖기 십상이므로 "그 힘을 다하지 않고, 출셋길만 넘보아 다만 보양에 힘쓰고"(不盡其力, 偸安爵祿, 但養資望), 또 "실무 정사는 구차하게 여기게 된다.(苟且爲政)" 다섯째, 심지어는 "사사로이 이익을 챙겨 요행이 승진해 나가기만 꾀하고 맡은 일은 건성으로 처리하는 대신 윗사람 모시기에 혈안이 되어(工於彌縫, 善事上官)" 향리와 백성들은 "수령의 드나드는 데"(送迎之役) 시달리고, 그 비용으로 지방 재정이 축나고 백성이 착취당한다. 끝내 백성들이 지방관을 업신여겨 교화가 이루어지지 않는다.(《亭林文集》, 〈瓠中隨筆〉) 한편 고염무의 수령 단임제에 대한 비판은 유명한 〈군현론〉(郡縣論)에서도 제기되는바, 흥미롭게도 다산 정약용은 "대저 태평의 정치는 다만 청나라 선비 고염무의 〈군현론〉을 채택해서 시행한다면 곧 이루어질 것이요, 그렇지 못하면 모두 구차스러울 뿐이다"(〈향리론〉) 하여 고염무의 범례를 따르기를 촉구한 바 있다.

마공(司馬公)이 걱정했고, 2년 동안에 지주(知州)가 바뀌기를 7인이나 되매 범진(范鎭)이 못내 걱정스레 말했다.”(세종 29년 5월 16일)

이렇게 경전과 역사서에 대한 깊은 독서(이해)를 바탕으로 하되, 이를 당시 조선의 정치상황에 걸맞도록 해석과정을 거쳐 정책으로 형상화한 것이 육기제였다. 이 점은 《논어》에서 공자가 독서의 바탕 없이 정치에 뛰어드는 무모함을 경계한 것을 생각하게 하는 경우기도 하다.34) 이런 점에서 공자와 세종의 정치관은 서로 상통하는 바가 있다. 따라서 육기제를 독단적으로 앞장서 이끈 추진력이 경전과 역사서, 즉 육경(六經)35)과 《서전》(書傳) 및 《사기》에서 나왔다고 본 다음 인용문은 정확한 비평이라고 하겠다.

> 임금이 육전(六典)을 깊이 연구하고 《서전》과 《사기》를 널리 보아서, 생각이 극히 깊고 장원(長遠)했다. 관리 구임책(久任策) 한 가지 일로 여러 사람의 의논이 소란하고, 때마침 가뭄이 또 심하건만 굳게 잡고서 바꾸지 아니했으므로 마침내 성공의 효과가 있었다.(세종 7년 6월 27일)

이렇게 세종의 정치력은 ‘학문 연구’에서 나온 것이다. 즉 세종 리더십의 근원은 유교 경전에 대한 깊은 연구에서 비롯된다. 유교 경전

---

34) 공자는 책을 통해 고대 성왕들의 행적과 철학을 학습한 다음에야 실제 정치에 나설 수 있다고까지 여겼다. 여기서 공자가 정치의 실제에 ‘독서’(讀書)를 중시했음을 알 수 있다. “자로가 ‘서경’(書)을 읽어보지 않은 자고(子羔)를 비(費)땅의 책임자로 추천하여 임명하도록 했다. 공자 말씀하시다. ‘저 놈, 또 남의 자식 하나 잡겠구나!’ 자로가 말했다. ‘백성들 있겠다 사직(社稷)이 있어 귀신들이 보호하시겠다, 그러면 되는 것이지 꼭 《서경》을 읽은 다음에야 정치를 배웠다고 하겠습니까?’ 공자 화를 내며 말씀하시다. ‘내가 이래서 저 말만 번지레한 놈들을 미워한다니까!’”(《논어》)

35) 육경(六經)은 육전(六典)이라고도 하며, 유교 경전 가운데 핵심 6종을 이른다. 《시경》, 《서경》, 《예기》, 《악기》, 《춘추》, 《역》 등이 그것이다.

은 '유교국가'가 추진하려는 정책적 정당성을 확보하기위한 신분증 명서와 같다. 유교국가에서 정책의 정당성은 경학과 역사적 사례에 대한 논리투쟁으로 귀결되는 것이기에, 세종의 경전 연구와 깊은 이해, 그리고 해석은 그 자체로 정치적 행위였다. 이런 점에서 세종의 학문 연구는 유교국가의 정체성을 보전해야 할 책무를 가진 군주의 역할에 충실한 것이 된다.36)

또 정책수행의 차원에서 이런 학문 연구는 큰 정치적 힘으로 기능했다. 육기제의 사례에서 잘 보았듯, 세종은 경전에 대한 깊은 이해를 바탕으로 그 제도의 역사적 기원과 사례들을 풍부하게 제시함으로써 반대자들을 고립시키고, 나아가 '의리 대 사익'이라는 경학적 가늠자를 반대자들에게 들이댐으로써 정책적 운신의 폭을 넓힐 수 있었다.

그러나 동시에 세종의 학문은 경전 속에 매몰되는 것이 아니라, 당대 현실정치를 중심으로 놓고 문제해결의 방편이라는, 실용적 차원에서 접근한 점(즉 그 자체로 '정치적'인 점)도 주목해야 할 부분이다. 그는 경전과 역사서를 진리의 현현으로 절대화하지 않았고, 정치적인 필요성에 따라 상대적 도구적으로 사용할 줄 알았다. 이 점은 곧 그가 디디고 서 있는 현실세계를 중심으로, 과거에 매몰되지 않으면서 또 미래를 과제로 삼는, 주체적이고 능동적 자세를 가지고 있었다는 뜻이기도 하다. 이것이 그의 정치가로서의 시공간 감각이라고 판단된다.

세종은 정치적 환경이란 언제나 낯선 것이며 경학(텍스트)이란 이

---

36) 그런 점에서 "다른 문명에서 신(神)의 계시가 맡았던 역할을 중국에서는 역사가 행했다" 하는 모오트의 지적은 세종의 학문연구가 가진 정치적 의의를 부각하는 데도 도움이 된다.[모오트/권미숙 역, 1995, 《중국문명의 철학적 기초》(인간사랑), 71쪽]

환경을 돌파하는 데 필요한 (그러나 완전하지 못한) 나침반이며, 그리고 정치가, 즉 군주란 이런 불완전한 나침반에 의지하여 낯선 정치적 환경을 돌파해 나아가야 하는 '선장'과 같은 존재로 이해했던 것 같다.

■ 참고문헌

《조선왕조실록》 국역본 CD(태조/태종/세종/문종)
《논어》《맹자》《대학》《중용》
《퇴계전서》《정림문집》(亭林文集)《여유당전서》《성호사설》

구완회, 1988, 〈세종조의 수령육기법〉,《경북사학》 11, 경북사학회.
김성준, 1990,《목민심감연구》, 고려대 민족문화연구소.
모오트/권미숙 역, 1995,《중국문명의 철학적 기초》, 인간사랑.
박영규, 2002,《세종대왕과 그의 인재들》, 들녘.
이수건, 2001, 〈세종시대의 지방통치체제〉,《세종문화사대계》 3, 세종대왕기
       념사업회.
이한우, 2003,《세종, 그가 바로 조선이다》, 동방미디어.
임용한, 1996, 〈여말선초의 수령제 개혁론〉,《인문학연구》 1, 경희대 인문학연
       구소.
────, 1998, 〈조선초기의 수령제 개혁과 그 운영 ─ 태종~세종 연간을 중심
       으로〉,《인문학연구》 2, 경희대 인문학연구소.
조남욱, 2001,《세종대왕의 정치철학》, 부산: 부산대학교출판부.

세종의 유교 예치(禮治) 경영

강 숙 자
한국외국어대

1. 머리말

고려말 신진 사대부들이 이성계를 앞세워 역성혁명을 일으켜 조선 왕조를 창건하면서 신유학을 통치이념으로 내세웠다. 유교국가란 왕과 신하가 유교에 깊은 교양을 갖추고 백성을 인(仁)의 정신으로 통치하며, 백성 또한 유교적 예법과 질서에 따라 생활하는 사회를 이른다. 다시 말해서 천도(天道)를 체득한 유덕자 군주가 통치하여 유교의 예질서가 확립된 사회(박충석 1980)를 유교국가가 지향하는 이상사회라 할 수 있다.

유교가 지향하는 구체적인 이상향은 《예기》〈예운〉편에 기록된 '대동사회'[1]이다. 그러나 이러한 대동사회의 이상향은 공자 자신도 '대도가 무너졌다'고 탄식한 것에서 보이듯이 전설적인 선진(先秦)시대의 산물이며, 꿈에 그리는 이상향일 뿐이기에, 공자는 실현 가능한 차선의 세상으로 소강(小康)사회를 상정했다. 즉 "예를 만들어서 나라

---

1) 대동사회는 '천하는 공공의 것이며…… 자신만을 위한 사유재산을 축적하지 않으며…… 도절난적이 없어서 사람마다 대문을 열어놓고 편안하게 살 수 있는' 사회를 말한다.

의 기강을 삼아 군신 사이를 바르게 하고, 부자 사이를 돈독하게 하고, 형제 사이를 돈목하게 하고, 부부 사이를 화합하게 하는 사회"를 제시했다. 다시 말하면, 예 질서를 확립한 사회가 바로 소강사회인 것이다.

건국 초의 불안정했던 정치 상황, 즉 두 번의 왕자의 난을 치르고서 왕위에 오른 태종은, 자신을 옹립하여 보위에 오르게 한 거사에 큰 공을 세운 처남들마저도 왕권의 강화를 위하여 참혹하게 제거한다. 또한 유덕자 군주론에 입각하여 세자 양녕대군의 패덕한 행위를 빌미삼아 세자를 폐하고, 셋째아들인 충녕대군을 세자로 책봉하고 곧이어 왕위를 계승케 하니 이가 바로 세종이다. 태조·정종·태종의 창업기를 거쳐 32년 동안의 세종 재위기간을 흔히들 우리의 역사에서 가장 찬란한 문화의 꽃을 피웠던 황금시대 또는 태평성대(이한우, 2003)로 자리매김 하는 데 누구도 주저하지 않는다.

그렇다면 세종시대를 태평성대로 평가하기 위해서는 다음과 같은 질문이 뒤따른다. 세종 그는 과연 유덕자 군주였는가? 그리고 그의 업적이 예 질서를 확립하려는 노력과 부합되는가? 이러한 물음에 긍정적인 답이 나올 때 비로소 그는 조선왕조 유교사회에서 문화의 꽃을 피운 성군으로 칭송되는 데 손색이 없을 것이다. 이 두 물음에 대한 해답을 진지하게 찾아보는 것이 이 글의 내용이 될 것이다.

2. 세종은 유덕자 군주인가?[2]

세종이 유덕자 군주인가라는 물음에 앞서, 구체적으로 덕의 본질이

---

2) 지도자의 성격은 정치리더십을 설명하고 분석하는 기재의 하나이다.[정윤재, 2003, 《정치리더십과 한국민주주의》(나남출판), 34쪽]

무엇인지를 먼저 가려야 할 것이다. 특히 나라를 다스리는 군주는 명
덕(明德)을 밝히는 일이 그에게 부과된 임무(《大學》經 1장)이기에 더
욱 그러하다. 추상적인 덕을 유교사회에서 구체적인 절목으로 예시한
것이 오상(五常; 仁·義·禮·智·信)을 비롯하여 '성(誠)'이나 '경(敬)'
의 모습으로, 혹은 부모의 자(慈), 자녀의 효(孝), 형의 양(良), 아우의
제(弟), 남편의 의(義), 아내의 청(聽), 연장자의 혜(惠), 연하자의 순(順),
임금의 인(仁), 신하의 충(忠)으로 나타나며, 그리고 맹자의 오륜(親·
義·別·序·信)으로 표현3)되기도 한다. 그렇다면 유자들이 가장 강조
하는 '어진 마음'을 덕으로 연결 지어도 틀리지 않을 것이다.

충녕대군은 세자로 책봉될 때 많은 대신들과 아버지 태종으로부터
이미 그의 성품이 어질다는 정평을 받은 바 있다. 이른바 택현론(擇賢
論)4)에 따라서 신하들로부터 어질다고 추천을 받은 세종은 형인 효령
대군을 제치고 세자로, 그리고 군주의 자리로 나아갈 수 있었다. 이처
럼 덕을 갖춘 세종은 즉위 교서에서도 분명히 어짊을 베풀어서 정치
를 펴겠다(施仁發政; 세종 즉위년 8월 11일)는 각오를 피력했다. 어짊
[仁]이 유교사상의 핵심임은 공자의 다음 말에서도 알 수 있다.

> 사람이 어질지 못하면 예는 해서 무엇 하며, 사람이 어질지 못하면 악은
> 해서 무엇 하겠는가?5)

---

3) 조남욱, 1998, 〈도덕적 지식과 행위에 대한 유가적 관점〉, 《앎과 삶에 대한 윤리학적
  성찰》(한국정신문화연구원), 18쪽.
4) 옛날 주 문왕이 맏아들 백읍고를 두고서 둘째아들 무왕을 세웠음은 오직 그가 어질기
  때문이었다는 고사에서 유래하는, 즉 차서에 관계없이 어진 이를 군왕으로 택한다는
  이론이다.
5) 《論語》八佾: 子曰: 人而不仁, 如禮何? 人而不仁 如樂何?

그러나 어짊만으로 군왕의 덕목을 충분히 갖추었다고는 할 수 없다. 아버지 태종이 충녕을 세자로 세운 또 하나의 이유를 그의 호학(好學)하는 태도에서 끌어내고 있다.

> 충녕대군이 천성이 총민하고 학문을 게을리 하지 않아…… 또 정치에 대한 대체를 알아, 매양 국가에 큰일이 생겼을 때는 의견을 내되, 모두 범상한 소견이 의외로 뛰어나며…….(세종 즉위년 총서)

호학(好學)이 성군이 되는 필수불가결한 자질임을 양녕의 폐세자 이유, 즉 '불행히 학문을 사랑하지 않고 음악과 여색에 마음이 쏠리었으매'와 대비해 보면 극명히 들어난다. 세종은 대군 시절에 태종으로부터, '너는 할 일이 없으니 편안히 즐기기나 하여라'는 말을 듣고 서화·가야금·거문고 등을 연마하여 예(藝)에 정통하지 않은 바가 없었다[6]고 기록된 사료에서, 세종은 예에도 뛰어난 재능을 보였음을 알 수 있다.

한편 세자가 아닌 대군의 길은 반드시 학문에 전념하는 일이 아님에도 충녕대군이 학문에 정진한 것은, 그의 천성 이외에도 더 원대한 야망이 있었을 개연성을 전혀 배제할 수는 없겠다.[7] 이미 세자로 책봉되고 왕위를 계승한 승리자였기에, 세종에 대한 당시 권력 주변의 평가 또한 성군으로서 마땅한 자질을 칭송해 마지않았다. 이는 세종 임금을 추인한 명황제의 고명에서 잘 드러난다.

---

6) 《태종실록》 13년 12월 을해.

7) 《태종실록》 15년 12월 30일. 의령부원군 남재가 충녕대군의 면전에서 '군왕의 아들로서 (학문을 좋아하면) 누군들 임금이 되지 못하겠습니까'라며 아버지 태종에게 학문을 권유했던 일화를 들려주는 내용은 매우 의미심장한 상상력을 발휘하게 한다. 세종의 대군 시절의 야망은 주제를 달리하여 논증하려 한다.

다스림은 인(仁)을 널리 하는 데 있고 현덕(賢德)은 한 나라의 모범이라.…… 어질고 덕 있는 자를 뽑아 한 나라를 맡기고…… 셋째 아들은 효도하고 공순하고 학문에 전심하여 나라사람의 촉망이 되고 있으니 그를 세워 후계를 만들고…… 아아 국가의 임무는 덕이 아니면 이겨내지 못하나니 오직 충성만이 윗사람을 섬길 수 있으며 효도만이 어버이를 섬길 수 있으며 겸손과 근면만이 몸을 세울 수 있으며 인애(仁愛)만이 백성을 안보할 수 있는 것이다.(세종 원년 정월 갑자)

즉 세종은 유교의 덕목인 어짊, 호학, 효우, 공순, 근면, 인애 등 유덕자 군주의 자질을 고루 갖추었음을 알 수가 있다.

한편 즉위 초에 병권의 문제로 야기되었던 장인 심온의 자진을 필두로 한 처족의 멸문지화를 묵묵히 지켜봐야만 했던 세종으로서는, 이 사건이 어느 면에서건 그의 심성과 통치행위에 적지 않은 영향을 미쳤을 것으로 판단되기에, 이를 살펴보는 일도 무익하지는 않을 것이다.

세종은 즉위하고 나서 경연에서 가장 먼저 진덕수의 《대학연의》[8]를 10월부터 강독했다. 바로 그 10월은 장인 심온이 연루되는 강상인의 2차 옥사가 바야흐로 터지던 시기와 일치한다. 태조·정종에 이어서 태종 또한 제왕학의 필독서였던 《대학연의》를 열심히 읽었으며, 세자 양녕에게 강독을 시키고, 신하와 왕실의 부인들과 심지어는 환관에 이르기까지, 간추린 별도의 교재를 마련하여 학습하도록 지시했다.

이 책은 권력을 둘러싼 모든 인간관계—신하, 환관, 왕비를 비롯한

---

8) 《대학연의》에 대한 내용은 조남욱, 2005, 〈세종의 정치이념과 《대학연의》〉, 세종국가경영연구팀 세미나 자료 참조.

166

후궁들, 종친 및 친인척―에서 어떻게 원만하게 처신해야 하며, 그렇지 않을 때에 어떤 결과를 불러오는지에 대한 예시가 실려 있기도 하다. 사실 양녕은 《대학연의》를 잘못 배운 탓에, 일찍이 아버지의 미움을 샀다고 해도 지나친 표현은 아닐 것이다.9)

세종은 왕권을 물려받았으나 아버지 태종이 병권을 장악한 상황에서 즉위 초 3년 동안은 대리인에 지나지 않는 수습기간을 갖는다. 이 수습기간에 일어난 불행한 사건이 바로 '강상인의 옥'10)이었으며, 이 사건에 연루되어 중전 심씨의 친정이 멸문지화를 당한 것이다. 장인은 자진하고 장모는 관노비가 되었으며, 처삼촌은 처형되고, 가산은 몰수당했다. 뭇 사람들은 그를 성군이라 칭송하지만, 세종은 임금의 자리에 있으면서 사랑하는 아내를 위해 아버지 태종에게 관용을 베풀어 달라는 단 한마디의 말조차 꺼내지 않을 만큼 비정한 냉혈한이 아닌가 하는 평가가 늘 마음속에 자리하고 있었다.

이러한 부정적 평가는 세종이 심온의 자진 이후 《대학연의》 강독으로 그의 마음을 다스렸다는 사실에서 얼마간 해소된다. 심온은 2차로 강상인의 사건이 터지던 11월 13일에 사은사로 중국에 가고 국내에 없었다. 11월 25일 심온의 동생 심청은 고문에 이기지 못하여 형의 연루를 인정했고, 박은의 주청에 따라 강상인, 박습, 이관, 심청은 그

---

9) 《태종실록》 9년 9월 4일. 태종은 양녕의 글선생 김과에게 (세자의) 외척에 대한 올바른 태도를 가르치지 않았고, 오히려 부모·형제·자식 사이에도 권력 암투가 있다는 사례를 세자 양녕에게 먼저 가르친 것에 진노했다.

10) 사실 강상인의 옥사사건은 병권이 한 곳에서 나와야 행정상 편리하다고 병조참판 강상인 등 병조의 몇몇 인사들이 불평을 한 것에 지나지 않았으나, 이를 역모사건으로 확대하여 옥사로 처단한 것은 건국 초부터 세 번씩이나 역모에 선봉을 섰던 태종으로서는 과잉 방어를 했다는 평가를 면하기 어려울 것이다. 태종시대에 모역자를 고발한 자에게 내리는 상금(田 200結, 노비 20口)은 좌명1등공신의 상금(田 150結, 노비13口)을 능가한 것에서 태종의 모역 모반에 대한 지나친 우려를 읽을 수 있다.[최승희, 2002, 《조선초기 정치사연구》(지식산업사), 68쪽]

날 사형을 당했다. 11월 29일 경연에서 《대학연의》를 강독할 때 세종은 박은[11]을 '아첨하는 신하'로 빗대는 의미심장한 말을 했다.(세종 즉위년 11월 29일)

중국에서 돌아오는 길목에서 압송당해 12월 22일 의금부로 끌려온 심온은, 23일 자진하라는 태종의 명령을 받은 지 이틀 뒤 수원에서 자진했다. 다음의 사료는 장인의 자진을 지켜본 세종의 처절한 심정의 일단을 엿보게 한다.

> 동지사 이상 모두 다 연고가 있어 경연에 불참하자 휴강하기를 청했는데, 임금은 윤회에게 특명하여, 나와서 《대학연의》를 읽게 하여, 왕길(王吉)이 창읍왕(昌邑王)을 간하는 상소에 이르자, 임금은 말하기를, "들짐승이 아무리 빠져 달아나도, 사냥꾼은 반드시 잡고 만다. 그 짐승이 험한 곳으로만 내달리며, 넘어져 죽게 될 것은 생각지 않으니, 지극히 어리석다 이를 수밖에 없다."고 하다.[12]

임금이 친히 참석하는 경연에 어떻게 신하들이 감히 개인 사정을 이유로 불참할 수 있겠는가! 말이 되지 않는다. 임금의 장인이 자진한 일에 방관만 한 신하들이 면목이 없어서 차마 임금의 얼굴을 마주하기가 무척 송구했기 때문이었을 것이다. 그런데도 세종은 특명을 내려 윤회로 하여금 나와서 강독을 하게 했다. 자신의 슬픔을 오로지 《대학연의》 강독으로 극복하려 한 세종의 심사가 적나라하게 드러난다. 사냥꾼은 누구이고 들짐승은 누구인지 참으로 가슴 아픈 비유이다.

---

11) 박은은 태종이 붕어하던 하루 전날 사망했다.
12) 세종 원년 1월 9일.

세종은 자신의 마음을 추스르기 위해서 1차 강독이 끝난 직후, "다시 상세히 읽겠다" "다 읽었지만 또 읽고 싶다"는 말로 "마음의 공부"가 필요(조남욱 2005:9)해서 곧바로 2차 《대학연의》 강독을 시작한 것으로 보아도 무리는 없을 것이다.

태종이 처족들을 어떻게 대우했는지를 지켜보았던 세종으로서는, 자신의 처족을 옹호해 보았자 자신에게 불리한 국면이 펼쳐질 것이 뻔하다는 판단에서 입을 다문 현실주의자이며, 자신의 속내를 섣불리 드러내지 않는 성격의 소유자임을 이 사건에서 유추해 볼 수 있다.

세종은 심온의 자진을 포함한 처가의 불행을 티내지 않고 극복함으로써, 약자의 처지를 이해하고 역지사지(易地思之)하는, 그리하여 억울한 옥사가 없도록 세심한 배려를 하는 지도자로서 성숙한 면모를 갖추게 되었을 것이다. 세종은 냉철한 이성의 소유자이지만, 약자의 아픔을 배려할 줄 아는, 즉 이성과 감성을 골고루 갖춘 성군이라 하겠다.

수성기[13] 군왕으로서 유덕자 군주인 세종이 가장 시급하게 해야 할 업무 가운데 하나가 바로 예제(禮制)를 제정·정비하는 일이었다. 오례가 세종대에 완비된 만큼 다음에 이를 먼저 살펴보려 한다.

3. 오례(五禮)의 정비

고려를 멸망시키고 새 왕조를 창업하여 조선왕조를 건국한 것은 단순하게 왕족의 성씨가 왕씨에서 이씨로 바뀌고 집권세력이 교체되었다는 사실만이 아니라, 생활양식을 불교문화에서 유교문화로 대치

---

13) 변계량은 태조·정종·태종대를 창업기로 세종대를 수성기로 칭했으나, 권근은 태종 시대부터를 수성기로 간주했다.

하는 즉 이풍역속(移風易俗)을 뜻한다. 태조 이성계는 왕위에 오른 지 12일 뒤에 즉위교서를 반포했다. 17조목으로 된 즉위교서[14] 가운데 유교사회화를 위한 내용이 상당히 포함되었다. 즉 종묘·사직제도의 완비, 관혼상제의 정비, 충신·효자·의부(義夫)·절부(節婦)의 표창 등이 그것이었다.

유교를 통치이념으로 내세운 조선왕조의 정치적 목표가 무엇인가라고 물을 때, 구체적인 질서체계가 바로 오례라는 점에 귀착하며, 세종대에 오례의 정비는 조선왕조 스스로의 정치적 이데올로기를 자신 있게 구체화한 것(이범직 1988:135)이라 하겠다. 건국 초부터 왕조례인 오례와 사대부와 일반 서인의 예인 《주자가례》를 힘써 실행하려는 노력을 볼 수 있다. 오례에서 길례(吉禮)는 종묘사직과 산천·기우·선농 등 국가에서 행하는 의례 및 관료와 일반 백성의 시향행사이며, 흉례(凶禮)는 국상·국장에 관한 의례이며, 군례(軍禮)는 출정 및 반사(班師)에 관한 의식이며, 빈례(賓禮)는 외국사신을 접대하는 의식이며, 가례(嘉禮)는 중국에 대한 사대례와 궁중의식 절차 및 국혼 등에 관한 예를 이른다.

오례는 《주례》(周禮) 주관(周官) 안의 부분적인 제도(이범직 1990:32)였으나, 중국사에서도 역대 왕조를 거치면서 시대에 부응하여 발전 변용되어 왔다. 오례는 왕권의 우위를 지킬 수 있는 논리이기 때문에, 고려시대와 조선왕조를 걸쳐서 이를 수용, 정비, 변화시켰다. 고려는 당의 《개원례》(開元禮)를 모범으로 하여 유교 정치의 기틀이 잡혀가던 성종조에 원구(園丘)·적전(籍田)·사직(社稷) 등이 새로 건립되고, 인종조에 의례가 상정되면서 사전(祀典)을 갖추었다.(한우근 2001:18)

---

14) 이것은 정도전이 17조의 〈편민사목〉(便民事目)을 지어 왕명으로 교시했다.[한영우, 1999, 《왕조의 설계자 정도전》(지식산업사), 54쪽]

고려의 원구단에서 행하는 제천례는 고구려 이래 천여 년 동안 내려오던 제천행사와, 중국의 유교적 의례인 원구제가 습합 수용된 것으로 볼 수 있다.[15] 고려 성종·예종·인종 이후에는 한동안 원구단의 제천의 기록이 보이지 않다가 여말 몽고 간섭기인 충렬·충선·충숙·공민왕대에 빈번한 제천례 행사가 부활되었다.(한영우 1983:33)

조선왕조에 들어와서 사회경제적으로 중소 지주적 바탕 위에서 학인(學人) 신분으로 자신들의 학문적 욕구와 정치적 안정을 위한 변혁의 의지를 행동에 옮길 정도로 정치 세력화한 사대부들은 자신들의 확대된 지식의 스펙트럼에 따라 그들의 세계관의 시야를 넓혀갔다. 즉 중국을 포함한 천하, 즉 세계사에서 국가의 권력인 왕권의 위상이 설정되어야 한다는 신념에서 조선의 왕은 천자와 등차가 있는 제후로서 왕의 지위를 누려야 한다고 생각했다.

이러한 생각은 가장 먼저 사전(祀典)을 정비하면서 원구제를 혁파하는 데서 나타났다. 천자는 천지와 천하의 명산대천에 제사하고 제후는 사직과 경내의 명산대천에 제사하고 대부는 오사(五祀)에 제사한다[16]는 명분에 바탕을 두고 예조전서 조박(趙璞) 등이 '원구는 천자의 제천의례이니 이를 없애도록 하소서'(태조 원년 8월 경신)라고 건의하여 혁파되었다. 그러나 농경국가인 조선왕조 사회에서 기우와 기곡을 비는 문제는 국가의 존망과도 직결되므로, 이름을 원단으로 바꾸어 원단제가 부활되었다.

---

15) 이범직은 원구제를 중국과 대등한 고려의 정치적 독자성을 나타낸 것으로 해석한 반면, 한우근은 우리나라 전래의 제천의식과 유교문화의 습합으로 보았다. 김해영은 한우근의 설을 따랐다.

16) 《禮記》 王制.

우리 동방은 삼국 이래 원구(圜丘)에 사천(祀天)하고 기곡(祈穀)·기우
(祈雨)를 행하여 온 지 이미 오래여서, 원구제천을 가볍게 폐할 수 없으므
로 이름을 원단으로 바꾸고 복구하여 사전(祀典)에 올리소서.(태조 3년 8
월 무자)

이처럼 부활된 원단제는 수도를 한양으로 천도했다가 다시 개경으
로 옮기고, 그리고 다시 한양으로 옮긴 태종 6년 1월에 원단에서 기곡
제를 행했고(태종 6년 1월 신축), 원단제에 호천상제와 오제(五帝)에 고
하는 제문이 각각 갖추어졌다는 사료(태종 10년 6월 경신)에서 하늘에
제사지냈음을 알 수 있다.

이후에도 원단에서 풍운뇌우 신에게 기우제를 설행하기도 했으나
(태종 11년 5월 무인), 때때로 '천자가 아니면 하늘에 제사 지낼 수 없
다'는 의견도 만만치 않아서 때로는 오제의 청제(靑帝)에게만 제사지
내기도 하고(태종 11년 10월 을묘), 심지어 명나라 예부에 번국으로서
제의를 문의(태종 11년 11월 갑자)했으며, 만약 원단에 제사하지 않아서
수한재(水旱災)가 있다면 어쩔까(태종 11년 12월 임신)라는 망설임을 거
쳐서 한건(旱乾)에 우사도우(雩祀禱雨)하여서도 일찍이 비를 얻지 못했
다(태종 12년 8월 병자)는 경험을 토대로, 결국 수한재의 재앙이 드는
것은 자신의 실정 즉 부덕의 소치로 돌리며 태종은 원단제를 폐지했
다(태종 13년 7월 임오).

대신 《문헌통고》에서 '천자는 상제(上帝)에 우사(雩祀)하고 제후는
상공(上公)에 우사한다'는 기록에 따라, 동교(東郊)에 우사단(雩祀壇)을
세우고 호천상제와 오방제가 아닌 구망(句芒)·욕수(蓐收)·축융(祝
融)·현명(玄冥)·후토(后土)·후직(后稷)의 6위로 제사지내게 했다.(태
종 14년 5월 병술과 경인)

태종 때에 사정을 살펴보면, 비록 원단에서 제사를 지내기는 했지만 태종이 직접 주관한 것이 아니라 대리 치제케 했으며, 하늘이 아닌 다른 신에게 기우했음을 알 수 있다. 몇 년 뒤에 오랜 가뭄을 당하여 변계량이 다시 원단에서 하늘에 기우하기를 청했으나, 태종은 이를 단호히 물리쳤다.

> 천자는 천지에 제사하고 제후는 경내 산천에 제사한다. 나는 다만 이 예만 알아 경내 산천에 제사하고 하늘에 제사하는 예는 감히 바라지 못한다.(태종 17년 12월 을유)

태조 이성계의 전처 소생 다섯 아들 가운데 태종(이방원)만 16세에 과거 시험에 합격하여 밀직사대언의 벼슬을 했고, 1388년에는 22세의 청년으로 정조사의 서장관으로 명나라에 다녀올 만큼(한영우 1999:51) 태종은 유교적 교양이 남달리 풍부했다.

스스로 번국임을 자처하고, 번국의 예제는 어떠한지 명나라 예부에 문의한 바 있는 태종으로서는, 위와 같이 답변을 하는 것이 옳은 일이며, 대군 시절에 태조의 명을 받고 이복동생 방석의 세자 책봉을 인준받기 위하여 또 한 차례 명나라에 다녀 온 적이 있는 태종은, 유교의 종주국인 중국이 얼마나 큰 나라인지, 천자가 어떠한 인물인가를 잘 알고 있었을 터였다. 말하자면 유교국가화로 더욱 세련된 한 걸음을 내디딘 것이며, 국제정치 감각이 탁월한 노련한 정치가로서의 태종의 면모를 엿볼 수가 있다. 오례 가운데 길례는 이미 태종대에 정비된 셈이었다.

세종대에 들어오면 제후국으로서 제천례는 불가하다는 입장이 확고해진다. 세종 즉위 초에 가뭄이 심할 때 변계량이 또 다시 원단에

서 하늘에 제사지낼 것을 청했으나, 세종 또한 제후의 분수로서 거절
했다.

> 제후가 하늘에 제사함이 불가함은 예에 따라 진실로 그러한 것인데, 어
> 찌 지방 거리가 수 천리 된다는 이유로 천자의 예를 분수없이 행하겠는
> 가?(세종 원년 6월 경진)

세종은 선왕인 태종이 정한 원칙에 순응하는 태도를 지켰다. 물론
그의 태도는 부모의 명을 거스르지 않는 유교적인 덕목과 그의 정직
성에서 나오지만, 그러나 변계량은 물러나지 않고 '기수(沂水)가에 하
늘에 제사하여 비를 비는 곳이 있으니…… 이제 막심한 한재를 당하
여 하늘에 제사함이 무슨 혐의가 되겠습니까'라고 거듭 간청하여, 세
종은 부득이 하늘에 제사할 날짜를 정하라고 명하고 이원으로 하여
금 원구에서 비를 빌게 했다.[17]

세종 7년에도 원단에서 비를 빌게 했고(7월 2,4,5,6,7일), 세종 8년의
한재에도 세종은 자신의 부덕의 소치로 상제께서 진노하여 재난을
당했으니 상제와 오제에게 비를 비는 원단의 기우제를 대리 치제케
했다(세종 8년 5월 4일). 이 날의 제문에 '백성은 나라의 근본이요, 먹는
것은 백성에게 가장 소중한 것이니, 진실로 그 소중한 것을 잃게 되
면, 나라가 무엇을 의뢰 하겠는가'라며 세종은 간곡하게 비를 빌었다.
그는 백성들의 양식을 확보하는 일이야말로 군왕의 첫 번째 소임임
을 확신하고 있었다.

---

17) 세종 원년 6월 신사. 원래 천자의 제천의례는 기우제 기곡제 외에 《주례》에 '동지일에
   지상의 원구에서 하늘에 제사한다'는 주제에 근거한 바이기에 조선의 원구제례는 중
   국의 천자 제천례와는 성격이 다르다.[김해영, 2003, 《조선초기 제사전례 연구》(집문
   당), 105쪽)

심한 가뭄 때문에 백성들의 생존을 위해 부득이 원단에서 하늘에 기우는 하지만 대리 치제케 함으로써, 세종은 명분을 크게 손상시키지 않으면서도 실리를 얻는, 즉 절충점을 찾는 정치기술을 발휘했다. 이후에는 풍운뇌우단(風雲雷雨壇)에서 기우를 했다.(세종 9년 2월 6일) 세종 9년의 극심한 가뭄에는 무당이 한강에서 비를 빌고, 동자와 도마뱀을 모아서 상호군 이진이 경회루 못가에서 비를 빈 다음에 풍운뇌우단에서 비를 빌고, 이틀 뒤에 우사단에서 비 오기를 빌었다.(세종 9년 7월 8, 9, 11일) 이때부터 원단이 아닌 풍운뇌우단과 우사단이 비를 비는 제단으로 활용되었다.

그러나 세종도 통치에 상당한 자신감을 갖게 되는 후반부에 이르러 민족의 자존의식이 싹트면서, 오히려 초기와는 반대로 자신이 먼저 제천례 부활을 제기했다.(세종 25년 7월 계해) 즉 조선은 중국 영토 안의 제후국이 아니라는 점, 옛날 변계량도 요청했다는 점, 요·금 등 북방인도 제천을 한다는 점을 들어 제천행사를 희망했다.

세종 25년 7월은 훈민정음의 창제(세종 25년 12월 30일)가 마무리되어 가는 시기였기에, 독자적인 제천행사와 훈민정음 창제와 민족의식의 고양이라는 삼각 구도에서 고찰하면 세종의 의중이 어떠했던가를 충분히 짐작할 수 있다. 즉 세종은 제후국의 예로서 중국을 사대하지만, 그러나 중국 영토 안에 자리한 제후국과는 본질적으로 성격이 다름을 인지하고, 조선의 독자성을 확보하려는 의지를 나타낸 것이다.

그러함에도 대신들의 반대로 뜻을 이루지 못하고,[18] 결국에는 《세종실록》 부록 〈오례의〉 길례에서 원단의 제천행사는 빠지게 된다. 따라서 대사(大祀)로서 원구(圓丘)·방택(方澤)의 천신(天神)과 지기(地祇)

---

18) 황희·이숙치·김종서·허허 등은 임시치제와 대리치제는 찬성했고, 신개·하연·권제는 절대불가를 주장했다.

에 대한 제사가 빠지고,[19] 기우는 중사(中祀)인 풍운뇌우에, 기곡(祈穀)은 대사(大祀)인 사직에 대한 제사로 대체했다. 이를 정리하면 아래의 표와 같다.

	天　神	地　祇	人　鬼
大祀		社稷	宗廟
中祀	風・雲・雷・雨	岳・海・瀆	先農・先蠶・雩祀 文宣王・檀君・箕子・高麗始祖
小祀	靈星・司寒	名山大川 七祀・禜祭	馬祖・先牧・馬社・馬步

조선조 초기부터 호국의식을 높이고 중앙집권을 강화하기 위하여 개인이 명산대천에 제사지내는 것을 금하고 국가가 제사를 주도했다. 길례의 중사에 속하는 악(岳)・해(海)・독(瀆)에 대한 제사[20]는 영토의 확장에 따라 제사의 대상을 확대했다.

세종은 김종서가 6진을 개척한 후에 압록강[21] 외에 두만강을 악・해・독의 중사에 편제시키고 제사를 지냈다.(세종 19년 5월 신해) 이는 군왕으로서 영토주권에 대한 세종의 확고부동한 신념을 대내외에 천명한 의식이라 할 것이다. 세종은 기후와 토양이 척박한 개척 지역에 백성들을 이주시켜서 실제로 삶의 터전을 꾸려가게 하도록 부세를

---

19) 단종을 폐위하고 변칙적으로 왕좌에 오른 세조는 왕권의 정당성을 드높이기 위해 원구제 제천행사를 부활시켰으나, 결국 성종대의 《국조오례의》에서 빠진다. 이는 사대부 관료들의 정치력의 승리를 의미하며, 보편적인 동아시아 질서체제에 융화되었음을 뜻한다.

20) 세종 9년 2월 9일, 세종이 종종 삼각산과 한강의 제사에 쓸 향과 축문을 전한 기록들이 이를 말한다.

21) 압록강은 이미 태종대에 허조에 의해 악해독(岳海瀆)에 편제되었으나 두만강은 세종 19년에 편제되었다.

면제시키는 획기적인 유인책을 썼으며, 주민들의 교화를 위하여 유교 교육서도 보급하는 등 세심한 배려를 했다. 하나 더 밝힐 것은 태종대 평양부 기자묘에 배향되어 있던 단군을 세종이 격상시킨 일이다. 사실 조선이라는 국호를 채택한 까닭은 정도전의 《조선경국전》에 잘 나타나 있다. 즉 단군·기자·위만을 통하여 조선이라는 국호가 씌어 왔으며, 그 가운데에서 홍범(洪範)을 가지고 조선을 문명국가로 만든 기자조선이 가장 아름답기에 국호 조선은 문명국가로 도약하려는 신진유학자들의 법고창신(法古創新)의 르네상스 정신(한영우 1999:116)이 깃들어 있다 하겠다. 물론 개국공신 조박의 건의에 따라 조선 초부터 단군을 국조로 제사지내기는 했으나 기자묘에 배향되어 있었던 것도 엄연한 사실이었다. 이러한 단군을 격상시켜서 단군사당을 따로 건립하고 신패를 '조선단군'으로, 그리고 고구려의 시조인 동명왕을 합사하여 춘추로 치제케 했고, 중사로 편입시킨(세종 13년 3월 경오) 것은 세종의 투철한 자주적 국가관과 역사의식의 발로이기에, 이 점 또한 그의 뛰어난 정치적 업적으로 높이 평가받아야 할 것이다.

빈례(賓禮)는 중세 동아시아 국제질서에 따라 조선은 중국에 대하여 사대의 예, 즉 조공을 바치는 예를 준행했다. 이 사대의 예는 소국과 대국 사이에 힘의 역학관계를 바탕으로 성립되었다. 조선은 사대의 예를 외교수단으로 활용하여 중국으로부터 군사적 위협을 완화하고, 스스로의 자율성을 확보하려 한 것이다.(유근호 2004:25) 이러한 생각은 이미 태조 이성계의 위화도회군에서 나타난다. 그는 '소(小)로써 대(大)를 거스르는 것'은 불가하다는 명분으로 왕명을 거역하고 군사를 돌려 새 왕조을 건국했던 것이다.

대중국 관계에서 조선이 실제로 제약받는 형식적인 사례를 열거하면 다음과 같다.

1) 조공국의 왕은 수공국의 황제로부터 번속국의 국왕에 봉해진다.

2) 조공국은 수공국의 연호를 사용한다.

3) 조공국은 수공국에 토산물을 진상한다.(박충석 1982:56)

그러나 이러한 관계는 정치적인 직접 지배의 형태가 아닌 단순히 명분론적인 군신관계가 성립하는 것으로 그친다. 물론 예외는 있다. 건국 초에 표전문(외교문서)의 문구가 격식에 맞지 않게 경박 희모하다는 트집을 잡고, 그 표전문을 작성한 정도전을 명나라로 압송하라는 명나라 사신의 위압적인 태도(태조 5년 6월 11일)와, 표전문 사건을 수습하러 명나라에 사절로 갔던 정총·김약항·노인도가 태조의 계비 강비의 상을 당하여 그곳에서 상복을 입은 것이 명나라 황제의 노여움을 사 처형당하는 사건(태조 6년 12월) 등은, 조선의 대중국 사대관계가 형식적이지만 않았던 저간의 사정을 보여주는 사례라 하겠다.

그렇지만 사대는 쌍무의 예로서 소국이 대국을 높이듯이[事大] 대국도 소국을 높이 대하여야[事小] 한다는 입장에서 똑같이 '사'(事)자를 쓰는 것이다.(조남욱 2001:115) 따라서 수공국은 공물에 대한 답례로 그에 상응하는 반례품을 조공국에 하사해야만 한다. 사대의 예에서 중국 황제의 칙서를 가지고 온 사신에 대한 예우는 '칙사 대접'이라는 은어를 만들 만큼 극진했다. 명나라와의 사대 예에서 임금이 친히 모화루나 태평관에 나가서 명의 사신을 맞이하며 조서나 칙서를 받는 예도 또한 복잡하다. 명나라 사신에 대한 예우는 왕, 왕세자, 종친, 의정부, 육조가 총동원되며, 일본과 유구국 등의 교린관계는 예조가 대응하며 왕은 접견하는 정도의 예를 갖춘다. 이러한 중세의 사대 예를 오늘의 국제관계의 잣대로 바라보면 자칫 오해의 소지가 클 수 있다. 태종대에 명 황제가 보내온 악기를 가지고 내사 박린과 김희 등이 왔을 때, 태종은 몸이 불편하여 악기를 태평관에 두라고 하고, 몸이 나은 뒤에 직접 나아가 수령한 적이 있었다.(태종 5년 4월 계유) 이것을 '우리의 상식으로는 중국 사신이 악기를 조선의 예조 관리에게 넘겨주면 될 터인데, 왕이 직접 받아가라는 중국 사신의 요구나, 이를 당연하게 생각하는 조선왕의 시각은 악기가 단순한 음악을 위한 도구가 아니라 엄숙하고 경건한 예를 표현하기 위한 예물이기 때문(한홍섭 2000:126)이라는 설명은, 나무만 보고 숲을 보지 못한 해석이라 하겠다. 악기 자체만이 경건한 것이 아니라 황제가 내리는 조서, 칙서, 예물 모두를 복잡하고도 정중한 예에 따라서 제후국의 임금이 직접 수용을 해야 하는 것이다.

세종대에도 공물에 대한 과중한 부담 때문에 신하들 사이에 여러 의견이 제기되었으나, 세종은 '대국을 높이는 것은 마땅히 정성으로 하는 것이다'(세종 8년 9월 을미)는 소신을 굽히지 않고 진정으로 명나라에 대한 예를 갖춘 결과, 명나라도 조선에게 상호 존중의 예로써 응대했다(세종 6년 10월 임술, 세종 12년 8월 경오). 그럼에도 과중한 공물에 대한 현실적인 부담을 덜고자 세종 또한 부단한 외교적 노력을 기울인 결과, 드디어 공물의 품목을 토산품으로 국한할 것과, 중국 사신들에게는 예의로만 대할 뿐 별도의 물품을 증여하는 일이 없도록 하라는 칙서를 받는 데 성공했다.(세종 11년 12월 을유) 이는 유교 교양을 바탕으로 한 세종의 정직성과 진정성이 열매 맺은 외교적 성과라 할 것이다.

조선의 대중국 관계에서 사대와 짝하여 논의되는 것은 바로 중화 또는 화이사상이다. 사대가 군사적 대국에 대한 소국의 예를 일컫는다면, 중화사상은 중국이 지리적으로 세계의 중심이라는 천하 관념과, 유교의 예 질서에 근거하여 세계를 문화의 상하 관계로 파악하는 중국문화 중심주의를 말한다. 즉 중화란 한족(漢族)이 사방의 '이만융적'(夷蠻戎狄)에 대하여 자국을 호칭한 용어이자 금수와 같은 이만융적의 오랑캐 문화와는 구별되는 유교의 예법에 따른 고급문화를 누리는 문화민족이란 의식이 짙게 깔려 있는 것이다.(박충석 1982:62)

앞서도 언급했지만 조선의 건국 정신 또한 고대 이상사회였던 주나라처럼 홍범으로 나라를 다스렸던 기자조선의 문화적 이상사회를 꿈꾸지 않았던가. 세종 또한 이 점에서 다를 바가 없었다. 기자의 사당을 보수한 뒤에 기자 비문에 씌어진 세종의 생각은 이를 잘 나타낸다.

> 옛날 주나라 무왕은 은나라를 정복하고 은의 태사를 우리나라에 봉하여 그 '신하 노릇하지 않으려는 뜻'을 이루게 했다. 우리 동방의 문물과 예악이 중국과 비견함이 지금까지 2천여 년에 이른 것은 오직 기자의 교화에 의한 것이다.(세종 10년 4월 신사)

세종은 재위기간 동안 중국과 비견되는 홍범으로 나라를 다스렸던 기자조선의 문화역량을 재현하고자 꾸준히 노력했으며, 시조 단군으로 표현되는 조선의 자주성을 잃지 않으려는 의지 또한 강렬했다. 말하자면 세계질서 가운데서 조선과 자주국가로서 조선의 위상이 서로 부딪히지 않고 조화롭게 통치한 성군이라 할 만하다.

흉례(凶禮)에서 중요한 사안은 사왕(嗣王)을 포함한 왕위계승 문제이다. 세종대의 〈오례〉는 왕위계승의 안전을 특별히 고려하여 제정된 것이었으나 세종의 염려는 현실로 드러났다. 문종 사후 어린 단종의 즉위는 곧 왕권의 약화를 가져왔으며, 왕권 강화를 내세운 세조의 정변은 어쩌면 왕조례의 정신과 부합하는 것일 수도 있었다. 즉 왕권의 존재와 대의명분은 사대부의 가례에서 적용되는 종법과 적서의 순서에 의존한 논리와는 다른, 예론에 바탕을 둔 때문이다. 세조의 등

180

극은 흉례의 정치질서 관행이 제대로 작동하지 못했음을 반증한다.

군례(軍禮)는 군 통수권자로서 왕의 위상을 구체적인 의식으로 나타낸다. 즉 왕의 강무(講武), 대사의(大射儀), 대열의(大閱儀), 취각령, 구식벌고(求食伐鼓) 등의 의식은 왕의 권위를 강화하고 군사력을 통제하려는 의지를 나타낸 것이다.

강무는 사냥을 통하여 군사훈련을 병행하는 것이다. 강무에서 잡은 짐승을 예에 따라 종묘에 천신(薦新)하는 의례가 태종대에는 있었으나 세종대에 들어와서 왕 자신이 사냥을 좋아하지 않았던 터라, 원칙을 중시하는 세종은 강무가 종친만을 위한 사냥놀이로 전락한 것을 비판하고 군례에 합일하는 강무를 강조하기까지 했다.(세종 14년 2월 경술, 16년 9월 을유) 따라서 종묘·사직제에 드리는 제물은 소와 양으로 대체되었다. 강무는 봄·가을로 거행되는 것이 관행이었으나, 명나라 사신이 오거나, 세종의 건강이 좋지 않을 때는 정지했다. 그리고 흉년이 들었을 때는 민폐를 줄이기 위하여 그 규모를 축소했다.[22] 이점 또한 백성을 배려하는 세종의 애민정신이 담긴 것이다.

대사의[23]는 옛날 천자가 활쏘기로 제후·경·대부·사를 뽑았다는 의식이다.

대열의는 군의 통솔과 군의 기강 확립을 위한 또 하나의 군례의 항목이나 크게 시행되지는 않았다. 세종은 친정체제를 굳힌 뒤에 신료들의 반대를 무릅쓰고 습사지소(習射之所)를 궁내에 마련했다.(세종 6년 2월 을미) 아마도 활쏘기 연습을 강조한 뜻이 담긴 듯하다. 같은 해에 대열의주가 만들어졌으나 자주 실시되지 않아서 신료들의 지적

---

22) 세종 13년 정월 계미, 16년 정월 무술, 28년 정월 갑신, 31년 정월 을해 등.
23) 대사의에 상응하는 향사의는 매년 3월 3일과 9월 9일에 지방 수령이 덕망 있는 자를 내세워 활쏘기를 했다.[이태진, 1986, 《한국사회사연구》(지식산업사), 158쪽]

이 있기까지 했다.(세종 30년 7월 을미)

취각령은 반란 등 유사시에 병력을 급히 동원하기 위한 명령을 말한다. 세종에게 선위한 직후에도 병권을 장악한 태종은 병조에 선지(宣旨)를 내려 취각령을 정했다.(세종 즉위년 8월 을미) 이 취각령은 '병조의 명문이 없이 군사를 사사로이 모으면 모역으로 논한다'는 내용을 담았을 만큼 태종은 모역에 대한 긴장감을 늦추지 않았으며, 이러한 염려 때문에 태종 자신이 병권을 장악한 의도가 있지 않았을까 생각된다. 이로부터 군사가 사사로이 서로 왕래하는 것은 전부 모역으로 논하여 사람들이 모두 불편해 했는데, 태종이 승하하자 병권을 승계 받은 세종은 '금후에는 군무를 관장하는 관원이 함부로 군사를 취회하는 것 말고 대소 군사가 서로 모이는 것은 모역으로 논하지 말라'는 전지를 내려(세종 4년 12월 경인) 취각령을 완화했다. 이로써 세종은 모역·모반에 초연하다는 것을 천명한 것이며, 바야흐로 태평성대의 시기로 접어들었음을 뜻한다. 세종 5년에 무시취각시사목(無時吹角時事目)과 취각시 동원되는 군사편성이 점검되었다.(정월 신묘)

군례에 속하는 구식벌고는 일식과 월식이 있을 때 왕이 소복을 하고 정전(正殿)을 피하여 군이 북을 쳐서 해와 달이 정상으로 될 때까지 기다리는 의식이다. 세종 15년 예조에서 구일식의주(救日蝕儀註)를 만들었다.(7월 경오) 세종 15년 야인 정벌이 계획되고 승리를 위한 '출정시고사직종묘마제급소과명산대천고제'(出征時告社稷宗廟馬祭及所過名山大川古制)를 이문토록 하고 견장출정의(遣將出征儀)가 검토되었으며, 야인 정벌이 성공한 뒤 5월에는 출정한 장수를 위로하는 연의(宴儀)를 제정하고(15년 5월 술인) 잔치를 베풀었다.

다음은 가례(嘉禮)를 살펴보기로 한다.

망궐례(望闕禮)는 동지와 원단에 명나라 궁궐을 향하여 하례를 행하는 사대적인 예제이다. 왕은 세자와 신하들을 거느리고 엄중한 예를 거행한다. 동지는 태양의 일조 시간이 다시 길어지는 시작이기 때문에 원단과 함께 중요한 절기이다.

영조의(迎詔儀)는 명의 조칙을 맞이하는 의식으로서 빈례에 속하지 않고 가례에 속한 것은 사신을 맞은 뒤에 연회가 이어지기 때문이다.

그리고 왕세자조하의 · 중궁명부조하의 · 책비의 · 왕세자혼례 · 왕녀하가의(王女下嫁儀) · 교서반강의 · 문무과전시의 · 양로의(養老儀) · 향음주의(鄕飮酒儀) 등이 있다. 왕자 왕녀의 혼인례는 사대부 가례의 혼례 절목과 상당 부분 교차하는 내용이 있었으나 상호 충돌 없이 조화했다. 다만 왕실의 품위와 사대부 서민들과의 등차를 의식에서 달리하여 왕실의 권위를 지키려 했다. 즉 세자빈을 간택할 때에 나라 안의 모든 혼인을 금지시킨 일, 왕자의 입학례와 관례는 특별한 의식을 마련하여 왕실과 사서인의 위상에 등차가 있음을 표시했다. 이를 제외한 절목에서는 오히려 사대부의 예인 《주자가례》를 조선 초기부터 적극 수용했다.

양로연(養老宴)은 세종의 인정(仁政)이 잘 드러난 사례이다. 신분이 천한 자는 양로연에 참여시키지 말자는 승정원의 상소에, '임금으로서 다스림에는 진실로 마땅히 동일하게 보아야 할 것이니 어찌 양민과 천민 사이에 차이를 둘 수 있겠는가'(세종 9년 8월 갑신)라며 세종이 가납하지 않은 것은, 천민을 차별하지 않는 세종의 평소의 생각을 다시 한번 확인할 수 있다. 다음은 그 비답의 내용이다.

> 양로하는 까닭은 늙은이를 귀하게 여기는 것이고, 그 높고 낮음을 헤아리는 것이 아니니, 비록 지천한 사람이라도 모두 들어와서 참여하게 하고……24)

왕의 지시에 따라 귀·천을 가리지 않고 80세 넘은 노인들을 불러 근정전에서 연회를 베풀었을 때 4품 이상이 23인이며, 5품 이하와 서인·천예(賤隷)에 이르기까지 전정에 앉은 사람들이 무릇 86명이었다.(세종 14년 8월 27일) 다음날 왕비가 사정전에 나아가서 80세 이상의 노부(老婦)들에게 연회를 베풀었는데, 2품 이상의 아내 14명, 4품 이상의 아내 30명, 9품 이상의 아내 66명과 공·사천의 부녀 118명이 참석했다.(세종 14년 8월 28일)

노인들이 섬돌을 올라설 때 왕과 왕비는 자리에서 일어나 노인들에 대한 예를 표했다. 원래 세종은 자리에서 내려와 노인들을 맞이하려 했으나, 신하들의 의견을 따라서 노인들이 섬돌을 올라올 때 자리에서 일어나는 것으로 예를 정했다. 이러한 양로 잔치는 경로효친을 강조하는 유교사상을 통치자가 솔선수범의 본을 보인 것이며, 귀·천의 차별을 없애고 다 같은 임금의 백성으로 대접한 진정 인(仁)의 정치를 베푼 획기적인 사례에 속한다. 다음에서는 사·서인의 예인 《주자가례》를 살펴보기로 한다.

4. 《주자가례》의 수용과 실천

유교를 통치이념으로 조선왕조를 건설한 신진 사대부들은 왕조 초기부터 불교문화에서 유교문화로의 이풍역속(移風易俗)을 추진했다. 배극렴·조준 등은 공자인 문선왕(文宣王)에 대한 석전제(釋奠祭)와, 지역신앙인 성황 제사를 관찰사와 수령이 관장하도록 하는 일원적

---

24) 세종 14년 8월 계묘.

국가례를 제시하고, 공경사대부들에게는 국가의 종묘에 해당되는 가묘(家廟)의 건립을 건의했다.

> 가묘의 법이 오래 해이되어 무릇 유가자(有家者)는 반드시 신사(神祠)를 세워 이를 위호(衛護)라고 일컬으니, 이것이 가묘의 유법(遺法)이다. 오호라, 부모의 시신을 지하에 맡겨서 가묘도 마련하지 않고 사(祀)하니 부모의 영(靈)이 무엇에 의지할 바를 알지 못한다.[25]

위 인용문에서 지적된 신사는 무격(巫覡)의 사당을 뜻하는데, 그것이 가묘의 구실을 대신하는 것을 비판한 내용이다. 따라서 신진사대부들은 《주자가례》에 준용하여 가묘 건립[26]을 주장했으며, 자연히 부도(浮屠)와 귀신으로 표현되는 불교적 관행과 재래 귀신신앙은 음사(淫祀)로 규정되어 금지되었다.(태조 6년 5월 정미) 《주자가례》는 건국 초기부터 적극 수용되어 이를 보급하기 위한 실천방안을 일찍이 제도화했다.

《주자가례》는 《소학》과 함께 서울의 5부학당과 지방 향교의 교과목으로 채택되었으며,[27] 태종 3년에는 초입사자와 7품 이하의 관원에게 《주자가례》를 시험 보게 했고(태종 3년 6월 기묘), 세종 원년 사은사 경녕군이 중국으로부터 《사서대전》, 《오경대전》, 《성리대전》을 가지고 온 뒤에 《주자가례》의 보급은 더욱 체계적으로 진행되었다. 세종 8년 성균관 생원시에 《소학》과 함께 시험과목으로 채택되어 《경국대전》 〈예전〉 제과조에 과거시험의 필수과목으로 지정되기에 이

---

25) 《高麗史》 권118 趙浚傳.
26) 대부 이상은 3세, 6품 이상은 2세, 7품 이하 서인은 부모를 제사하되, 정실(淨室) 1칸을 택하여 신주을 모시고 제사하지 않으면 불효로써 논죄하자는 주장이었다.
27) 정근식, 1999, 〈세종시대의 가족제도〉, 《세종문화사대계 3》(세종대왕기념사업회).

른다.

그러나 제도로 뒷받침했음에도 가묘의 건립은 의욕과는 달리 경제적 여건이 여의치 않아서인지 성과는 보잘것없었다. 이러한 사정은 세종 9년 예조에서 올린 기록에 보인다.

> 대소인원(大小人員)의 가묘제도는 여러 차례 교지를 받아 법을 마련했으나, 가묘를 세우지 않고 신주(神主)도 만들지 않은 자가 파다합니다.…… 주묘(主廟)의 가사(家舍)는 주제(主祭)하는 자손에게 전하고 다른 사람에게 주지 말도록 할 것이며, 전과 같이 가묘를 세우지 않고 신주를 만들지 않는 사람은, 서울에서는 사헌부가, 외방에서는 감사가 고찰하여 풍속을 바로 잡게 하소서.(세종 9년 2월 10일)

가묘의 건립은 곧 적장자 위주의 종법제로 이행함을 뜻한다. 고려시대의 균분상속과 윤회봉사 제도를 혁파하여, 제사를 승계하는 적장자에게 재산 상속에서 특혜를 주자는 예조의 건의는 그대로 수용되었다. 가묘 주관자에게 집을 상속한다는 수교는 종종 이복형제 사이에 가사소유권 분쟁을 일으켰다.

개국공신 조영무의 선처와 후처 아들 사이에서 일어난 가사 소유 분쟁은 후처의 아들 질을 파직시키고 장(杖) 100에 간성으로 귀양 보내고, 선처 아들 서를 두둔하여 적장자 위주의 제사상속을 질서화했다.(세종 10년 6월 병술, 을미) 가묘의 건립이 지지부진하자 그 기한을 더 연장하면서까지 세종은 가묘를 세운 자를 등용하고, 기한 내에 세우지 않은 자는 귀양을 보냈으며(세종 10년 12월 병술, 11년 8월 계축) 제일(祭日)에는 휴가를 주는(세종 12년 10월 병신) 등 포상과 징계를 겸용하면서 가묘 봉사법을 완비하여 유교의 예 질서를 정착시키는 데 노력했다.

상례의 절목에서 《주자가례》의 이해가 한층 심화된 것도 세종대에 이르러서이다. 세종의 어머니이자 태종의 비인 원경왕후의 상을 당하여, 세종은 역월단상제를 정면으로 거부하고 실질적인 삼년상의 시행을 주장했고, 졸곡제의 의미가 이해되었다.(지두환 1990:18) 그러나 아버지가 살아계시고 어머니가 먼저 돌아가신 '부재위모기'제에 해당하므로, 세종은 《주자가례》에 따라 기년상을 지내고 심상(心喪) 삼년상으로 정했다.(세종 2년 11월 신묘) 세종 4년 태종의 상제에는 실질적인 3년상이 준행되었다. 그리고 세종 28년 3월 24일에 중전 소헌왕후가 세종에 앞서 승하하자, 세종은 처음에 실질적인 삼년상을 주장했으나 곧 다시 수정하여 세자에게 '부재위모기'제를 따르도록 했다.

> 정주(程朱)가 어찌 경들보다 현명하지 못하여 이러한 기년지론(朞年之論)이 있었겠는가.…… 동궁은 졸곡 후에는 쇠복(衰服)을 벗고 백의를 입고 기년을 마치고 그 다음에는 천담복으로 심상삼년을 마치라.(세종 28년 3월 을미)

천담복은 기년 뒤에 제사 때 엷은 옥색의 복장을 하는 것으로 심상삼년상이 바르게 이해되었다고 하겠다. 그리고 졸곡제 뒤에 백관들이 상복을 벗고 백립(白笠)을 쓰느냐 흑립(黑笠)을 쓰느냐 하는 문제는 또다시 불거졌으며, 이후에도 지루한 논쟁을 거쳐서 선조대에 명종 상제에서 백립으로 확립되었다. 심상삼년상제가 준행되고 있었다는 것은 세종대에 왕실 상례에서도 《주자가례》의 삼년상제가 완전하게 정착되지 않았음을 말해준다. 한편 제례에 쓰이는 제사 음식은 태종대까지도 불교식을 따라 채소만 올렸으나, 세종대에 와서 육식을 올리게 되었다.

왕실의 상·장례에서조차 삼년상제가 제대로 준행되기가 쉽지 않았다면, 사서인에게는 더욱 어려웠을 것이다. 조광조를 위시한 도학자들이 등용되었던 중종대에 정몽주가 문묘(文廟)에 종사되었던 것은 가례의 실천이 중요한 핵심이었다. 정몽주는 《주자가례》에 따른 가묘를 세우고 삼년상을 실행했다는 점에서 그의 학덕이 칭송된 만큼(이범직 1988:54) 사대부들조차 가묘의 건립과 삼년상제를 실천하기가 어려웠음을 알 수 있다.

세종대로부터 출발하여 《주자가례》의 이해가 심화되는 17세기에 이르면, 사대부 예와 왕조례가 충돌한다. 이것이 바로 현종대의 치열한 예송논쟁이다.(이원택 2000) 이 논쟁은 차자로서 왕위에 오른 효종과 효종비의 상에 대한 자의대비의 복제에 관한 것이었으나, 핵심은 차서와 상관없이 천명에 의한 유덕자 군주론을 지향하는 왕조례와 적장자의 정통성을 우선하는 종법제의 사대부 예의 갈등이었다.(이은순 1996:195) 이는 이 시기에 사대부들의 정치 경제적 위상이 막강하게 성장했음을 뜻한다.

혼인[28)의 예는 《예기》에서 납채(納采)·문명(問名)·납길(納吉)·납폐(納幣)·청기(請期)·친영(親迎)의 육례를 제시하나, 《주자가례》에 따른 의혼·납채·납폐·친영의 사례가 보편적이었다. 이 가운데 친영의 예가 매우 중요한 유교의 의례이다.

친영은 남자가 친히 여자 집에 가서 여자를 맞이하여 함께 시집에 와서 혼례식을 올리는 절차이다. 그런데 고려시대 까지 전통 혼례는 남자가 여자 집에 들어가서 사는 남귀여가혼(男歸女家婚)이 습속이었다.(박혜인 1988) 이것은 양이 먼저 움직인 다음에 음이 뒤를 따라야 하는 음양론의 원칙에 어긋나는 것이기에 당연히 문제제기가 뒤따랐

---

28) 혼인제도는 강숙자, 2005, 《한국여성해방이론》(지식산업사) 참조.

다. 정도전이 친영의 실천을 강력히 요구했다. 그러나 수백 년 내려오던 전통이 하루아침에 바뀔 수는 없기에, 세종은 솔선수범하여 왕실혼에서부터 친영의 예를 실천했다.

여러 차례의 논의를 거쳐 1435년 2월에 〈왕자혼례의〉와 〈왕녀하가의〉를 제정하고, 같은 해 3월에 최초의 친영례인 숙신옹주의 혼인을 거행했다.(세종 17년 3월 병자) 이후 친영례는 광평대군, 화이군, 금성대군, 계양군, 평원대군, 의창군, 한남군, 밀성군의 차례로 이어졌다. 세종은 친히 유교문화로의 이풍역속에 앞장섬으로써, 이른바 지도층으로서 의무를 다하는 모범을 보였다고 평가할 수 있다.

주나라에서 기원하는 동성불혼의 예법을 준수하여 종친 동성금혼법을 확정했고(세종 8년 7월 기해, 24년 6월 계축), 과부의 수절을 장려하여 재가는 본인의 승낙이 우선하며, 부모나 시부모가 재가를 강제할 수 없도록 했다(세종 2년 정월 경신 등). 상처한 남편도 아내의 삼년상을 치른 뒤에 재혼할 수 있게 했고, 첩이 적처로 되는 것을 금하고, 적처를 소박한 자는 장 90에 처했다.(세종 7년 4월 을묘, 8년 8월 신미 등) 삼불거(三不去)를 내세워 이혼을 방지하는(세종 5년 1월 병오, 3월 정유, 6월 을축, 7년 7월 갑술) 등 세종은 유교의 가족제도를 정착시키기 위한 노력을 아끼지 않았다.

한문을 모르는 서민들을 위하여 그림을 붙인 《삼강행실도》를 제작 반포하여 유교의 핵심 사상인 충·효·열을 고취하는 등 유교적 예질서가 확립된 이상사회를 실현시키기 위하여 중단 없이 노력했다. 세종이 꿈꾸는 이상사회란 이러하다.

밭에 일하여 농사를 힘써서 우러러 어버이를 섬기고, 굽어 자녀를 길러서 나의 백성의 생명이 장수하게 되고, 그리하여 우리나라의 근본을 견고

하게 한다면, 거의 집집마다 넉넉하고 사람마다 풍족하며, 예의를 지켜 서
로 겸양하는 풍속이 일어나서, 시대는 평화하고 해마다 풍년은 들어 함께
태평시대의 즐거움을 누릴 수 있을 것이다(세종 26년 윤7월 25일)

세종이 그리는 이상사회는 중국 고대의 대동사회와 거의 같은 모습
이었다. 세종의 재위기간 동안 한재와 수해 등 자연재해로 백성들의
고통이 가시지는 않았으나, 세종은 백성들이 화락한 삶을 가꾸며 문
화민족으로서 자긍심을 가질 수 있도록 그의 역량을 최대로 발휘하
여 어진 정치를 펼친 군왕이라 할 만하다.

5. 맺음말

고려의 불교를 대체하고 유교를 건국이념으로 하여 창건한 조선왕
조에서 유덕자로서의 군왕의 임무는, 유교적 예 질서를 확립하고 유
교사상의 핵심인 인(仁)의 정치를 베푸는 것이다. 세종시대를 흔히들
우리의 역사에서 가장 문화의 꽃을 피웠던 태평성대의 시기로 자리
매김하는 데에 주저하지 않는다. 그것은 바로 유교적 이데올로기의
구체적인 체현이 오례와 사례의 제도화라고 볼 때, 세종시대에 오례
가 완비되고 《주자가례》의 실천을 심화시켰기 때문이다.

이 글은 세종이 인의 정신으로 예 질서를 완비했으며, 그리고 세종
자신이 유덕자 군주였는가를 살펴보았다.

왕조례인 오례 가운데 길례는 태종대에 완비되었다. 유교적 세계질
서관에 비추어서 원구단의 제천례는 천자만이 거행할 수 있기에, 제
후국으로 자칭하는 조선왕조에서 원구단의 제천례는 폐지되었고, 대

신 사직제가 대사(大祀)로 대체되었다. 그러나 국가의 자존의식이 고양되는 후반부에 세종은 원단의 제천례를 부활하고자 시도한 바 있었으며, 또한 기자묘에 배향되었던 단군을 격상시켜서 독자적인 사당을 만들어 중사(中祀)로 편입하여 제사지내게 한 것은 세종의 자주적 국가의식의 일면을 보여준 것이다. 그리고 영토의 확장에 따른 두만강을 악(嶽)·해(海)·독(瀆)을 중사에 편제하여 제사 지낸 사실 역시 세종의 확고한 영토주권의식을 알 수 있었다.

군례의 강무는 봄·가을 두 차례에 거행하는 것이 관행이었지만, 흉년이 든 해에는 규모를 축소하여 민폐를 줄이도록 하는 등 백성의 노고를 먼저 생각했다. 또한 예로부터 지켜오던 혼례의 서유부가혼속 대신에 친영의 예를 실시하고자 친히 숙신옹주의 혼인에서부터 친영례를 행하는 등 왕실 혼인에서부터 솔선하는 모범을 보이며, 유교의 가족제도를 정착시키려 노력했다. 특히 세종의 애민정신이 잘 나타난 사례는 양로연을 베푼 일이다. 양로연의주에 따라 세종과 중전이 80세 이상의 노인들을 궁궐에 초대하여 잔치를 베푼 것은 연장자와 노인을 공경하는 유교의 으뜸가는 덕목을 실천한 것이다. 특히 이 양로 잔치에 귀·천의 차별 없이 공경대부로부터 천인에 이르기까지 모두 한자리에 초청한 것은 천민도 똑같은 백성이라는 세종의 애민정신이 잘 드러난 사례라 하겠다.

한마디로 세종은 유교 예치 경영에서 사대와 자주, 명분과 실리, 이상과 현실, 공(公)과 사(私), 이성과 감성 사이에 어느 한쪽에 치우침이 없이 조화롭게 균형을 지킨 군왕이었으며, 그의 행장기에서 해동의 요순으로 지칭한 것처럼 문화민족의 긍지를 온 백성에게 심어주기 위해서 끊임없이 노력한 성군으로 칭송을 받기에 합당하다고 하겠다.

■ 참고문헌

《태조실록》《태종실록》《세종장헌대왕실록》
《논어》《맹자》《예기》《악기집석》(樂記集釋)《사기 표·서》《한서》
《삼봉집》

강숙자, 2005, 《한국여성해방이론》, 지식산업사.
권순형, 1997, 〈고려시대 혼인제도 연구〉, 이화여대 사학과 박사학위논문.
금장태, 1993, 〈한대의 예학〉, 《동양철학연구》 14, 동양철학연구회.
김성배, 1984, 《세종시대의 예의범절》, 세종대왕기념사업회.
김해영, 2003, 《조선초기 제사전례 연구》, 집문당.
박영규, 2002, 《세종대왕과 그의 인재들》, 들녘.
박충석, 1982, 《한국정치사상사》, 삼영사.
박충석·유근호, 1980, 《조선조의 정치사상》, 평화출판사.
박혜인, 1988, 《한국의 전통혼례 연구》, 고려대 민족문화연구소.
세종대왕기념사업회, 1999, 《세종문화사대계 4》.
유근호, 2004, 《조선조 대외사상의 흐름》, 성신여자대학교출판부.
이범직, 1988, 〈조선전기의 오례연구〉, 서울대 국사학과 박사학위논문.
──, 1990, 〈조선전기의 오례와 가례〉, 《한국사연구》 71, 한국사연구회.
──, 1995, 《한국중세예사상연구》, 일조각.
──, 2004, 《조선시대 예학연구》, 국학자료원.
이성무, 2000, 《조선시대 당쟁사 1》, 동방미디어.
이원택, 2000, 〈기해복제 논쟁과 그 이념적 지향〉, 《한국정치학회보》 34-4, 한
    국정치학회.
이은순·이배용, 1997, 《한국사회사상사》, 지식산업사.
이태진, 1986, 《한국사회사연구》, 지식산업사.
이한우, 2002, 《세종, 그가 바로 조선이다》, 동방미디어.
전세영, 1972, 〈공자의 정치적 이상향에 관한 연구〉, 《한국정치학회보》 2, 한
    국정치학회.

전세영·허창무 외, 1995, 《예악교화사상과 한국의 윤리적 과제》, 한국정신문
    화연구원.
정긍식, 1999, 〈세종시대의 가족제도〉, 《세종문화사대계 3》, 세종대왕기념사
    업회.
정윤재, 2003, 《정치리더십과 한국민주주의》, 나남출판.
정재식, 2005, 《한국유교와 서구문명의 충돌》, 연세대학교출판부.
조남욱, 2001, 《세종대왕의 정치철학》, 부산: 부산대학교출판부.
———, 2005, 〈세종의 정치이념과 《대학연의》〉, 《세종국가경영연구팀 자료
    집》.
조남욱 외, 1998, 《앎과 삶에 대한 윤리학적 성찰》, 한국정신문화연구원.
지두환, 1989, 〈조선전기국가의례연구〉, 서울대 국사학과 박사학위논문.
———, 1994, 《조선전기의례연구》, 서울대학교출판부.
陳正炎·林其錟/이성규 역, 1999, 《중국의 유토피아사상》, 지식산업사.
최승희, 2002, 《조선초기 정치사연구》, 지식산업사.
———, 2005, 《조선초기 정치문화의 이해》, 지식산업사.
한국정신문화연구원 엮음, 1984, 《세종조 문화연구 Ⅱ》, 한국정신문화연구원.
———, 1998, 《세종시대 문화의 현대적 의미》, 한국정신문화연구원.
———, 2002, 《세종시대의 문화》, 태학사.
한영우, 1983, 《조선전기사회사상연구》, 지식산업사.
———, 1999, 《왕조의 설계자 정도전》, 지식산업사.
한우근, 2001, 《조선시대사상사연구논고》, 한국학술정보(주).
한흥섭, 2000, 《한국의 음악사상》, 민속원.

세종의 조선 음악 [國樂] 경영

강 숙 자

한국외국어대

1. 머리말

세종시대의 음악은 여러 선학들[1]에 의해서 깊이 있는 연구가 이루어져 왔다. 특히 장사훈은 《세종조음악연구》[2]에서 《세종실록》 음악 관련 사료를 연대순으로 정리하여 후학들에게 큰 도움을 주었다.

세종의 음악에 대한 업적은 아악의 정리, 황종율관의 제작 실험, 편경과 편종의 악기 제작, 신악창제와 정간악보 간행[3]으로 나타난다. 예 질서를 추구하는 조선왕조 유교사회에서 악(樂)은 필수적인 요소로 여겨졌다. 모든 의례에 음악은 반드시 있어야 하기 때문이다. 그러나 지금까지의 연구는, 음악 전공자들이 세종의 국악 완성과정에 나타난 그의 전문성과 업적을 평가한 논문들이 대다수였다. 이 글에서는 이러한 연구 업적들을 바탕으로 하여, 세종이 악 제도를 완비하는 과정에서 세종이 본래의 유교 음악정신을 잘 구현했는지, 그리고 군주로서의 리더십을 어떻게 발휘했는지를 살펴보고자 한다.

---

1) 송방송 · 이혜구 · 장사훈 · 송혜진을 들 수 있다.
2) 장사훈, 1982, 《세종조 음악연구》, 서울대학교출판부.
3) 송혜진, 2000, 《한국아악사연구》, 민속원.

수성기로 접어든 세종시대에 문화의 꽃인 음악을 정비한 과정을 살펴보는 일은 매우 중요하다. 중세 동아시아의 국제 질서는 선진문화와 오랑캐문화라는 이분법에 따라 화이(華夷) 관념이 자리하고 있었다. 세종의 악 정비 작업을 살피기에 앞서 우선 유교사상에서 악이 차지하는 위치를 점검하는 일부터 시작하고자 한다.

2. 유교 음악 이론[樂論]

악은 예와 짝하여 곧잘 논의된다. 예악은 형정과 더불어 정치의 기본 교화 방법이지만, 형정이 법의 강제력에 의지한다면, 예악은 도덕적 심성에 의지하여 자율적 질서의 확보를 담보하는 교화 방법이다.[4] 현대 음악이 인간 개인의 정서 함양을 위한 기능을 담당한다면, 조선시대 음악은 백성을 교화시켜서 나라를 잘 다스리기 위한 통치수단의 하나로 기능했다. 공자에게도 예악은 정치적 교화의 수단으로 이해되었다.

> 일이 이루어지지 못하면 예악이 일어나지 못하고, 예악이 일어나지 못하면 형벌이 맞지 아니하고, 형벌이 맞지 아니하면 백성이 수족을 둘 곳이 없다.[5]

예의 구체적 내용이 《오례》와 《주자가례》의 형식으로 나타났다

---

4) 금장태, 1999, 〈세종조 종교문화와 세종의 종교의식〉, 《세종문화사대계 4》, 세종대왕기념사업회, 537쪽.
5) 《論語》 子路.

면, 교화수단으로서의 악은 어떤 내용을 담아야 하며, 또 어떤 형식으로 구체화해야 하는 것일까. 다음은 유교사회에서 악을 잘 정의하고 있다.

> 무릇 음이란 사람의 마음에서 생기는 것이요, 악이란 윤리에 통하는 것이다. 소리(聲)를 알고서 음(音)을 모르는 것은 금수요, 음을 알고서 악(樂)을 모르는 것은 서민이다. 오직 군자만이 악을 알 수 있다. 그러므로 소리를 살펴서 음을 알고 음을 살펴서 악을 알며, 악을 살펴서 정치를 알게 되니, 이로써 나라를 다스리는 도리를 완전히 갖추는 것이다.…… 악을 안 즉 예를 안다고 할 수 있다. 예와 악을 모두 아는 사람을 일러 덕(德)이 있다고 하는 것이다. 덕이란 예와 악을 모두 갖추었음을 가리킨다.6)

악이란 곡조보다는 가사가 더욱 중요하며, 유덕자란 악을 먼저 알고서 예를 갖춘 사람임을 알게 된다. 공자도 인(仁)을 예와 악의 본질로 파악했고, 예악의 형식보다는 그 안에 담긴 인의 정신을 강조했다.

> 예라, 예라 이르는 것이 옥과 비단을 말하는 것이겠느냐! 악이라, 악이라 말하는 것이 종과 북을 가리키는 것이겠느냐!7)

> 간척(干戚)을 쥐고 부산하게 춤추는 것이 좋은 악(樂)이라 할 수 없고, 생육(牲肉)을 잘 삶아서 바치는 것이 풍성한 예(禮)가 될 수 없는 것이다.8)

위의 《예기》 인용문도 공자의 생각과 다르지 않다. 궁극적으로 유

---

6) 사마천의 《사기》 악서와 《예기》 악기(樂記)에 같은 내용이 있다.
7) 《論語》 陽貨: "禮云禮云, 玉帛云乎哉? 樂云樂云, 鐘鼓云乎哉?"
8) 《禮記》 樂記.

교문화는 형식보다는 예악에 담긴 인의 사상이 중요하다는 것을 표현했다. 그러나 예의 쓰임과 악의 쓰임이 다르다. 예는 계서적 질서를 나타낸다면 악은 같음과 화합의 정신을 뜻한다.(樂者爲同, 禮者爲異) 따라서 예악은 같음과 다름을 절도 있게 조화시키는 기능을 한다. 신분제 사회에서 신분에 따른 차등적 질서를 지키면서도, 왕과 모든 백성이 함께 화합할 수 있게 매개하는 순기능을 특히 악이 담당했다. 악을 제작하는 것은 덕을 구비한 군자만이 할 수 있는 일이나, 어떠한 때에 악을 지어야 하는가는 다음의 인용문에 잘 나타나 있다.

> 제왕 된 자는 나라를 세우는 대업의 공을 이루면 음악을 제작하고, 백성을 교화하는 정치가 정립되면 예법을 제정한다. 그 대업의 공이 크면 그 음악이 갖추어지고, 그 교화의 정치가 두루 미치면 그 예법이 갖추어진다.[9]

악은 새로운 나라를 세운 대업이 이루어진 뒤에 제작된다. 은나라를 멸망시키고 주나라를 건설한 무왕의 공덕을 찬양하기 위해서 주공이 먼저 악을 짓고 예를 제정한 사례[10]가 그 전범이라 할 것이다. 악을 제정했던 주나라의 정치는 이후 유교국가에서 이상으로 그리는 융성한 사회로 추앙 받았다.

> 예와 악을 먼저하고 형과 벌을 뒤로 하여 백성들을 교화시켰던 것으로서, 그 결과 사방이 교화된 효과가 있었고, 40년(周公이 조카 成王을 도와 문물을 정비한 이후의 치세기간을 말함) 동안 형벌이 없는 융성함이 있었던 것입니다.[11]

---

9) 《禮記》 樂記.
10) 司馬遷, 《史記 表·書》 〈樂書〉.

위 예문들에서 보이듯이, 중국 고대사회에서 악은 예보다 우선하거나 또는 동렬에서 논의되었으나, 송대의 성리학자들이 예를 '이'(理)와 같이 이해하여 악을 예에 종속시켰으며, 악은 예보다 부차적인 것으로 파악했다.12) 즉 만물이 각각 그 '이'를 얻은 연후에 화(和)가 이루어지기에 예가 먼저이고 악은 나중이라는 것이다. 이러한 음악 이론이 조선왕조에는 어떠한 모습으로 수용되었는지 살펴보기로 하자.

고려를 멸망시키고 조선왕조를 건국하여 대업을 완성한 건국 초기에 개국공신인 정도전은 먼저 악가를 지어 태조에게 바쳤다.

> 역대로 하늘의 의사를 받은 임금은 대체로 공로와 덕이 있으면 반드시 그것을 악가(樂歌)로 표현하여 당대를 빛나게 하는 동시에 후대에까지 보여주었습니다. '한 왕조가 일어나면 반드시 그 왕조에서 만든 음악이 있었다'고 합니다.…… 신이 변변치 못하나마 좋은 시대를 만나 새 왕조를 세운 공신의 끝줄에 끼이게 되고 다행히 글을 쓸 줄 알아서 역사를 맡은 직책까지 겸하게 되었습니다. 감격과 기쁨에 젖어…… 전하가 왕위에 오르기 전의 상서로운 일과 정사를 시작한 후의 아름다운 사실을 기록하여 가사 3편을 지었습니다.13)

그 악가가 바로 〈몽금척〉(夢金尺), 〈수보록〉(受寶錄) 등이다. 조선왕조의 기틀을 기획한 정도전은 이미 대업을 이룬 뒤에는 왕의 공덕을 기리는 악가를 짓는 것이 순서라는 것을 잘 이해하고 있었다.

---

11) 성현이 지은 《악학궤범》의 내용을 한홍섭의 앞의 책에서 재인용.
12) "禮, 理也, 樂, 和也, 陰陽理而後和. 君君臣臣, 父父子子, 兄兄弟弟, 夫夫婦婦, 萬物各得
　　其理然後和, 故禮先而樂後."; 주돈이(周敦頤) 《통서》(通書) 〈예악〉의 내용을 허창무,
　　1995, 〈예악관과 예악사상의 조선조적 변용양상에 관한 연구〉, 《예악교화사상과 한국
　　의 윤리적 과제》(한국정신문화연구원), 87~155쪽에서 재인용.
13) 《태조실록》 권4 2b-3a.

〈몽금척〉은 태조가 왕위에 오르기 전에 하늘에서 내려온 사람으로 부터 '문무의 자질을 겸비했고 덕도 있고 지식도 있어서 백성들의 기대가 쏠린다'는 말과 함께 금자를 받은 꿈을 꾸었다는 내용을 노래한 것이다.

〈수보록〉은 태조가 왕위에 오르기 전에 한 사람이 지리산 돌벽 속에서 신비한 글을 얻어 가지고 와서 바쳤는데, 그 뒤 임신년(태조 즉위년)에 그 글에 쓰인 말이 들어맞은 일을 노래한 것이다.

그리고 〈정동방곡〉(靖東方曲)은 태조의 위화도회군의 정당성과 즉위 뒤의 여러 가지 업적을 악가에 담은 것이다. 예를 들면 '언로를 열어 놓다'(開言路), '공신의 영예를 보장하다'(保功臣), '토지의 경계를 바로잡다'(正經界), '예와 악을 제정하다'(定禮樂) 등이다. 예악 제정을 노래한 내용은 이러하다.

> 예와 악은 정사의 큰 근본이거니,
> 집안에서 시작하여 온 나라에 뻗쳐갔어라.
> 우리 임금이 새롭게 규범을 마련해 놓았거니,
> 생활은 째여 들어가고 사람들은 화목하여라.
> 예와 악을 정하는 그것도 신의 눈으로 보았노니,
> 그 공로, 그 업적 그 어디에 비길 데 없어라.[14]

이 밖에도 나하추를 쫓아낸 공로에 노래한 〈납씨곡〉(納氏曲), 왜적을 물리친 업적을 노래한 〈궁수분곡〉(窮獸奔曲) 등이 있다.

유교를 통치이념으로 내세운 조선왕조 초기에 역시 예악 제정은 분명 정사의 큰 근본으로 인식되었고, 따라서 먼저 예악의 새 규범의

---

14) 《태조실록》 권4, 4a.

시초를 연 태조의 업적을 칭송했다. 앞에서 언급했듯이 악은 백성을 교화하는 통치수단의 하나로 태조의 업적을 홍보하는 국정 홍보의 구실을 했다. 나라의 기강을 튼튼히 한 태종에게도 하륜이 〈근천정〉(覲天庭), 〈수명명〉(受明命)을 지어 바쳐서 태종의 공덕을 기렸다.[15] 다음에서는 세종시대의 음악을 살펴보려 한다.

3. 세종시대의 음악

문화의 황금기로 불리는 세종시대에 태평성대를 노래한 악가가 없을 수는 없겠다. 세종 원년에 태종의 명을 받은 변계량이 세종에게 고명을 내린 명황제의 은덕에 감사하며 세종의 공덕을 찬양한 〈하황은곡〉(賀皇恩曲)[16]을 지었으니, 그 내용은 이러하다.

> 거룩하신 우리 시조 우리 동방 이루시니,
> 대를 이을 아들 손자 명철하신 임금일래.
> 금 옥 같은 그 모습에 타고 나신 총명이라,
> 효도하고 공순하며 어질고 진실하며,
> 학문을 널리 하여 날로 더욱 독실하니,
> 밝고 밝은 부왕께서 아드님을 아는지라,
> 근면에 힘이 겨워 나라 일을 맡기셨네.

---

15) 〈근천정〉은 태종이 왕자시절 태조를 대신하여 중국에 가서 역성혁명의 불가피성과 정당성을 황제에게 설득하고 돌아온 일을 기림. 〈수명명〉은 왕자의 난을 거치면서 변칙적으로 왕위를 계승한 태종에게 중국 황실이 지녔던 거부감을 풀고 인정을 받은 일을 찬양한 내용.
16) 〈하황은〉은 양녕의 폐세자 이후 충녕이 세자로 책봉된 일과 이어서 왕위에 즉위한 일을 중국이 사후에 인정한 것에 대한 명황제의 은혜를 칭송함.

> 황제폐하 옳다시고 밝은 명령 내리시니,
> ....
> 조선에 은혜 넘쳐 모두 다 춤을 추며,
> 그지없이 감격하네.
> 종묘사직 이어 이어 억만년을 누리소서.(세종 원년 1월 8일)

세종의 성품은 명철하고 총명하며, 효도, 공순, 어짊과 진실, 호학, 근면 등 유교에서 성군의 자질로 꼽는 모든 덕목을 갖춘 임금임을 다시 한번 일깨워 준다.

〈근천정〉, 〈수명명〉, 〈하황은〉은 명에 대한 사대사상이 배어 있다. 이들 악가들은 관현악으로 곡조를 붙여서 중국 사신을 위한 연회에 연주되었다.[17] 아직 박연이 아악을 정비하기 전이라 모두 고래의 향악 곡에 붙여서 불렀다.(장사훈 1986:210~212)

악가는 임금의 공덕을 찬양하는 내용뿐만 아니라 임금이 나라를 다스릴 때 어떤 마음가짐으로 임해야 하는가 하는 권면의 내용도 포함한다. 변계량이 지은 〈자전지곡〉(紫殿之曲) 3장은 헌수지사(獻壽之詞), 경계지사(警戒之詞), 군신지의(君臣之義)의 내용으로 엮어졌다.

> 조선의 어버이로 계옵시니 억만 군생은 모두 다 적자(赤子)로다.
> 아침마다 저녁마다 오직 성수 무강하사, 천지와 더불어 장구하옵시기 비옵니다.
> ......
> 무왕(武王)은 강숙(康叔)에게 이르기를, '백성을 어린 자식처럼 보호하여 그들을 안락하게 하라.' 했나니, 공손히 바라옵건대, 성상은 삼왕(三王)을 늘여

---

17) 세종 원년 8월 19일, 사신 왕청을 위한 잔치에 연주되었다.

사왕(四王)이 되옵시고, 오제를 보태어 육제(六帝)로 되옵소서.

……

신하를 예도로 부리시면, 임금을 충성으로 섬기옵나니,

밝은 임금 어진 신하 서로 만나, 아아, 이에 화열해졌나이다.

임금은 부모요, 신명이시니, 사랑하고 공경함 혹시라도 변하옴이 없사
올지라,

임금과 신하는 오직 한 몸입니다.(세종 2년 3월 27일)

악이 교화의 수단으로 사용된 것을 위의 내용에서 다시 확인할 수
있다.

회례(會禮)에서 남악(男樂)이 추는 문무(文舞)와 무무(武舞)의 두 가지
춤은 '사람의 귀와 눈을 기르는 뜻이 없는 것 같다'는 세종의 지적에
따라(세종 14년 4월 25일), 두 춤에 연주할 악장(樂章)을 짓는 논의가 있
었다. 즉 가사가 빠진 춤은 무언가 공허하다는 뜻이며, 이는 세종이
직접 가사의 중요성을 제기한 것이다. 이때에 '악장은 반드시 현금의
일을 가영(歌詠)하여야 한다'고 박연이 주장했다. 박연은 세종의 절대
적인 신임을 받아서 아악을 정비한 인물이다. 그가 주장하는 현금의
일이란, 즉 세종의 공덕을 기리는 악장을 지어야 한다는 것이었다. 그
러나 세종 자신은 이를 사양했다.

대체로 가사라는 것은 성공을 상징하여 성대한 덕을 송찬하는 것이다.
주나라의 무왕은 천하를 평정했는데, 성왕 때에 이르러 주공(周公)이 대무
(大武)를 지었다. 역대에 다 그렇게 했으니 지금 세상의 일을 가영(歌詠)하
게 할 수는 없다. 나는 다만 왕위를 이었을 뿐인데, 무슨 가송(歌頌)할 만
한 공덕이 있겠는가. 태조께서는 전조(前朝)의 쇠잔한 말기를 당하여 백번
싸워 백번 이긴 공덕이 사람들에게 흡족했으며, 어지러운 것을 제거하
여…… 왕업을 창건하여 왕통을 후손에게 전했다. 태종께서는 예악을 새

로 제작하셔서 교화가 퍼지고 풍속이 아름다워졌으며…… 태조를 위하여 무무를 제작하고, 태종을 위하여 문무를 지어서 만세에 통용할 제도로 하는 것이 마땅하다.…… 만약 현금의 세상 일로 노래를 지어야 한다면 세대를 계승하는 임금은 다 그를 위한 악장이 있어야 할 것이니, 어찌 그들의 공덕이 다 찬미하여 부를 만한 것이 있겠는가?"(세종 14년 5월 7일)

선왕의 공덕을 기리는 악장은 후대에 짓는 것이 마땅하며, 무왕과 같이 새로운 왕업을 창건한 공로가 있는 왕만이 송찬을 받아야 하는데, 자신처럼 왕위를 계승하기만 한 왕을 가영한다면, 계승하는 왕들마다 모두 악가를 지어 송찬해야 하겠는가라는, 즉 왕업을 창건한 왕만이 송찬 받아야 한다는 원칙을 내세워 사양한 것이다. 세종은 진정 원칙을 중시하는 원칙주의자이며, 유교의 덕목인 겸양의 미덕을 갖춘 유덕자 군주라 하겠다.

신하들에게 자문을 구하고 의견을 수렴한 뒤에, 태조와 태종의 문덕을 칭송하는 문무의 악장과 태조와 태종의 무공을 찬미하는 무무의 악을 짓기 위하여[18] 세종은, 정초·신장·정인지에게 문덕을 기린 〈보태평〉(保太平)과 무공을 노래한 〈정대업〉(定大業)을 완성하게 하여 회례악으로 사용했다. 무용까지도 곁들여서, 〈정대업〉은 간척(干戚)을 들고 추는 무무(武舞)이며, 〈보태평〉은 피리와 꿩깃을 들고 추는 문무(文舞)이다. 조선시대의 악이란 가사와 노래와 춤을 모두 갖춘 것을 말한다. 셋 가운데에서 가장 중요한 가사의 내용은 다음과 같다.

아름다울사 빛나는 태조시여, 천명에 응하시고 인심에 순하시와
문득 대동(大同)을 두셨도다.……

18) 세종 14년 9월 7일.

굳셀사 성조시여, 하늘의 총애를 받으사……
의로운 깃발이 돌아오매…… 우리 백성이 이에 편하도다.
아름다울사 밝으신 태종이시여, ……덕을 공경으로 밝히셨고
다스림은 어짊으로 높이셨도다.……

아름다울사 빛나는 태종이시여, ……난리를 바로 잡으시고
바름으로 돌아오시게 하시니, ……야인을 징계하시매 도이(島夷)도
명(命)에 달려왔도다. 사방에 근심 없으니, 아아, 공(功)의 성(盛)함이여.
 (세종 14년 12월 10일)

　태조의 위화도회군과 창업의 공덕을, 태종의 왕자의 난 평정과, 야
인과 대마도 정벌로 나라의 기틀을 굳건하게 했음을 노래했다.
　〈정대업〉과 〈보태평〉이 제작되었지만 이들 악가들은 모두 하나의
사적을 칭송한 것이어서 역대 성조들의 업적을 한데 모은 악가의 제
작이 필요했다. 이에 권제·정인지·안지 등이 역대 성조의 창업과
공덕을 기린 《용비어천가》 10권을 지어 올렸다.
　《용비어천가》는 조선왕조 창업의 정당성을 유교이념과 접목시킨
대서사시로서, 민간에서 구전으로 전해지는 태조 이성계의 4대조인
목조·익조·도조·환조와 태조·태종, 즉 6용의 기이한 사적을 채
집하여 125장의 악가를 지은 것이다.[19] 이 《용비어천가》의 가사에 관
현의 곡조를 붙인 것이 〈여민락〉, 〈치화평〉, 〈취풍형〉이며, 이 노래에
춤을 곁들인 것을 〈봉래의〉라 한다. 〈여민락〉은 한시로 된 《용비어천
가》 125장 가운데에서 해동(海東)장, 근심(根深)장, 석주(昔周)장, 적인
(狄人)장, 천세(千世)장의 다섯 장을 기존 고조의 고취악에 붙인 것이

---

19) 세종 27년 4월 5일. 예가 갖추어지고 악이 화하여 문물이 갖추어졌으니 이 태평한
　　시대에 시가를 지음은 마땅하다는 서문의 내용에서 악가 제작의 의도를 알 수 있다.

며, 〈치화평〉과 〈취풍형〉은 한글 《용비어천가》에 고조의 향악을 붙인 것으로, 음악의 템포가 서로 다르다.[20] 《용비어천가》 제83장에 〈몽금척〉의 내용을, 제86장에 〈수보록〉의 내용을 담았다. 그 유명한 〈해동장〉과 〈근심장〉의 가사는 아래와 같다.

> 해동의 여섯 용이 날으시어 일마다 천복이시니
> 옛날 성인이 하신 일들과 합친 것처럼 꼭 맞으시니,
>
> 뿌리 깊은 나무는 아무리 센 바람에도 움직이지 아니하므로
> 꽃이 좋고 열매도 많으니,
> 샘이 깊은 물은 가뭄에도 끊이지 않고 솟아나므로
> 내가 되어서 바다에 이르니,

위의 〈근심장〉은 《용비어천가》의 백미로 꼽히며, 조선왕조 문화의 번창과 왕조의 무궁함을 염원한 노래이다. 이 《용비어천가》는 제작 즉시 세종이 판에 새겨 발행하도록 명했고, 2년 남짓 뒤에 이를 완성하여 550본을 군신에게 하사했다.[21] 뿐만 아니라 세종이 친히 〈여민락〉, 〈취풍형〉, 〈치화평〉의 악보를 지어서 신악을 창제하여 공사(公私) 연향에 모두 통용하도록 하고 다음과 같이 기쁨을 감추지 않았다.

> 이제 그대들에게 신악(新樂)을 내리니, 마음껏 기뻐하라. 이제 신악이 비록 아악에 쓰이지는 못하지만, 조정의 공덕을 형용했으니 폐할 수 없다. 의정부와 관습도감에서 이를 보고 그 가부를 말하면, 내가 마땅히 손익(損益)하리라.[22]

---

20) 이혜구, 1984, 〈세종조 음악문화의 현대사적 재인식〉, 《세종조 문화연구 Ⅱ》(한국정신문화연구원), 297~298쪽.
21) 세종 29년 10월 16일.

《용비어천가》는 조선왕조 창업의 공덕을 기린 것으로 폐할 수 없다는 세종의 확고한 신념과 태평성대를 연 군주로서의 할 일을 다 한 소회를 읽을 수 있다.

세종의 마지막 업적은 이들 신악의 악보를 완성한 것이며, 이틀 뒤에 이 신악을 중부에서 보게 하라는 명을 내린 지 2개월여 뒤에, 조선왕조의 영원무궁한 발전을 빌면서 할 일을 모두 마친 세종은 명을 마감했다.

세종시대는 대업을 이룬 성조(聖祖)의 공덕을 칭송하기 위하여 악을 제정한다는 고대 유가 사상을 충실하게 이행하여 《용비어천가》 등을 제작했다. 그러나 형정 이전에 백성들을 교화하는 수단으로서의 예악 기능에는 소홀했던 감이 없지는 않다. 물론 세종이 《용비어천가》 550본을 군신들에게 나누어 준 것은, 지방 수령들에게도 배부했을 개연성은 충분히 있다. 그러나 직접 수령들에게 지시하여 백성들로 하여금 외워서 노래하는 경연대회를 개최하도록 하교했다는 기록은 사료에서 찾기 힘들다. 생업에 바쁜 백성들이 악가를 외운다는 것은 어려운 일이었을 것이다. 백성들은 고사하고 신료들에게조차 어려웠던 사정은 다음의 사료가 잘 설명한다.

> 인수부윤 유사눌이 유사(攸司)에 명하여 대소 관료들로 하여금 회례악장의 시를 음미하고 외우도록 하자는 아룀에 대하여, '지금 정사가 번거로운 때를 당하여 시행하기는 적당하지 않다'고 세종이 답했다.23)

사실 가뭄과 홍수로 말미암은 흉년으로 굶주림에 허덕이는 백성들

---

22) 세종 31년 12월 10일, 11일.
23) 세종 15년 11월 27일.

에게, 한가롭게 악가나 외우라고 권유하기에는 현실이 너무 각박했는지도 모른다. 따라서 시·가·무의 총칭인 악은 조회악, 회례악, 제향악, 연향악 등으로 철저한 지배계층의 공식행사를 위한 궁중음악에 그칠 뿐이라는 비판(한홍섭 2000:153)을 면하기는 어렵다. 그러나 예부터 전해오는 민간의 음악을 계승시키기 위한 노력을 세종은 게을리 하지 않았다.

> 성악의 이치는 시대 정치에 관계가 있다. 지금 관습도감의 향악 50여 곡은 모두 신라·백제·고려 때의 민간 이어(俚語)로서 오히려 그 당시의 정치의 득실을 볼 수 있다. 본조는 아악은 갖추어졌으나, 민속 가요의 노래들의 가사를 채집 기록하는 법이 없어 실로 미편하니, 이제부터 각 도와 각 고을에 명하여 이를 찾아 매년 세말에 채택하여 올려 보내도록 하자는 예조의 아룀에 따르다.[24]

향악을 채집하려는 목적이 당대의 정치 득실을 볼 수 있는 지표라는 표현에서 민심을 파악하는 수단으로서 향악 채집을 독려했음을 알 수 있다. 그러나 이후 사료에서 향악 채집의 활발한 성과를 접할 수 없었음은 매우 아쉬운 점이라 하겠다. 그럼에도 《용비어천가》의 〈여민락〉은 백성과 함께 즐기고자 하는 뜻이 담긴 것으로 해석할 수 있다. 〈여민락〉은 맹자의 사상[與民同樂]에서 이끌어 냈음이 분명하다. '백성들의 윗사람이 되어 백성들과 함께 즐기지 않는 사람은 또한 잘못된 것'(爲民上而不與民同樂者, 亦非也)[25]이라고 맹자는 주장했다. 맹자에게 민본은 여민동락이었고, 이는 인정(仁政)의 발현이었다.(전

---

24) 세종 15년 9월 12일.
25) 《孟子》 梁惠王章句下.

세영 1995:39) '여민락'을 악장의 이름으로 붙인 것에서 위민(爲民)정치를 펼치려는 세종의 깊은 뜻을 읽을 수 있다. 다음에서는 음악 제작 과정에서 표출되었던 세종의 고민을 살펴보기로 한다.

4. 음악 제작과 세종의 고민

조선왕조는 건국 초부터 사대의 예로써 중국과 교류했다. 이 사대 사상은 대국과 소국 사이의 외교관계가 축을 이룬다면, 사대사상과 짝하는 중화 또는 화이사상은 중국 문화중심주의가 자리하고 있음을 부인할 수 없다. 악 제작에도 예외를 벗어나지 않았다. 고려조의 미비한 악을 시급히 정비하는 일이 조선왕조가 우선해야 할 과제의 하나였다. 태종대에 악기일부가 중국으로부터 들어오기는 했으나 종묘·사직·석전제 등 여러 제사에 사용될 악기가 태반이 부족했다.

세종은 예전 것을 개혁하여 새로 고칠 뜻을 두어 박연에게 편경 제작을 명했다. 악기 제작에 앞서 먼저 음을 측정할 율관이 필요한 만큼 박연은 먼저 율관 제작에 착수했다. 세종 7년부터 박연이 해주에서 나는 기장쌀로 율관을 제작했으나, 중국 종경의 황종보다 음이 높아 실패했고, 동적전(東籍田)에서 기른 기장으로도 실패했다. 밀랍을 빚어서 만든 알갱이로 2차 율관 제작을 시도했고, 죽 율관과 동 율관의 음도 중국의 황종음과 맞지 않아서 결국에는 채택되지 못하고 중국의 황종음에 맞도록 고쳐서 악기를 제작했다.[26]

이러한 시행착오를 거친 뒤에야 '토지가 기름지고 메마름이 있어

---

26) 율관 제작은 송방송, 2001, 《조선조 음악사연구》(민속원), 213~219쪽.

기장의 크고 작음이 있으므로 성음의 높낮이가 시대마다 각각 다르다'거나 혹은 '우리나라는 지역이 동쪽에 치우쳐 있어 중국 땅의 풍기와는 전혀 다르다'[27)]는 교훈을 얻게 되었다. 결국 조선의 기장쌀을 기준으로 만든 율관은 중국의 황종음을 낼 수 없다는 결론을 얻은 것이다. 박연의 독자적인 율관 제작 실험은 실패로 끝났기에 '음악적 자주성을 보여준 하나의 사례로 평가[28)]하기에는 좀 애매하다. 그렇지만 그의 참신한 실험정신만은 높이 평가해야 할 것이다.

중국의 기후와 풍토가 우리나라와는 다르다는 사실을 인정하면서도 중국의 문화를 그대로 본받으려고 하는 소중화사상은 서로 갈등에 빠지게 된다. 세종은 일찍부터 조상의 제사에 중국음악을 연주하는 문제에 회의를 품고, 먼저 종묘 제향악에서 문제를 제기했다.

> 또 우리나라는 본디 향악에 익숙한데, 종묘의 제사에 당악을 먼저 연주하고 삼헌(三獻)할 때에 이르러서야 겨우 향악을 연주하니, 조상 어른들이 평시에 들으시던 음악을 쓰는 것이 어떨지, 그것을 맹사성과 더불어 의논하라.[29)]

즉 종묘의 제사음악은 향악으로만 연주하라는 뜻을 피력했다. 그런데도 예조는 세종의 의도와는 정반대로 예악제도를 고쳐 나갔다.

> 종묘 제향에는 옛 제도를 따라 향악을 섞어 연주하고, 문소전·광효전에는 당악만을 써서 서로 틀리니, 향악은 종묘에는 쓰지 말고 문소전·광효전의 종헌(終獻)에만 쓰도록 하자 하다.[30)]

---

27) 세종 15년 정월 1일.
28) 그러나 음악적 자주성을 보여준 사례로 평가하는 견해도 있다.(송방송, 앞의 책, 215쪽)
29) 세종 7년 10월 15일.

결국 종묘 제향에는 향악이 완전히 제외되는 반대의 결과를 가져왔다. 따라서 종묘제례에서 향악 배제는 이어서 여러 국가의 제례에서도 향악 배제로 이어졌다.

> 일찍이 종묘의 제사에 향악을 연주하지 못하게 했으니, 원단·사직·풍운뇌우제·우사·선농·선잠·석전 등의 제사에도 향악을 쓰지 못하게 하다.[31]

국가가 주관하는 모든 제례에 향악 연주가 제외된 것은, 한편 중국 문화에 한발짝 더 다가선 것을 의미한다. 즉 아악이 완성단계로 접어든 것이다. 세종은 자신이 예조의 건의를 수용하여 향악 배제에 동의했음에도, 여전히 아악 전용에 대해서 회의를 버리지 못했다. 특히 남양에서 경석이 발견되어 편경 528매가 제작되고, 그 뒤 한강변 마포에 주종소를 마련하여 편종 530여 개가 완성되자[32] 다시 문제를 제기한 것이다.

> 아악은 본시 우리나라의 성음이 아니고 실은 중국의 성음인데, 중국 사람들은 평소에 익숙하게 들었을 것이므로 제사에 연주하여도 마땅할 것이다. 우리나라 사람들은 살아서는 향악을 듣고, 죽은 뒤에는 아악을 연주한다는 것이 과연 어떨까 한다. 하물며 아악은 중국 역대의 제작이 서로 같지 않고, 황종의 소리도 또한 높고 낮은 것이 있으니, 이것으로 보아 아악의 법도는 중국도 확정을 보지 못한 것임을 알 수 있다.…… 우리나라가 동쪽 일각에 위치하고 있어 춥고 더운 기후 풍토가 중국과 현격하게 다른

---

30) 세종 9년 12월 21일.
31) 세종 10년 정월 4일.
32) 송혜진, 2000, 《한국아악사연구》(민속원), 190~191쪽.

데, 어찌 우리나라의 대나무로 황종의 관을 만들어서야 되겠는가. 황종의 관은 반드시 중국의 관을 사용해야 될 것이다.…… 중국에서도 향악을 섞어 썼던 것이다" 하니, 맹사성이 대답하기를 "……사이사이로 속악을 연주한 것은 삼대(三代) 이전부터 이미 있었던 모양입니다" 하다. 임금은 "……박연·정양은 모두 신진 인사들이라 오로지 그들에게만 의뢰할 수 없을 것이니, 경(맹사성)33)은 유의하라"고 했다.(세종 12년 9월 11일)

위의 사료에서 알 수 있는 것은 제례악에 아악을 전용하고자 하는 박연의 생각과는 달리, 아악과 향악을 섞어서 연주하고자 하는 것이 세종의 뜻이었다. 박연과 정양은 신진 인사들이라 음악을 잘 아는 맹사성이 이를 견제하고 조율하라는 명을 맹사성에게 내린 것이다.

그러나 세종의 논리에도 일관성이 결여되었다. 세종은, '아악은 중국 성음이다, 우리나라 사람들은 죽어서 듣지 않았던 아악을 듣는 것은 이상하다, 중국의 황종율도 시대에 따라 다 다르다, 우리나라는 중국과 기후 풍토가 다르다, 따라서 우리나라는 우리의 풍토에 맞는 황종율관을 만들어 사용해야 한다'고 귀결 지었으면 좋았을 터인데, 여기에서 그의 논리는 굴절한다. 그래서 반대로 '중국의 대나무로 만든 황종 관을 사용해야 한다, 중국 하·은·주 삼대에도 속악을 공식 음악에 섞어 썼다, 따라서 우리도 아악과 향악을 섞어 써야 한다'고 했다. 맹사성은 이를 유념하라고 한 것이다.

논리의 일관성을 결여한 세종을 전적으로 문화의 주체성을 강조한 임금으로 평가하기에는 미흡한 점이 있으며, 다만 중국문화중심주의와 문화민족주의 사이에서 갈등하고 번민했던 세종의 인간적인 모습

---

33) 태종이 맹사성을 지방 관리로 파견하려고 했을 때 하륜이 '지방관은 누구나 할 수 있지만 음악은 맹사성이 아니면 안 됩니다'라고 건의하여 지방 전출이 보류될 만큼 그는 음악에 조예가 깊었다.

으로 해석해야 타당할 것이다. 결국 그는 중국문화를 본으로 삼으면서도 향악을 배제해서는 안 된다는 절충주의를 선택했다.

세종은 제사음악에는 평시에 듣던 향악을 연주해야 한다던 애초의 입장에서 크게 후퇴하여, 회례연에서 아악 일변도로 갈 것이 아니라 향악을 섞어서 연주해야 한다고 주장한다.

"……문무(文舞)와 무무(武舞)의 복색이 아마 중국과 같지 않은 듯한데, 그를 곁에서 보기에 어떨까. 중국의 풍류를 쓰고자 하여 향악을 다 버리는 것은 단연코 불가하다" 하니 맹사성이 대답하기를, "성상의 하교가 과연 그러하옵니다. 어찌 향악을 모두 버릴 수야 있사오리까. 먼저 아악을 연주하고 향악을 겸해 쓰는 것이 옳습니다."[34]

실상 세종은 아악을 조정의 의식에만 설치하고자 했으나 회례에까지 사용하게 되었은즉,[35] 예컨대 명황제의 조칙(詔勅)을 맞이할 때에 영조문(迎詔門)에서 궐문까지는 속악을 연주하고, 근정전 밖에 이르면 그치고 헌가악을 연주하며,[36] 문소전과 광효전의 제향에 향·당악을 교주하고,[37] 이 밖에도 배표(拜表)할 때 조참(朝參)의 예에 따라 속악을 썼다.[38] 향악을 잇기 위한 세종의 집념은 향악과 당악을 섞어서 연주하는 향·당 교주라는 독특한 양식을 만들어 냈다.

당시 남아 있던 향악곡은 상당했다. '당악 47곡과 향악 82곡을 영인(伶人)들이 밤낮을 가리지 않고 연습하여도 정숙(精熟)하지 못하다'

34) 세종 13년 8월 2일.
35) 세종 14년 3월 28일.
36) 세종 13년 8월 13일.
37) 세종 14년 10월 17일.
38) 세종 13년 2월 24일.

(세종 16년 정월 24일)는 불평이 나올 만큼, 향악의 비중은 무시할 수 없었다.

비록 국가의례에서 향악은 빠졌다고 하더라도 회례와 기타 의례에서 향악 연주를 이을 수 있었던 것은 오로지 세종임금의 현명한 통찰력과 이를 잘 보필한 신하 맹사성의 몫임을 알아야 할 것이다. 흔히들 세종시대의 음악가 하면 오로지 박연을 떠올리고 있으나, 맹사성이 없었다면 아마도 향악은 소멸되었을지도 모르는 일이다. 결국에는 이 두 신하를 적절한 시기에 적절하게 활용한 세종의 용인술을 높이 평가해야 할 것이다.

고려말 이래 지리멸렬한 중국 음악을 복원시키려 할 때에 세종은 박연의 재능과 능력을 인정하고 그를 추동하여 일을 진행시키고 독려했으며, 그러나 박연이 아악 일변도로만 나아가려 하자 이를 견제하려고 은밀히 맹사성을 불러 '박연과 정양은 모두 신진 인사들이니 경이 잘 감독하라'는 밀명을 내리는, 한 마디로 견제와 균형을 적절히 구사한 세종의 탁월한 리더십을 지나쳐 버려서는 안 될 것이다.

그러나 작은 나라의 임금으로서, 더욱이 유교를 통치이념으로 건국한 조선왕조 초기였던 만큼 세종의 고민은 사료 여기저기에서 발견된다. 세종의 딜레마는 우리 고유의 것을 지키려는 마음과 함께, 또한 문화 종주국인 중국의 선진 음악 제도를 완벽하게 시행하려는 그의 철두철미한 성격에서 나왔다.

세종은 중국 음악을 복원하고자 여러 노력을 기울였다. 어린 여성 26명을 선발하여 사신을 따라서 명나라에 파견하여 명나라의 가무를 직접 배워 오도록[39] 국비 유학을 보냈으며, 아악기가 완성되었을 때

---

39) 세종 11년 7월 21일.

세종은 사정전에서 손수 악기를 쳐서 소리를 점검했고,40) 세종은 통사 김을현에게 일러서 중국에 들어가 공장(工匠)을 사서 악공의 의관을 모사하고, 또 관을 사 가지고 오게41) 했으며, 또한 문무와 무무의 의복에 확신이 없자 박연으로 하여금 그림을 그려 올리라고 명하고, 이에 박연이 남악 무동의 관복을 고제에 의거하여 채색 비단에 그려 올린 것을 확인한 다음에, 관과 의복을 무동의 수만큼 만들라42)고 지시했다. 세종은 '문무를 추는 사람과 악기를 잡는 사람의 가죽 띠는 녹색을 사용하고, 남악의 가죽 띠는 분홍색을 사용하라'43)고 지시하는 등, 친히 점검과 확인을 거쳐서 일을 추진하고 제도화하는 치밀한 행정가의 모습을 볼 수 있다. 심지어는 박연을 중국에 성절사로 보내면서 다음과 같이 당부했다.

> 지금 나이 10여 세 된 자를 뽑아 무동을 삼았지만 노래와 춤을 익히고 장성하면 쓰지 못하게 되니, 장차 계속하기 어려울 것이다. 경이 경사(京師)에 가서 연향악에 소년과 장년의 공인을 섞어 쓰는 것과 잡희를 함께 베푸는지의 여부를 알아보고 오라.44)

오랫동안 신료들이45) 회례에 여악을 폐지하고 남악을 쓰자고 건의했으나 시행하지 않다가 〈정조나례〉(正朝儺禮)와 〈처용무〉에 여악을 없애고 남악을 쓰기로46) 했다. 그러나 위 사료의 내용이 시사하듯이,

---

40) 세종 12년 7월 29일, 30일, 8월 18일.
41) 세종 13년 3월 2일.
42) 세종 13년 8월 24일.
43) 세종 14년 4월 25일.
44) 세종 27년 8월 21일.
45) 김종서・허후・박연을 이른다.
46) 세종 25년 정월 25일.

남자 무동을 선발하여 연습시켜서 몇 년 동안은 활용할 수 있지만 곧 장성하기 때문에 더 이상 쓸 수 없는 어려움이 있었다.

당시 문화 중심지인 중국은 어떤 제도를 시행하여 이러한 문제를 해결하는지 직접 관찰하고 배워 오라는 의도에서, 음악 전문가 박연을 성절사로 발탁한 것은 적재적소에 인재를 배치하는, 즉 인적 자원을 효율적으로 동원하고 활용하는 세종의 리더십(정윤재 2003:69)을 또한 볼 수 있다.

이로부터 2년 뒤인 29년에 회례에 여악을 쓰지 않고 무동으로 대신했으나, 무동은 곧 장정이 되므로 계속 유지하기 어려워서 결국에는 혁파했다.47) 종국적으로 세종의 우려가 현실로 나타난 것이다. 이러한 논의로 미루어보건대, 세종은 앞일을 멀리 내다볼 줄 아는 혜안(慧眼)을 지닌 지도자였지만 신료들의 의견에도 귀를 기울인 군주였다.

세종은 신하를 한번 등용하면 믿고 맡기고 재량껏 일을 하도록 측면지원을 아끼지 않는 인물이었다. 신하가 열심히 업무를 수행해서 업적을 남기면 그에 상응하는 포상을 했고, 과오를 범했을 때에는 냉정하게 벌을 내렸다. 말하자면 상과 벌을 사심 없이 공정하게 시행한 원칙주의자였다. 아악을 정비한48) 공로를 치하하여 상호군 남급, 대호군 박연, 경시주부 정양 등에게 안장 갖춘 말을 하사했다.(세종 13년 1월 21일)

그러나 신하가 실수하거나 잘못을 범하면 가차 없이 내치는 단호함도 보여주었다. 박연이 앞서 언급한 대로 성절사로 경사(京師)를 방문하고 모든 임무를 마치고 돌아오던 길에 실수로 부험(符驗)49)을 회동

---

47) 세종 29년 윤4월 22일.
48) 13년 정월 초하루 임금이 여러 신하들을 거느리고 하정례(賀正禮)를 행할 때 처음 아악을 사용하니 그 의용과 법도와 성악이 찬연했다.

관에 놓아두고 왔다. 국경을 넘으려고 검문 받을 때에야 부험이 없는 것을 알고서 다른 사람을 시켜서 가져오게 하여 무사히 귀국했다. 그러나 복명할 때에 이 사실을 숨겼고, 이를 뒤늦게 안 세종은 외교관으로서 품위를 손상한 그의 실수와 이를 복명하지 않은 부정직성을 들어서 고신을 빼앗았고, 종사관에게도 차등 있게 죄를 주었다.(세종 28년 정월 병인) 2년 뒤에도 박연은 사사로이 악공과 더불어 영업행위를 하여 부정 축재한 비리 때문에 파직당하는 수모도 겪었다.(세종 30년 3월 을미) 음악 정비에서 박연의 공이 아무리 크다 하더라도 잘못을 범한 경우에 가차 없이 파직시키는 세종의 과단성을 읽을 수 있다. 상·벌을 공정하게 운영을 하는 것이야말로 참된 지도자의 표상이 아닌가.50)

손에서 책을 놓지 않는 호학하는 세종의 성품은 악 제작 과정에서 유감없이 발휘되었다. 율관 제작에 앞서 세종은 채원정의 《율려신서》(律呂新書)를 경연에서 강독을 시작한 지 3개월 만에 끝내고51) 상당한 자신감을 얻었다. 즉 '기후와 풍토가 달라서 우리나라의 대나무로 황종율관을 만들 수 없다'거나, 정인지와 정양에게 명하여 집현전에서 주척(周尺)을 상고하여 바로 잡고 악보를 짓게 했고, 책에 대한 평가도 잊지 않았다.

> 《율려신서》도 형식만 갖추었을 뿐이다. 우리나라 음악이 비록 진선은 못 되나 중원에 부끄러울 것이 없을 것이며, 중원의 음악이라 해서 또한 어찌 바르다고 하겠는가?52)

---

49) 사신임을 알리는 징표.

50) 세종은 정무의 상당 부분을 세자에게 일임한 뒤(1442)에도 음악 관련 업무는 끝까지 관장하였다. 맹사성도 타계하고(1438) 없는 마당에 필요에 따라 박연을 파직한 지 1년여 만에 인수부윤으로 재등용하였다.(세종 31년 5월 임오)

51) 세종 12년 9월 11일, 9월 29일, 12월 7일 세 기록에서 《율려신서》가 언급되었다.

세종은 모르는 것은 책을 읽고서 배우는 철저한 학구파였으며, 어찌해서 호학이 성군의 자질론 조건에서 우선순위를 차지하는지 세종을 통하여 알 수가 있다. 충녕대군 시절에 '예에 정통하지 않은 바가 없었다'는 사료가 승자에 대한 평가라는 점을 감안한다손 치더라도, 세종의 음악적 재능은 악 정책을 펼쳐 나가는 데 상당한 순기능을 발휘한 것은 사실이었다.

세종 스스로 '나도 음율을 조금 안다'[53]거나, 《헌남산지곡》(獻南山之曲)의 가사에 고조(古調)에 의거하여 친히 장단장구(長短章句)의 수를 정하거나,[54] 박연이 제조한 '편경의 이칙(夷則) 음이 약간 높으니 몇 푼을 감하면 맞을 것이다'라거나, 신악의 절주는 임금이 막대기로 박자를 짚어 장단을 삼아 하루 저녁에 제정했다[55]는 기록과, 그의 정간보 창안은 세종을 천부적인 음악성을 갖춘 전문가[56]로 평가하기에 손색이 없다.

하지만 한걸음 더 나아가, 세종은 악 제도를 정비하여 그때의 국악이 오늘날까지 명맥을 이어오게 만든 공로자이며, 또한 음악을 통하여 유교이념을 철저하게 구현하려는 일념에서 국가 경영을 진두지휘한 예술 총감독으로 자리매김 해야 할 것이다. 특히 세종은 중세 동아시아 국제질서 안에서 중국문화중심주의를 배척하지 않으면서도, 홍범으로 다스렸던 기자조선의 문화를 계승하는 독자적인 문화민족의 긍지를 백성들에게 심어주려고 애쓴 지도자로 기억될 것이다.

---

52) 세종 12년 12월 7일.
53) 세종 25년 4월 17일, 27년 6월 19일.
54) 세종 14년 9월 19일.
55) 세종 31년 12월 10일.
56) 송혜진, 앞의 책, 211쪽.

5. 맺음말

이 글은 고려말 이래 무너졌던 악 제도를 새롭게 정비하는 과정에서 세종의 리더십이 어떻게 발휘되었는가를 살펴보려 했다. 특히 조선왕조 사회의 통치이념이 유교였던 만큼, 유교사상을 악 제도에 어떻게 접목시켰느냐는 점도 소홀히 하지 않았다.

예와 짝하여 논의되는 악의 제작은 세종대에 완성을 보았다. 우리 힘으로 율관을 제작하겠다는 참신한 발상은, 소비한 시간과 기울인 노력에 견주어 허망한 결과로 끝나기는 했으나, 세종은 이 일을 지휘하기 위하여 경연에서 《율려신서》를 강독하고 원리를 깨우친 뒤에 율관 제작에 임하는 치밀함을 보여주었다. 지도자 자신이 먼저 원리를 파악한 다음에 전담 관료에게 일을 시키는 '돌다리도 먼저 두드려 보고 건너는' 전형을 그는 보여주었다.

그 결과 세종은 조선의 기후와 풍토가 중국과는 다르다는 사실을 깨달았다. 이 사실은 뒷날 훈민정음 창제의 정신인 '나랏말이 중국과 달라 한자와 서로 통하지 아니 한다'로 발전할 개연성을 열어놓지 않았을까 생각된다. 또한 남양에서 난 경석을 사용하여 편경을 제작하게 하고 한강변에 주종소를 세워서 편종을 제작하게 한 것은, 중국에 뒤지지 않는 악의 완성을 위한 세종의 확고부동한 결단으로 평가할 수 있다.

완성된 편경과 편종을 손수 쳐서 소리를 듣고 점검하는 세종의 꼼꼼한 성격은 확인 행정의 기본을 보여주는 것이며, 무동의 옷을 고제에 의거 고증하거나, 또한 중국에서 직접 무동의 옷과 장신구를 사오게 해서 그대로 만든 일, 그리고 어린 여악 26명을 중국 유학을 보내서 노래와 춤을 익히게 한 일 등은 문화 종주국인 중국과 견주어서 손색이 없는 악을 완성하려는 세종의 노력의 일단인 것이다.

중국의 아악을 완벽하게 재현하고자 하는 마음 한편으로, 전통의 향악을 이어가고자 하는 의도는 자칫 그를 고민에 빠지게도 했다. 그러나 세종은 이 둘을 절충하여 향·당 교주라는 특이한 양식을 창안하는 정치기술을 발휘했다. 이는 아악의 대가인 박연과 향악을 지키려는 맹사성을 함께 활용하여 견제와 균형을 유지한 세종의 탁월한 용인술의 결과이기도 했다. 연향악에서 여악을 폐지하고 남악으로 대체하자는 신하들의 끈질긴 간청이 있었지만, 세종은 남자무동은 악을 익힌 지 몇 년이 지나면 곧 장성하여 쓰임이 없게 되기에 인력을 보충하기가 어렵다는 점을 들어서 반대했다.

그리고 여러 차례 건의한 신료들의 의견을 수용하기에 앞서 음악 전문가인 박연을 성절사로 연경에 보내면서 그곳의 사정을 알아보고 오라는 임무를 부여한 것은 적재적소에 인재를 배치하고 인적 자원을 풀(pool)로 활용하는 세종의 용인술을 또한 배울 수 있다. 그러면서도 성절사로 발탁된 박연이 저지른 외교관의 품위 실추와 부정직성을 용납하지 않았고, 청백리에 어긋나는 그의 부정축재 행위에는 파직으로 대응한, 즉 공과 사를 엄격하게 구분하는 세종의 단호함을 읽을 수 있다.

새로운 왕조를 창업하면 그 공덕을 기리기 위해서 먼저 악가를 짓는 것이 유교 음악의 중심이론이다. 이러한 점에서 《용비어천가》의 제작은 세종시대 악가의 백미로 자리매김 된다. 《용비어천가》는 새로운 왕조를 창업한 목조·익조·도조·환조·태조·태종 육룡의 위대한 공적을 찬양하고, 조선왕조의 무궁한 번영의 앞날을 기원하는 내용이었다. 이 《용비어천가》의 제작은 또한 세종시대가 태평성대의 시기임을 알게 한다. 특히 한문 《용비어천가》의 다섯 장에 고취악의 곡조를 붙인 〈여민락〉은 백성과 더불어 즐거움을 함께 나눈다는 유교의 애민정신을 고스란히 드러낸 것이다.

세종시대가 비록 형정 이전에 예악으로 백성을 교화시키는 단계에까지는 정녕 도달하지 못했다고 할지라도, 악의 완성을 위해서 부단히 기울인 세종의 노력은 그의 행장기에 가감 없이 기록되었다. 예와 악에 정통한 유덕자 군주인 세종이야말로 진정한 해동의 요순이 아닌가! 세종은 사대와 자주, 이상과 현실, 이성과 감성, 그리고 공과 사 어느 한 편에 치우치지 않은 균형감각을 지닌 군주였으며, 과단성과 공정성을 두루 갖춘 원칙을 지킨 탁월한 지도자였다.

참고문헌

《태조실록》《태종실록》《세종장헌대왕실록》
《논어》《맹자》《예기》《악기집석》(樂記集釋)《사기》 표(表) · 서(書) 《한서》《삼봉집》

김종수, 2002, 《조선시대 궁중연향과 여악연구》, 민속원.
박영규, 2002, 《세종대왕과 그의 인재들》, 들녘.
세종대왕기념사업회, 1999, 《세종문화사대계 4》.
송방송, 2001, 《조선조음악사연구》, 민속원.
송혜진, 2000, 《한국아악사연구》, 민속원.
우실하, 2002, 《한국전통음악의 구성원리》, 소나무.
이혜구, 1995, 《한국음악논고》, 서울대학교출판부.
장사훈, 1982, 《세종조 음악연구》, 서울대학교출판부.
전세영 · 허창무 외, 1995, 《예악교화사상과 한국의 윤리적 과제》, 한국정신문

　　화연구원.
전통예술원, 2003, 《한국중세사회의 음악문화》, 민속원.
정윤재, 2003, 《정치리더십과 한국민주주의》, 나남출판.
한국정신문화연구원, 1984, 《세종조 문화연구 Ⅱ》, 한국정신문화연구원.
———, 1998, 《세종시대 문화의 현대적 의미》, 한국정신문화연구원.
———, 2002, 《세종시대의 문화》, 태학사.
한영우, 1999, 《왕조의 설계자 정도전》, 지식산업사.
한흥섭, 2000, 《한국의 음악사상》, 민속원.

세종의 공론 형성과 국가경영

공법(貢法) 도입과정을 중심으로

박 현 모

한국학중앙연구원

하늘이 보는 것은 우리 백성들이 보는 것에서 시작되고
하늘이 듣는 것도 우리 백성들이 듣는 데서 시작된다.
[天視自我民視, 天聽自我民聽][1]

1. 머리말

세종시대(1418~1450)는 "우리나라 전 역사에서 가장 영광된 시대"[2]로, 세종 임금(1397~1450)은 "해동의 요순(海東堯舜)"(32/02/17 壬辰)[3] 또는 "동방의 성주(聖主)"[4]로 평가받는다. 이는 세종이 통치체제를 정비하고(전제·수취제도·군사제도·국가의례 등), 국토를 개척 확장했으며(4군 6진), 한글의 창제와 예악의 발전 등 문화국가로서의 기틀을 마련하는 한편, 천문·지리·의학 등 과학기술을 크게 발달시킴으로써 '수성기'의[5] 국가기틀을 마련했다는 사실에 근거한 것으로 보인다.

---

1) 《세종실록》 3/09/07(정묘). 이 말은 《서경》 주서와 《맹자》 만장상 제5에 나온다.
2) 정두희, 1982, 〈세종조의 권력구조 — 대간의 활동을 중심으로〉, 한국정신문화연구원 편, 《세종조 문화연구 I 》(박영사), 3쪽.
3) 《세종실록》 32년 2월 17일 壬辰條. 이하에서는 '32/02/17 壬辰'으로 줄여 쓴다.(#는 閏月 표시)
4) 李珥, 《栗谷全書》 권7, 疏箚5.

그 때문인지, 세종과 세종시대에 대한 연구는 많다. 단행본으로 출간된 것이 23권, 박사논문 2편을 포함한 연구논문이 196편 가량으로,[6] 조선 전기의 인물 가운데에서 세종은 정도전과 함께 학계의 높은 관심의 대상이었다. 그런데 세종에 대한 관심은 높지만, 정작 '세종이 어떤 과정을 거쳐 그렇게 훌륭한 정치를 이룩해 낼 수 있었던가' 하는 '어떻게'에 대한 연구는 그리 많지 않아 보인다. 세종의 공법 제정과정에 대한 김태영(1983)과 강제훈(2002)의 연구, 간관의 활동과 그에 대한 세종의 대응을 분석한 정두희의 연구(1982) 등 몇몇만이 그 '과정'에 대해 주목하고 있을 따름이다.

따라서 필자는 세종의 정치, 즉 가뭄과 홍수 때문에 "흉작이 아닌 해가 없을 정도로"(19/08/28 乙酉) 어려운 자연환경과, 남쪽 왜구와 북쪽 야인들의 침입 등 나라 안팎의 난관을 이겨내고 "풍성하고 평화로운 정치[豐平之治]"(6/10/15 丙辰)를 이루어낸 세종의 정치를 '과정'의 측면에서 규명하고자 한다. 무엇보다도 이 글은 세종 2기[7]의 주요 쟁

---

5) 이성무, 2001, 〈세종대의 역사와 문화〉, 한국정신문화연구원 편, 《세종시대의 문화》 (태학사), 21쪽; 조남욱, 2001, 《세종대왕의 정치철학》(부산대학교출판부), 262쪽.

6) 예컨대 세종의 정치사상(최승희 1993, 김운태 1982, 금장태 1982, 정구복 1982·1998, 조남욱 1989·1998, 이정호 1984, 김재영 1998, 이한수 2002·2005, 박현모 2006), 세종조의 정치제도 및 정치운영 방식(남지대 1980, 손보기 1984, 최승희 1991, 정두희 1982, 권영웅 1982, 이수건 1982, 한충희 1998, 이영춘 2001), 법률(박병호 1981, 박병채 1986), 경제정책(김태영 1983·2001, 이경식 2001, 박평식 2001, 강제훈 2002), 언어 및 음악정책(이광호 2001, 강신항 1984, 홍윤표 1998, 송혜진 2001, 이혜구 1984), 국방과 대외관계(이은규 1974, 차문섭 외 2001, 채연석 2001, 이해철 1988·2001, 오종록 2001), 과학사상 및 과학기술(박흥수 1982, 남문현 2002, 송상용 1998, 박성래 1984·1997·2001, 이태진 1984, 허선도 1984), 그리고 전기적 연구(홍이섭 1973, 이한우 2003)가 그것이다.

7) 세종시대는 크게 ① 즉위한 이후 태종이 사망할 때까지의 상왕과 '권력분점기'(1418~1422), ② 태종의 사망 이후 세종이 직접 정사를 담당하던 '친정기'(親政期, 1422~1450)로 나누어볼 수 있다. 1기의 쟁점으로는 태종조의 유산으로서 양녕대군 문제와 권도론(權道論), 종법(宗法)과 택현(擇賢)의 문제(세자 교체과정), 왕가와 국가(태종의 전위과정), 사은(私恩)과 공의(公義; 양녕대군 처리)의 문제 등을 들 수 있다.(이한수 2002) 세종

점 가운데 하나였던 공법(貢法) 제정 과정을 집중 검토함으로써, 이 과정에서 나타난 세종의 리더십의 특징을 고찰하고자 한다. 이를 위해서 먼저 공법 제정 논의의 배경으로서, 유교적 공론정치의 의미와 양태, 그리고 조선왕조의 부역체계의 특징을 개략적으로 살펴볼 것이다. 그리고 공법 제정 과정에서 드러나는 장애물과, 그것을 극복해 가는 세종의 리더십을 시간 순서에 따라 정리하고 평가할 것이다.

2. 유교적 공론정치와 조선왕조 부역체계

2.1. 세종시대의 공론정치의 양태와 특징

잘 알려진 것처럼, 조선왕조 정치에서 대표적인 특징 가운데 하나는 공론(公論)을 중시하는 정치라는 점이다. 유교 이념의 구현을 내세운 조선왕조는, 국정의 총괄자로서 재상의 역할과 언관의 면책특권을 《경국대전》에 명문화하는 한편, 국왕을 중심으로 한 주기적인 어전회의와 다양한 정치비평을 통해, 공정하고도 신중한 정책결정이 이루어질 수 있도록 제도화했다. 정도전 등 조선 건국자들이 구상한 성리학의 정치체제론에 따라 형성된 '재상위임론'과 '간관론', '유자(儒者)들의 의론[公論]을 반영하는 정치운영론' 등이 그것이다. 그리고 이러한 공론정치의 구조 또는 제도적 장치는 '정치적 정당성의 유교적 근거'로서 매우 중시되었다.8)

의 친정기인 2기의 쟁점은, 세제개혁과 관련된 공법 논쟁, 훈민정음 논쟁, 그리고 세자의 섭정과 첨사원 설치를 둘러싼 논쟁 등으로, 세종은 집권 후기, 즉 육조직계제에서 의정부서사제로 전환하는 재위 19년 이후부터 왕권의 일부분을 의정부 및 세자에게 위임하고 한글창제(1443), 공법의 시행(1438·1441) 등에 주력했다.

8) 정치적 정당성과 관련된 공론의 의의와 내용에 대해서는 이상익의 연구(2004, 356~

　말하자면, 조선왕조의 공론정치는 국가의 중심인 국왕의 유학[聖學] 공부와 그 실천[敎化]을 통해 천리(天理)와 민심(民心)에 합치되는 정치를 구현하려는 성리학 이념[9])의 정치적 구체화이자, 정책결정과정의 제도적 조건이라고 할 수 있다. 국왕을 비롯한 대부분의 유교 지식인들이 자신들의 행위를 정당화하거나, 국왕 또는 신료들의 행동을 제약하려 할 때, 공론이라는 용어를[10]) 거론하는 것은 바로 이 때문이다.

　첫째, 많은 사람들은 어떤 조치를 정당화하거나 반대할 때 공론 또는 공공지론(公共之論)을 들곤 했다. 세종시대의 경우도 예외가 아니어서, 세종과 그의 신료들은 특정인을 처벌하거나 천거할 때 공론을 근거로 삼곤 했다. 예컨대 세종이 김한로를 유배 보내거나(1/12/12 丁亥), 정안지를 "공의(公議)에 부친 후"에 처형시킬 때(3/02/22 乙卯), 신하들이 공론을 근거로 양녕대군의 처벌을 요구할 때(10/01/25 戊申), 그리고 하위지(河緯地)가 고약해(高若海)에 대한 "사론(士論)의 높은 지지"를 들어 그의 재등용을 건의할 때(22/09/17 丙辰), 그들은 모두 그 근거로 공론을 말했다.

　둘째, 공론은 유교정치 이념의 중요한 기초[元氣]로 간주되었을 뿐만 아니라, 국가정책을 결정하는 데서도 중요한 기준으로 작용했다. 예컨대 태종 말년과 세종 전반기의 핵심쟁점이었던 세자교체 과정에서, 조정의 공론은 중요한 판단기준이었다. 즉 "형을 폐하고 아우를 세우는 것은 화란(禍亂)의 근본"이 된다면서, 양녕의 아들을 "종법"(宗

　　375쪽)와 박현모의 논문(2002, 98~101쪽) 참조.
　9) 大學章句序.
　10) 공론이라는 말은 조선왕조 개창기부터 조선왕조 말 세도정치기에 이르기까지 거의
　　　모든 국왕과 사대부들에 의해 사용되었다. 《국역조선왕조실록》 CD에서 '공론'이란
　　　단어를 기계적으로 검색했을 때는 총 1,001건이 발견된다. 태조에서부터 순조시대에
　　　이르기까지 폭넓게 발견되는 이 단어는 중종(217건), 성종(201건), 선조(129건), 숙종
　　　(117건) 순으로 높은 빈도를 보이고 있다.

法)에 따라 세손(世孫)으로 세워야 한다는 태종비 원경왕후와 우의정 한상경 등의 의견과, "일에는 권도(權道)와 상경(常經)이 있는바, 어진 사람을 고르는 것[擇賢]이 마땅"하니, 충녕대군으로 정하자는 영의정 유정현, 좌의정 박은(朴訔) 등의 의견이 대립되었을 때가 그랬다. 이때 태종은 조연(趙涓), 심온(沈溫) 등 15인이 "종실에서 어진 자를 골라 세자를 세워 인심을 정해야 한다"고 요청하자(《태종실록》 18/06/03 壬午), "그 공론에 따라" 충녕대군을 세자로 세웠다(《세종실록》 즉위년 총서).

셋째, 공론정치를 효과적으로 작동시키기 위한 장치가 마련되었다.[11] 국왕의 거경궁리(居敬窮理)와 정책결정 과정의 공론화를 위한 각종 제도가 그것이다. 즉 성학(聖學) 공부와 정책토론을 위한 경연(經筵), 정치의 공공성 확보를 위한 언관·유생들의 간쟁과 상소, 그리고 도덕적이고 유능한 재상에게 국정을 맡기는 권한 위임의 정치 등이 그것이다. 세종의 경우도 즉위한 뒤 약 20년 동안 거의 매일 경연에 참석하여 경사(經史)를 강론했으며, 언관·유생들의 각종 아이디어와 정치비평을 '가납'했을 뿐만 아니라, 오히려 '초청'하고 '촉구'하곤 했다. 뿐만 아니라 세종은 "재상에게 전임(專任)하는" 국가운영을 선호했다. 예컨대 '의정부서사제'를 채택할 때 그는 이 제도가 "태조께서 제정하여 놓으신 법[祖宗成憲]"(18/04/12 戊申)이라며 복구시킨 뒤, 황희와 같은 재상으로 하여금 백관을 통솔하고 온갖 정사[庶政]를 총괄하도록 했다.

11) 공론정치는 오늘날의 민주정치와 마찬가지로 다양하게 접근할 수 있다. 즉 ① 천리(天理)와 민심을 해석하고 성찰한 공론(公論)에 따라 정치가 운영되어야 한다는 '정치이념'으로서 공론정치론과, ② 그 이념을 잘 구현할 수 있도록 국가의 조직과 법제를 마련하는 '장치' 또는 '제도'로서 공론정치구조와 ③ 그런 이념과 장치를 조건으로 하여 실제로 정책결정이 이루어지는 '과정'이나 '방식'으로서 공론정치양식이 그것이다. 조선왕조의 경우, ①과 ②는 대체로 공통적이었으나 ③의 경우는 시기별로, 국왕별로 다르게 나타났다.

넷째, 국왕과 신료들은 공론의 연원이 되는 하늘의 뜻과 민심의 소재를 파악해 국정에 반영하려고 노력했다. 태조를 비롯한 역대 국왕들은 재이(災異)가 발생하면, "하늘의 견책"(天譴;《태조실록》1/12/01 丁未)으로 여겨 억울한 옥사나 잘못된 정사가 없는지 살폈으며, "공구(恐懼)하고 수성(修省)하여 마음을 다해 간(諫)하는 것을 받아들일"(《정종실록》1/10/08 甲辰) 것을 요구받았다. 세종의 경우도 재위 5년에 "인사(人事)가 아래에서 감동되면, 천도(天道)는 자연히 위에서 반응하게 된다"면서, 연이은 홍수와 가뭄으로 흩어진 민심을 추스리고, "천지로 하여금 그 자리를 잡을 수 있게" 할 "정치의 근본과 대체"(5/03/28 己酉)를 묻고 있다. 세종시대의 공론정치에서 특기할 만한 사항은, 인재 등용에서부터 세제 개혁 및 국방 문제에 이르기까지, 거의 모든 국정이 국왕과 신료의 끊임없는 논의와 대화로써 결정되었으며(최승희 2002:170), 경우에 따라서는 백성들의 폭넓은 의견수렴까지 거친 다음 정해졌다는 점이다.

간추리면, 세종과 세종시대의 신료들은 공론 및 공론화 과정을 거친 정책결정 과정을 매우 중시했으며, 성리학의 정치론을 현실정치에서 구현하려고 노력했다. 특히 세종은 민생에 직접적인 영향을 미칠 세제개혁 과정에서 구성원들이 수긍[同然]할 수 있도록 공론화 과정을 효과적으로 작동시켰다. 뒤에서 자세히 살펴볼 세종의 세제개혁은 한마디로, 중앙에서 파견된 조사관이 풍흉의 정도를 보고 세액을 매기는 '손실답험법'(損實踏驗法) 대신, 토지의 비옥도와 지역별 일기에 따라 국가에서 정한 일정액을 내도록 하는 '공법'(貢法)으로의 전환을 말한다. 그런데 중요한 점은 세종이 무려 '17년 동안의 긴 토론(1427~1444)'을 거쳐, 3단계의 공론화 과정을 거치면서 반대자들까지도 그 제도의 필요성을 인정한 상태에서 시행에 들어갔다는 사실이다.

2.2. 조·용·조 세법과 답험손실법의 문제점

그렇다면 조선 초기의 세제는 어떤 것이며, 그것의 문제점은 무엇이었는가? 여기서 그 자세한 것을 살펴볼 수는 없지만,[12] 세종의 세제 개혁과 관련한 세법에 관한 사항만을 간략히 살펴보면 다음과 같다.

우선 조선 초기의 국가재정은 당나라의 조(租)·용(庸)·조(調) 세법에 기초를 두고 있었다. 즉 "군대와 나라를 경영하는 데 들어가는 비용[軍國所要]"은 고려시대부터 내려온 ① 토지에 대한 조세(田稅: 租)와, ② 인신(人身)에 대한 역(常搖: 庸), 그리고 ③ 민호(民戶)에 대한 공물(雜貢: 調)로 충당되었다.(28/04/30 丁卯)[13] 이 가운데에서 국가재정의 가장 중요한 몫을 차지하는 전세는 고려말 토지제도의 문란으로 점점 위축되었다. 즉 "부자는 밭두둑이 잇닿을 만큼 토지가 많아지고, 가난한 사람은 송곳 꽂을 땅도 없"는 상황이 되면서 수세의 대상이 줄어들고, 마침내 "국가의 재용이 부족"[14]한 지경에 이른 것이다. 이 때문에 태조 이성계는 "사전(私田)을 혁파하는 일을 자기의 소임으로" 생각하여 "나라 안의 토지[境內之田]를 모두 몰수하여 국가에 귀속시키고, 인구를 헤아려서 토지를 나누어 주려"고까지 했다. 그러나 "당시의 구가세족(舊家世族)들이 자기들에게 불편한 까닭으로 입을 모아 비방하고"[15] 방해하여, 끝내 이러한 시도는 이루어지지 못했다.

조선 초기의 불합리한 수취제도는 바로 이 같은 달성되지 못한 사전혁파 시도와 관련이 있었다. 즉 "옛날에는 토지를 관에서 소유하여 백성에게 주었으니, 백성이 경작하는 토지는 모두 관에서 준 것"[16]이

---

12) 조선 초기 토지제도와 세제에 관한 자세한 사항은 이경식(1986; 1998)과 강제훈(2002)의 책을 참조할 것.

13) 정도전, 《삼봉집》, 〈조선경국전〉 上, 賦稅(254, 255).

14) 위의 책, 經理·賦稅(251, 255).

15) 위의 책, 經理(252).

라는 조선 건국자들의 '토지 공개념'(田在於官)과, 토지의 개인 소유권 개념에 입각한 지주들의 현실적인 '토지사유현상' 사이에서 전세 수취구조는 불안정하게 지속되었다.

1401년(태종 1)에 손실답험법이 제정, 실시된 뒤에도 전세의 수취는 안정되지 않았다. 농민 부담을 공평히 하기 위해 작황을 10등급[分]으로 나누고 흉작의 정도[損]에 따라서 전세를 깎아 주는 손실답험법은,[17] 제도 자체로서는 이상적이었다. 하지만 실제로는, 공전의 경우 조사관의 농간이나 착취가 심했고, 사전의 경우도 전주의 과중한 세율 책정 등으로 공정을 기하기 어려웠다. 뿐만 아니라 실황답사 비용이라는 구실로 허다한 잡세를 붙여 원 조세보다도 오히려 부담이 더 큰 실정이었다. 즉 "태종께서…… 주(周)나라 때에 농정을 맡은 관원이 들을 돌면서 농작의 실태를 관찰하던 법에 의거하여, 모든 전지를 순회 심찰하여 손실에 따라 세금을 감면하는 법[隨損給損法]을 제정하여 시행"했으나, 전지를 순회 심찰하는 "위관이란 자는 거의가 각 고을의 일수(日守), 서원(書員)의 무리로서,…… 손(損)이나 실(實)의 분별이 모두 그 중정(中正)을 잃었기 때문에, 농민들은 여러 날을 두고 그들의 대접에만 바쁠 뿐 실제로는 아무 혜택도 입지 못하는 실정이니, 이것이 다년간의 통환(通患)"(12/08/10 戊寅)이라는 지적이 그것이다.

요컨대 수확량의 1/10을 전세율로 정하되, 흉작 정도를 감안해 액수를 다르게 매기는 손실답험법은 답험자의 자의적 평가와 아전들의 농

---

16) 위의 책, 經理(251): "田在於官而授之民 民之所耕者 皆其所授之田."

17) 작황을 10등급[分]으로 구분하여 흉작[損]이 1등급이며 전세[租] 1등급을 감해 주고 흉작 2등급이면 전세 2등급을 감해 주는 방식이다. 이처럼 흉작에 준하여 점차로 전세를 감면하다 흉작 8등급에 이르면 전세 전액을 면제했다. 이를 위해 공전인 경우에는 국가가 관리를 파견했고, 사전인 경우에는 전주가 농작의 실황을 일일이 답사하여 그 조사결과에 따라 전조를 부과했다.

간으로 농민 부담이 가중되는가 하면(00/08/17 甲午), 국고 수입을 위축시키는(12/8/10 戊寅) 폐단이 있었다. 때문에 좀더 객관적인 기준에 따라 일정한 세금을 매기는 공법(貢法)의 필요성이 줄곧 제기되어 왔다.

3. 세제개혁 과정과 공론 형성의 리더십

3.1. 1차 공법 논의와 여론조사 — 세제개혁의 1단계

세종은 손실답험법의 이 같은 문제점을 즉위 초부터 인식하고, 이를 해결할 방책을 모색했다. 그가 생각한 방책은 공법이라는 새 제도, 즉 평년의 수확량에 근거하여 "일정량을 바치게 하는 제도[一定之法]"(28/04/30 丁卯)였다. 그는 이 정액세제를 통해 국가재정을 확충하는 한편 백성들의 고통도 줄일 수 있다고 보았다.(18/10/05 丁卯) 즉위한 직후에 세종은 수령이나 위관이 "손실(損實)을 답사하여 증험"하는 것이 현실적으로 어렵다는 호조의 지적에 동의하고 있으며(0/08/17 甲午), 재위 3년에는 "간활한 아전들의 농간"을 줄이기 위해 "답험할 때 경작자에게 종이 한 장에다가 실제 수확을 기록하여 부본을 내어주도록"(3/09/07 丁卯) 했다. 뿐만 아니라 재위 9년에는 다음과 같이 수취 제도의 개혁방안을 묻고 있다.

> 예로부터 제왕(帝王)이 정치를 할 때는 반드시 일대(一代)의 제도를 마련해 왔으니…… 다스림을 이루는 요체는 백성을 사랑하는 것보다 앞서는 것이 없다. 백성을 사랑하는 시초란 오직 백성에게 취하는 제도에 달려있다. 지금에 와서 백성에게 취하는 것은 전제(田制)와 공부(貢賦=공물)만큼 중한 것이 없는데, 전제(田制)는 해마다 조정에서 조사관을 뽑아서 여러 도(道)에 나누어 보내, 손실을 실지로 조사하여 적중(適中)을 얻고자

했다. 그런데 간혹 조사관으로 간 사람이 나의 뜻을 따르지 않고, 백성의 고통을 구휼하지 아니하여, 나는 이를 매우 못마땅하게 여겼다.…… 공법 (貢法)을 사용하면서 이른바 좋지 못한 점을 고치려고 한다면, 그 방법은 어떠해야 하겠는가.…… 모두 진술하여 숨김이 없게 하라. 내가 장차 채택하여 시행하겠노라.(9/03/16 甲辰)

문과 시험의 책문(策問)으로 출제된 이 글에서 세종은 좋은 정치의 방책이 좋은 수취제도의 마련에 있다고 보고, 당시 손실답험법의 문제점과 공법의 필요성을 지적하고 있다. 즉 "손실을 실제로 조사하는 일이…… 기분에 따라 올리고 내려지기" 때문에 "백성이 그 해를 입게" 된다는 것이다. 따라서 "여러 해의 중간을 비교하여 일정한 것을 삼는"(9/03/16 甲辰) 공법의 제정이야말로 '인정'(仁政)을 실현하기 위한 기본 조건이라는 것이 세종의 생각이었다.

"여러 해의 중간 수량을 참작하여 결정한다"(18/10/05 丁卯, 19/07/09 丁酉)는 말에 나타난 것처럼, 공법의 특징은 몇 년 동안의 수확고를 평균하여 평년의 수확량을 책정하고, 이를 기초로 토지소득세의 비율[田租率]을 정하는 데 있다. "일정한 법을 이루게" 하는 방식은 구체적으로, "여러 도의 토지 품등을 먼저 정하여 3등으로" 나누는데, 경상·전라·충청 3도는 상등, 경기·강원·황해 3도는 중등, 함길·평안 2도는 하등으로 분류한다. 그리고 그동안 시행해 왔던 토지의 비옥도에 따른 품등(상전·중전·하전)을 이상 각 도의 분류에 적용한다. 이렇게 해서 모두 9개의 분류기준을 만드는 것을 말한다.(18/10/05 丁卯)

그런데 "조정의 논의가 분분"(18/10/05 丁卯, 19/07/09 丁酉)했다는 세종의 지적처럼, 당시 조선의 관리와 백성들은 공법의 시행을 둘러싸고 서로 다른 주장과 태도를 보였다. '17년 동안의 긴 토론'에 나타난 의견대립이 그것이다. 즉 1427년(세종 9)에 공법에 대한 논의가 시작되어, 1444년(세종 26)에 전분연분법(田分年分法)이라는 방식의 최종 공법안이 채택되기까지의 논란이 그 어려움을 말해 준다. 세종은 이 기간에 전국적인 여론조사를 실시하는 한편(1단계), 관인들에게 그 찬반의 이유와 효과적인 실시방안을 보고하게 했다(2단계). 그리고 최종적으로, 재상과 공신 등 고위관료들로 하여금 어전회의에서 오랜 토론을 하게 하여, 개혁의 피해자들까지도 모두 수긍한 상태에서 비로소 공법을 시행하게 했다(3단계). 공법 제정에 관한 '긴 토론' 과정을 논의의 진행 과정에 따라 살펴보면 다음과 같다.

첫째, 전국적인 여론조사 단계이다. 앞의 책문에서 '공법의 시행방법'을 물었던 세종은, 그 다음 해(1428, 세종 10)에 손실답험법의 문제점을 지적하면서, 황희(黃喜) 등에게 공법 시행에 문제가 없는지를 알아보라고 했다. 이 자리에서 좌의정 황희는 "공법을 본떠서 많고 적은 중간을 비교하되, 전지(田地) 몇 부(負; 1부=154.2㎡)에 쌀 몇 말[斗]의 수량을 미리 정해, 추수기마다 각 도의 각 고을로 하여금 농사의 풍흉을 살펴서 3등(等)으로 나누어 아뢰게 하고, 이에 따라 세(稅)를 징수"(10/1/16 己亥)하자고 했다. 공법을 받아들이되 ("중간을 비교하되") 답험법도 ("풍흉을 살펴서") 아울러 시행하자는 주장이었다. 그러나 이 같은 주장은 공법을 적극 시행하려던 세종의 기대에 미치지 못했다.

세종은 그로부터 22개월이 지난 1429년 11월에 다시 이 문제를 거론했다. 그는 "답험할 때의 폐단"을 또다시 지적하면서 "연전에 공법의 시행을 논의하고도 지금까지 아직 정하지 못했다. 그런데 우리나라의 인구가 점점 번식하고, 토지는 날로 줄어들어 의식이 넉넉하지 못하니 슬픈 일이다. 만일 이 공법을 세우게 된다면, 반드시 백성들에게는 후하게 되고, 나라에서도 일이 간략하게 될 것"이라면서, "우선 이 법을 행하여 1, 2년 동안 시험해 보는 것"(11/11/16 戊午)이 어떻겠는지, 그리고 신민들은 어떻게 생각하는지 호조로 하여금 알아보게 했다.

약 4개월이 지난 1430년(세종 12) 3월에 올린 호조의 보고를 보면, 호조는 '신민들의 의향'을 알아보라는 지시는 생략한 채, 답험 손실의 폐해와 공법 시행의 방법만 말하고 있다. 즉 "매양 벼농사를 답험할 때가 되면…… 위관(委官)과 서원(書員) 등이 혹은 보는 바가 밝지 못하고…… 간활한 아전[姦吏]들이 꾀를 부려서 뒤바꾸어 시행하게 되매, 비단 세액의 무겁고 가벼움이 적중하지 못할 뿐만 아니라, 그들을 접대하는 비용과 분주히 내왕하는 수고 등 폐단이 적지 않은"바, "이제부터는 공법에 의거하여 전답 1결(結)마다 조세[租] 10말을 거두게 하되, 다만 (토지가 상대적으로 척박한) 평안도와 함길도에서는 1결(=100부)에 7말을 거두게"(12/03/05 乙巳) 하자는 제안이 그것이다.

이 보고에 만족하지 못한 세종은, 위로 고위관료에서 아래로 농민에 이르기까지 광범위한 여론조사를 실시하게 하는 한편, 관인들로 하여금 "가부의 의논"을 올리게 했다. 즉 앞의 호조의 보고에 대해서 세종은 "의정부·6조와, 각 관사와 서울 안의 전임[前銜] 각 품관과, 각 도의 감사·수령 및 (현임) 품관으로부터 여염(閭閻)의 세민(細民)에 이르기까지 모두 가부를 물어서 아뢰게 하라[悉訪可否以聞]"(12/03/05 乙巳)고 명하고 있다.(1단계 전국적인 찬반 여론조사)

3.2. 관료들의 숙의와 찬반 논의 ― 세제개혁의 2단계

둘째, 관인(官人)들의 숙의 단계이다. 전국적인 여론조사가 마무리될 즈음에 호조판서 안순(安純)이 "공법의 편의 여부를 가지고 경상도의 수령과 인민들에게 묻사온즉, 좋다는 자가 많고, 좋지 않다는 자가 적었으며, 함길·평안·황해·강원 등 각 도에서는 모두들 불가"하게 생각한다고 보고했다. 토지가 상대적으로 비옥한 남쪽의 전라도와 경상도를 제외한 북쪽 지역의 사람들이 "반대"한다는 것이다. 이에 대해서 세종은 "백성들이 좋아하지 않는다면 이를 행할 수 없다. 그러나 농작물의 잘 되고 못 된 것을 답사 조사할 때에 각기 제 주장을 고집하여 공정성을 잃은 것이 자못 많았고, 또 간사한 아전들이 잔꾀를 써서 부유한 자를 편리하게 하고 빈한한 자를 괴롭히고 있어, 내 심히 우려하고 있노라. 각 도의 보고가 모두 도착해 오거든 그 공법의 편의 여부와 답사의 폐해를 구제하는 일 등을 백관으로 하여금 숙의하여 아뢰도록 하라[令百官熟議以啓]"(12/07/05 癸卯)고 명했다. 민인(民人)들의 여론조사 결과[各道所報]가 모두 올라온 다음에, 그 결과를 참조하여 백관들로 하여금 공법에 대한 의견과 개선책을 문서로 보고[以啓]하라는 것이다.(백관의 의견조사)

  한 달 뒤에 발표된 여론조사의 전체 결과를 보면, 전국적으로 관민은 찬성 쪽이 9만 8657인으로 반대한 7만 4149인보다 많았다. 이는 인구가 많은 남쪽 지방의 관민들이 토지생산력을 감안해 정액세법인 공법이 유리하다고 판단, 찬성 쪽에 집중적으로 표를 던졌기 때문이었다. 토지생산력이 낮은 함길·평안 양도의 경우 찬성 1,410 대 반대 3만 5912로 반대하는 쪽이 절대 우세한 데 견주어, 경상·전라 양도에서는 6만 5864 대 664로 찬성하는 쪽이 절대적으로 우세하게 나타난 결과였다. 그런데 흥미로운 것은, 도성 안[京中]의 전현직 관리들의 여론조사 결과다. 즉 도성 안의 전·현직 3품 이하의 관인은 702 대 510으로 찬성 쪽이 다소 우세한 반면, 여산부원군 송거신 등 공신(功臣)을 비롯해 좌의정 황희, 우의정 맹사성 등 다수의 전·현직 고위 관료는 공법 시행을 반대했다. 우선 공법을 반대한 좌의정 황희와 우의정 맹사성 등의 말을 들어보면 다음과 같다.

경전(經傳)에 이르기를, "전지를 다스리는 데는 조법(助法)보다 더 좋은 것이 없으며, 공법보다 더 나쁜 것이 없다"(治地 莫善於助 莫不善於貢)고 했습니다. 우리 조선이 개국한 이래 조세를 거둘 적에 수손급손법(隨損給損法)을 제정하니, 이는 실로 고금을 참작한 것으로 만대라도 시행할 만한 좋은 법인지라 경솔히 고칠 수 없습니다.…… 대저 비옥한 전토를 점유하고 있는 자는 거의가 부강(富强)한 사람들이며, 척박한 전토를 점거하고 있는 자는 거의가 빈한한 사람들이온데, 만약 호조에서 신청한 공법에 의해 시행한다면, 이는 부자에게 행(幸)일 뿐, 가난한 자에게는 불행한 일이 되고 말 것입니다.(12/08/10 戊寅)

용자(龍子)의 이른바 '공법 불선론'(貢法不善論)[18]과 '조종(祖宗)의 법'을 근거로 세제개혁을 반대하는 이들 고위관료들은, 공법을 시행할 경우 척박한 전토를 가진 가난한 사람들이 더욱 어려워질 것이라고 지적하고 있다.

이에 견주어 공법 실시를 찬성하는 사람들은 답험손실 과정에서 발생하는 폐해를 지적하면서, 이 같은 "다년간의 통환(通患)"을 없애기 위해서, 또는 국고 수입을 늘리기 위해서라도 공법을 시행해야 한다고 주장했다. 그런데 이들은 대부분 답험손실법과 병행하거나 특정 지역에만 시범 실시하는 것을 조건으로 내세운 '조건부 찬성' 쪽이었다. 예컨대 성주목사(星州牧使) 이흡(李洽) 등은 "국가 재정의 허소(虛疎)"를 만회하기 위해서라도 "한두 주현(州縣)에다 토지의 품질을 심사하여 등급을 정하고 공법을 시행하되, 몇 해 동안 시험 실시한 뒤에 행하는 것이 옳을 것"(12/08/10 戊寅)이라고 말했다. 서울의 지돈녕부사

---

18) "용자(龍子)가 말하기를 '토지를 다스림은 조법(助法)보다 좋은 것이 없고, 공법(貢法) 보다 나쁜 것이 없으니, 공(貢)이란 몇 년의 중간치를 비교하여 일정한 수를 내게 하는 것이다[校數歲之中 以爲常]. 풍년[樂歲]에는…… 적게 취하고, 흉년에도…… 일정액을 채우려' [하기 때문이다]."(《孟子》 滕文公上 3)

(知敦寧府事) 안수산(安壽山) 등도 다음과 같이 '병행론'을 주장했다.

> 공법은 오늘의 현실로 보아 시행하는 것이 좋겠습니다. 신이 민간에서
> 의 가부의 의논을 듣자오니, 평야에 사는 백성으로 전에 납세를 중하게
> 하던 자는 모두 이를 즐겨서 환영하고, 산골에 사는 백성으로 전에 납세를
> 경하게 하던 자는 모두 이를 꺼려 반대하고 있사온데, 이는 각기 민심의
> 욕망에서 나온 것입니다. 나라를 다스리는 길은 마땅히 민심을 따르는 데
> 있습니다.…… 그러므로 좋다고 말하는 백성들에게는 그 뜻에 따라 공법
> 을 시행하고, 좋지 않다고 말하는 백성들에게는 그 뜻에 따라 전대로 수손
> 급손법을 시행하소서.(12/08/10 戊寅)

즉 상대적으로 토지가 기름진 평야지대의 백성들은 정액세법을 실
시하면 납세 부담이 줄어들 것을 기대하며 "즐겨 환영"하는 것과 달
리, 토지가 척박한 산골지대 사람들은 공법 실시로 납세가 무거워질
것을 우려하여 '반대'한다는 것이다. 실제로 안수산 등이 지적한 것처
럼, "경상도에서는 수령 55명과 품관·촌민 등 3만 6262명은 모두 '좋
다' 하고, 수령 16명과 품관·촌민 377명은 '좋지 않다'"고 한 데 견주
어, "평안도의 수령 6명과 품관·촌민 등 1,326명이 '좋다' 하고, 관찰
사 조종생(趙終生)과 수령 35명, 그리고 품관·촌민 등 2만 8474명은
모두 '좋지 않다'"고 했다. 또한 "전라도에서는 수령 42명과 품관·촌
민 등 2만 9505명은 모두 '좋다'고 말하고,…… 관찰사 신개(申槩), 도
사(都事) 김치명(金致明), 그리고 수령 12명과 품관·촌민 등 257명이
'좋지 않다'"고 한 반면, "황해도의 수령 17명과 품관·촌민 등 4,454
명이 '좋다'고 한 데 견주어, 수령 17명과 품관·촌민 합계 1만 5601
명은 '좋지 않다'"고 했다.(12/08/10 戊寅)

이처럼 "백성의 의향"이 찬성 쪽에 기울어져 있었다. 그런데도 세
종은 공법 시행을 무기한 연장하는 결정을 내렸다. 그 이유는 여러

측면에서 살펴볼 수 있겠으나, 우선 공법 찬성론의 논리적 빈약과 "조종의 법을 바꾸는" 것에 대한 부담(18/02/23 己未), 그리고 황희 등 고위관료들의 반대 등이 작용했던 것으로 보인다. 즉 공법 반대론자들에 비해서 시행론자들은 조건부 또는 병행론을 주장하는 등 태도가 분명하지 못했다. 그러나 더 중요한 실시 연기의 이유는, 조정 관료들 사이의 의견 대립이었던 것으로 보인다. "내가 일찍이 강개한 생각[慨念]으로 공법을 시행하고자 하여……, 모든 대소 신료들과 서민들에게까지 물어보매, 시행하기를 원하지 않은 자가 적고, 시행하기를 원하는 사람이 많았으니, 백성들의 의향을 또한 알 수 있었다. 그러나 조정의 의논이 분분하여 잠정적으로 정지하고 시행하지 않은 지가 몇 해가 되었다"(18/10/05 丁卯)는 세종의 회고가 그것이다. 정책을 입안하고 추진할 조정의 관료, 무엇보다 고위관료들의 반대를 무릅쓰고 공법을 제정하기에는 사실상 역부족이었던 것이다.

그 결과 전국적인 여론조사까지 거친 공법 논의는 말 그대로 '논의' 단계(1차 공법 논의)에 머물고 말았다. '논의' 단계를 넘어 정책으로 구현되기까지는 6년이라는 공백과 2년 동안의 재논의(2차 공법 논의), 그리고 다시 6년 동안의 유보가 필요했다.

4. 2차 공법 논의와 그 채택

4.1. 어전회의와 공법상정소의 설치 ─ 세제개혁의 3단계

공법 시행을 원하는 백성이 더 많았는데도 조정 고위관료의 반대 속에서 무기한 연기된 공법은, 1436년(세종 18)에 이르러서야 국왕에 의해서 다시 거론된다. 즉 세종은 "근래에 답험" 때문에 "국가의 (재정) 손실"이 심각한 상태에 있음을 지적하면서, 그럼에도 "조정의 신료들이 각각 그 소견을 고집해서 의논이 부산한데, 어떻게 처리하면 좋겠는가" 하고 물었다. 이에 대해 대사헌 이숙치(李叔畤)와 찬성 신개(申槩) 등은 "성상의 하교가 옳습니다. 근래 손실을 답험하는 폐단이 더욱 심하니, 공법을 시행하는 것이 좋겠습니다"라고 대답했다. 그러자 세종은 "내가 세상 일[世務]에 통달하지 못하니 조종의 법을 경솔히 고칠 수 없었다. 이 때문에 공법을 지금까지 시행하지 못했다. 그러나 지금 그 폐단이 이와 같으니, 1, 2년 동안 이를 시험해 보는 것이 어떻겠는가"(18/2/23 己未)라며 공법 시행을 다시 제의했다.(2차 공법 논의 시작) 그 사이에 조정에서는 손실답험관의 선발(12/08/21 己丑)과 그들의 접대비용 부담 문제(12/10/01 戊辰), 그리고 손실답험관에 대한 포폄 문제(12/10/10 丁丑)를 논의하는 등 답험의 폐해를 최소화하려는 노력을 했다.

그런데 '손실답험법이 더욱 악화되었다'는 이숙치 등의 말에서 보듯이, 당시는 더 이상 손실답험을 계속할 수도 없는 상황에 이르렀던 것 같다. 이 상황에서 세종이 취한 것은 숙의(熟議)와 전담기구의 마련이었다. 즉 그는 공법 실시 여부를 어전회의에서 계속 의논하게 하여 예상되는 후유증을 검토하는 한편, 세제개혁을 전담한 임시기구(공법상정소)와 법제(공법절목)를 마련하게 했다.

첫째, 어전회의에서 계속되는 공법에 대한 논의다. 2차 공법 논의가 시작된 지 석 달 뒤, 세종은 다시 영의정 황희 등을 불러 공법 시행 여부를 의논하게 했다.(3단계 어전회의에서 숙의) 이 자리에서 황희는 먼저 토지의 등급을 도(道) 단위로 매기는 것의 문제점을 지적했다. 즉 "각 도 안에 혹은 좌·우도로 나누어지기도 하고, 혹은 경계를 나눈 우두머리 고을에는 토지의 품질이 비옥하기도 하고 척박하기도 하여 전연” 다르다는 것이다. 따라서 “마땅히 도행장(導行帳, 토지대장)을 상고해서 지난해의 손실에 따라 (같은 도일지라도) 어느 고을은 상등(上等)으로 하고, 어느 고을은 중·하등(中下等)으로 하여, 조세 받는 수를 작정하게 하소서”(18/05/21 丙戌)라고 말했다. 손실답험법을 ‘만대라도 시행할 만한 좋은 법인지라 경솔히 고칠 수 없다’던 6년 전의 입장과 달리, 공법의 시행, 즉 ‘토지대장과 지난해의 손실에 근거해 지역별로 일정액을 작정’하게 하자는 주장을 편 것이다.

무엇이 이들의 생각을 바꾸게 했을까? 손실답험법의 폐해와 국가재정의 곤란, 국왕의 일관된 태도, 그리고 무엇보다도 고위관료를 포함한 개혁 피해자들의 공법 실시에 대한 대비 등이 반대하던 세력으로 하여금 찬성 쪽으로 돌아서게 했던 것으로 판단된다. 이에 대해서 세종은 “이 일은 경솔하게 할 것이 못 되니, 내일 다시 의논하자”고 하여 일단 이 문제를 미루고 있다. 다음날에는 황희 등이 “각 도를 나누어서 3등으로 하되, 경상·전라·충청도를 상등으로 하고, 경기·강원·황해도를 중등으로 하며, 평안·함길도를 하등으로 하고, 토지의 품등은 한결같이 도행장대로 3등으로 나누어, 지나간 해의 손실수와 경비를 참작해서 세액을 정하소서”(18/05/22 丁亥)라고 제안했다. 세종은 이들의 제안을 받아들여 공법 절목을 마련하게 했다.

둘째, 세제개혁 담당기구의 설치와 시행방식의 구체화다. 공법절목(貢法節目)에 따라서 세종은 그 다음달에 공법상정소(貢法詳定所)를 설치하고(18/06#15 己卯) 구체적인 시행시책을 마련하게 했다.[19] 이를 담당한 호조는 “몇 해 동안의 중간 수량을 비교하여 일정한 법을” 만들

---

19) 세종은 공법상정소(貢法詳定所)나 전제상정소(田制詳定所)와 같은 태스크 포스팀을 효과적으로 활용했으며, 하급관료들을 적극 참여하게 하여 새 제도의 처음 의도가 실시단계에서 왜곡되지 않도록 했다.

되, "각 도의 등급과 토지 품질의 등급으로 수세하는 수량을 정해" 상등도(上等道)의 상등 토지에서 하등도의 하등 토지에 이르기까지 9단계를 20두에서 12두까지 차별하여 거두는 방안을 제시했다.(18/10/05 丁卯) 그러나 이 시기에도 여전히 반대 주장이 있었다. 즉 토지대장에 매겨져 있는 상·중·하의 토지등급에 대해 불만이 있는 사람들이 "공평하지 못하다는 한탄"을 하고 "원망의 소리로 들고 일어날 것"인 바, "종전대로 시행하기"(18/06/#19 甲申) 바란다는 주장이 그것이다.

이에 세종은 다시 공법의 시행방안을 의논하여 아뢰게 했다. 먼저 세종은 다음과 같이 공법에 대한 자신의 견해를 말한 뒤, 구체적인 시행조목을 보고하라고 지시했다. 즉 "고려의 말기에는 토지제도가 크게 허물어져서, 우리 태조께서 즉위하여 먼저 토지의 경계를 바루고 조세 받는 수량을 정하셨다.…… 내 항상 공법을 행하고자 하여 몇 해 동안의 중간 수량을 참작해서 답험하는 폐단을 없애버리고, 여러 대소 신료로부터 서민에 이르기까지 물어보았다. 그 결과 공법을 반대하는 자가 적고 시행하기를 원하는 자가 많았다. 이로써 백성들의 지향하는 바를 가히 알았다. 그러나 조정의 논의가 분분해서 잠정적으로 그대로 두고 행하지 않은 지가 몇 해가 되었다.…… (이제) 호조에서는 전대의 폐단이 없었던 법을 상고하고, 이 뒷세상에 오래도록 행할 만한 방법을 참작하여, 아울러 시행할 사목들을 세밀하게 마련해서 아뢰라"(18/10/05 丁卯)는 말이 그것이다.

이에 대해, 호조는 '9단계 세법'을 거론하면서 공법의 실시는 당시의 관청과 민간에 편리할 뿐 아니라 옛날의 좋은 제도를 회복한다는 의미도 있다고 보고했다.

대개 이 법이 한 번 세워지면 사람들이 모두 조세 바치는 수량을 미리 알아서 스스로 바치게 될 것이니, 한 사람의 관리에게 명령을 내리고 한 장 종이의 글을 허비하지 않더라도 세법은 만세에 시행될 것입니다. 비록 흉년을 당하면 혹시 조금 가중하다는 의논이 있기도 하겠지마는, 풍년에 징수한 것이 이미 가벼웠다면 또한 이것으로 저것을 보상할 수가 있을 것입니다. 또 그동안 민간을 소란스럽게 했던 폐단과, 명목이 없는 비용을 영구히 근절할 수가 있다면, 백성의 이익 되는 바가 많아질 것이니, 거의 지금 실정에 적합하다고 하겠습니다. 실로 관청과 민간에 편리하고 옛날의 공법의 좋은 점에도 합치될 것이니 이것으로써 일정한 법식으로 정하여 1, 2년 동안 시험해 보소서.(18/10/05 丁卯)

정액세법에 따른 자발적 납세로 인력과 비용이 절감되며, 풍년의 가벼운 조세로 흉년의 손해를 만회할 수 있다는 계산, 그리고 무엇보다도 손실답험 과정의 폐해를 없앨 수 있다는 점에서 '관청과 민간에 모두 편리하다'는 이 같은 주장은 나름대로 설득력을 가지고 있었다.

그러나 세종의 신중한 자세와 당시에 든 흉년으로 공법의 전국에 걸친 시행은 미루어졌다. 즉 세종은 "지금 공법을 행하는 것은 본래 백성에게 편리하게 하려는 것이다. 다만 생각해 보니, 금년은 각 도의 풍흉이 한결같지 아니한데, 새로운 법을 제정한 초창기에 만약 일체로 이를 시행한다면 근심과 탄식이 일어날까 염려된다. 그러므로 금년의 전세는 경상·전라 양도에서만 공법에 의거해 시행하고, 그 나머지"는 유보하라고 지시했다.(19/08/07 甲子) 그런데 전라도와 함께 공법을 시행하기로 예정되었던 경상도 지역의 감사가 흉년을 이유로 공법 시행을 미루자고 건의했다.(19/08/22 己卯) 이 때문에 부분적인 시행도 전면 재검토되었다. 도승지 신인손(辛引孫)과 세종의 다음 대화는 공법 시행의 정당성 근거와 세종의 태도를 잘 보여주고 있다.

신인손: "지금의 공법은 ① 여러 고전에 근거가 있고 ② 시대의 사정에 맞
을 뿐만 아니라, ③ 대신들과 의논하여 이를 만들었으니 진실로 정당
한 법이옵니다. 그런데 비록 몇몇의 도에서 약간의 풍년이 들었다 하
나, 올해는 실농한 곳이 많사옵니다. 연이은 흉년으로 백성이 저축해
둔 것이 없는데, 갑자기 공법을 일제히 시행하게 되면 민간에서 곤란
하고 고생되는 것을 염려하지 않을 수 없사옵니다. 근자에 들으니, 서
울 안[京中]과 지방에서 인심이 흉흉하여 이 법을 좋아하지 않고 신
문고를 치면서 상언하는 자까지 있다고 하옵니다. 대개 이 법은 풍년
이면 백성들에게 좋고 흉년이면 백성들에게 해가 되는 것이오니, 우
선 공법을 정지하소서. 다시 손실의 법을 임시적으로 시행하면서 풍
년을 기다리는 것이 매우 편리하겠사옵니다."

세 종: "나의 뜻도 또한 그러하다. 다만 이미 정해졌기 때문에 경솔하게
고치지 못할 뿐이다. 이제 억지로 공법을 행하게 되면 백성이 혹은
유리(流離)되고 혹은 사망하는 자가 있을까 참으로 염려된다.…… 그
런데 당초에 대신들과 더불어 물어서 정한 일이라, 나 혼자 마음대로
할 수 없으니, 공법 제조(貢法提調)에게 의논하여 아뢰라."

황희 등: "실로 전하의 하교와 같사오니, 금년의 조세를 거둘 때에는 우선
그 전의 경우와 같이 경차관을 나누어 보내서 손실에 따라 손실한 만
큼 세금을 줄여주소서."

신개 등: "이미 시행하기로 한 것을 경솔히 고칠 수는 없습니다. 농사를
전부 망친 곳에만 관원을 보내어 살펴보게 하고 조세를 줄여주소서."

세 종: "여러 담당 관료들의 의논이 같지 않으니 정부와 육조가 함께 의논
하여 아뢰라."(19/08/27 甲申; 일련번호는 인용자)

신인손이 지적한 것처럼 공법은 '고전에 근거하고' '실정에도 부합'
될 뿐만 아니라, 오랜 시간을 두고 '의논하여' 합의를 가져온 제도라
는 점에서 '진실된 법령'이라 할 수 있었다. 그럼에도 흉년으로 농사
를 망친 농민들이 정액세제 실시로 피해를 입을 우려가 있었다. 세종

이 공법을 강행하기보다는 종전의 손실답험법을 시행하자는 신인손과 황희의 주장과, '이미 시행하게 된 것을 경솔히 고칠 수 없다'는 찬성 신개의 말이 모두 일리 있다고 인정한 것은 이 때문이었다.

공법 시행을 둘러싼 논쟁은 그 다음날도 계속되었다. '공법 강행론'을 주장하는 참찬 최사강(崔士康) 등과 '영구폐기론'의 판서 권제, 그리고 '한시적인 중지'를 건의한 우의정 노한과 판서 황보인 등의 의견이 팽팽히 맞섰다.(19/08/28 乙酉) 결과적으로 세종은 노한·황보인의 의견에 따라 시행유보를 선택했다. 즉 그는 "공법은 옛일을 상고하고 지금을 참작해서 대신들과 더불어 의논하여 정한 것이고, 본래는 백성들에게 편리하게 하고자 한 것이었다. 내가 부덕하여 20여 년을 왕위에 있으면서 일찍이 한 해도 풍년이 없었고, 해마다 흉년이 들었으나 뒷세상의 풍년도 또한 기필할 수 없으니, 이 법은 단연히 시행할 수 없겠다. 그러나 이 법을 이미 정해서 전국에 반포했은즉, 후세의 자손이 필시 시행할 때가 있을 것이다. 그러니 이제 황희 등의 의논을 따르라"고 하여, 바로 정부에 전지를 내려 "각 도의 조세는 공법을 버리고 예전대로 손실법에 따라서 민생에게 좋도록 하게 하라"(19/08/28 乙酉)고 명했다. '후세의 자손이 필요하면 시행할 때가 있을 것'이라고 하는 말에서 법·제도에 대한 세종의 유연한 태도와 함께, 국정운영에서 '민생에 좋은 것'을 가장 우선하는 태도를 볼 수가 있다.

4.2. 최종 논의와 지역별 실시

셋째, 최종 논의와 지역별 실시 단계다. 시행이 유보되었던 공법은 1년이 지난 1438년(세종 20) 여름에 다시 거론되었다. 세종은 1년 전 자신의 발언을 염두에 둔 듯, "공법은 지금 시행하지 않더라도 후세 자손들이 반드시 다시 의논하여 시행하려는 자가 있을 것이지만, 이미 법제가 제정되었고 인민들도 익히 알고 있는 터이니, 그냥 내버려둘 수도 없다"고 말했다. 이미 법제화된 새 제도가 이제는 인민들에게 충분히 알려져 있었고, 작년과 달리 올해는 강우량도 풍부하니, 한번 시행해봄직 하지 않느냐는 것이었다.

세종은 뜻밖에 '2차 여론조사'를 제의했다. 이번에도 찬반 양론의 대립 속에서 그 시행이 지지부진해질 것을 우려한 때문이었다. "나는 경상·전라 양도의 인민들 가운데 공법의 시행을 희망하는 자가 많다고 들었다. 이제 이 지역의 민간을 방문하여[訪於民間] 백성들 가운데 희망하는 자가 2/3가 되면 우선 이를 두 도에 시행"해 보는 것이 어떻겠느냐는 것이었다.

전국에 걸친 여론조사가 아니라 경상·전라도의 인민을 대상으로 그 찬반 여부를 알아보자는 왕의 제의에 대해, 영의정 황희 등은 반대 의견을 표명했다. 이처럼 민생과 직결된 문제는 오히려 강원·황해도 지역에서 먼저 시행하여 인민들이 즐겨 따르게 된 뒤에, 남쪽 지방의 3개 도(下三道; 충청·전라·경상)에도 시행해야 폐단이 없다는 것이었다. 따라서 "다시 (지방 인민에게) 물어볼 필요가 없다"고 했다. 병조참판 신인손 또한 여론조사를 반대했다. "기근이 끝난 뒤에는 안정이 필요하며, 요동치는 것은 금물"인데, "만약 사람을 보내어 그 편리 여부를 묻게 되면 민간을 소요하게 하는 폐단"이 없을 수 없기 때문이라는 것이다. 호조판서 심도원은 여론조사를 해봤자 반대표가 더 많을 것이라고 했다. "대개 사람의 마음이란 새 법을 두려워하는 법인데, 이제 경상·전라도 백성들에게 물으실 것 같으면, 비록 시행을 원하는 자가 있다 하더라도 아마도 대세에 쏠려 (반대설에) 따를 것"(20/07/10 壬辰)이라는 것이다.

결국 이날 국왕의 2차 여론조사 제의는 대다수 신료들의 반대에 부딪혀 무산되고 말았다. 이에 세종은 그 다음날 세제 관련 담당자들을 불러 이 문제를 어전회의에서 논의하게 했다. 호조판서 심도원, 겸판 호조사 안순, 좌찬성 신개, 호조참판 우승범 등 세제 관련 책임자이자 공법 시행을 찬성하는 신료들로 구성된 이 회의에서, 참석자들은 "공법에 대한 편리 여부는 이미 현지 인민에게 물은 바 있사오니, 우선 경상·전라 양도에 그 편익(便益) 여부를 시험하게" 하자고 제의했다. 특히 우승범·안숭선 등은 "대사를 도모하는 자는 여러 사람과 더불어 모의하지 않는다 하옵니다. 우선 앞서 정한 법을 전라·경상 양도에 시험하게 하옵소서" 하고 강력히 주창해, 결국 "이로써 논의를 확정짓고, 경상·전라 양도에 공법을 시험 실시하게"(20/07/11 癸巳) 했다.

물론 이번에도 어려움은 많았다. 시험 삼아 실시하기로 한 "전라도의 비옥한 들판과 경상도 낙동강 좌우가 (홍수로) 물에 잠겨" 벼가 썩어가자, 그 지역 인민들이 공법 시행을 반대하고 나섰기 때문이다. 경상도 관찰사 조서강은 홍수 피해지역을 조사한 후 조세를 면제해 줄 것을 요청했다. 다시 공법 비판론이 제기되는 가운데 세종은 피해 조사관을 파견하는 한편, 직접 경기도 장단현(長湍縣) 들판을 답사해 보았다.(20/10/12 癸亥) 세종은 "빈익빈 부익부"와 그에 따른 "서민의 원망"을 내세워 공법을 비판하는 언관들에 대해서, "지금 큰 법을 세우고자 하는데 너희들이 이렇게 번거롭게 하는가"(21/07/21 丁卯)라며 시행에 쐐기를 박았다.

결국 공법은 경상·전라도에 이어 1441년 7월에 충청도에서도 시행되었다.(23/07/07 辛丑) 물론 그 뒤에도 공법에 대한 비판은 끊이지 않았다. 예컨대 최만리는 최윤덕의 야인 정벌(재위 15년 때의 '파저강 토벌')로 "창고가 비자 그것을 채우기 위해 공법을 시행했다"(23/11/#14)고 비판했다. 그러나 전체적인 분위기는 공법을 좋게 보는 쪽으로 바뀌고 있었다. "당초에 공법을 시행할 때에는 혹은 좋지 않다고 하기도 했으나, 시험해 본 뒤에 이르러서는 다 좋다고 한다"(24/07/27 乙酉)는 오치선의 민정 보고와, "백성들이 공법을 매우 편하게 여긴다"는 신개의 보고가 그것이다. 그 결과 줄곧 반대해 오던 황희까지도 "이미 시행하고 있는 공법을 모두가 따를 것"(26/06/06 甲申)이라고 말하기에 이르렀다. 이에 힘입어 세종은 1444년(세종 26)에 '전분6등 연분9등법'이라는 세제를 최종적으로 확정, 실시했다.20) 토지의 등급[田分]에 따른 6분할과, 그 해의 풍흉의 정도[年分]에 따른 9분할법에 결부법21)이 연결된 제도가 그것이다. 그리고 이 제도는 1444년에 하삼도 6현(縣)에서 먼저 시행되었고, 1450년에는 전라도, 1461년(세조 7)에는 경기도, 그리고 이듬해(1462)에는 충청도에, 그 다음해(1463)에는 경상도에 시행되었다. 또한 1471년(성종 2)에는 황해도, 1475년에는 강원도, 1486년에는 평안도, 그리고 1489년(성종 20) 영안도에 각각 시행되었다.

5. 맺음말

이상의 공법 제정과정에 나타난 세종의 공론화와 '숙의(熟議)의 정

---

20) 물론 그 뒤에도 공법에 대한 논란은 끊이지 않았다. 예컨대 1444년의 한확·김종서 등과의 논의(26/07/#23 庚子), 1446년 집현전 학자들과의 심야토론(28/06/18 甲寅) 등이 그것이다. 그러나 세종은 "이 공법을 세우게 되면, 반드시 백성들에게는 후하게 되고, 나라에서도 일이 간략하게 될 것"이라고 반대자들을 설득하곤 했다. "이 법이 한 번 세워지면 사람들이 모두 조세 바치는 수량을 미리 알아서 스스로 바치게 될 것이니, 한 사람의 관리에게 명령을 내리고 한 장 종이의 글을 허비하지 않아도 될 것이며…… 그동안 민간을 소란하게 했던 폐단과 명목이 없는 비용을 영구히 근절할 수가 있다면, 백성의 이익 되는 바가 많아질 것"이라는 신인손 등의 주장 또한 설득력이 있었다.
21) 즉 전분에 따라 수조율을 달리하는 것이 아니라, 등급에 따라 매 1결의 면적을 달리 계산하는[隨等異尺制] 원칙을 채용한 방식.

치'를 어떻게 평가할 수 있을까? 우선 세제개혁과 관련한 장애요인과 그것을 극복한 세종의 방책은 다음과 같이 정리할 수 있겠다.

첫 번째 장애요인은 기득권층인 고위관료들의 반대였다. 황희·맹사성 등은 공법과 같은 중간 수준의 정액세제는 척박한 토지를 가진 빈농(貧農)에게 불리하다는 이유로 세제개혁을 반대했다. 여기에는 자신들의 기득 이익을 고수하려는 의도도 있었겠지만, 이들의 주장은 나름대로 진실성을 담고 있었다. 따라서 이를 극복해 내는 것은 개혁 추진 세력에게 중요한 과제였다.

세종은 이 문제를 여론조사라는 그야말로 획기적인 방책으로 극복해냈다. 유교정치에서 강조되는 민심, 즉 "백성 다수가 찬성한다"는 사실이야말로 기득세력의 반대논리를 넘어서는 데 매우 효과적이라고 판단했기 때문일 것이다. 세종이 8년 뒤인 1438년에 2차 여론조사를 제의했을 때 — 1차 여론조사 때(1430)와 달리 — 거의 대다수 신료들이 반대하고 나선 것은, 이 방책의 효과와 '위험성'을 감지하고 있었던 때문으로 보인다. 즉 '다수 백성의 의견'이라는 카드는 자칫하면 국왕에 의해서 남용될 가능성이 얼마든지 있었다. 물론 세종과 같은 임금이 그러지는 않을 것이라고 생각했겠지만, 그럼에도 대다수 신료들은 겨우 마련된 공법시행안을 다시 고치거나 또는 '악화'되는 쪽으로 바뀌는 것을 우려했다. 2차 여론조사 없이 현재의 시행안을 따르자는 게 낫다는 심리가 신료들 사이에 조성된 것이다.

두 번째 장애요인은 상대적으로 척박한 이북지역 주민의 반대였다. 세종은 고위관료들의 반대논리를 극복하기 위해 여론조사를 실시했고, 또 나름대로 개혁의 정당성을 획득할 수 있었다. 그러나 다른 한편, 여론조사 결과 나타난 척박한 토지를 가진 백성들의 반대는 또 다른 걸림돌이었다. 납세자의 최소한의 동의가 뒤따르지 않은 조세제도란 예나 지금이나 효과적일 수 없기 때문이다.

세종이 이를 극복하기 위해 제시한 대안은 공법제도의 수정이었다. 즉 척박한 지역 주민에게 과도한 전세(田稅)가 매겨지지 않도록 보완책을 마련하게 한 것이다. 세종은 공법을 처음 논의할 때 '여러 해의 중간을 비교하여 일정한 세액'을 매기려던 생각을 가지고 있었다. 획일화된 중간세법이 그것이다. 하지만 논의가 진행되면서 그런 세법은 여러 가지 문제점을 가지고 있음이 드러났다. 남쪽 지역과 북쪽 지역의 차이, 같은 도 안에서 고을에 따른 비옥도의 차이, 흉년이 들었을 때의 난점 등이 그것이다. 세종과 신료들은 이런 문제점을 극복할 수 있는 세제, 즉 지역과 작황의 여건을 감안한 좀더 정교한 세제를 발전시켜 나갔다. 1436년에 각 도별·토지별[田分] 차등세액이 논의된 것과, 1444년의 최종안에 연도별[年分] 풍·흉작 상황에 따라 세액을 거두도록 정한 것이 그것이다.

셋째, 계속되는 가뭄·홍수와 같은 열악한 자연환경도 중대한 장애요인이었다. "나의 재위 19년 동안 홍수나 가뭄의 재앙이 없는 해가 없었다"(0/08/15 壬辰)는 상왕(태종)의 회고나, "20여 년의 재위기간에 한 해도 풍년이 없었다"는 세종의 지적처럼, 그 당시 계속되는 흉년 작황은 공법제도를 시행하는 데 불리한 조건이었다. 실제로 공법 담당기구와 절목이 만들어진 다음에도 바뀐 세제를 시행하지 못한 것은 좋지 않은 자연환경 탓이 컸다.

이런 불리한 여건을 극복하기 위해서 세종이 취한 방도는 시간별·지역별 안배였다. 즉 세제개혁안의 보완책을 마련하면서 작황이 나아지기를 기다리는 한편, 기근이 적은 지역부터 차츰 실시한 것이다. 또한 빗물이 흙 속에 미친 깊이를 재기 위해 "구리를 녹여 그릇을 만드는" 등 측우(測雨) 기술을 개발하고(23/04/29 乙未), 우리나라의 역법(曆

法)을 제작해 농시(農時)를 놓치지 않도록 하며(12/08/03 辛未), 우리나라 지형에 맞는 수차(水車)를 개발하여 시험하는(13/05/17 庚辰) 등 신농업 기술을 발전시킨 것도 자연환경을 극복하려는 노력의 일환이었다.22)

넷째, 세종과 개혁추진 세력이 부닥친 가장 큰 어려움은 아마도 개혁의 결과를 예측할 수 없다는 불확실성이었을 것이다. 개혁 반대자들이 늘 말하는 것처럼, 실패한 개혁은 돌이킬 수 없는 사회적 비용을 치르기 때문이다. 현상을 유지하다가 생긴 병폐는 하루아침에 고치면 그만이지만, 개혁하다가 생긴 병폐는 결코 원상복구가 되지 않는다는 논리가 그것이다. 특히 개혁의 결과로 얻게 될 성과가 장래의 것이고 불확실한 데 반해, 개혁과정에서 잃는 것은 현재적이고 가시적이라는 사실도 사람들의 불안심리를 자극한다.

세종은 기득세력은 물론이고 일반 서민들에게까지 확산되어 있는 이런 불안심리를 해소하기 위해, 지속적인 토론과 숙의를 계속했다. 그는 세제개혁과 같이 처지에 따라 찬반의 의견이 크게 갈리는 사안일 경우, '적정한 과정'을 거쳐야만 불안심리가 최소화되고, 합리적인 대안이 도출될 수 있다고 보았다. '17년 동안의 긴 토론' 과정은 바로 이런 맥락에서 이해할 수 있다. 그는 신료들의 의논 말고도 이해당사자인 신민 일반에게도 그 의견을 표명할 기회를 주어서, 개혁안의 내

---

22) 이 가운데 수차의 개발과 보급은 제언(堤堰) 축조와 함께 '자연의 순리를 거슬러서라도 자연재해를 막아보려고 했던' 시도로 주목된다. 세종도 대단히 아쉬워하면서 자원하는 곳 말고는 모두 철수하라고 한 수차는, 고려말 공민왕 5년(1356) 백문보(白文寶)가 처음 보급을 주장했다. 그 뒤 태종시대에 다시 논의되었다가(《태종실록》 6/12/20 乙巳), 세종시대에 이르러 본격 논의되고 개발되었다. 세종 11년 12월에 통신사로 일본에 다녀온 박서생(朴瑞生)으로부터 일본에서도 수차가 많이 사용되고 있다는 보고를 받은 세종과 신료들은 크게 고무되었다.(11/12/03 乙亥) 하지만 불행히도 여러 차례 시험하고 보급했음에도 "퍼 올린 물이 고이지 않고 모두 스며들어 버린다"는 보고를 받고, 세종은 수차 개발을 포기했다. 이에 대해서는 이태진의 책(2002, 213~220쪽) 참조.

용을 충실하게 만들었다. 이 과정을 통해서 그 정책의 후유증과 시행 착오를 최소화하는 한편, 결정의 정당성도 획득할 수 있었다. 나아가 개혁 반대자들까지도 그 결정이 자신에게 불리한 것이라 할지라도, 공동체의 유지를 위해 꼭 필요하다면 "그렇다[同然]"고 수용할 수 있는 상황을 만들었다.

결론적으로, 당시 세제개혁에 관한 공론은 전국적인 여론조사와 조정의 숙의 과정을 거치면서 점차 공법 찬성 쪽으로 기울어졌다. 그리고 이러한 공론 형성의 국가경영방식이 세종의 정치에 신뢰를 갖게 했고, 나아가 새로운 세제를 안착시키는 한편, 나중에 《경국대전》에까지 반영되는 데 결정적인 역할을 했다.

참고문헌

《세종장헌대왕실록》《경국대전》《국조오례의》《삼봉집》《율곡전서》

강제훈, 2002, 《조선초기 전세제도—답험법에서 공법세제로의 전환》, 고려대학교 민족문화연구원.
권연웅, 1982, 〈세종조의 경연과 유학〉, 한국정신문화연구원 편, 《세종조 문화연구 I》, 박영사.
김태영, 1983, 〈조선전기 공법의 성립과 그 전개〉, 《조선전기 토지제도사연구》, 지식산업사.
박현모, 2002, 〈정조시대의 공론연구—대간의 활동과 유생들의 집단상소를 중심으로〉, 《한국정치연구》 11-2, 서울대 한국정치연구소.
——, 2004, 〈조선왕조의 장기지속성(longevity) 요인 연구 1—유교적 공론정치를 중심으로〉, 《한국학보》 114, 일지사.
——, 2005, 〈세종과 경국의 정치—세종은 외교적 난관을 어떻게 헤쳐 나갔

는가〉, 《유교문화연구》 9, 성균관대 유교문화연구소.

———, 2005, 〈'성주'(聖主)와 '독부'(獨夫) 사이 — 척불(斥佛)논쟁과 정치가 세종 고뇌〉, 《정치사상연구》 11-2, 한국정치사상학회.

———, 2006, 《세종의 수성(守成)리더십》, 삼성경제연구소.

이경식, 1986, 《조선전기 토지제도연구 — 토지분급제와 농민지배》, 일조각.

이상익, 2004, 《유교전통과 자유민주주의》, 심산문화.

이성무, 2001, 〈세종대의 역사와 문화〉, 한국정신문화연구원 편, 《세종시대의 문화》, 태학사.

이태진, 1984, 〈세종대의 농업기술정책〉, 한국정신문화연구원 편, 《세종조 문화연구Ⅱ》, 박영사.

———, 2002, 《의술과 인구, 그리고 농업기술》, 태학사.

이한수, 2002, 〈조선초기 '가'(家)와 '국가'(國家)에 대한 논쟁〉, 《역사와 사회》 28, 국제문화학회.

———, 2005, 〈세종시대 '가'(家)와 '국가'(國家)에 관한 논쟁〉, 한국정신문화연구원 한국학대학원 박사학위논문.

이한우, 2006, 《세종, 조선의 표준을 세우다》, 해냄.

정두희, 1982, 〈세종조의 권력구조 — 대간의 활동을 중심으로〉, 한국정신문화연구원 편, 《세종조 문화연구Ⅰ》, 박영사.

정윤재, 2003, 《정치리더십과 한국민주주의》, 나남출판.

조남욱, 2001, 《세종대왕의 정치철학》, 부산: 부산대학교출판부.

최승희, 1976, 《조선초기 언관·언론연구》, 서울대학교출판부.

———, 1994, 〈세종조의 왕권과 국정운영체제〉, 《한국사연구》(《조선초기 정치사연구》, 지식산업사, 2002에 재수록).

홍이섭, 1973, 《세종대왕전기》, 세종대왕기념사업회.

Palais, James B., 1996, *Confucian Statecraft and Korean Institutions: Yu Hyongwon and the Late Choson Dynasty*, Seattle: The University of Washington Press.

세종의 공세적 국방안보

대마도 정벌과 파저강 토벌을 중심으로

이 지 경

고려대 북한학연구소

1. 머리말

세종대왕은 조선왕조 500년 왕조사의 '문명한 성군'으로 칭송된다. 세종대왕에 관한 연구는 역사학·철학·국문학·정치사상 등 다양한 분야에서 단편적으로 연구되어 왔다. 그러나 세종을 국가경영 관점에서 정치지도자로서 대외관계와 안보 분야의 연구는 부족한 실정이다.[1]

세종시대의 국가경영(Confucian Statecraft)[2]과 관련된 공세적 국가안

---

[1] 세종의 선행연구 가운데 대외관계와 국방정책에 관한 연구는 신기석 1957, 송병기 1964, 이재 1970, 손홍렬 1975·1978, 이상태 1988, 장학근 1983·1987·2000, 김구진 1983·1988·1995·2001, 김순자 1999, 김주식 외 1998·2000-2003, 손승철 1988·2004, 민덕기 1989, 이병선 1990, 나종우 1980·1992, 이해철 2001,이현종 1964·1993, 배영복 1994, 하우봉 1994·1995·1996, 한문종 1992·1997·1995·2001, 한명기 2001, 차문섭 외 2001, 채연석 2001, 이해철 2001, 오종록 1992·2001, 신석호 1959, 김구진 1984, 이인영 1937, 이현희 1964, 이은규 1974, 이현종 1961, 강성문 1989·2001, 유재구 1985, 정구복 1998, 조남욱 1998·2005, 최승희 1993 등, 登丸福壽·茂木秀一郎 1942, 李領 1995 등 역사학에서의 한일 관계 중심 연구가 주류를 이루고 있다. 정치학에서 세종의 정치사상 연구는 김운태 1982, 김재영 1998 등 2편이 있다, 역사학과 철학에서 세종시대 명나라, 조선, 일본의 대외관계 및 안보 분야의 5편이 있다. 군주인 세종을 통치자로서 국가경영의 관점에서 《세종실록》을 중심으로 분석한 한국정치사상 연구가 부족한 것이 현실이다.

보 분야에서 대표적 업적 가운데 하나가 대마도 정벌과 여진족의 파저강 토벌이다. 구체적으로 명나라, 왜, 여진족에 대한 화전양면의 회유책과 강경책, 사민정책 등을 구사한 사대교린의 외교정책이 그것이다. 그렇다면 세종이 왜구침입을 막기 위하여 대마도를 정벌하고, 세종의 북방정책의 하나인 파저강 토벌 등 그러한 정책이 나올 수 있었던 과정은 어떠했는가? 이 글의 목적은 세종의 사대교린정책과 그 구체적인 사례연구로서 대마도 정벌과 파저강 토벌의 입안과 실천과정을 중점적으로 분석하는 데 있다.

무엇보다 이 대마도 정벌과 파저강 토벌 당시 국가통치자인 군왕으로서 어떠한 목적을 가지고, 어떤 외교정책의 방법을 사용했는지, 그 추진과정은 무엇인지, 그것을 극복하기 위해 어떻게 '궁중내 의논정치'를 했는지에 논의의 초점을 두었다. 또한 세종의 대마도 정벌과 파저강 토벌을 위한 정책들을 둘러싼 조정의 논란과 정치적 갈등을 함께 고찰하고자 한다.

2. 세종조 사대교린의 국가경영 _대마도 정벌과 파저강 토벌

2.1. 조선 초기의 안보상황

전근대 중화적 국제질서는 중국을 중심으로 하는 천자의 나라와 제후국 사이의 위계적 질서를 특징으로 한다. 이것은 유교적인 계서

---

2) 경국(經國), 또는 비슷한 의미의 경세(經世)란 말로 사용된 국가경영의 의미에 대해서는 박현모, 2005, 〈세종과 경국의 정치—세종은 외교적 난관을 어떻게 헤쳐 나갔는가〉, 동아시아학술원 유교문화연구소, 《유교문화연구》 9, 25~30쪽 참조. 이러한 국가경영 개념은 서양의 'governing' 개념과 비슷하다고 볼 수 있다.

적 관념을 국제관계에 적용하는 것으로, 대·소국 사이의 사대자소 (事大字小)의 예(禮)와 약소국 사이의 교린의 예로 나타났다. 사대자소의 예는 소국의 대국에 대한 조공과 대국의 소국에 대한 보빙으로 이루어졌다. 조공은 조빙과 헌공을 주 내용으로 하는데, '조'(朝)란 제후가 천자에게 아뢰는 것을 말하고, '빙'(聘)이란 제후가 대부를 파견하여 천자에게 아뢰는 것을 의미한다.(손승철 2004:76) 이러한 사대정책은 주변국이 중국에 대해 취한 자주적이고 실리적인 전략 수단이었다.

말하자면, 전근대 중화질서에서 조선 초기 동아시아의 독특한 사대관계의 외교체제였던 조공체제는, 명나라와 국경을 맞대고 있던 조선으로서는 교역의 경제적 이익은 거의 없었으나 지정학적 위치상 정치·안보적 관계가 훨씬 중요했다. 무엇보다 조선왕조 초기는 정권안보 차원에서 조공체계를 이용한 측면이 있는데, 제국인 명나라에 대한 사대관계는 조선의 외교적 생존 차원의 국가안보정책으로 이해하는 것이 적합할 것이다.(정용화, 《동아일보》 2004. 11. 8.)

조선은 명과의 선린우호 또는 사대관계를 도모하고 양국의 문화교류를 증진시키면서도, 실리추구와 영토확장을 함께 추진했기 때문에, 양국 사이에는 끊임없는 긴장관계가 지속되었다. 조선 초기에 있었던 조선의 지속적인 국토 수복의 국방정책은 이런 맥락에서 이해할 수 있다.3) 무엇보다 만주 지역은 고조선과 고구려의 고토였고, 요

---

3) 《세종실록》 13, 15, 17권을 보면, 세종대왕의 국방사상은 자주정신에 입각한 국방정책으로 전국적 군적의 정비, 군제개혁, 세종 6년부터 14년까지 8년 동안 전국 《팔도지리지》의 편찬, 《동국병감》(1450)이라는 전사 편찬, 군역부담에서 제외된 양반층에게 충의대, 충순대 등 군역 부과, 천인들에게 잡색군을 편성 범국민적 자주국방체제를 갖춤, 과학무기개발에 착수하여 신화포를 개발, 수군의 정비와 군함 개량[세종 1년 8월 11일(계미); 1년 7월 28일(신미); 1년 8월 6일(무인)], 군의 3각 편제에서 4각 편제화, 좌군의 용투사, 우군의 호아사를 증가시켜 세종시대 좌군, 중군, 우군의 3군 12사 체제

동 지방은 동아시아의 세력판도를 형성하고 우리 민족이 웅비할 수 있는 요충지이므로 이의 수복은 고려 말부터 조선 초기까지 꾸준히 추진되어 왔다. 태조 이성계의 조선왕조 역성혁명 이데올로기는 이러한 사대적 국제질서로 정당화되었고, 태조·태종에 이어 세종시대에 들어와서도 명과의 사대관계를 통한 대명관계의 안정은 중요한 과제였다. 세종이 외국의 번왕임을 자인하고, 중국에 대해 지성으로 사대한 것은 바로 이 때문이다.

《세종실록》 6년 9월 2일(甲戌)조에 보면, 명에 대해 인신의 예를 다해서 친명사대해야 한다는 세종의 생각이 잘 나타나 있다. 그는 명나라 영락제의 부음을 들었던 1424년 9월, 제후로서 입어야 하는 상복을 27일 동안이나 입었다. 당시 신료들이 "천하 신민들은 3일 만에 복을 벗어라"고 했다는 홍무제의 유조를 들어 반대했음에도, '군신의 의리'를 내세워 끝내 27일 동안 상복을 입었던 것이다.

아울러 세종의 '사대관'을 박현모, 김홍우 논문에서 주의 깊게 검토해보면, 당시의 현실정치를 정확하게 인식한 매우 현실적인 정책이었다고 할 수 있다. 즉, 그는 중국에서 요구한 수만 마리의 소와 말을 힘을 다해 보내고, 해동청(매)을 잡아 진상하며, 명나라에 보낼 처녀들을 간택하는 일에 "한결같은 정성"을 다해 조치, 처리함으로써 명나라 황제를 감동시켰다.(박현모 2004:11, 24) 당시 세종은 중국과 대마도, 일본, 그리고 만주의 여러 종족 등 당시 동아시아의 여러 국가 또는 정치집단들과의 역학관계에 대해서도 상당 정도의 '감각'을 가졌던 것으로 보이며, 적어도 월슨(Woodrow Wilson)과 같은 이상주의자는 아니었음을 확인할 수 있다.(김홍우 2005:13)

로 변경했다.

다른 한편, 15세기 전반의 동아시아 정세는 매우 격동적이었다. 즉 동북아시아에서는 몽고족의 원나라가 쇠퇴하고 중원의 한족이 명나라를 건설한 다음, 안으로 왕권강화에 전력을 쏟고 있던 상황이었다.[4] 두만강 유역에서는 야인들의 조선 내습이 빈번히 일어나곤 했다. 또한 만주 지역은 여전히 여러 여진 야인의 정치세력 각축장으로 남아 있었다.

그뿐만 아니라 일본도 가마쿠라 막부 이후 오랫동안 분열 상태에 있던 무가들의 난립시대가 끝나고, 조선이 건국되던 1392년에 북조의 고코마쓰 천황이 일본을 통일함으로써 새로운 안정시대에 들어가게 되었다. 하지만 서부 규슈(九州) 지방에까지는 그 위령이 미치지 못했다. 그러므로 조선과 가까운 대마도를 근거지로 왜구들의 침략은 끊일 날이 없었다.[5] 당시 대마도는 지리적 조건으로 조선과 일본의 중

---

4) 이 당시 명나라는 역사상 가장 막강한 정화 함대가 있었다. 정화 함대는 영락제 5년 (1405)부터 다음 황제인 선종과 선덕 7년(1433)에 이르기까지 28년 동안 무려 7차의 '남해 대원정' 대항해를 완수했다. 지금까지 알려진 바에 따르면, 정화 함대는 7차의 항해기간 동안 50개국 이상을 방문했으며, 남양군도와 인도양을 거쳐 아프리카 동부까지 진출했다. 최근 미국에서 출간된 개빈 멘지스(Gavin Menzies)의 책은 정화 함대는 동아프리카까지 진출한 것이 아니라 지구 전체를 한바퀴 돌았다고 주장하고 있다. 즉 정화 함대는 이미 1421년에 아메리카 대륙에 이르렀다는 것이다.(Paul Kennedy, 1987, *Rise and Fall of the Great Power: Economic Change and Military Conflict from 1500 to 2000*, New York: Random House, pp.4~9) 명나라가 해상활동을 포기한 또 다른 이유는, 첫째, 원정 경비가 너무 많이 들어간다는 경제적 이유, 둘째, 내시들의 힘이 커지는 데 대한 명나라 궁중의 두려움이었다. 정화 자신이 내시였기 때문이다. 그리고 셋째, 유교적 질서는 원칙상 국제교역에 반대했다는 점 등이 제시되었다.(이춘근 2003, 81~82쪽) 이렇게 명나라가 대외원정에 힘쓰는 동안 세종의 사대교린 외교노선은 명나라의 군사적인 강국에 대한 약소국으로서 열세를 보완하면서, 조선의 생존권을 유지하기 위한 적극적 외교형태로서 조공과 책봉에 의한 지성사대의 외교노선을 택했다. 사대가 형식면에서는 불평등이 전제되지만, 국가의 주권과 모순되지는 않았으며, 조선의 국가안보와 국가이익을 위해서 '세종형 현실적 상황주의'적인 사고의 패턴인 관념적 화이론과 현실 대응의 외교를 동시에 추진하는 양면성을 가지고 있었다. 세종의 명나라에 대한 사대론은 조선왕조의 권위와 안정을 이룩하기 위한 생존 차원의 외교노선이었다.

개지로 이용되었고, 토지가 적고 척박하여 농사를 지을 수 없었기 때문에 이들은 약탈을 일삼고 있었다.(《태종실록》 10/4/8; 《세종실록》 26/4/30)[6]

3. 세종시대 왜구 침입과 대마도 정벌

실제로 왜구의 침입은 조선 초기 태조시대에서 태종시대까지 무려 130회에 이른다. 세종의 재임 동안에도 50여 회나 된다. 조선 초기 왜구 침입 현황을 《조선왕조실록》을 중심으로 분석해서 표로 나타내면 다음과 같다.

---

5) 민두기, 1980, 《일본의 역사》(지식산업사), 68~73쪽.
6) 조선의 대마 정벌 인식과 일본 학계의 조선 침입 원인을 비교하면 다음과 같다.

조선 전기 대마도 정벌인식	일본 학계의 조선 침입 왜구의 주체 원인
① 대마도가 옛날 우리나라의 땅이었다는 대마 고토의식(정벌 후 경상도 속주 편입)	① 森克己의 倭寇＝武裝商人團說(해적행위자 의미)
② 대마도가 우리나라의 동쪽 울타리라고 하는 대마 번민의식 내지 속주의식	② 田中健夫·田村洋幸의 고려 측의 무역제한과 군제의 장기화(고려 측 요인)과 田制紊亂에서 패배한 北九州의 무사단이 재지세력인 松浦黨 등의 무장조직이 왜구의 발생원인이 되었다는 설(일본 국내 상황)
③ 대마도가 일본 본주와는 다르다고 하는 대마 구분의식	③ 青山公亮의 倭寇＝元寇에 대한 복수설
④ 일본 남북조시대의 정치 불안과 경제 빈곤(태종실록-세종실록; 하우봉 1996:142~144; 이해철 2001:779)	④ 對馬나 壹岐 등 九州 지방의 경제적 빈곤 또는 경제성장 등 일본 학계에서 왜구 발생원인에 대하여 여러 주장이 있으나 아직 정설은 없다.(李領 1999:158~160)

14세기 후반 왜구의 규모와 실태는 '대규모화 장기화'가 그 특징이라 할 수 있다.(李領 1999, 《倭寇と日麗關係史》, 東京大出版會, 160~172쪽 참조)

표 1. 조선 초기 왜구의 침입과 왜인의 통교건수

연대 (왕)	침입 건수	통교수	연대 (왕)	침입 건수	통교수	연대 (왕)	침입 건수	통교수
1392 태조1	(1) 1	1	1412 태종12		23	1432 세종14		17
2	(3)11	2	13	(1)1	30	15	(4)4	24
3	(5)14	2	14		28	16	(1)2	38
4	(4) 6	7	15	(1)1	31	17	(1)1	28
5	(3)13	2	16	(1)1	30	18	(1)2	34
6	(8)13	6	17	(2)3	29	19	(1)3	58
7	(1) 1	7	18	(1)1	37	20	(1)1	61
1399 정종1	(1) 4	6	1419 세종1	(6)9	24	21	(1)1	66
2	(1) 1	8	2	(1)2	29	22	(1)1	16
1401 태종1	(1) 5	11	3	(2)4	27	23		18
2	(3) 5	14	4	(4)4	31	24	(1)3	37
3	(2) 8	11	5	(2)2	65	25	(1)2	39
4	(1) 6	5	6	(1)2	23	26	(1)1	27
5		9	7	(3)3	26	27		15
6	(5) 5	16	8	(4)5	24	28		18
7	(1)12	20	9		24	29		17
8	(6) 7	16	10	(1)1	49	30		12
9	(2)19	20	11		23	31		14
10	4	23	12	(1)2	35	32		37
11		14	13	1	24	합계	(93)201	1,388

출처: 《조선왕조실록》을 바탕으로 작성.(왜구 침입건수에서 괄호 안 숫자는 왜구교전
및 피해건수임)

표 1에서 보는 바와 같이, 조선 건국 이후 태조에서 세종시대까지
《조선왕조실록》에서 ① 왜구의 침입건수, ② 왜구와 교전 및 피해건
수, ③ 통교자의 통교건수를 정리하여 분석해 보면, 왜구의 침입은 태
조 원년부터 세종 26년까지 총 197건으로 연평균 3.7건이었다. 다시
이를 연대별(왕)로 구분하면, 태조시대 58건 연평균 8.3건, 정종시대
5건 연평균 2.5건, 태종시대 78건 연평균 4.3건, 세종시대 56건 연평균
1.8건으로 나타난다. 시기가 흐를수록 왜구의 연평균 침입 수는 줄어

드는 경향을 보인다.

다음으로, 왜구와 교전 및 피해건수를 구분해 보면, 태조시대 25건 연평균 3.6건, 정종시대 2건 연평균 1건, 태종시대 27건 연평균 1.5건, 세종시대 41건 연평균 1.28건이었다. 말하자면, 조선정부의 왜구 금압 정책과 다양한 노력, 동북아시아 국제정세의 안정으로, 특히 일본의 국내정세 안정으로 점차 평화적인 통교자로 변해 갔다. 일본 각지로부터 내조한 통교자가 태조시대 27건 연평균 3.9건, 정종시대 14건 연평균 7건, 태종시대 378건 연평균 20.4건, 세종시대 1,004건 연평균 31.3건으로 태종시대 이후에 급격히 증가한 사실이 이를 말해 준다. 《세종실록지리지》에 나타난 수군의 군함과 승선원의 상황은 그 한 예가 될 수 있다. 각 도와 지역별 수군 배치 상황은 다음과 같다.

표 2. 세종시대 수군 군함과 승선원의 각 도별 소재지 배치 현황

도별	군함수	승선원	비고 (주요 정박 소재지, 군함 수)
경기	97척	5,792	남양(34척), 안산, 인천, 교동(26척), 강화(21척) 등
충청	142척	8,414	보령(50척), 태안, 남포, 장암, 서산, 당진, 홍주 등
경상	285척	16,582	동래(49척), 울산(39척), 영해, 영덕, 홍해, 장기, 경주, 기장(16척), 거제(28척), 고성(35척), 진주(37척) 등
전라	168척	10,703	무안(24척), 보성(18척), 순천, 고흥, 장흥, 강진, 영암, 해진, 영광, 함평, 무안, 부안, 옥구 등
황해	41척	3,239	옹진(9척), 해주, 강령, 풍천, 은율 등
강원	17척	1,103	평해, 양양, 고성, 부동, 울진, 현동 등
평안	41척	3,480	삼화(11척), 안주(15척), 선천(15척) 등
함길	41척	1,0069	안변, 용진, 영평, 예원(16척) 북청 등
계	832척	59,382	

출처: 《세종실록지리지》를 근거로 작성. 비고란에 괄호 숫자는 소재지별 군함 배치가 많은 지역 숫자임.

표 2에서 알 수 있듯이, 세종시대의 조선 수군은 군함 832척, 승선원 5만 9382명에 이르는 군비를 갖추고 있었다. 왜구의 침입이 잦은 지역인 하삼도(경상, 전라, 충청) 지역을 중심으로 집중 배치되어 있다. 조선 수군은 또한 대마도 정벌에서와 같이, 1차적 방어는 수군에게 맡기고, 여기서 실패할 경우 2차적으로 내륙군이 격퇴하는 2단계 전략을 갖고 있었다. 즉, 왜구의 침입이 많은 지역인 경상도에 285척(34.5%)으로 가장 많은 군함을 배치했고, 전라도에 168척(20%), 충청도에 142척(19.5%) 순으로 되어 있다.(《세종실록지리지》; 김재근 1977:25~30) 세종시대 수군 배치 및 수군의 군함수와 주요 정박 소재지는 사실상 왜구의 주요 침입지역의 국방정책상 수군병력 및 국방상 중요한 해상방어 위치에 해당한다. 즉, 경상 지역의 동래·울산·거제·고성, 전라 지역의 무안·보성, 충청 지역의 보령에 집중적으로 군함이 배치되어 있는데, 이곳은 왜구 침입이 많은 지역이었다.[7] 다른 한편, 세종은 왜구와 사절을 자주 왕래하게 했을 뿐 아니라, 귀화하는 왜인에게는 토지와 집을 마련해 주는 등 회유책을 쓰기도 했다.(1/7/18) 세종은 유화·포용·귀화 및 강경정책을 복합적으로 사용했다.

3.1. 대마도 정벌 정책결정과정 논의

세종 원년에 병권을 장악하고 있던 태종은, 왜구 문제에 대한 논의[8]를 위해 세종과 영의정 유정현, 좌의정 박은, 우의정 이원, 예조판

---

7) 여말선초 수군은 《세종실록지리지》에서 각 도별 거주지별로 파악된 수군의 군함 정박 정군수는 4만 9317명인데, 각 정박지에 배치된 군함의 승선 수군 병력 규모는 5만 169명이어서, 거주지와 승선 정군 병력이 일치함을 볼 수 있다. 또 《고려사》(兵志船軍)에서도 '선군'(船軍), '기선군'(騎船軍) '수군'(水軍) 등으로 불렸던 것으로 보아, 수군은 해상전투를 주 임무로 하는 요원임을 알 수 있다. 여기서 수군은 각 도 수영(水營) 소속으로 상경복무는 없으며, 거주지별로 근무했다.

서 허조, 참판 이명덕, 병조판서 조말생을 불렀다. 이 자리에서 "허술한 틈을 타서 대마도를 치는 것이 어떨까" 하고 물었다.

박은과 이원, 그리고 조말생과 이명덕 등은 비밀리에 대마도를 정벌하는 것이 최상의 방법이라고 말했다. 허술한 틈을 타서 대마도를 섬멸한 뒤에 물러서서 적의 반격을 맞을 계책을 대비해야 한다는 것이었다.(원년/5/13)

5일 뒤의 2차 회의에서 유정현·박은·이원·허조 등은 "허술한 틈을 타는 것은 불가하고, 마땅히 적이 해주에서 돌아오는 것을 기다려서 치는 것이 좋다"고 말했다. 그러나 병조판서 조말생은 "허술한 틈을 타서 쳐야 한다"고 주장했다. 그러나 태종은 "금일의 의논이 전

---

8) 태종의 병권장악 목적에 관해서는 《세종실록》 즉위년 11월 25일 "내(태종)가 병권을 내놓지 않은 것은 왕위를 마음에 두고 잊지 못하는 것이 아니다. 주상(세종)을 위하여 무슨 사고가 있을 경우에 후원하고자 하기 때문이다. 내가 거느리고 있는 것은 주상은 나이가 젊어 군무를 모르기 때문이나, 나이 30이 되어 일에 대한 경험이 많아지면, 다 맡길 생각이다." 세종시대 초반기 군사문제는 왕권의 안정과 태종의 2차 왕자의 난 등 개인적 경험과 양녕대군과 친척 사이의 혼란을 피하고 세종의 태평성대를 위한 것이었다. 한국정신문화연구원 편(정구복 1982; 김운태 1982; 김재영 1998; 조남욱 1998; 한형조 1998, 조남욱 논문 논평) 등 세종 연구에서 일치된 주장은, 세종 정치의 시대구분을 즉위년부터 세종 4년 5월 10일까지를 병권 및 국가경영 중대 정치사안을 태종의 보호와 후견에 의한 섭정으로 보고 있다. 세종 원년의 대마도 정벌을 세종의 정책으로 볼 수 있는가, 아니면 태종의 정책으로 보아야 하는가의 논쟁이 있을 수 있다. 그러나 세종은 즉위 후 4년 동안은 부왕인 태종의 섭정을 받았고, 그 기간 동안 특히 병권은 태종이 장악하고 있었다. 대마도 출병교서도 상왕이 공표했고, 군 지휘관도 태종이 임명했으며(1/05/14), 출병 후 행군이 늦음을 문책하는 교지(1/06/20)도 태종이 내렸다. 대마도 정벌은 세종시대에 이루어졌지만 세종의 정책이라기보다는 태종의 정책으로 보아야 하지 않은가에 대해서 학자 사이에 다른 논쟁이 있을 수 있다. 세종 즉위 후 4년은 태종이 병권을 장악하고 있었고, 당시 상황으로 봐서 태종의 의견을 세종이 거의 따르고 있다고 하겠다. 조선왕조 초기 왜구 문제 해결은 정치적으로 매우 중요한 내용이다. 《조선왕조실록》에서 왜구 대책 논의건수를 요약해 보면, 태조시대 20건 연평균 2.9건, 정종시대 5건 연평균 2.5건, 태종시대 33건 연평균 1.8건, 세종시대 96건 연평균 3.0건 등으로, 왜구 문제에 대한 대책 논의가 세종시대에 가장 많았음을 알 수 있다. 이러한 결과는 세종의 국가경영에서 왜구 문제 해결이 중요한 정치적 과제였음을 알려 준다.

일에 계책한 것과 다르다. 만일 물리치지 못하고 항상 침노만 받는다
면, 한나라의 흉노에게 욕을 당한 것과 무엇이 다르겠는가. 허술한 틈
을 타서 쳐부수는 것만 같지 못하다. 그래서 그들의 처자식을 잡아오
고, 우리 군사는 거제도에 물러 있다가 적이 돌아옴을 기다려서 요격
하여, 그 배를 빼앗아 불사르고, 장사하러 온 자와 배에 머물러 있는
자 모두 가두고, 만일 명을 어기는 자가 있으면 베어버리고, 규슈에서
온 왜인만은 가두어 경동하는 일이 없게 하라. 또 우리가 약한 것을
보여서는 안 되니, 후일의 환이 어찌 다함이 있으랴”고 말했다. 태종
은 이어서 장천군 이종무 삼군도체찰사를 중심으로 왜구가 돌아오는
길목에서 맞도록 하는 한편, 6월 8일에 각 도의 병선들 모두 견내량에
집결하라고 지시했다.(1/5/14) 상왕과 세종은 친히 이종무와 여덟 장수
를 전송했는데, 중군과 우군은 먼저 떠나고 좌군은 다음날 떠나기로
했다.(1/5/18)

　대마도 정벌군은 삼군도체찰사 장천군 이종무를 중심으로 하여 중
군을 거느리게 하고, 우박·이숙묘·황상을 중군절제사로, 이지실을
우군 도절제사로, 이을화·이순몽을 우군절제사로 삼아 삼군(중군·
우군·좌군)도절제사와 좌·우절제사 등 9절제사 체제로 편성되었
다.9) 이종무가 이끄는 원정군은 모두 1만 7285명이었는데, 그들은 9절

---

9) 대마도 정벌 때 군조직과 임무는 삼군도체찰사 이종무가 중군을 거느리고 여러 진을
　　통솔하면서 거제도를 출발하여 아소만에 한 달 머무르며 왜구를 소탕했다. 삼군도체찰
　　사 이종무, 중군도절제사 우박 군령관장, 좌절제사 이숙묘 군량관장, 우절제사 황상
　　병선관장, 좌군도절제사 유습 군령관장, 좌절제사 박초 군량관장, 우절제사 박실 병선
　　관장, 우군절제사 이지실 군령관장, 좌절제사 김을화 군량관장, 우절제사 이순몽 병선
　　관장.(세종 원년 5월 14일 무오) 조정은 영의정 유정현을 삼도도통사, 참찬 최윤덕을
　　삼군도절제사로 삼고, 사인 오선경과 군자정, 곽존중을 도통사의 종사관, 사직정간 김
　　윤수를 도절제사의 진무로 임명하여, 뒤따라 내려가 출정 장병을 격려했다.(세종 원년
　　5월 20일 갑자)

제사를 비롯하여 서울에서 출정을 나간 제장 이하 관군 및 종인이 669명이었고, 나머지 1만 6616명은 갑사, 별패, 영진속과 스스로 원정군에 참가한 잡색군 및 원기선군을 병합하여 구성되었다. 이들은 각 도에서 모은 병선(경기 10, 충청 32, 전라 59, 경상 126) 226척에 나누어 타고, 모두 1만 7285명이므로, 65일분 군량을 가지고 출발했다.(1/6/17)

이종무가 대마도에 이르러 대마도주 도도웅와에게 항복을 권유했으나 답신이 없어, 대마도를 수색하여 적선 129척을 포획하고 가옥 1,939호를 불살랐으며, 적병 114급 참수, 21명 포획, 중국인 포로 131명을 탈환하는 성과를 거두었다. 그 뒤 대마도 지리에 익숙하지 못한 좌군우절제사 박실이 병력을 이끌고 갔다가 복병을 만나 크게 패하고, 편장 박무양·박홍신·김혜·김희 등 300여 명이 전사했다. 이에 사기가 오른 적병이 직격해 오자 우군좌절제사 이순몽과 병마사 김효성, 우군병마부사 이예 등이 힘써 적병 수백 명을 사살하는 전과를 거두었다.[10] 대마도주 종정무(도도웅와)는 군사들이 오랫동안 주둔하고 있는 것을 두려워한 나머지, 철군과 수호를 간청하는 글을 보내는 한편, 7월에 폭풍이 있을 것이라고 알려왔다. 이에 이종무는 7월 3일 군사를 거두고 수군[舟師]을 이끌고 거제도에 귀환했다.(1/7/3)

그 뒤 2차 대마도 정벌과 대마도 정벌 뒤 왜구 침입에 대한 대비책이 논의되었다. 유정현이 상소한 내용을 요약하면 다음과 같다.

> ① 대마 왜인의 성격: 대마도 왜인들이 잔폭하고 강하고 사나우며, 원한을 보복하므로, 요해지마다 각각 병선 20척을 두게 할 것이며, 병선을 정비하고, 병선이 없는 요해지에는 육군을 주둔시켜 지키고, 봉화를 삼가고 수비 엄하게 할 것.

---

10) 세종 원년 6월 20일(계사). 대마도 정벌 때 포로로 잡은 요동 등지의 남녀 142명은 세종 1년 8월 7일 압송하여 요동으로 돌려보냈다.

② 정월이나 2월에 병선을 정리하여, 물이 차고 바람이 모질어 적선이 아직 행동하기 전인 3월에 재정벌하면, 피해를 줄이고 농사 때 폐단이 없을 것이다.

③ 하삼도(충청·전라·경상)에 있는 오래된 병선을 가을과 겨울 사이에 수리, 개조할 것이며, 하삼도에 목재가 부족하니 평안도 삼등·양덕·성천 등지에서 대동강으로 내려 보내고, 이성·강계 등에서 압록강으로 내려 보내, 모두 9월 안에 다 운반하여 정월에 공사를 마치고, 2월에 충청·전라·경상 등 하삼도에 정박하여 불우의 변을 대비할 것.

④ 수군의 거주지 소속을 허락하고 선군 보충할 것.

⑤ 병선은 국가의 중요한 그릇이라, 병선의 재료인 소나무를 많이 심을 것.

⑥ 왜구의 침입에 대비하여 성을 높이 쌓을 것.[11]

---

11) 세종 원년 7월 28일(신미). "근해 지역에 병선을 만들기 위하여 심은 소나무에 대한 방화와 도벌을 금지하는 법은 일찍이 수교한 바 있으나, 다만 사선(私船)의 조작에 대하여는 금령을 세우지 않았기 때문에 연해 각처에 있는 소나무를 몰래 도벌하여 배를 조작하는 자가 있습니다. 이제부터는 해변의 소나무를 소재지의 수령 및 각 포 만호·천호로 하여금 엄금하게 하고, 만약 사사로 선척을 조작하는 자가 있으면, 적발 즉시 논죄하여, 선척은 관에 몰수하고, 수령·만호·천호로서 이를 능히 고찰하지 못한 자도 또한 형률에 따라 논죄하도록 하소서" 하니 그대로 따르다.(8/08/26) 당시 소나무는 병선 조작에 매우 중요한 목재이므로 특별 관리한 것으로 보인다. 세종 6년 4월 17일 임술에, 세종은 소나무 양성 기술과 병선 수호의 방법을 아뢰도록 명하다. 세종 14년 12월 20일(을사)과 세종 6년 4월 28일(계유), 병조에 소나무의 양성과 병선의 수호 조건에 관해 병조가 계하다. ① 병선은 한 달에 한두 번 연기를 쐬고 소제하여 수호하고, 여기에 힘쓰지 않는 만호·천호는 논죄한다. ② 만호·천호가 소나무를 관장하고 육지에 있는 선재 수량을 대·중·소로 분간하고, 제목 조건을 제급하며 만호·천호·수령이 관장토록 했다. ③ 조선할 소나무를 판자로 딴 곳에 허비하지 말 것, 이를 어긴 천호·만호 및 장인은 율대로 논죄한다. ④ 소나무가 있는 곳은 금화구역으로 정하고, 이를 어긴 자는 왕지 복종을 어긴 자로 보고 수령·감사도 법률로 논죄한다. ⑤ 연해지역 소나무를 심은 수효와 가꾸는 상태를 매년 세말에 계문한다. ⑥ 병선 관리 상태를 감사와 처치사가 불시에 감찰하고, 사계절 달 보름 전에 계문한다. 처치사가 없는 도에는 도절제사가 고찰한다. ⑦ 병선의 관리 상태, 소나무의 수효, 금화한 상태 등을 매년 춘추로 병선, 군기를 점고할 때 아울러 조사하고, 이를 어긴 만호·천호·수령·감사·처치사·절제사는 율대로 논죄한다. 세종 16년 9월 23일(정유), 전함을 건조 수리, 송목배양(松木培養)을 관장하는 '사수색'(司水色)을 부설했다.

이상 유정현의 2차 대마도 정벌에 대한 상소는 조정에서 다시 논의되었다. 세종 1년 7월 28일에는 병조에서 9·10월의 대마도 정벌을 위해 각 도의 병선을 수리하게 했다. 세종 2년 10월 21일에는 대마도 정벌 계획을 논의했으나 시행되지는 못했다.

그런데 기존 연구에서 유정현의 평가를 도외시하고 있는데, 그의 상소는 당시 재상으로서 왜구 침입에 대비한 자연 환경적 조건과 지형지물, 바다의 사정 및 당시 왜구의 동태 파악을 한 정확한 대마도 정벌 인식론으로 높이 평가되어야 할 것이다. 이러한 유정현의 건의가 시행되어 대마도를 재 정벌하여 조선의 영토로 만들었더라면, 전후 처리에서 생긴 모순을 극복하고, 세종의 공세적 국가안보인 대마도 정벌의 역사적 평가는 더 높아졌을 것이다.

대마도 정벌과정에서 드러난 문제점은, 대마도 해양 조류와 지형조건에 관한 정보에 익숙하지 않아서 입은 조선군의 피해와, 삼군도체찰사 이종무가 삼군절제사에게 내린 명령체계의 허술함,[12] 대마도 출정과정에서 생긴 논공행상에 대한 병조 보고체계의 불공평함,[13] 대마도

---

12) 세종 원년 8월 16일(무자)에, 좌군 우절제사 박실이 패군하고, 의금부에서 문초를 받으면서 "이종무가 처음에는 삼군 삼절제사에게 명령하여, 다 육지에 내려서 싸우라고 하더니, 뒤에 명령을 변경하여, 삼군절제사 각 1사람만 육지에 내리라고 하여서, 실은 제비를 뽑아서 내렸던바, 적은 강하고 우리는 약하여서, 2번이나 보고하여 구원을 청했으나, 종무가 들어주지 아니하고, 유습과 박초 등도 역시 내려와 구원하지 아니했으므로 패전했다. 하오니 종무·유습·박초도 유죄하오니 국문"할 것을 주장했다. 상왕(태종)이 박실을 석방했다.(세종 원년/08/18) 이와 같이 수군의 명령체계가 어려운 이유는 세종 6년에서 8년까지 수군 충원과정을 찾아보면 밝힐 수 있다. 양인에서 천인(6/01/21), 소·말 도살 후 매매한 자(6/04/14), 집을 훔친 자(7/01/21), 거짓 공으로 관직을 받은 자(7/02/21, 8/03/07), 사노비 두목(8/04/07), 주전할 동(銅)이 부족하므로 이를 매매한 자(8/12/06), 각 고을을 떠돌아다니는 장정 가운데 480명(7/윤7/18), 각 도에 흩어져 거주하는 백정(8/01/24), 화재 등을 저지른 자(8/02/26), 소와 말을 도적질한 자, 동전을 쓰지 않는 자, 관기를 간통한 자(8/01/24) 등은 직책을 회수하고(8/01/24), 화재 등 재난을 저지른 자(8/02/26) 등 국법 질서를 일탈한 통제 불능의 범죄행위자들을 모두 수군에 보충함으로써, 대마도 정벌 때 명령체계가 허술해지는 결과를 낳았다.

중도만호의 협력,14) 대마도주 도도웅와가 알려준 폭풍 일기에 관한 정보를 믿고 후속 조치 없이 군사를 거두어 귀환한 점 등이다. 이러한 점은 대마도 정벌 뒤 조선정부가 대마도와 기미관계의 외교정책을 펴는 배경이 되었다. 세종의 대마도 정벌은 이후 외교정책에서 커다란 변화를 가져왔을 뿐 아니라, 왜구의 침입이 줄고 평화의 내왕자로 변화하는 등 영향을 미쳤다는 면에서 의의는 크다고 평가할 수 있다.

대마도 정벌 후 조선은 대마도주 도도웅와에게 강경한의 '투항 권유서'를 보냈다. 그 내용을 보면, 첫째, 대마도라는 섬은 경상도의 계림에 예속되었으니 조선의 영토다, 둘째, 왜인들의 불법적 영토 점유와 부도덕성, 귀화자에 대한 이익과 무역 및 통신에 관한 사항, 셋째, 대마도 정벌의 타당성, 넷째, 도도웅와에게 좋은 벼슬과 녹을 줄 것이니 투항할 것, 다섯째, 대마도 재 정벌의 강력한 암시 등이 들어 있다.(1/7/17) 그러나 대마도주 도도웅와는 밖에서 '조선을 호위'하겠다는 명분과 '친척들의 권력도전'을 이유로 들어 명분상 투항의사를 나타내면서도, 대마도는 일본의 '자활영토'(自活領土)로 남겠다는 의사를 표시했다. 대마도 실권을 도도웅와 자신이 계속 유지하겠다는 것이다.

이에 대해 조선은 다음과 같은 강경조치를 취했다. "대마도는 경상도에 매여 있으니, 모든 보고나 문의할 일이 있으면, 반드시 본도의 관찰사에게 보고하여, 그를 통해서 보고하고 직접 본조에 올리지 말라."(1/윤1/23) 이는 조선의 실제 행정상 통제의 일환으로 보인다.

그러나 대마도 정벌 이후 일본에 대해 강경자세를 유지하던 태종이 죽자, 세종은 일본에 대한 강경조치는 왜구의 재발요인이 된다고 하

---

13) 세종 원년 9월 24일(병인) 참조.
14) 세종 원년 10월 17일(무자). 대마도 중도만호 좌위문대랑이 대마도 정벌 때 자신들이 조선 수군에게 협력할 것이라 말하며, 배와 사람을 보내줄 것을 요청함.

여, 명분으로만 대마도를 조선에 소속시켜 대외문제를 매듭지었다. 즉 대마도 종정에게 조선의 관직을 하사하여 그에게 대마도를 지배하게 한 것이다. 그러나 조선이 파견한 지방관에 의하여 대마도가 통치되지 못하고, 대마도 수호에 대한 실제적 인사권을 조선 중앙정부가 갖지 못함으로써, 대마도를 정벌하여 조선의 영토로 만드는 데는 실패했다.(장학근 1983:31)

3.2. 파저강 야인 토벌의 전략과 전술

세종은 압록강과 두만강을 국경선으로 생각하지 않았으며, 만주를 미 수복된 우리 땅으로 간주했다. 세종은 또한 세종 16년부터 수복된 지역에는 경상도 민호를 북방으로 이주 후 정착시키는 사민정책을 추진했다. 사민정책의 목적은 북방개척과 국토의 균형적 발전, 나아가 병농 일치 제도를 통한 주민의 자치적 지역방어체제를 확립함으로써 여진족의 침입에 효과적으로 대처하려는 것이었다.

또한 토착민을 토관으로 임명하여 자치를 허용하고, 강변 지역을 전략촌으로 특수하게 편제하여, 파저강 야인 여진족의 기습에 대비했다. 토관직은 중앙정부가 지방의 유력층을 포섭하여 지방을 효율적으로 지배하고 군사적인 방어조직을 강화하기 위하여 마련한 특수행정 제도로, 그 지방의 토착민에게 부여한 관직이다.

조선 초기 북방정책은 국방상의 국경선 확보와 농지 확보를 목적으로 한 동북면과 서북면의 북방개척이었다. 특히 북방과 만주는 조선과 명나라, 그리고 이 지역에 흩어져 살고 있는 야인(여진족) 등 3자의 이해가 얽혀 있는 곳이어서 많은 어려움이 있었다.

세종의 북방정책은 여진족 토벌의 일환인 최윤덕의 서북면 4군(여연, 우예, 무창, 자성) 개척과, 김종서의 동북면 6진(경원, 부령, 온성, 종성, 회령, 경흥) 개척 등으로 집약되어 나타났다. 조선의 동북면 여진에 대한 기본정책은 회유·동화·정복정책에 있었다. 조선을 침입한 대표적 두만강 일대 여진의 세력은, 크게 오랑캐족인 모련위, 오도리, 우디케로(골간 우디케로―해주 일대, 혐진 우디케로―목단강 유역, 홀자온 우디케로―송화강 유역) 등 3대 세력이었으며, 조선의 회유대상은 반농반목 상태의 골간 우디케로와 모련위였다.(태조 4/1/19)

그렇다면 세종은 어떻게 불안정한 국경선을 확장 안정시켰는지, 《세종실록》에 나타난 조정의 논의과정을 중심으로 살펴보면 다음과 같다.15)

3.2.1. 파저강 야인 토벌을 위한 '세종형 궁중내 대공론장'

세종은 1433년 2월 15일에 파저강 토벌을 위한 의정부, 육조, 삼군도진무 등에게 여진을 접대할 방법과, 죄를 성토할 말과 정벌할 계책을 위한 궁중 대토론회를 열었다. 조정에서 논의된 내용을 살펴보면 다음과 같다.

영의정 황희: "변방을 엄하게 하고 변경을 굳게 지키며, 침입시 추적해서 잡고 도적으로 거짓 교호자는 구류시켜 변을 기다리자."

---

15) 여진족은 조선 초기부터 정묘호란까지 총 131회에 걸쳐 조선을 침입했으며, 이에 대해 조선은 15회에 걸쳐 정벌전을 감행했다. 세종대는 총 6회였으며, 파저강 야인 토벌은 1차는 세종 15년, 2차는 세종 19년에 있었다.[세종 4/9/24, 세종 4/10/2, 세종 6/9/25, 세종 15/4/10-19, 세종 19/9/7-16; 강성문, 1989, 〈조선시대 여진정벌에 관한 연구〉, 《군사》 18, 47, 71쪽과 2001, 〈조선초기 육진 개척의 국방사적 의의〉, 《군사》 42, 102쪽]

세종시대 여진 정벌 현황표

침입횟수	정벌횟수	정벌연대	조선군 동원병력(명)		여진군(명)	
19	2	1433	15,000		267(전사)	27(포로)
		1437	7,793	1(전사자)	46(전사)	14(포로)

좌의정 맹사성: "여연에 침입해 도적질한 파저강 야인의 소행을 경원과 회령을 지목하여 장천사를 통해 황제께 주달했으므로 화친을 금지하고, 스스로 자복하되 횡포하게 굴면 공격하여 변란에 대응하자."

우의정 권진: "경원과 회령에 20여 일 노략질은 길을 인도한 사람이 있으므로, 사람과 가축을 모두 돌려보내고, 변경을 침입하거든 군사와 말을 정비해서 사변에 의하여 쫓아가 잡자."

최윤덕: "돌아온 사람에게 힐문하여 실정을 얻어 계문한 뒤 죄를 성토할 말과 정벌계책을 다시 논의하자."

이조판서 허조: "도적질은 죄악이 심히 중하며, 비밀리 군사를 동원하여 정벌하자."

호조판서 안순: "죄를 성토하고 소굴을 소탕해서 무위를 보이고, 정예의 군사를 뽑고 훈련시키며, 기회를 엿보아 공모하고 내침하고, 수비하는 것을 근본으로 하고, 성보(城堡)를 수선하고, 안으로 침노하면 공격하고 도망가면 쫓지 말 것이며, 저들이 안심하기를 기다렸다 죄를 성토하고 정벌하자."

형조판서 정흠지: "장수를 고르고 훈련시키고 적의 약점을 기다리자."

호조판서 심도원: "정벌과 화친의 두 가지 불가성을 이야기하며, 계책과 방책을 비밀리 장수에게 위임하자."

형조좌참판 허성: "은혜로서 회유하고 위엄으로써 제압할 것이며 접대방법과 죄의 성토, 공벌하는 계책을 평소대로 하면서 적을 살피자."

예조판서 신상: "죄를 성토함에 농민들 노략질, 군정 살해, 사람과 재물 노략질한 내용을 묻고, 동서 양계 변장으로 하여금 여진의 형세를 살피고 공격을 가하자."

참찬 이맹균: "여진의 파저강 사람과 결탁한 도둑질을 성토하고 정벌하자."

병조 우참판 황보인: "오거든 어루만지고 가거든 쫓지 아니하며, 도둑질하거든 방어하는 것은 옛 제왕들이 오랑캐를 제어하는 대략이다."

동지중추원사 이순몽: "예전처럼 야인들을 접대하고 안심시키고, 파저강 얼음이 얼기를 기다렸다 약점이 있을 때 공격하자."

병조판서 최시강: "파저강의 도적의 괴수는 5, 6명에 불과하나 거느린 수
는 수백 명이므로, 성책을 수리하고 경계를 굳게 지키며, 사신을 보내서
효유하여 사람과 물건을 모두 돌려보내면 당장에 개운함이 없으나 후
한이 없을 것이다."

공조판서 조계생, 참찬 성억, 동지돈녕부사 조뇌, 예조 우참판 유맹문, 예
조 좌참판 박안신: "파저강 괴수는 황제(명태조)의 명을 받아 지휘하므
로 조심해야 한다."

병조 좌참판 정연: "명나라의 승인" 주장.

이조 좌참판 김익정: "명장을 뽑고, 군사를 정비할 것."

공조 우참판 이긍, 도승지 안숭선 등

세종 15년 2월 15일에 세종과 22명의 신하가 참석한 '파저강 야인
토벌 궁중 대토론회'였다. 맹사성·허조·최윤덕·안순의 권고 내용
은 당시 파저강 야인의 정확한 실체를 파악한 내용으로 높이 평가하
고 싶다. 이러한 대토론회를 통한 임금과 신하의 '궁중형 의론정치'에
서 여진의 접대방법과 죄의 성토 및 정벌에 필요한 모든 정보로서 '세
종의 파저강 토벌정책'을 집대성할 수 있었다.

3.2.2. 1차 파저강 토벌(세종 15/04/10-19) 원인, 과정, 성과

1차 파저강 토벌은 세종 14년 11월 29일 야인 기병 400여 명이 평안
도 여연에 파저야인이 침입한 사건이 일어나면서이다. 이 침입에서
야인들은 조선에 전사 48명, 피랍 75명의 피해를 입혔다. 당시 강계절
제사 박초가 군사를 거늘고 추적하여 붙들려간 25명, 말 30필, 소 50
마리를 도로 빼앗아 왔다. 이때 세종은 황희·맹사성·권진·조말
생·최시강과 대책을 논의했다.(14/12/9)

먼저, 평안도절제사 최윤덕이 세종 15년(1433) 3월 7일 파저강 토벌

에 관한 장계를 올렸다. "파저강 토벌에 3천의 군사를 동원하라 하셨으나, 신이 그윽히 생각하건대 그 정도 병력으로는 무리 옵니다. 파저강 오랑캐의 땅은 험하고 막힌 곳이 많아 모름지기 수비군을 나누어 머물러야 하며, 요충지를 보호하는 군사도 남겨두어야 하옵니다. 또한 군대의 진출이 여러 곳에서 동시에 이루어져야 하므로 1만여 명의 병력이 필요합니다. 군대를 두 번 일으키기 어려우니, 한 번에 대병을 동원하소서,"

세종은 의정부, 육조, 삼군도진무 등 중신들과 궁중 내 논의 후 "파저강 야인 토벌에 필요한 병력을 1만으로 결정했다."(15/3/7) 세종의 결정이 내려지자 최윤덕은 파저강 야인 토벌 출정을 4월 10일로 결정했음을 장계로 올렸다. 이에 세종은 영의정 황희, 좌의정 맹사성, 우의정 권진과 이조판서 허조, 호조판서 안순, 예조판서 신상 등을 불러 논의하고 정한 기일 4월 10일에 토벌을 명했다.(15/3/24)

파저강 토벌과정을 보면 다음과 같다. 세종 15년 3월 17일에 평안도 도절제사 최윤덕은 파저야인 정벌의 명령을 받았다. 세종 15년 3월 14일 기록을 보면, 당시 동원된 조선 측 병력은 보병 5천 명과 기병 1만 명이었다. 최초 계획은 보병 중심이었으나 뒤에 기습작전을 위해 기병 중심으로 전환했다. 세종 15년 4월 10일 최윤덕을 중심으로 강계 부근에 전군을 모으고 7개 부대로 군사를 나누었다. 1개 전술부대의 규모는 약 2천 명 선이었다. 중군절제사 이순몽이 병력 2,515명을 거느리고 적의 추장 이만주의 영채로 향하고, 좌군절제사 최해산은 병력 2,070명을 거느리고 차여 등지로 향하고, 우군절제사 이각은 병력 2,070명을 거느리고 백만천으로 향했다. 또 절제사 이징석은 병력 3,010명을 거느리고 우라로 향하고, 김효성은 1,880명을 거느리고 임합랄의 부모가 있는 영채로 향하고, 홍사석은 1,110명을 거느리고 팔

리수로, 최윤덕은 2,599명을 거느리고 바로 임합랄의 영채로 향했으니, 파저강 야인 토벌 병력 총합은 1만 5530여 가까이 되었다. 강계를 출발한 정벌군은 4월 12일 파저강 야인을 급습하고 1주일 뒤인 4월 19일 강계로 귀환했다.

이러한 파저강 토벌 과정에서 파저야인의 피해는 사살 267명, 포로 238명이었으며, 조선 측 피해는 사망자 4명과 부상자 25명으로, 조선 측의 대승리였다. 조선은 포로 송환 요구를 수락하고 1차 파저강 토벌은 일단락되었다.

이상과 같이 파저강 야인 토벌작전은 '궁중 야인 정벌 대토론회'를 거쳐 단행된 세종시대의 공세적 북방정책으로 평가할 수 있다. 조선의 승리 요인을 분석해 보면 다음과 같다. ① 정벌군을 기병 중심으로 편성하여 7개 방면의 포위공격을 실시한 퇴로 차단작전의 성공이다. ② 사전에 변장을 통해 파저강 야인 적정의 상황을 탐지할 수 있었기 때문이다. ③ 방어용 무기인 화포를 경량화하여, 공격용 무기로 전환하여 운용함과 초목지대와 주거시설에 대하여 화공작전을 적절히 사용한 점이다.(강성문 1989:50)

세종시대 파저강 야인 토벌의 성과와 의의는 다음과 같다. 우선 여진족 가운데 가장 강력한 집단과 정면충돌한 공세적 북방 안보정책이다. 당시 세종은 여진에 대한 소극적 방비책으로 일관한 조선 초기의 회유·동화정책과 달리 공세적 북방 안보정책으로 전환했다. 파저강 야인 토벌은 국왕(태종) 의존형 대마도 정벌과 대비된다. 독자적 세종의 공세적 국가안보를 위한 북방정책으로 새롭게 평가되어야 한다. 또한 현지 지휘관 성격의 최윤덕 장계를 바탕으로 '궁중내 의론정치'를 통해 국가경영의 중요한 모든 일을 결정했다는 사실은 '세종형 상향 리더십'으로 평가된다.

3.2.3. 2차 파저강 토벌(세종 19/09/07~16)의 전략과 전술, 과정, 성과

파저강 야인 토벌 뒤에도 야인의 침입은 계속되었다. 세종 19년까지 파저 야인의 다섯 차례에 걸친 잦은 침입이 있었다. 이에 대해 세종은 재 정벌 시기의 전략과 전술을 의논했다. 함길도 절제사 김종서에게 야인 토벌을 위해 두만강과 압록강의 자연조건에 맞는 1년 동안의 방수책을 세우게 했다.

구분 ＼ 시기(음력 월/일)	2/1	4/10	5/20	8/20	11/10	1/30
방비상태	안정기	위험기	안전기	위험기	소강기	
방수책 및 근거	기병 사용 곤란	정병 고수	강물 범람	정병 고수	청야입보	

이 표를 보면 1년 동안 야인 정벌에서 방어가 힘든 시기는 봄철 40일(4월 10일~5월 20일)과 가을철 90일(8월 20일~11월 10일)이다. 이 기간이 야인들로서는 군사적 활동이 가장 좋은 기간이므로 조선 측의 방비도 정병으로 고수해야 하는 시기이다. 겨울철 80일(11월 10일~1월말)은 청야입보 시기로서, 이 기간에는 두만강과 압록강의 결빙으로 그들이 쉽게 침입할 수 있으나 이에 대한 조선의 방어체제도 그만큼 견고하여 소강상태에 머무르는 시기이다. 야인의 침입을 모면할 수 있는 안전기는 봄철 70일(2월 1일~4월 10일)과 여름철 90일(5월 20일~8월 20일)이라 하겠다. 봄철에는 말의 영양상태가 부족하고 생리적 문제로 그들 기병의 활동에 제한을 받는 시기여서 안전했다. 여름철은 압록강과 두만강은 물론 지류까지 범람하므로 도하작전이 곤란하여 역시 안전했다.(강성문 1989:50~52)

이와 같이 현실적으로 기습의 효과를 높이기 위해서 야인의 침입은 여름철의 안정기와 겨울철 소강기에 집중되어 있었다. 이는 파저야인의 침입 목적이 여름에는 농민 피랍과 겨울에는 식량의 약탈에 있었기 때문이다. 2차 파저강 야인 토벌을 정병고수기(8월 20일~11월 1일) 사이 9월 7일에서 9월 16일로 결정한 것은 파저 야인 측이나 조선 측이 다같이 대규모 병력을 동원한 군사 활동이 쉬운 시기이고, 호조건 속에서 대병력 집중 운용이 가능했기 때문이다.

평안도 감사 이천은 2차 파저강 토벌에 대해 다음과 같이 보고했다. 7,793명을 동원하여 세종 19년 9월 7일 3도로 군사를 나누었사온데, 좌군도병마사 상호군 이화는 1,818인을 거느리고 올라산 남쪽 홍타리로 향했고, 우군도병마사 대호군 정덕성은 1,203인을 거느리고 올라산 남쪽 아한으로 향하여 모두 이산에서 강을 건넜으며, 이천은 여연절제사 홍사석과 강계절제사 이진과 더불어 4,772인을 거느리고, 옹촌 오자점 오미부 등을 향해서 강계에서 강을 건넜다.”(19/9/14) 2차 파저강 야인 토벌은 세종 19년(1537) 9월 7일에서 9월 16일까지 조선의 공세적 공격 전투였으며, 이 전투성과는 도절제사 군대는 야인 토굴 12호를 수색하고, 빈집 24호와 쌓아둔 콩과 서속을 불태웠다. 파저강 야인 35명 사살, 포로 5명으로 총 40여 명이었다. 좌군 이화는 10명 사살 9명 포로 총 19명이였으며, 전체는 약 60여 명으로 추정된다. 조선 측 피해는 병사 1명뿐이었다.(19/9/22)

그 뒤 세종은 2차 파저강 야인 토벌에 공이 많은 평안도절제사 이천을 정헌대부 호조판서 겸 평안도 도절제사로 승진시켰다.(19/9/25) 파저강 토벌의 어려움을 감안한 정벌의 주역인 최윤덕과 이천을 중용하여 압록강과 두만강 유역의 북방 국토개척의 의지를 현실화시켜 나간 것이다. 그러나 파저강 토벌에서 조선군은 기병전 미숙과 압록강과 두만강 지역의 지형지물에 대한 지식 결여 및 전투의 장기전 수행을 못하고 단기전으로 그쳤던 점은, 당시 조선군 전략·전술의 허약성을 보여주는 것으로 평가된다.

4. 맺음말 _ 대마도 정벌과 파저강 토벌의 평가

세종시대 대마도 정벌은 남방의 해양세력인 왜구를 전면적으로 제한하는 해금정책을 내세워 왜구의 침입을 차단시킴으로써 국방의 부담을 줄였다. 그 결과 조선은 방위의 대상을 육지로 연결된 북방의 파저강 야인 토벌에 관심을 집중시킬 수 있었다. 북방의 압록강과 두만강이 있다 할지라도, 장기간의 결빙과 손쉬운 도하 가능성 및 지형의 만곡성으로 접근이 쉬워서 천연적인 장벽 구실은 하지 못했다. 2차의 파저강 야인 토벌 이후 4군 6진의 주요 지점에 의한 거점방어 형태에 의존한 인위적인 국방선을 구축했다고 볼 수 있다. 그러나 파저야인의 우수한 기동력을 이용하여 조선 북방 변방을 기습하여 131회에 걸쳐 사람과 물자를 약탈해 갔다. 이에 대한 조선의 대응책으로 1차적으로 군사력의 증원, 성의 수축 및 사민정책을 취했으며, 장기적으로는 회유·강경 및 동화정책을 추진하면서 이들을 분열 약화시켜 평화공존을 꾀하려 했다.[16]

세종시대 국가경영에서 중요한 국가안보의 가상 적국은 북방의 육상세력 여진족과 남방의 해양세력 왜구 문제였다. 세종조 대외관계와 국방사상의 한 부분인 공세적 대마도 정벌과 파저강 야인 토벌은 조선 초기 세종시대의 가장 뚜렷한 대외원정이었으며, 공세적 전쟁이었다.[17] 대마도 정벌(세종 원년; 1419년 6월 17일~7월 6일)은 왜구 침략에

---

16) 대표적 토착여진인 길주 지역의 대추장 쿠룬투란티무르가 1천호 이상을 이끌고 남하하여 조선에 편입했는데, 그는 조선의 개국에 여진의 군사력을 제공하여 일등개국공신이 되기도 했다. 조선은 이지란을 동북면 도안무사로 삼아 여진족을 회유했다. 조선인과 혼인을 장려하고, 조선인으로 편호된 자는 학교교육을 시키고 이들에게 군역과 조세의 의무를 부담시켰다.[강성문, 위의 글(1989), 43~45쪽]

대한 공격적 수군전쟁으로 왜구의 회유책, 귀화정책, 포용책, 무력강
경책을 통한 대마도 정벌로 명분상 예속화는 성공했으나 대마도를
다스릴 조선 관리가 파견되지 못함으로써 대마도의 조선 영토화는
실패했다. 정벌 이후 관리 파견은 실패했고, 묵시적 조공 및 외교관계
의 속국 형태와 지원이라는 정치적 양면성을 띠고 있다.

　결론적으로 세종의 국가경영 사례연구에서 대마도 정벌과 파저강
야인 토벌은 국가안보의 정치적 해결과정의 대표적 사례로 들 수 있다.
그런데 세종 즉위년에 궁중의 토론과정 없이 태종과 함께한 대마도
정벌보다 '파저강 야인 토벌 궁중 대토론회'(15/02/15)가 세종형 정치적
리더십의 차별성을 보여주는 중요한 국가경영 사례로 볼 수 있다. 특히
유교적 국가경영의 관점에서 더 큰 의의를 갖는 것으로 보인다.

　세종시대는 우리나라 역사에서 보기 드문 '상향적 리더십'(upward
leadership)의 전성기였다 .이러한 사례는 세종이 국가경영자로서 임금
과 신하가 여진정벌 문제를 허심탄회하게 궁중에서 '더불어 의논한
다', '함께 의론하는 방식'에서 세종형 국가경영의 독특한 리더십으로

---

17) 대마도는 일제감정기 때가 최대 융성기로, 당시 대마도 거주 인구가 9만 명이었는데,
　 이 가운데 한국인이 2만 명이나 되었다. 2004년 기준으로 현재 대마도 인구는 4만여
　 명 정도이며, 한국인은 60여 명에 지나지 않는다. 역사적으로 김정호의 《대동여지도》,
　 《팔도총도》, 《동국조선총도》 등 조선시대에 제작된 대부분의 지도는 대마도를 우리
　 의 영토로 표시하고 있다. 정부수립 직후 1949년 1월 8일 신년 기자회견에서 이승만은
　 대마도 영유권을 주장하고 반환해 줄 것을 일본에게 공식 요청한 일도 있다.(《동아일
　 보》 2004. 7. 16., 2004. 7. 23.) 또한 "대마도가 조선 땅"이라는 1488년대 제작된 중국
　 고지도도 있다. 이는 당시 명나라 사신 동월이 황제(영종)의 명을 받아 조선 땅을 둘러
　 본 뒤 작성한 견문록인 《조선부》 4~5쪽에 나와 있는 〈조선팔도총도〉로서, 울릉도와
　 독도뿐만 아니라 대마도가 조선의 영토라고 자세히 표기되어 있다. 《조선부》에 "朝鮮
　 後代始祖蓋尊檀君爲其建邦啓土宜以箕子其繼世傳緖也"라 하여, 명나라 초기부터 단
　 군조선을 조선의 기원으로 하고 단군조선을 인정하여 조선의 자주적 역사관을 인정하
　 고 있다. 이러한 《조선부》는 1717년 일본이 일본음을 달아 제작한 필사본으로 남아,
　 일본대학 고문서실에서 발견되었다.

볼 수 있다.(김홍우 2005:17~19)

즉, 세종시대의 '궁중 의론정치'는 세종 15년(1433) 2월 15일에 파저 강(평안도 자성, 지금의 혼강) 지역의 "야인 토벌을 위한 대토론", 또는 "궁중형 공론장"으로 세종 정치의 절정에 이른다고 할 수 있다.(김홍우 2005:19~22) 그리고 이러한 세종식 '의론정치'에 기반한 국가경영의 사례는 대외정책 외에 다양한 사례에서도 발견된다.

참고문헌

《조선왕조실록》(태조~세종)

강성문, 1989, 〈조선시대 여진정벌에 관한 연구〉, 국방부군사편찬연구소, 《군사》 18.

───, 2001, 〈조선초기 육진 개척의 국방사적 의의〉, 국방부군사편찬연구소, 《군사》 42.

김구진, 1983, 〈조선전기 대여진 관계와 여진사회의 실태〉, 단국대 동양학연구소, 《동양학》 13.

───, 1995, 〈조선초기 조선과 여진과의 관계〉, 《한국사》 1-22, 국사편찬위원회.

김순자, 1999, 〈여말선초 대원·대명관계연구〉, 연세대 박사학위논문.

김운태, 1982, 〈세종조의 정치사상〉, 한국정신문화연구원 편, 《세종조 문화연구 I》, 박영사.

김재근, 1977, 《조선왕조군선연구》, 일조각.

김주식, 2003, 〈한중일 삼국의 해적사 연구와 장보고 시대 해적 연구의 현황〉, 《장보고논총》, 해군해양연구소.

───, 1998, 〈해적의 어제와 오늘〉, 《해양전략》, 해군대학.

김주식 외 편, 1999-2003, 《조선시대 수군관련사료집 Ⅱ, Ⅲ, Ⅳ, Ⅴ》, 신서원.

김홍우, 2005, 〈한국정치사상 연구의 새로운 지평〉, 《정치사상의 전통과 새 지평》(고인산김영국교수5주기추모학술대회발표논문), 서울대.

나종우, 1980, 〈고려말기의 여일관계—왜구를 중심으로〉, 《전북사학》 4.

민두기, 1980, 《일본의 역사》, 지식산업사.

박현모, 2005, 〈세종과 경국의 정치—세종은 외교적 난관을 어떻게 헤쳐 나갔
　　　는가〉, 동아시아학술원 유교문화연구소, 《유교문화연구》 9.

배영복, 1994, 〈세종대왕의 국방사상〉, 국방부군사편찬연구소, 《군사》 28.

손승철, 1994, 《조선시대 한일관계사연구》, 지성의샘.

———, 1996, 〈대마도의 조·일 양속관계〉, 한일관계사연구회 편, 《독도와 대
　　　마도》, 지성의샘.

———, 2004, 〈17～18세기 동아시아 삼국의 자문화중심주의와 타자인식〉, 한
　　　국정신문화연구원, 《동아시아에서의 역사 바로보기 발표논문집》.

신기석, 1957, 〈고려말기의 대일관계—여말 왜구에 관한 연구〉, 《사회과학》 1,
　　　한국사회과학연구회.

신석호, 1959, 〈여말선초의 왜구와 그 대책〉, 《국사상의 제문제》 3, 국사편찬위원회.

유영박, 1966, 〈세종조의 사회정책〉, 《진단학보》 29·30 합병호.

———, 1969, 〈세종조의 재정정책〉, 대한민국학술원, 《학술원논문집》 8.

유재구, 1985, 〈조선초기 대마도 정벌에 관한 연구〉, 조선대 대학원 석사논문.

육사한국군사연구실, 1977, 《한국군제사: 조선전기 편》, 육군본부.

이상태, 1988, 〈대마도 정벌고찰〉, 국방부 군사편찬연구소, 《군사》 17.

이성무, 1998, 《조선왕조사 1·2》, 동방미디어.

이은규, 1974, 〈15세기초 한일교섭사 연구—대마도 정벌을 중심으로〉, 《호서
　　　사학》 3.

이인영, 1937, 〈선초 여진무역고〉, 《진단학보》 8.

이재용, 1970, 〈조선전기의 수군〉, 《한국사연구》 5.

이춘근, 2003, 〈중국 해군력 발전의 역사적 궤적〉, 이홍표 편, 《중국의 해양전
　　　략과 동아시아 안보》, 한국해양전략연구소.

이춘식, 1997, 《사대주의》, 고려대학교출판부.

이해철, 1995, 《세종시대의 국토방위》, 세종대왕기념사업회.

———, 2001, 〈대마도 정벌〉, 《세종문화사대계 3》, 세종대왕기념사업회.

이현종, 1964, 《조선전기 대일교섭사 연구》, 한국연구원.

장학근, 1983, 〈조선의 대마도 정벌과 그 지배정책—대외정책을 중심으로〉,

《해군사관학교논문집》 18.

장학근·이민웅 편, 1997, 《조선시대수군 1·2》, 신서원.

조남욱, 1998, 〈세종의 통치이념과 현대적 의의〉, 한국정신문화연구원 편, 《세종시대 문화의 현대적 의미》.

차문섭, 1997, 〈세종대의 국방과 외교〉, 세종대왕기념사업회, 《21세기 문화·과학을 위한 세종대왕 재조명》(세종대왕탄신600돌기념학술대회).

하우봉, 1996, 〈한국인의 대마도 인식〉, 한일관계사연구회 편, 《독도와 대마도》, 지성의샘.

한국정신문화연구원 편, 1982, 《세종조 문화연구 I》, 박영사.

──, 1998, 《세종시대 문화의 현대적 의미》, 한광문화사.

한명기, 2001, 〈세종시대 대명관계와 사절의 왕래〉, 세종대왕기념사업회, 《세종문화사대계 3》.

한문종, 1995, 〈조선전기 대마도의 통교와 대일정책〉, 한일관계사연구회 편, 《한일관계사연구》 3.

──, 1997, 〈조선초기 왜구대책과 대마도 정벌〉, 《전북사학》 19, 전북대 사학회.

한일관계사연구회 편, 1996, 《독도와 대마도》, 지성의샘.

《동아일보》 2004년 7월 16일자, 〈대마도의 역사적 진실〉.

《동아일보》 2004년 7월 23일자, 〈대마도를 재발견하자〉.

《동아일보》 2004년 11월 8일자, 〈조선시대 생존외교 다시 보자〉.

李領, 1999, 《倭寇と日麗關係史》, 東京大出版會.

Kennedy, Paul, 1987, *Rise and Fall of the Great Power: Economic Change and Military Conflict from 1500 to 2000*, New York: Random House.

Levathes, Louise, 1994, *When China Rules the Sea: The Treasure Fleet of the Dragon Throne, 1405-1443*, New York: Oxford Press.

Menzies, Gavin, 2002, *1421:The Year China Discovered America*, New York: Morrow.

Park, Seong-rae, 1977, "Portents and Politics in Early Yi Korea, 1392-1519"(Ph.D. Dissertation), University of Hawaii.

세종의 유교적 법치

인정(仁政)과 법의 관계를 중심으로

박 영 도
서울대

1. 머리말

유교적 법치라는 말을 들으면 과연 유교에 대해 법치를 말할 수 있는가 하는 의구심부터 생기는 경우가 많다. 여기에는 크게 보아 두 가지 이유가 있는 것 같다.

첫째는 공법(公法)이 아니라 사법(私法)에서 출발하여 국가권력으로부터 개인의 권리를 보장하는 것을 주된 과제로 설정한 근대 서구의 법치 개념에서 의거하여, 유교적 국가경영이 법치에 바탕을 둔 것이 아니라 군주 일인의 전횡에 휘둘리는 전제군주체제라고 여기는 견해다. 동아시아에서 법치가 개인의 권리를 국가권력으로부터 보호하는 장치로 이해되지 않았다는 것은 사실이다. 그러나 그렇다고 해서 유교적 국가경영에서 법치를 부정하는 것은 법치를 서구적 유형으로 환원하는 것에 지나지 않는다. 동아시아의 맥락에서 법치는 서구처럼 민법이 아니라 형법과 행정법 등의 공법을 중심으로 고유한 모습을 지니고 발전했다는 점에 유념할 필요가 있다.

둘째, 동아시아에서 나름의 법치 전통을 인정하는 경우에도, 법치는 법가적 정치관일 뿐이고, 유교의 기본적 정치관인 인치(仁治), 예치

(禮治), 덕치(德治)와 대립된다는 일종의 상식적 관점으로 끝나는 경우가 많다. 이 상식적 관점은 중국 정치사의 초기 맥락에서 법가가 유가와의 차별 속에서 자신을 분명하게 드러내기 위하여 유교와 법치의 대립을 강조한 점과 관련되어 있다. 또한 그것은 근세에 와서 유교 문명권의 쇠락과 관련하여 유교의 무능을 비판하는 맥락에서, 이번에는 서구적 법치와 비교되면서 이 대립이 다시 강조되었다는 사실과도 깊은 관련이 있다.(이승환 1998:170~171) 또 유교적 국가경영에서 실제의 법치적 작동과 유교적 자기이해 사이에 괴리가 있었다는 점도 상식적 관점의 유포에 일조했을 것이다. 그러나, 어떤 이유에서든, 유교적 국가경영에서 법치를 배제하려는 관점은, 적어도 진시대의 법치 이후 유교적 국가경영에서 법치가 더 이상 배제될 수 없는 토대였으며, 유법(儒法) 결합이 유교의 정통 법사상의 중심을 이루었으며, 실제로 유교적 국가경영의 주된 원칙이었다는 역사적 사실을 제대로 고려하지 못한 데에서 비롯된 오해라고 할 수 있다.

세종시대는 유교적 국가경영의 황금기였다고 할 수 있다. 이 글의 목적은 세종의 유교적 국가경영을 유교적 법치의 관점에서 살펴보고, 이를 통해 근대의 서구적 법치나 중국 전통시대의 법가적 법치와 구별되는 유교적 법치의 구조적 특징을 확인하는 데 있다. 위에서 언급한 의구심에 함축되어 있는 환원의 오류를 범하지 않으면서 세종의 유교적 법치에 접근하기 위해 먼저, 2) 일종의 해석학적 출발점으로서 법치의 의미를 기능적 관점에서 재구성해 보고, 3) 이어서 역사적 시각에서 유교적 법치의 일반적 특징을 법가적 법치 및 서구적 법치와 구별하면서 살펴볼 것이다. 이어서 세종의 국가경영 활동에서 나타나는 유교적 법치의 특징을 인정(仁政)과 법의 관계를 중심으로, 4) 사법의 맥락과, 5) 입법의 맥락으로 나누어 살펴볼 것이다.

2. 법과 정치(권력)의 상호전제와 상호구성으로서 법치

법치를 특정한 형태로 환원하는 오류를 벗어나기 위해서 법치를 기능적 시각에서 고찰할 필요가 있다. 여기서 기능적 시각에서 고찰한다는 것은 법치를 통해 해결하려는 준거문제가 무엇인지를 먼저 밝히고, 이 문제의 해결과 관련하여 법치를 기능적으로 규정한다는 것을 뜻한다. 이렇게 할 때 준거문제에 대한 하나의 특정한 해결책을 다른 해결책들을 평가하는 기준으로 설정하는 오류를 벗어나, 다양한 해결책들 모두를 준거문제의 해결을 위한 기능적 등가물로서 놓고 비교할 수 있는 가능성이 열린다.

법치에서 법은 권력이 사용되는 형식을 제공하고, 권력은 법에게 필요한 강제력을 제공하는 관계에 있다. 여기서 나타나는 상호전제와 상호구성의 복잡한 관계를 파악하는 것이 법치의 이해와 관련하여 긴급한 문제인데, 이를 위해서는 정치와 법의 준거문제를 검토할 필요가 있다.

흔히 정치의 의미를 혜택과 부담의 유권적 배분에서 찾는다. 이것이 정치의 중요한 과제임에는 틀림없다. 그러나 이런 과제를 달성하기 위해 선결해야 할 문제가 있다. 그것이 바로 집합적으로 구속력 있는 결정을 산출하고 재생산하는 문제다.(Luhmann 1999:103) 이 문제가 어떻게 해결되는지에 따라 혜택과 분배의 유권적 분배는 서로 다른 방식으로 수행될 것이다. 이런 점에서 우린 이 문제를 정치의 준거 문제로 설정할 수 있다.

이 준거 문제는 정치를 하나의 소통 네트워크로 이해하는 관점, 즉 집합적으로 구속력 있는 결정의 소통 네트워크로 이해하는 관점과 궤를 같이한다. 여기서 결정의 소통 네트워크라는 것은, 하나의 결정이 선행하는 결정을 자신의 전제로서 삼으면서 동시에 자신을 후속 결정의 전제로서 선취하는 재귀적 구조가 형성된다는 것을 말한다. 따라서 집합적으로 구속력 있는 결정이라는 말에서, '구속력 있다'는 말은 하나의 결정이 다른 결정을 위한 유효한 전제로서 인정된다는 뜻이다.(Luhmann 2000:84) 이것이 이루어지지 않을 때 정치적 소통은 실패한다.

그러나 이 실패의 가능성은 구조적인 것이다. 왜냐하면 결정의 소통에는 늘 구조적 괴리가 재생산되기 때문이다.[1] 한편으로 결정은 그것이 의문의 여지가 없다는 정당성 주장을 제기한다. 그러나 다른 한편 그 정당성 주장은 여전히 결정이라는 형태로 수행된다. 이것은 정당성 주장이 우연성의 형태를 띰을 뜻하며, 다시 이것은 그 정당성 주장이 오늘 수락 받았다고 해도 내일 다시 수락 받는다는 보장이 없음을 뜻한다. 그러므로 이 괴리를 어떻게 메울 것인가 하는 문제가 제기된다. 이 괴리가 메워지지 않을 때, 발화자(發話者)의 결정이 청자(聽者)의 결정에 영향을 미치는 유효한 전제로서 작용하지 못할 것이고, 소통의 정치적 실패가 발생한다. 그러니까 소통에 내재된 구조적 괴리 때문에 소통은 순간순간 목숨을 건 도약을 감행할 수밖에 없다는 말이다. 그 괴리를 메워서 하나의 소통이 후속 소통의 전제로서 작용하여 소통의 네트워크가 형성되기 위해서는, 다시 말해서 목숨을 건 도약의 위험을 감소시키기 위해서는 소통을 관철시킬 수 있는 물

---

1) 이 괴리는 소통 자체의 일반적 구조에 내재된 것이기도 하다. 소통 일반에는 구조적 간극이 포함되어 있다. 그것을 우린 소통의 텍스트와 콘텍스트의 간극이라고 할 수도 있고, 정보와 발화의 괴리, 혹은 진술과 발화의 간극으로 부를 수도 있다. 이 구조적 괴리는 소통된 진술의 신뢰도가 그 발화의 맥락에 따라, 즉 발화자가 누구이며 어떤 상황에서 발화되었는가에 따라 달라진다는 일상적 경험에서 이미 잘 드러난다.

질적 능력과 합의를 얻어낼 수 있는 능력이 요구된다. 정당성과 효율성이 정치가 충족해야 할 중요한 요청이라는 점도 이 맥락에서 이해할 수 있다. 또한 이렇게 볼 때, 서로 긴장관계에 있는 효율성과 정당성이라는 두 가지 정치적 요청은 다만 근대정치만 괴롭힌 요청이 아니라, 집합적으로 구속력 있는 결정의 네트워크로서 정치가 작동하기 위해서는 어디서나 충족되어야 할 요청이라고 할 수 있다.

법 또한 준거 문제를 갖고 있다. 공동의 사회적 삶이 가능하려면 최소한 두 사람 사이에 행위조절이 있어야 하며, 이것이 이루어지려면 상호 행위기대의 안정화가 필요하다. 즉 어떤 사람은 다른 사람이 자신에 대해 어떻게 행동할 것인지에 대해 안정된 기대를 가질 수 있어야 하고, 다른 사람 또한 마찬가지다. 법은 상호 행위기대의 안정화라는 준거 문제를 가지며, 이때 법은 이 상호 행위기대를 시간적, 사회적, 객관적 차원에서 일반화하고, 이를 통해 행위기대의 반사실적 안정화를 확보하는 기능을 담당한다.(Luhmann 1985:40~72)

먼저 시간적 차원에서 행위기대의 일반화는 규범화의 메커니즘을 통해 일어난다. 여기서 규범화란 하나의 행위기대가 좌절되었음에도 포기하지 않고 계속 유지되는 것을 뜻한다. 둘째, 행위기대는 사회적으로도 일반화될 필요가 있는데, 이것이 행위기대의 제도화이다. 이때 제도화된 기대는 구체적 상호작용망 속에 있는 구체적 개인의 기대를 대변하는 것이 아니라 익명의 제삼자의 기대를 대변하고, 사람들은 이 제도화된 기대를 공통의 정향점으로 삼아 행위를 조절한다. 또한 제도화된 기대는 구체적 개인이 동의하지 않았음에도 그 효력을 유지한다. 마지막으로 객관적 차원에서 행위기대의 일반화가 있는데, 이것은 행위기대가 구체적인 행위주체나 행위상황의 차이가 있음에도 어느 정도나 일반적으로 적용될 수 있는가 하는 문제와 관련된다.(이상돈·홍성수 2000:208) 예컨대, 특정 역할과 관련하여 기대를 걸 때 우리는 역할수행자가 누구인지와 무관하게 역할수행에 관해 같은 기대를 건다. 이 3차원 모두에서 정합적으로 일반화된 행위기대를 확립하는 것이 법의 기능이다.[2]

법치라는 것은 일단 정치의 준거 문제와 법의 준거 문제를 해결하기 위해서는 법과 정치가 서로를 필요로 한다는 의미로 이해할 수 있다. 그런데 법과 정치의 준거 문제를 해결하기 위해서는 공통으로 해결해야 할 문제가 있는데, 그것이 바로 폭력의 순치라는 문제다. 이 공통의 준거점 때문에 법과 정치는 단순히 서로를 필요로 하는 것에 그치지 않고 서로를 구성하게 된다.

앞서 집합적으로 구속력 있는 결정의 산출과 재생산이라는 준거 문제를 해결하기 위해서는 결정의 관철 능력과 합의 능력이 필요하다고 했다. 이때 일차적으로 요구되는 것은 관철 능력인데, 여기서 관철 능력은 곧 사회적 영향력을 행사할 수 있는 능력을 말한다. 그리고 정치 문제와 관련해서는, 특히 부정적 제재수단을 통한 영향력 행사 능력이 중요하다. 이때 이 부정적 제재수단이 특정 주제나 상황에 얽매이지 않고 일반적으로 사용될 수 있을수록 관철 능력은 높아진다. 이런 일반적 사용 가능성을 지닌 부정적 제재수단이 바로 물리적 폭력이다. 이런 점에서 관철 능력의 핵심은 물리적 폭력에 있다. 국가를 폭력의 독점체로 규정하는 베버의 정의도, 정치의 준거 문제를 해결

---

2) 이 3차원의 일반화 메커니즘들 사이에는 불일치도 많이 발생한다. 사회에는 늘 규범의 과잉생산이 일어나기 때문에 모든 규범이 다 제도화될 수 있는 것은 아니다. 예컨대 영웅적 행위에 대한 기대는 비록 규범화될 수는 있으나, 그것을 제도화하기는 어렵다. 법이 영웅적 행위기대를 대변해서는 안 되는 것이다. 군주에 대한 기대에서도 마찬가지다. 요순과 같은 통치행위에 대한 기대는 규범화될 수 있으나 그것이 제도화되기는 힘들다.

하는 데서 물리적 폭력의 중요성에서 비롯된 것이다.

그러나 폭력의 독점 그 자체만으로는 결정의 지속적 재생산을 보장하기 어렵다. 다시 말해서 하나의 결정이 폭력에 기초하여 지금 수락되었다고 해서 다음 순간에도 수락될 수 있다는 보장은 없는 것이다. 폭력 그 자체는 집합적으로 구속력 있는 결정의 산출과 재생산에 요구되는 합의 능력을 보장하지 못하며, 결정의 정당성을 보장하지 못한다. 정치의 준거 문제를 해결하는 데 법이 요청되는 것은 바로 이 때문이다. 폭력이 독점되고, 독점된 폭력의 사용이 법적 형식을 통해 이루어지면, 정치의 준거 문제에 대한 기초적 해결이 이루어진다. 그리고 이를 통해 폭력은 정당한 강제력, 즉 정당한 관철 능력으로서의 국가권력으로 전환된다. 이런 의미에서 우리는 권력이 법을 통해 구성된다고 말할 수 있다.[3]

법은 폭력에서 권력으로의 전환을 가져올 뿐 아니라, 권력의 사용 맥락을 규제하는 기능도 갖는다. 권력은 반복되는 사용 속에서 비로소 권력으로 형성된다. 그러니까 권력은 권력의 재귀적 사용의 맥락 속에서 산출된다는 말인데, 그렇다면 권력의 사용에 대한 예감이나 기대가 권력의 본질적 요소가 된다. 이것은 곧 권력의 안정된 재생산을 위해서는 권력 사용에 대한 예감이나 기대가 안정될 필요가 있음을 뜻한다. 그렇지 못할 경우, 권력 사용이 늘 지나친 불안정성에 노출되어 혼란을 불러올 것이다. 그러니까 권력이 폭력의 사용에 대한 결정권으로서 구성되고 재생산되기 위해서는 그 결정권의 행사와 관련된 기대의 안정화가 요구되는데, 이 요구는 일반화된 행위기대의 안정화를 중심 기능으로 삼는 법을 통해 충족될 수 있다. 법가가 강조

---

3) 그렇다고 정치 일반이 법을 통해 구성된다는 말은 아니다. 법 외부의 정치도 얼마든지 가능하기 때문이다

하듯이, 법치에서는 '믿음'이 중요한 문제가 되는데, 이는 다름 아니라 법이 기대를 보장하는 기능을 갖고 있기 때문이다. 요컨대 법은 권력의 재귀적 산출 네트워크에서 권력의 사용에 대한 예감을 안정화시켜 주는 것이다. 물론 그 대가로 권력으로부터 법의 집행능력을 보장받는다.

다른 한편, 법의 준거 문제를 해결하는 데서도 폭력이 중심역할을 하고, 또 폭력에 대한 관계를 매개로 법은 권력과 내적 관계를 맺는다. 이것을 법의 편에서 출발하여 법치가 구성되는 경로로 이해할 수 있을 것이다.

법과 폭력의 관계는 '형'(刑)으로서의 법에 대한 대중적 이해 속에 표현되어 있다. 이에 따르면 법은 규범의 침해에 대응하는 폭력의 정당한 사용으로 정의된다. 이런 이해방식은 법적 기대가 좌절되었을 때, 좌절된 기대를 구제하는 방식도 시간적, 사회적, 물질적으로 일반화될 수 있어야 한다는 요구에서 비롯된다. 이때 이 요구의 충족과 관련해 물리적 폭력이 제재수단으로서 우위를 누린다.(Luhmann 1985: 86~87) 그 이유는 먼저 물리적 폭력이 힘의 우위만 가정할 뿐 지위질서, 역할맥락, 집단 멤버십 등을 전제하지 않으며, 이로 말미암아 상당한 자율성을 갖기 때문이다. 또 물리적 폭력은 시간·상황·대상·맥락과 무관하게 거의 보편적으로 사용될 수 있다. 이 때문에 법 뒤에는 물리적 폭력이 마치 그림자처럼 따른다. 만약 물리적 폭력이 없다면 법은 법으로 남을 수 없을 것이다. 물론 거꾸로 법이 없다면 폭력 단독으로는 기대를 안정화하는 기능을 수행하지 못한다.

그런데 법의 준거 문제 해결과 관련하여 등장하는 법과 폭력의 본래적 관계에서, 물리적 폭력은 법적 기대를 표현하는 수단이지 실현하는 수단이 아니다. 예컨대 고대사회에서 거의 보편적으로 나타나는 혈수는 단순히 범법자를 처벌하기 위한 것이 아니라(친척이 대신 죽을 수도 있다), 훼손된 기대를 유지하겠다는 단호한 의지를 표명하는 수단이었다. 사람들은 기대의 침해에 대해 폭력적 복수를 통해 그들의 연대성, 즉 기대의 연대성이 여전히 작용하고 있음을 확인하고 또 천명하고자 한다.

법과 폭력의 이러한 관계는 역사적 변화 속에서 재구조화되는데, 이 재구조화의 가장 중요한 역사적 계기는 폭력의 독점화, 더 정확히 말해서 폭력 사용에 관한 결정의 정치적 집중이다. 폭력 사용에 대한 결정의 안정적 조직화를 위해서는 법적 기대가 중시되고, 법의 개입을 통해 이제 정치는 폭력의 직접 사용이 아니라 법으로 위계화된 결정 속에서 자기를 표현하게 되고, 폭력의 행사는 정치의 무대에서 물러난다. 중요한 점은, 이와 더불어 법에서도 폭력으로부터 결정으로 이행이 일어난다는 점이다. 물론 폭력이 사라지는 것은 아니다. 그러나 이제 폭력은 법질서의 표현수단이라는 의미는 상실한다. 이제 법은 정합적인 규범들의 체계로서 등장하게 되고, 이와 함께, 정치와 마찬가지로, 법도 폭력이 아니라 결정 속에서 자신을 표현하게 된다.

요컨대 폭력의 독점화가 이루어지는 과정에서, 한편으로 법은 집중된 폭력을 정당한 폭력으로, 즉 정당한 국가권력으로 전환시켜주는 역할을 수행한다. 이런 점에서 법이 권력을 구성한다. 다른 한편 이 과정에서 법과 폭력의 관계도 법과 권력의 관계로 전환된다. 즉 법은 폭력의 뒷받침을 받는 것이 아니라, 법에 의해 구성된 권력의 뒷받침을 받는다. 그리고 권력의 지지를 받는 법은 이제 결정권으로 존재한다. 이런 점에서 권력이 법을 구성한다고 할 수 있다. 폭력의 독점 및 순치라는 과정과 함께 시작되는 법과 권력의 상호전제와 상호정립의 순환적 과정 속에서 법치가 출현하게 된다.

3. 유교적 법치에 대한 역사적 고찰

앞서 우리는 법의 준거 문제와 권력의 준거 문제의 상호착종으로서의 법치에서 법과 권력이 서로를 요구할 뿐 아니라 나아가 서로를 구성하기도 한다고 지적했다. 이제 법치의 발생을 역사적 측면에서 살펴볼 것이다. 이를 통해 유교적 법치의 일반적 구조와 특징을 법가적 법치와 서구의 근대적 법치와의 구별 속에서 확인할 수 있을 것이다.

법치의 출현은 사회의 분화형식과 정치조직에서 중요한 변화를 의미하며, 또 중요한 변화를 전제한다. 중국의 경우, 이 변화는 서주의 봉건적 예치체제의 몰락으로 집약할 수 있을 것이다. 봉건적 예치체제는 분절적 사회분화 형식에 기초하고 있었다. 사회는 동일한 조직형태를 지닌 가문들의 병렬이나 피라미드식 누적을 통해 구성되었고, 이 가문들 사이의 분쟁을 조절하는 장치로서 가문들 바깥에 그리고 상부에 정치적 공간이 위치한다. 이런 사회분화 형식에서는 사회통합은 종법제도와 그 윤리로써 이루어졌고, 가문의 관계를 조절하는 정치영역 또한 종법의 조직원리를 따르고 있었다. 정치영역 자체가 종법의 예의 질서에 따라 조직되었다는 의미에서, 당시의 통치방식을 예치체제라고 할 수 있을 것이다.

예치체제에서 정치적 결정의 소통은 예로써 규제되며, 폭력도 예로써 권력으로 순치된다. 그러나 이때 권력은 위계적 네트워크의 정점으로 집중되지 않고, 봉건질서에 따라 흩어진다. 그리고 분산된 권력들은 종법적인 예의 질서에 따라 연결된다. 따라서 정치체계는 가족으로부터 분리되지 않고 여전히 확장된 가족으로 간주되고, 천자·제후·경대부·사의 정치적 소통관계는 대종(大宗)과 소종(小宗) 관계의 반복과 병렬이라는 방식으로 조직되었다. 정치가 종법원리에 따라 조직된다는 점에서 예치체제는 사회로부터, 더 정확히는 가족으로부터 분화되지 못하고 오히려 사회 속에 깊이 배태되어 있었다.

춘추전국시대에 오면서 이러한 예치제제가 무너지고, 제후가 천자를 넘보고, 경대부가 제후의 권력을 찬탈하는 상황이 일상적으로 전개된다. 이것을 놓고 종법제도와 원리 자체가 무너졌다고까지 말하기는 어려울지도 모른다. 그러나 가문들 바깥의 관계를 더 이상 종법원리로 규제할 수는 없다는, 논리적으로 이미 예고되어 있던 상황이 찾아온 것은 분명했다. 이와 함께 국가와 사회의 관계에 중대한 변화가 생겼다. 예치체제 속에서는 종법원리에 의해 통합되어 있던 국가의 조직원리가, 이제 나라[國]의 논리와 가문[家]의 논리로 분화되었으며, 가문의 논리가 더 이상 나라의 논리를 제공할 수 없는 상황이 되었다. 이제 새로운 정치운영 방식이 필요했다. 즉 예치와는 다른 정치 형태가, 가문의 운영 방식과 명백히 구별되는 국가경영 방식이 요구되었다. 법가적 법치는 이러한 시대적 요청에 대한 응답이었다.

법가는 열국의 경쟁 속에서 국가의 생존을 보장하고 부국강병을 이룩하기 위해서는 가문들로 분산된 폭력을 군주에게로 집중시키고, 독점된 폭력을 효율적으로 조직하는 것이 급선무라고 보았다. 그리고 이를 위해서는 이제 예가 아니라 법이 요구된다고 보았다. 친족적 연대에 기초하여 예가 제공하는 기대의 안정성으로는 가문들 바깥에서, 그리고 가문들 사이에서 나타나는 정치공간을 규제하기 어려웠기 때문이다. 따라서 법가는 기대의 안정화 메커니즘으로서 예를 법으로 대체하여 종법질서와 구별되는 정치질서의 확립을 주장한 것이다. 그러니까 법치의 출현은 정치와 법이 사회적 모태로부터 분리되는 외재화 과정을 통해 등장한 셈이다.

그런데 법가적 법치의 이러한 발생과정은 서구의 근대적 법치의 형성과정에 비교할 때 중요한 차이점을 보여준다. 서구에서 법은 정치공간이 아니라 사회의 민간 부문에서 이미 형성되어 있었다. 민간 부문에서 오랜 역사를 가진 이 법이, 근대 초에 폭력의 독점을 이룩한 국가라는 정치조직방식과 결합하여 법치체제를 형성하게 된다. 이 때문에 서구의 근대적 법치에서 법은 애초부터 국가권력의 사용이 사회에 부당한 월권을 행하지 않도록 규제하는 기능을 떠맡고 있었으며, 시장경제의 확장은 법의 이러한 기능을 자유주의적 방향으로 더욱 강화시켰다. 이런 발생맥락 때문에, 서구적 의미의 근대적 법치에서, 법과 국가권력은 단순히 서로를 필요로 할 뿐 아니라 서로 강한 긴장관계에 서기도 한다.

그런데 중국에서 법치는 서구처럼 사회의 품안에서 성장한 법이 권력과 조우하는 형태로 등장하는 것이 아니었다. 중국에서 법치의 발생사는 법치를 구성하는 정치와 법이 사회로부터 동시에 외재화된다는 데에 특징이 있다. 다시 말해서, 법가적 법치의 경우, 정치와 법이 사회로부터 동시에 분리되어 외재화되는 과정에서 서로가 서로를 정립하고 구성하는 양상을 보여준다. 서구의 법치에서 법과 정치는 따로 형성된 뒤에 서로를 요구하는 성격이 강했는 데 견주어, 법가적 법치에서 법과 정치는 상호정립 내지 상호구성이라는 성격을 더 강하게 보여준다. 법은 종법원리를 따르는 예치와 구별되는 새로운 정치형식을 구성하는 요소로 기능했으며, 동시에 예치와 구별되는 새로운 정치는 종법원리로부터 독립된 법을 형성시켰다. 중국문화권에서 법이 형사법과 행정법 중심으로 발전했으며, 법이 권리의 보장수단이라기보다는 통치수단으로 이해된 것도 이런 맥락에서 이해할 수 있다.

법이 정치의 구성수단으로 출발한 이상, 법이 형사법이나 행정법 중심으로 발전하게 된 것은 오히려 자연스러운 과정이라고 할 수 있다. 하여튼 권력이 정치적으로 집중되면서 법이 예로부터 분리되어 형성되고, 또 종법제도의 구속을 벗어난 규범체계로서의 법이 집중된 정치권력을 규제하고 조직함으로써 사회와 분리된 정치영역이 출현하게 된다. 요컨대 법과 정치가 종법원리에 따라 규제를 받는 사회영역으로부터 동시에 외재화되는 과정에서, 서로가 서로를 구성하면서 법가적 법치체제가 출현하게 된다.[4]

그러나 지금까지의 설명은 법가적 법치에 대한 것이지 유가적 법치에 관한 것은 아니다. 그럼 유가적 법치는 어떤 특징을 보이는가? 서주 봉건적 예치체제의 몰락이라는 상황에서 유가는 예치체제의 복구를 중심과제로 설정했다. 물론 공자가 강조하는 예는 '인'(仁)이라는 새로운 포괄적 원리에 따라 규제되고 있었기에, 예치체제의 복구가 단순히 주례(周禮)로 돌아가자는 복고주의로 끝나는 것은 아니었다. 공자는 가문의 영역 너머에서 펼쳐지고 있는, 그러나 단순히 기존의 예를 통해서는 더 이상 규제되지 않는 새로운 공적 영역의 과제들을 처리할 기본원리가 필요함을 인지하고 있었지만, 법 대신 예의 포괄적 규제원리로서의 '인'을 그 대답으로 제시했다고 할 수 있다. 어떤 의미에서 본다면, 서주의 예치체제가 몰락하면서 동일한 예(禮)로부터 법과 도덕이 각기 법가와 유가의 손을 거쳐 분화되어 나왔다고 할 수 있다. 이때 유가가 '법'이 아니라 '인'이라는 도덕원리로 방향을

---

4) 그렇다고 법치가 종법적 질서로부터 완전히 분리되었다는 말은 아니다. 법가적 법치 또한 종법적 질서에 영향을 받는다. 그러나 정치의 조직원리는 더 이상 종법원리가 아니다. 그러니까 법치는 사회의 종법제도에 대해 절대적 자율성이 아니라 상대적 자율성을 갖는다고 할 수 있다.

잡은 것은 정치영역의 구조변화를 인정하면서도, 그 정치영역을 여전히 사회로부터 자립화시키지 않고 사회의 조직원리를 통해 제어하려는 의도에서 비롯된 것이라고 할 수 있다.

이러한 공자의 관점은 유교적 법치의 기본관점을 보여준다. 즉 보편적 인의 원리를 제창함으로써 뒷날 법치의 딜레마를 해소하고, 입법의 맥락과 사법의 맥락에서 법치를 이끌 원리를 제시했다. 더욱이 공자 또한 예와 구별되는 법의 작용을 잘 알고 있었고, 정치에서는 예와 법이 병용되어야 한다는 것을 지적하고 있다. "정치가 너무 너그러우면 백성이 태만해지고, 너무 태만해질 때는 사나움으로 바로잡아야 한다. 그러나 정치가 너무 사나워지면 백성이 쇠잔해진다. 백성이 쇠잔해지면 너그러움으로 베풀어야 한다. 너그러움으로 사나움을 바로잡고, 사나움으로 너그러움을 바로잡는다. 정치는 이렇게 조화로 해야 한다."5) 즉 정치에는 예를 주로 하되, 형의 보충이 필요하다는 것이다. 나아가 맹자는 "오직 선만 있고 법이 없으면 바른 정치를 할 수 없으며, 법만 있고 선이 없어도 그 법을 실현할 수 없다"6)는 말로써 유법 결합의 기본관점을 미리 보여준다. 그럼에도 여전히 선진 유가의 입장은 유교적 법치와는 일정한 거리가 있었다. 무엇보다 예치와 구별되는 법치의 진화론적 성과와 기능적 이점을 제대로 고려하지 못했기 때문이다.

유교적 법치라는 개념은 진(秦)의 법치체제 이후의 유교적 정치운영에 대해서만 타당하게 적용될 수 있을 것이다. 여기서 진의 법치는 유교적 법치의 등장에 이중으로 기여했다. 한편으로 그것은 중앙집권체제라는 정치적 유산을 남겼으며, 그 이후 법치는 중앙집권적 정치

---

5) 《春秋左傳》 昭公 20년.(이승환, 1998, 23쪽에서 재인용)
6) "徒善不足以爲政, 徒法不能以自行"(《孟子》, 離婁上).

체제의 부정할 수 없는 운영토대로서 자리를 잡았다. 동시에 진의 법치체제는, 법이 스스로 통치할 수 없으며, 정치가 법치로 환원될 수 없다는 점도 생생하게 보여주었다. 즉 그것은 법치의 뚜렷한 한계를 또 하나의 역사적 유산으로 남겼다. 진 이후 중국의 정치사는 이 두 가지 유산을 각기 서로 다른 비율로 가공하여 상속해 간 역사라고 할 수 있을 것이다. 유교적 법치 또한 이 두 역사적 유산을 수용하여, 한편으로 법치의 진화론적 성과를 수용하여 그것을 중앙집권적 국가경영의 토대로 수용하면서, 다른 한편 법치를 '인'이라는 유교적 원리에 따라서(또는 인으로써 해석되는 예를 통해) 규제함으로써 법치의 한계를 넘어서고자 했다. 따라서 유교적 법치는 법치의 진화론적 이점과 법치에 대한 유가의 전통적 비판을 결합하는 방식으로 법가적 법치와 유가적 예치를 넘어서는 국가운영 방식이라고 할 수 있을 것이다. 또는 서주 몰락 이후 각기 법가와 유가로 분화된 법과 도덕이 진의 법치체제 이후 유교적 법치 속에서 재결합되었다고 말할 수도 있을 것이다.

유교적 법치의 이러한 발생맥락 때문에 유교적 법치에서는 유교적 인정(仁政)의 이념, 신분적 등급질서, 법치체계라는 세 요소가 엇물려 복잡한 양상을 보여준다. 먼저, 인정과 신분적 등급질서는 법치체계에 대한 견제의 장치로서 기능한다. 앞서 우린 서구의 근대적 법치에서는 법이 국가권력에 대한 사회적 견제의 기능을 수행한다고 지적했다. 그리고 법가적 법치에서는 법과 권력이 상호정립적 관계에 있기 때문에 법을 통한 권력의 견제가 미약하다고 했다. 이에 비해 유교적 법치는 법치를 통한 정치의 사회적 외재화를 어느 정도 인정하지만, 여전히 정치체계를 사회의 조직원리에 따라 제어하려는 기획을 포함하고 있다. 그러니까 유교적 법치는 정치체계가 자립화되어, 사회의 머리 위에서 자기만의 고유한 생명을 누리는 일종의 소외상태를 극복하려는 프로젝트를 포함하고 있는 셈이다. 그러나 이때 그 정치적 자립화를 방지하는 장치는 법이 아니라 예에 있다. 유교적 법치에서 법치를 견제하는 두 요소인 인정의 정치이념과 신분적 등급질서는, 예의 정치윤리적 측면과 사회질서의 측면을 대변한다고 할 수 있을 것이다. 그리하여 예컨대 인정의 정치이념을 통해 법치를 입법의 맥락과 사법의 맥락에서 규제할 때, 그 규제는 신분적 등급질서의 요구를 반영하게 되고,[7] 경우에 따라 법치적 계기와 긴장관계를 형성하기도 한다.

그러나 다른 한편, 유교적 법치의 틀 안에서 신분적 등급질서와 인정의 이념이 서로 긴장관계를 형성하기도 한다. 법치의 세례를 받기 전의 유교적 예치에서는 둘 사이에 긴장이 없었겠지만, 법치가 매개요소로 끼어들면서 둘 사이에 대립의 가능성이 생긴다. 따라서 이런 긴장이 발생한다는 것 자체를 유교적 법치의 특징 가운데 하나로 간주할 수 있다.

4. 사법(司法)의 맥락에서 본 인정(仁政)과 법

지금까지 우리는 법치에 대해 기능적 관점에서, 그리고 유교적 법치의 일반적 특징에 대해 역사적 관점에서 논의했다. 그럼 조선시대 유교적 국가경영의 탁월한 모델을 제공했던 세종에서 유교적 법치는

---

7) 정치의 자립화를 방지하는 유교적 법치의 기획이 갖는 시대적 한계는 바로 여기에 있다. 유교적 법치가 방지하고자 했던 정치적 소외는 사대부의 정치적 소외였으며, 정치권력의 오용으로부터 방어하려고 했던 것은 신분적 등급질서였다.

어떤 모습으로 나타나는가? 세종시대 유교적 법치의 특징을 이해하기 위해서는 세종이 법치로 풀어야 했던 과제를 먼저 이해할 필요가 있다. 첫 번째 과제는 중앙집권체제를 안정화시키는 일이었고, 두 번째 과제는 유교의 정통 정치이념인 인정의 이념을 구현하는 것이었다. 그러니까 중앙집권적 법치체제의 확립 위에서 인정의 이념을 구현한다는 유교적 법치의 일반적 목표가 세종에서도 그대로 나타나는 셈이다.

세종이 즉위교서에서 정치의 목표로서 천명한 인정의 정치이념은, 한편 정치문물을 정비하여 인정을 베푼다는 정책목표로서의 의미가 있고, 다른 한편으로는 법치적 제도를 인(仁)이라는 도덕적 원리에 입각하여 정당화한다는 의미를 다 포함하고 있다. 법과 관련한다면, 인정의 정치이념은 법의 적용 및 집행이라는 사법적 맥락과 입법의 맥락에서 인의 원리를 실현한다는 것을 뜻한다고 하겠다. 따라서 중앙집권적 법치체제의 확립 위에서 인정의 이념을 구현한다는 세종의 유교적 법치의 특징을 사법의 맥락과(4절) 입법의 맥락으로(5절) 구별하여 살펴보기로 하겠다. 이때 특히 인정, 법치, 신분질서라는 유교적 법치의 세 계기 사이의 긴장관계를 세종이 어떤 식으로 풀어가는지에 중점을 둘 것이다.

4.1. 폭력의 독점화와 통일법전 편찬의 노력

새로운 왕조 조선은 호족연합체의 성격을 띠고 있던 고려의 느슨한 정치체제를 새롭게 하여, 중앙집권체제를 수립할 것을 천명했다. 이를 위해 무엇보다 시급하게 요청된 것은 폭력의 독점화였다. 물론 그 이전에 폭력의 독점화가 없었던 것은 아니지만, 그것은 미진한 상태에 머물러 있었다. 사병이 대표적 사례였다. 특히 역성혁명 과정과 왕자의 난을 거치면서 사병을 잘 활용해 왔고, 따라서 그것이 왕권에 대해 갖는 위협을 누구보다 잘 알고 있었던 태종에게, 신왕조의 안정을 도모하는 가장 중요한 문제는 사병을 비롯해 다양한 형태로 사회 속에 분산되어 있던 사적 폭력을 국가의 손안에 틀어잡고 왕권의 잠재적 위협요소를 제거하는 일이었다. 태종은 왕위를 세종에게 물려준 뒤에도 병권을 계속 유지하면서 폭력의 안정적 독점화를 추구했다. 태종의 노력의 결과 세종대에 오면, 비록 왕권에 대한 잠재적 위협이 완전히 사라진 것은 아니지만, 폭력의 독점은 어느 정도 안정된 기반 위에 올라섰다고 할 수 있게 되었다. 그러나 중앙집권체제의 안정화가 물리적 폭력의 독점만으로 이루어지는 것은 아니다. 무엇보다 독점된 물리적 폭력을 법적 형식에 따라 상하 위계질서 속에서 체계적이고 효율적으로 정비할 필요가 있었고, 이를 위해서는 통일법전의 편찬이 필요했다.

폭력의 국가독점은 폭력의 집중을 통한 폭력의 배제라는 역설적 측면을 안고 있다. 이 역설을 해결하기 위하여 정당한 권력과 부당한 권력의 구별이 동원되는데, 이 구별에 따라 국가의 손안에 집중된 폭력은 정당한 폭력으로서 국가권력으로 변형되고, 다른 모든 폭력은 불법적인 것으로 처벌대상이 된다. 이런 점에서 정당성은 국가권력 개념의 본질적 구성요소라고 할 수도 있다. 이때 권력의 정당성은 일회적으로 끝나는 것이 아니라 꾸준히 사용되면서 지속적으로 생성되어야 한다. 즉 국가권력은 자신이 세운 규칙의 위반에 대해 형벌로써 꾸준히 반응을 보여야 하고, 의미론적 차원에서는 권력의 사용에 대한 결정을 정당화하는 근거들을 계속 만들어 나가야 했다. 이것이 안정적이고 효율적으로 이루어지기 위해서는 국가권력의 사용을 법적 형식에 따라 조직하고 규제해야 하며, 이를 위해서는 무엇보다 통일된 법전이 필요했다.

이 과제는 이미 태조 때부터 인지되어 그 이후 역대 왕들에 의해 꾸준히 추구되었다. 그리하여 태조 때부터 《대명률》을 기본 율서로 삼고, 동시에 통일적 법전을 편찬하여 정합적인 법규범을 통해 일관된 법치제제를 확립한다는 입장이 표명되었다. 그 일환으로 태조 6년 12월에 《경제육전》이 완성되어 공포 시행되었다. 그 이후 법전의 개보수 작업은 끊임없이 이어져 《경국대전》에 이르러 일단락을 맺게 된다. 세종 또한 이런 법전 편찬 작업에 심혈을 기울여, 재위기간의 거의 절반에 해당하는 약 15년에 걸쳐 법전 편찬 개보수 작업을 계속했다. 그 중요한 작업을 일지 형식으로 정리하며 다음과 같다.[8]

세종 2년 윤1월 무술 : 《경제육전》 원전의 법규와 현행 법령을 제외하고 이들과 모순되는 법령들은 모두 삭제하고, 예조의 상정소로 하여금 함께 의논하여 분류하도록 했다.

세종 4년 8월 을미 : 좀더 완비된 《속육전》을 편찬하기 위해 육전수찬색을 설치하고, 이직과 이원을 도제조로, 맹사성과 허조를 제조로 임명했다.

세종 8년 2월 임신: 《속육전》 1차 완성.

세종 8년 12월 임술: 수찬색에서 확정된 《속육전》 6책과 《속록》 1책, 그리고 《원전등록》을 제출.

세종 10년 11월 정축: 상정소에서 중복 착오 부분을 재검토하여 《속전》 5권과 《등록》 1권을 제출.

세종 11년 3월 갑자: 재검토를 거친 뒤에 《원육전》과 함께 《속육전》 인쇄 배포.

세종 12년 3월 정묘: 경연에서 《속육전》을 강론하고 검토 지시

세종 12년 4월 신사: 방언으로 된 《원육전》과 한문으로 된 《속육전》을 함

---

8) 세종시대의 법제도와 법전 편찬에 대해서는 박병호, 2001, 289~294쪽 참조.

께 시행하는 것을 검토하라고 지시.

세종 13년 5월 병자: 《방언육전》을 인쇄하여 배포 시행하고, 하륜이 개수
　　한 《원육전》은 회수할 것을 지시

세종 15년 정월 무오: 《속육전》에 대한 지속적인 개수 검토 끝에 새로 편
　　찬한 《경제속육전》 6권과 《등록》 6권을 인쇄.

세종 17년 11월 정해: 새 육전을 검토하여, 빠진 조목 30여 조를 새 육전
　　끝에 첨부하기로 결정.

　세종은 법전 편찬 개보수 작업을 지속적으로 추진했을 뿐 아니라, 역대 그 어느 왕보다 열정적으로 개보수 작업에 참여했다. 그리하여 법령 하나하나가 다 그의 손을 거쳤고, 경연에서도 법전을 강론하면서 재검토를 명했다. 그만큼 법령의 정비를 통한 법치 의지가 강했던 것이다.

4.2. 사법권의 국가화

　통일법전을 꾸준히 개보수함으로써, 그리고 《대명률》을 수용함으로써 법치의 기초를 확립하려는 세종의 강한 의지는 사법권의 국가화에 대한 의지와 맞물려 있었다. 폭력의 법치적 순화는 정치적 맥락에서 무력을 국가의 수중으로 독점하는 것으로 끝나지 않고, 법적인 맥락에서 사적으로 행사되던 사법권(司法權)의 국가화 과정도 요구한다. 만약 사법권이 국가 말고 다른 관할주체에 의해 행사된다면 이는 폭력의 국가독점이 완전히 수행되지 않은 것이며, 국가 이외에 정당한 폭력의 사용권을 행사하는 영역이 있다는 것이며, 따라서 지배의 통일성이 이루어지지 못한 것이다.

　따라서 고려시대 이래 권문세가들이 사적 폭력에 의거하여 가내 사법의 형태로 행사해 오던 사법적 폭력을 국가의 손안에 집중시켜야

했다. 사법권의 국가화에 대한 세종의 의지를 가장 잘 보여주는 것이 노비를 사사로이 살해한 주인의 처벌에 대한 세종의 생각이었다.

세종 12년, 종을 사사로이 때려죽인 최유원을 국문할 것을 명하면서, 세종은 형조에 다음과 같은 전지를 내린다. "형률에, '주인으로서 노예를 죽인 자는 죄가 없다'고 했으니, 이는 윗사람과 아랫사람의 분별을 엄하게 한 것이며, 또 '주인으로서 노비를 죽인 자는 장형(杖刑)을 받는다'고 했는데, 이는 사람의 목숨을 소중히 여기는 것이다. 노비도 사람인즉, 비록 죄가 있더라도 법에 따라 죄를 결정하지 않고, 사사로이 형벌을 혹독하게 하여 죽인 것은, 실로 그 주인으로서 자애(慈愛) 무육(撫育)하는 인덕(仁德)에 어긋나니, 그 죄를 다스리지 않을 수 없다."[9]

실록에 따르면, 당시 형률에는 노비를 사사로이 살해한 주인에 대해 상반된 형률이 있었다. 하나는 신분적 상하분별 논리에 입각하여 무죄를 규정하는 형률이고, 또 하나는 사람의 목숨을 소중히 여기는 관점에서 유죄를 규정하는 것이었다. 이것은 유교적 통치의 이념인 인정의 원리와 유교적 법치를 통해 보호하고자 하는 유교적 신분질서 사이에 대립이 생길 수 있음을 보여주는 좋은 사례라고 하겠다. 그러니까 이 사건에서는 유교적 법치의 세 계기, 즉 인정의 원리, 법치의 확립, 그리고 보호되어야 할 신분적 등급질서라는 세 계기 사이에 긴장관계가 형성되고 있는 셈이다. 똑같이 유교적 법치를 표방하더라도, 이 세 가지 계기들 사이에 긴장이 생길 때 어떤 태도를 취하는가에 따라 유교적 법치의 모습은 달라질 수 있다. 이 사건뿐 아니라 이와 비슷한 다른 사건에서도 세종은 유교적 신분질서의 요구를 희

---

9) 《세종실록》 세종 12년 3월 24일.

생시키면서 사법권의 국가화라는 법치의 과제와 인정의 이념을 결합하는 태도를 보여준다.

"법에 따라 죄를 결정하지 않고, 사사로이 형벌을 혹독하게 하여 죽인 것은 실로 그 주인으로서 자애(慈愛) 무육(撫育)하는 인덕(仁德)에 어긋나니, 그 죄를 다스리지 않을 수 없다"는 세종의 결정은 단순히 인정의 이념 때문만이 아니라 법치의 확립을 위한 것이기도 한데, 이 점은 세종이 형조에 내린 다음의 전지에서 특히 분명하게 드러난다.

> "우리나라의 노비(奴婢)의 법은 상하(上下)의 구분을 엄격하게 하기 위한 것이다. 강상(綱常)이 이것으로 말미암아 의지할 바를 더하는 까닭에, 노비가 죄가 있어서 그 주인이 그를 죽인 경우에 논의하는 사람들은 상례(上例)처럼 다 그 주인을 치켜 올리고 그 노비를 억누르면서, 이것은 진실로 좋은 법이고 아름다운 뜻이라고 한다. 그러나, 상주고 벌주는 것은 임금 된 자의 대권(大權)이건만, 임금 된 자라도 한 사람의 죄 없는 자를 죽여서, 선(善)한 것을 복 주고 지나친 것을 화(禍) 주는 하늘의 법칙을 오히려 함부로 하지 못하는 것이다. 더욱이 노비는 비록 천민이나 하늘이 낸 백성 아님이 없으니, 신하된 자로서 하늘이 낳은 백성을 부리는 것만도 만족하다고 할 것인데, 그 어찌 제멋대로 형벌을 행하여 무고(無辜)한 사람을 함부로 죽일 수 있단 말인가. 임금 된 자의 덕(德)은 살리기를 좋아해야 할 뿐인데, 무고한 백성이 많이 죽는 것을 보고 앉아서 아무렇지도 않은 듯이 금하지도 않고 그 주인을 치켜 올리는 것이 옳다고 할 수 있겠는가. 나는 매우 옳지 않게 여긴다."[10]

여기서 세종은, 죽고 살리는 문제는 왕의 대권에 속한다는 것을 분명히 한다. 따라서 사사로이 노비를 죽이는 행위는 왕권의 침해가 된

---

10) 《세종실록》 세종 26년 7월 24일(신축).

다. 또한 그것은 살리는 것을 중히 여기는 인정의 이념에도 어긋난다. 세종은 인정의 원리와 법치의 원리의 결합, 즉 유교적 법치의 원리에 입각하여 관습적인 가내 사법에 제동을 걸었던 것이다.

사실 사법권의 국가화와 인정의 이념은 사법적 폭력의 순치에서 서로 상통한다. 앞서 지적했다시피 법과 폭력의 본래적 관계는 법과 정치의 사회적 외재화가 이루어지지 않는 경우에 주로 발생한다. 따라서 친족원리나 종법원리가 지배하는 곳에서는, 법이 폭력적 자기현시라는 방식을 취하는 경향이 강하다. 가부장적 가내사법이 그런 경우여서, 여기서는 적나라한 복수감정에 사로잡혀 잔혹한 형벌이 사용되는 경우가 많다. 사법권의 국가화는 단순히 법치의 확립만을 가져오는 것이 아니라, 법과 폭력의 이러한 본래적 관계를 재구조화시켜 복수감정에 휩싸인 폭력을 통제하는 효과를 가져오며, 이런 의미에서 그것은 사법적 맥락에서 인정의 이념을 구현하는 중요한 장치가 된다. 법치의 원리가 확립되지 않을 때 형사정책은 복수의 감정에 휩싸여 잔혹해지기 쉽고, 법치가 확립되더라도 인정의 정치이념이 없을 때에는 중형주의의 위험에 빠지기 쉽다. 그러나 세종은 법치의 확립 위에 인정의 이념을 결합함으로써 유교적 형사정책의 모범을 보여주었다. 즉 이미 널리 논의된 세종의 흠휼(欽恤)형정은 유교적 법치의 바탕 위에서 실현될 수 있었던 것이다.

4.3. 유교적 법치와 신분질서 — 부민고소금지법 논쟁

노비를 죽인 노비주의 문제에서는 사법권의 국가화라는 과제 앞에서 인정과 법치의 논리에 밀려 유교적 신분질서의 확립을 위한 강상명분론이 잠깐 후퇴했다. 그러나 그렇다고 세종의 유교적 법치에서 늘 강상명분론이 상대적으로 허약한 지위에 있었던 것은 아니다. 인정의 논리와 강상명분론의 결합 또는 타협 속에서 법치의 논리가 후퇴하는 경향이 나타나기도 하며, 오히려 이것이 좀더 일반적인 경향이라고 할 수 있을 것이다. 세종대의 또 하나의 중요한 법적 논쟁 가운데 하나였던 부민고소금지법을 둘러싼 논쟁에서 이것을 확인할 수 있다.

부민고소금지법은 "부사(府史), 서도(胥徒)가 그 관리(官吏)와 품관(品官)을 고발하고, 이민(吏民)이 그 감사와 수령을 고발하는" 것을 금지하는 법안으로서, 세종 2년 허조의 제안으로 시행 공포되었다. 이것은 풍속론을 앞세워 지방관의 행정지배력을 강화하려는 취지에서 시행된 조치이지만, 법적인 측면에서 보면 다심제의 싹을 자른 보수적 법제였다. 그리고 또 그것은 백성들이 원통한 정을 풀 기회를 막는다는 점에서 인정(仁政)의 이념에 위배되는 것이었다. 처음부터 이런 긴장이 내포되어 있어서인지, 이 법안을 둘러싸고 많은 논의가 있었고, 세종 자신도 법안이 시행된 뒤 많은 고민을 했다. 그 이유는 이 법안을 둘러싸고 인정의 이념, 법치의 원리, 신분적 등급질서라는 유교적 법치의 세 계기가 충돌을 벌였기 때문이다. 이런 상황을 세종 자신이 잘 요약하고 있다.

"억울하고 원통한 정을 펴 주지 않는 것이 어찌 정치하는 도리가 되겠는가. 수령이 부민의 전답을 오판(誤判)한 것을, 부민이 그 오판을 정소(呈訴)하고, 개정을 청구하는 것 같은 것이야 어찌 고소라고만 하겠는가. 사실 자기의 부득이한 일이라 할 것이다. 만약 이를 받아들여 다스린다면 수령의 오판한 죄는 어찌 처리하겠는가. 죄의 명목이 이미 성립되었는데도 그 죄를 다스리지 않으면 사람을 징계할 수 없을 것이요, 만일 그 죄를 다스린다면 이는 고소를 허용하는 것이 될 것이니, 다시 신중히 논의하여 전날 수교(受敎)의 조문을 보완하게 하라."11)

여기에 요약된 논쟁의 전개와 요점을 정리하면 다음과 같다. 첫째, 부민고소금지법을 제안한 허조 등이 거론한 풍속론의 요지는, 김효정의 다음 상소 내용으로 요약된다. "귀(貴)한 것은 천한 것에 군림(君臨)하고, 천한 것이 귀한 것을 받들며, 위는 아래를 부리고 아래는 위를 섬기는 것은 곧 하늘의 이치와 백성의 이륜(彝倫)으로서 당연한 것이며, 나라를 다스리는 도리의 근본입니다."12) 요컨대 아랫사람이 윗사람을 고소하는 것은 유교적 정치가 보호해야 할 신분질서와 강상명분론에 위배된다는 것이다.

둘째, 부민고소금지법을 혁파하려는 쪽의 기본논지는, 그 법이 시행되는 한 수령들의 오결과 부패가 늘어날 것이며, 하정상달(下情上達)의 길이 막혀 백성들의 억울하고 원통한 정을 펼 곳이 없어 인정(仁政)의 이념에 위배된다는 것이다. 이는 세종 자신의 생각이기도 했다. "민생들이 하고자 함이 있는데, 임금이 없으면 어지러워지므로 반드시 임금을 세워서 다스리게 하는데, 억울함을 호소하는 것을 받지 않으면 어찌 다스리는 체통에 해롭지 않을까."13)

따라서 이 법안을 두고 인정의 이념과 강상명분론이 충돌하고 있는 것이다. 인정의 이념은 세종이 추구하는 유교적 법치의 지도이념이다. 그리고 강상명분론에 입각한 유교적 신분질서는 유교적 법치를 통해 추구하려는 사회적 통합의 목표다. 더욱이 어느 정도 중앙집권적 법치체제가 마련되어 더 이상 폭력의 독점이 중심문제가 되지 않는 상황에서, 유교적 신분질서의 확립과 이에 상응하는 강상명분론의 교화는 세종의 중요한 정치적 목표이기도 했다. 이런 상황에서 인정

---

11) 《세종실록》 세종 13년 1월 19일.
12) 《세종실록》 세종 10년 5월 26일.
13) 《세종실록》 세종 13년 6월 20일.

의 이념과 강상명분론 어느 것도 포기하기 어려웠다.

셋째, 이 딜레마 상황을 벗어나기 위해 세종은 고소·고발을 금지하되, 자기 원억의 경우는 예외조항으로 받아들이자는 방안을 돌파구로 제시했다. "임금이 말하기를, '아랫사람이 윗사람을 고소하는 것을 금할 것 같으면, 사람들이 억울하고 원통한 정을 펼 곳이 없을 것이니, 개중에 그 자신의 박절한 사정 같은 것은 이를 받아들여 처리해주고, 만일 관리를 고소하는 따위의 것은 듣지 않는 것이 어떤가."14)

그러나 이 제안은 새로운 문제를 야기했다. 자기 원억이 받아들여지는 경우, 오판한 수령의 죄를 어떻게 처리할 것인가 하는 문제가 제기되기 때문이다. 세종이 지적하듯이, "죄의 명목이 이미 성립되었는데도 그 죄를 다스리지 않으면 사람을 징계할 수 없을 것이요, 만일 그 죄를 다스린다면 이는" 자기 원억에 그치는 것이 아니라 "고소를 허용하는 것이 될 것"이다. 즉 오결한 수령의 죄를 다스리지 않으면 법치의 원리에 위배되고, 죄를 다스리면 강상명분론을 침해하는 셈이 된다는 것이다.

넷째, 인정·법치·강상명분론이라는 유교적 법치의 세 요소 사이의 트릴레마에 직면하여, 세종은 다음과 같은 최종 결론을 내린다. "생각하건대 만약 자기의 원억함을 호소하는 소장(訴狀)을 수리(受理)하지 않는다면 원억한 것을 풀 수 없어서 정치하는 도리에 방해될 것이며, 또 그 고소로 인하여 문득 오판의 죄를 처단한다면 낮은 사람이 높은 사람을 능범(陵犯)하는 듯한 악영향이 있어서 진실로 온당하지 않다. 지금부터는 다만 자기의 원억을 호소하는 소장을 수리하여 바른 대로 판결하여 줄 뿐이고, 관리의 오판을 처벌하는 일은 없게 하

14) 《세종실록》 세종 13년 1월 19일.

여, 존비(尊卑)의 분수를 보전하게 하라.”[15]

결국 세종은 인정의 이념과 신분질서의 확립이라는 두 목표를 위하여 법치적 계기를 타협의 대상으로 삼는다. 인정의 이념과 신분질서의 강상명분론은 사실 대립적 요소가 아니다. 그것이 긴장관계를 형성하는 것은 법치적 요소가 중간에 끼어들기 때문이다. 따라서 법치적 요소를 후퇴시킴으로써 문제를 푼 셈이다.

물론 세종의 이 결정은 정치적 판단에서 비롯된 타협이었다. 세종이 자신의 타협안이 우선 백성들의 원억을 푸는 기회를 주는 동시에 지방수령들의 지방 재지세력 장악력을 유지하는 데 도움이 된다고 보았을 것이다. 또한 그것이 신왕조가 추구하는 유교적 사회질서의 확립에 도움이 된다고 보았다. 마지막으로 정국운영의 파트너인 양반 관료들과 대립을 피하는 것이 정국안정을 위해 필요하다고 보았을 것이다. 요컨대 사회로부터의 일정한 외재화 과정을 통해 형성된 법치체제가 다시 유교적 사회질서와 타협을 해야 하는 국면이 되었던 것이다. 이런 점에서 본다면 세종의 이 타협은 개인적 판단에 따른 타협이 아니라, 사회로부터 일정 정도 외재화된 법치체제를 계속 사회적으로 견제하려는 기획을 지닌 유교적 법치의 구조가 강제한 타협이었다고 할 수 있다.

5. 입법의 맥락에서 본 인정(仁政)과 법 _ 주권의 역설과 인정

법과 권력의 관계라는 맥락에서 세종은 독점된 폭력을 법적 방식으

---

15) 《세종실록》 세종 15년 10월 24일.

로 조직하여 위계적 국가권력 안으로 순치시키고, 또 조직된 권력에 기초하여 사법권을 위계적 관료체제 안으로 통합하여, 국가 형사사법 체계를 확립하는 작업을 진행했다. 법과 권력의 이러한 상호적 구성 과정을 통해 법치적 위계질서의 하층에 대한 통제는 비록 정치적 타협을 거치지만 일정 정도 이루어진다. 그러나 위계의 상층부에는 해결하기 어려운 역설이 등장한다. 그것이 바로 주권의 역설이다.

여기서 주권의 역설은 위계화된 결정체계로서의 지배체계의 최상위 지점에 결정의 임의성, 자의라는 요소가 불가피하게 존재한다는 사실에서 비롯한다. 이 자의가 불가피하기는 하지만 오남용의 위험을 안고 있다는 점에서 법적으로 제한되고 규제되어야 한다. 진의 법치체제의 폐해를 역사적 유산으로 상속받은 유가적 법치에서는 특히 그것은 규제되어야 할 대상이었다. 그러나 그 임의성은 결코 법에 의해서 규제되지 않는다. 여기에 문제가 있다. 달리 말하면, 주권자 역시 법에 구속될 필요가 있는데, 주권자는 법 위에 군림한다는 데 문제가 있는 것이다. 특히 조선시대를 비롯한 동아시아의 전통적 법문화의 경우처럼 법이 주권자의 명령이자 통치의 수단으로 이해되는 경우에는 더더욱 그러하다. 다산 정약용에 따르면 "법이란 군주의 명령이니 법을 지키지 않음은 곧 군주의 명령을 좇지 않는 것이다. 신하된 자가 감히 그렇게 할 수 있겠는가?"(정약용/다산연구회 1978:219) 이런 인식 아래에서는 주권자는 법으로 통제될 수 없고 오히려 법 위에 군림한다. 그럼 주권자의 자의는 어떻게 규제할 것인가? 자의에 대한 규제의 필연성과 그것의 불가능성을 어떻게 양립시킬 수 있는가?[16]

---

16) 하나의 정치체계가 자기를 어떻게 이해하고 자신에 대해 어떤 식으로 기술하는지를 이해하려면 이 역설을 참조할 필요가 있다. 정치체계의 자기이해의 역사는 바로 이 질문 및 역설에 대한 기능적으로 등가적인 해결책들의 역사라고 할 수도 있을 것이다.

법적으로 조직되는 이 지배의 통일성 속에 자의의 계기가 불가피하게 포함되어 있다면, 이 자의의 불가피성은 무엇에 따르는가? 그 이유는 아마도 법과 권력의 상호적 구성이 결코 완결된 법적 규제의 공간을 만들어낼 수 없으며, 폭력이 결코 법적 권력으로 완전히 변형될 수 없으며, 정치적 결정의 네트워크를 규제하는 법적 형식이 결코 정치적 결정의 우연성, 자의성을 완전히 순치시키지 못하기 때문일 것이며, 정치적 결정의 기준들의 목록이 법규범을 통해서는 완결될 수 없기 때문일 것이다.[17]

물론 법적 방식으로 지배의 통일성이 형성되면서, 곳곳에 흩어진 자의도 조직되어 지배의 정점과 중앙으로 집중된다. 그러니까 자의도 주권자의 자의로 집중되고, 여타의 자의는 법적 처벌의 대상으로 전락하는 셈이다. 이런 점에서 사실상 지배의 통일성은 주권의 자의에 의해 비로소 완성된다고 할 수 있다. 그러나 그 자의는 더 이상 지배될 수 없는 것이라는 점에서 지배의 통일성 한 가운데 뚫린 커다란 공백이다. 그러니까 주권의 자의는 지배의 통일성 내부에 자리 잡고 있고 결함·빈터지만, 바로 그 통일성 자체를 가능하게 만드는 결함·빈터라고 할 수 있다. 그렇다면 주권의 역설을 어떻게 해결할 것인가 하는 질문은, 다름 아니라 어떻게 이 빈터를 메우고 숨겨서 보이지 않게 만들 것인가 하는 질문과 같다고 하겠다.

이 역설을 해소하는 다양한 해결책들이 가능할 수 있다. 먼저 생각할 수 있는 것은 주권자 스스로에게 법의 구속을 받으라고 요구하는

간단하게만 생각해도 자연법 이론, 계약이론, 권력분립론 등등을 들 수 있다. 유교적 법치의 구조 역시 이 문제에 대한 나름의 대답을 통해 구성된다고 볼 수 있다.

17) 법은 폭력을 권력으로 변형시키지만 여전히 법 자체는 설립적 폭력 위에 서 있다. 이에 대해서는 자크 데리다(Jacques Derrida)/진태원 역, 2004, 《법의 힘》(문학과지성사) 참조.

것이다. 이 해결책은 금방 떠오르는 가장 손쉬운 해결책이겠지만, 그만큼 가장 쉽게 무너지는 해결책이다. 주권자에게 이러한 요구를 누가 어떤 방식으로 강제할 것인가 하는 질문이 바로 제기된다. 누군가가 주권자에게 그러한 요구를 강제할 수 있다면, 주권자의 위치는 이미 그에게로 넘어갈 것이다. 또한 그런 요구를 강제할 자가 없다면, 그런 요구를 받아들일지 여부는 주권자의 의지에 달린 셈이 되며, 이것은 자의의 규제가 아니라 자의의 망을 한 번 더 연장하는 것뿐이다. 여기서 이 문제는 결코 법적 수단만으로는 해결될 수 없다는 결론에 이를 수 있다. 법가적 법치의 딜레마가 바로 여기에 있다고 하겠다.

이로부터 두 번째 해결책인 자연법적 관점이 제시될 수 있다. 이 관점에서 보면 주권자의 자기구속이라는 것은 법적으로는 불가능한 과제며 일종의 형용모순이다. 그러나 자연법주의자는 법적 해결 불가능성을 인정하면서 다른 방식으로 문제를 풀어가고자 한다. 그 다른 방식이 바로 법과 도덕의 구별이다. 역설을 해결하는 일반적 전략은 뒤엉킨 차원들을 구별하는 데 있는데, 여기서는 그것이 법과 도덕의 구별이라는 형태로 나타난 셈이다. 이것은 지배의 법적 공간 내밀한 곳에 자리 잡고 있는 낯선 요소인 자의를, 즉 그 공간 내부에 있는 구조적 빈터를 도덕이라는 규범으로 대체하고 메움으로써 그 공간을 완결시키는 전략이다. 그리하여 이제 주권자의 자의는 법이 아니라 도덕으로 규제된다.

이 주권의 역설과 관련할 때 유가적 법치의 첫 번째 특징은 도덕과 법의 자연법적 분리를 역설의 해결책으로 제안했다는 데 있다. 유가에서 법은 민심에 순응해야 하고 천리를 대변하는 것이어야 하며, 군주에게는 강한 덕성과 수양을 요구한다. 이런 유가의 전형적 입장은 도덕과 법의 분리를 통해 주권자의 자의를 도덕적 방식으로 규제하려는 해결책의 산물인 것이다. 유교적 법치가 입법의 맥락에서 보여주는 인정과 법의 관계가 여기서 나타난다. 세종이 통치원리로 추구했던 인정의 이념은 법적 지배체제를 '인'(仁)이라는 도덕원리로써 정당화하고 또 이로써 주권의 역설을 해소하는 장치인 셈이다.

유가적 법치가 주권의 역설을 도덕과 법을 분리함으로써 해결하려고 한 데에는 당시의 사회분화의 형식도 크게 작용했다. 당시 조선사회는 정점과 중앙을 포함하고 있는 계층적 사회분화형태를 가지고 있었다. 진한 이전의 고대사회처럼 사회가 동일한 가문조직들이 병렬적으로 존재하는 분절적 분화형태와도 구별되고, 오늘날처럼 다양한 영역이 자기의 고유한 코드와 기능을 가지고 상대적인 자율성을 발휘하면서 기능적으로 분화되어 있는 형태와도 구별된다. 물론 여전히 가족/가문이 다기능적 조직으로서 사회의 기초를 형성하고 있었지만, 더 이상 가족구조가 병렬하고 그것이 봉건적인 방식으로 정치적으로 연결되는 것이 아니라, 사회 전체는 중심과 주변의 구별과 상하의 구별에 입각하여 계층적으로 분화되어 있었다.

이런 사회분화 형식은 부분과 전체의 구별이 세계를 해석하는 중심 도식으로서 지배적인 힘을 발휘하기에 쉬운 조건을 제공했다. 흔히 사람들은 부분과 전체의 관계를 전체는 부분의 합 이상이다 하는 말로 표현한다. 이때 '이상'이라는 잉여의 요소는 현실정치적 측면에서는 정치적 결정들의 법적 조직체계를 봉합하면서, 궁극적 자의를 행사하는 최정상의 주권자에게 귀속되고, 정치윤리적으로 그 '이상'은 법과는 구별되는 최고의 도덕적 원리에 조응된다.[18] 다시 말해서 정치적 지배체제의 불가결한 자의의 요소 위에 '인'이라는 도덕적 원리

---

18) 유교적 전통에서 성인과 왕의 동일시가 이상으로 제시되는 것도 이와 무관하지 않을 것이다.

가 겹쳐지고, 이를 통해 자의는 숨겨지고 역설은 해결된다.

　그러나 법과 도덕의 분리가 유교적 법치에서 주권의 역설을 해소하는 유일한 장치는 아니었다. 이 분리는 주권의 자의를 비판하기 위한 규범적 기준은 제공할 수 있겠지만 그 자체로는 현실적으로 자의를 제약하고 역설을 해결하는 메커니즘은 아니었다. 사실 주권의 자의가 도덕에 의해 제약될 것이라고 기대하기는 어렵다. 주권의 현실적 제한은 정치 엘리트 내부의 세력관계와 이를 반영하는 제도적 장치를 통할 때에 비로소 이루어진다. 도덕과 법의 분리는 이런 세력관계 및 제도적 장치와 맞물릴 때 비로소 힘을 발휘한다.

　유교적 법치에서 주권의 현실적 제한을 가져오는 세력관계는 결국 왕과 양반관료 사이의 세력관계라는 형태로 등장한다. 사실상 유교적 법치의 기본 발상은 사회적 외재화의 길을 가는 정치적 지배체계를 여전히 사회의 조직원리로써 규제하는 것에 있다. 다시 말해서 나라[國]의 조직원리를 가문[家]의 종법적 조직원리로부터 완전히 분리시키지 않고, 꾸준히 종법의 원리로써 규제하는 것에 있다.[19] 그런 한 유가적 법치의 구도 안에는 나라와 가문의 긴장이, 왕과 양반관료 사이의 긴장이 내포되어 있다고 하겠다.

　앞서 우리는 이 긴장이 법의 적용맥락에서, 사법의 맥락에서 어떻게 나타나는지를 검토한 바 있다. 이 긴장은 입법의 맥락에서도 나타난다. 우선 그것은 도덕과 법의 구별 속에 이미 함축되어 있다. 왜냐

---

19) 법가에 비해 유가가 정치적으로 주권의 역설의 문제를 민감하게 의식했던 것도 이와 관련된다. 정치체계 내부에서 정치의 현실적 작동의 측면에서 정치를 이해하려고 했던 법가들에게는 정치체계의 통일성에 대한 반성적 고찰은 약했다. 이에 반해 늘 사회의 시각에서 정치를 규제하려는 관심에서 출발하는 유가는 정치체계의 통일성의 문제에, 따라서 주권의 역설의 문제에 직면하고 또 그것을 진지하게 고려할 기회도 많았고 동인도 강했다.

하면 유교에서 하늘의 이치로 간주된 도덕원리는 종법적 사회조직원리의 우주론화 속에서 등장한 것이고, 사회윤리의 자연화의 산물이기 때문이다. 따라서 '인'이라는 도덕원리로써 법적 지배의 영역을 규제한다는 인정의 이념은 곧 국가의 논리를 사회의 논리(당시에는 家의 종법적 조직원리)에 의거하여 규제한다는 유가의 관점을 반영하지 않을 수 없다.

이 맥락에서 인정의 '인'의 두 가지 역할을 구별해 볼 수 있다. 한편 의미론적 차원에서 인은 법과 구별되는 규범으로서 법을 규제하고, 이로써 주권의 역설을 해소하는 규범적 장치로 작동한다. 다른 한편 '인'은 신분적 질서 전반을 대변한다. 따라서 인의 원리는 양반관료 및 사대부의 요구와 기대를 반영하게 된다. 법을 정당화하고 규제하는 원리로서의 '인' 개념 속에는 왕권에 대한 양반관료의 견제력도 함께 작동하고 있는 것이다.

이 점은 세종시대의 입법원칙에도 반영되어 있다. 박병호에 따르면 세종시대의 입법원칙은 다섯 가지 정도로 요약된다.(박병호 2001:295～302) 첫째, 법은 고법(古法)이어야 한다. 둘째, 법은 양법미의(良法美意)여야 하다. 셋째, 법은 민신(民信), 민지(民志)에 따라야 한다. 넷째, 법은 경솔하게 개폐될 수 없다. 다섯째, 왕도 법을 따라야 한다. 여기서 마지막 항뿐 아니라 전체적으로 보아도 이 입법원칙들은 주권적 입법자의 자의에 대한 제약으로, 왕권에 대한 유교적 견제의 장치로 이해할 수 있다.

법은 고법이어야 한다는 원칙에서 우리는 이상적 사회상태를 미래보다는 과거 속에 배치하고 역사를 기원의 부패사로 이해하고, 새 것보다는 오래된 것을 좋은 것으로 여기는 전통사회의 시간이해 방식을 확인할 수 있다. 그러나 우리의 맥락에서 더 중요한 점은 여기서 고법이 주례를 중심으로 하는 종법윤리 및 종법원리와 이에 바탕을 둔 제도문물을 가리킨다는 점이다. 따라서 법은 고법이어야 한다는 입법원칙 속에서 종법원리가 법치 영역을 규제하는 효과가 생긴다.

법은 양법미의여야 한다는 원칙도 마찬가지이다. 여기서 '좋다'와 '아름답다'는 수식어는 주로 당시의 지배적인 종법적 신분윤리에 부합된다는 것을 표현하는 용어로 사용되었다. 부민고소금지법에 대한 논의에서 세종 자신도 그런 의미로 말한다. "대체로 낮고 천한 백성이 존귀한 윗사람을 침범할 수 없는 것이므로, 부민(部民)이나 아전의 무리가 자기의 위에 있는 관리를 고소하는 것을 금지하는 것은 진실로 좋은 법이며 아름다운 뜻이다."[20]

또한 법은 민신(民信), 민지(民志)에 따라야 한다는 것 역시 왕의 자의에 따라 법을 제정할 수 없다는 취지에서 비롯된 것이다. 민신과 민지에 대한 해석권이 사실상 사대부들의 손안에 있다는 점을 고려할 때 더더욱 그렇다.

마지막으로 정치제도적 측면에서 재상권과 언관권의 강조 또한 주권자의 자의를 제약하는 중요한 장치다. 유교적 법치에서 재상권과 언관권이 강조되는 것은, 군주의 덕성과 자기수양이라는 장치에만 의존해서는 효율적 통치와 아울러 주권자의 자의에 대한 규제를 기대하기 어렵다는 판단에서 비롯된 것이다. 앞서 우리는 법의 준거 문제를 다루면서 기대의 규범화와 제도화를 구별했다. 사람들은 성왕은 자의를 스스로 규제할 것이라고 기대한다. 사실 내성외왕이라는 요청 자체가 이 기대를 반영하고 있다. 그러나 우리는 주권자에 대한 이 기대를 비록 규범화할 수는 있지만 제도화할 수는 없다. 우리가 규범

20) 《세종실록》 세종 15년 10월 24일.

적 차원에서 도덕과 법의 구별을 통한 자의의 제한을 기대할 수 있지만, 이 기대효과를 제도적 차원에까지 확장할 수는 없다. 제도적 차원에서는 평균적인 왕을 상정할 수밖에 없기 때문이다. 따라서 제도적 차원에서 군주의 자의와 그것의 부정적 결과를 제한하는 길은, 도덕과 법의 구별이 아니라 왕권에 못지않게 재상권과 언관권을 강조하는 길이다. 그러므로 군신공치적 제도는 유교적 법치의 틀 속에서 주권의 역설을 해결하기 위해 꼭 필요한 제도적 장치라고 이해할 수 있다. 재상권과 언관권의 보장 위에 이루어지는 군신공치는, 한편으로는 도덕과 법의 구별과 제휴하고, 다른 한편으로는 왕과 양반관료의 긴장을 반영하면서 주권자의 자의를 제약하는, 유교적 법치의 일종의 내부 권력분립 장치라고 할 수 있을 것이다. 세종시대 유교적 법치의 눈부신 성과는 바로 이 군신공치의 장점이 최대로 발휘된 덕분이라고 볼 수 있을 것이다.

■ 참고문헌

《조선왕조실록》 국역본 CD.

김형효, 2003, 《물학, 심학, 실학》, 청계.
니시다 다이이치로(西田太一郎)/ 천진호 외 역, 1998, 《중국형법사 연구》, 신서원.
박병호, 1987, 《세종시대의 법률》, 세종대왕기념사업회.
———, 1996, 《근세의 법과 법사상》, 진원.
———, 2001, 〈세종시대의 법 —법제와 법사상〉, 세종대왕기념사업회 편, 《세종문화사대계 3》.
范忠信 외/이인철 역, 1996, 《중국법률문화탐구》, 일조각.

蕭公權/최명·손문호 역, 1998, 《중국정치사상사》, 서울대학교출판부,

심희기, 2001, 〈세종의 대명률 수용과 사법제도 개혁〉, 세종대왕기념사업회 편,
　　《세종문화사대계 3》.

위르겐 하버마스(Juergen Habermas)/한상진·박영도 역, 2000, 《사실성과 타당
　　성》, 나남출판.

이상돈·홍성수, 2000, 《법사회학》, 박영사.

이승환, 1998, 《유가사상의 사회철학적 재조명》, 고려대학교출판부.

자크 데리다(Jacques Derrida)/진태원 역, 2004, 《법의 힘》, 문학과지성사.

장국화 편/임대희 외 역, 2003, 《중국법률사상사》, 아카넷.

정약용/다산연구회 역주, 1978, 《역주 목민심서 1》, 창작과비평사.

최종고, 1980, 《법사(法史)와 법사상》, 박영사.

────, 1982, 〈한국전통사회에서의 법·도덕·예〉, 《한국의 규범문화》, 한국
　　정신문화연구원.

하트(H. L. A. Hart)/오병선 역, 2001, 《법의 개념》, 아카넷.

Luhmann, Niklas, 1985, *A Sociological Theory of Law*, London: RKP.

────, 1995, *Das Recht der Gesellschaft*, Frankfurt am Main: Suhrkamp.

────, 1999, *Gesellschaftsstruktur und Semantik*, Bd 4, Frankfurt am Main: Suhrkamp.

────, 2000, *Die Politik der Gesellschaft*, Frankfurt am Main: Suhrkamp.

세종대 과학기술의 자주성에 대한 검토

문 중 양
서울대

1. 머리말 _ 유교적 보편성과 조선적 자주성의 함의

세종대는 과학사 분야에서 특별한 주목을 받아왔다. 그것은 한국의 역사를 통해서 세종대 과학기술의 성과가 다른 시대에 비해 두드러진 모습을 드러내기 때문이었다. 실제로 "한국과학사상의 그 유례가 드문 황금시대를 이루었다"[1]고 평하는 데에서 단적으로 드러나듯이, 선학들은 우리의 역사에서 과학기술의 성과가 가장 두드러진 시대로 세종대를 꼽는 데 인식을 같이했다. 세종대 과학기술에 대한 이와 같은 긍정적인 평가는 "15세기 전반기의 (세계) 과학기술사에서 세종 때와 같은 유형의 발전은 다른 어느 지역에서도 찾아볼 수 없는 일로 특히 주목할 만하"며, "그것은 서방세계는 물론, 아랍세계와 중국의 과학기술 수준을 능가하는 것"이라는 역사적 평가로 이어졌다.[2] 그야말로 세종대의 과학기술이 15세기 전반기 전 세계를 통해 가장 우수한 수준 높은 과학기술의 성과를 이룩해 냈다는 찬사였다.

---

1) 전상운, 1966, 〈15세기 전반기 이조 과학기술사 서설〉, 《일산김두종박사회수기념논문집》(탐구당), 318쪽.
2) 전상운, 1992, 〈조선전기의 과학과 기술〉, 《한국과학사학회지》 14권 2호, 142쪽.

사실 천문학을 비롯한 정밀한 기계시계의 제작과 같은 특정한 분야의 과학기술이 세종대에 최고의 성과를 이룩해 냈다는 것에는 현재에도 대부분의 연구자들이 동의하는 바이다. 그러나 우리나라 과학기술사에서 세종대가 전성기였다는 이해는 역사의 긍정적 해석 못지않게 부정적인 해석을 낳기도 했다. 예컨대 황금기를 누렸던 세종대의 과학기술이 그 뒤에 잘 계승되지 못하고 쇠퇴했다고 여겨졌고,[3] 그러한 이해는 결국 세종대 과학기술의 찬란했던 성과가 오히려 우리 역사에서의 예외적인 현상이었다는 인식을 낳기도 했다.[4]

근래 들어 이와 같이 눈부신 성과를 이룩해 낸 세종대 과학기술이 그 뒤 쇠퇴하고 말았다는 종래 학계의 역사적 해석은 여러 가지 측면에서 비판적으로 검토되고 있다. 세종대의 과학기술이 왜 쇠퇴했는지 묻는 질문 자체에 대해서도 반성적 고찰을 제기하는 문제 제기도 있었고, 세종대의 과학기술이 절정기를 누렸고, 그 뒤 쇠퇴하여 잘 계승되지 못했음은 역사적 사실과 차이가 난다는 지적도 있었다.[5] 세종대의 과학기술에 대한 이와 같은 근래의 비판적 고찰은 세종대 과학기

---

3) 세종대의 과학기술이 최고조의 발전을 이루다가 이후 쇠퇴했다는 종래 한국과학사 분야에서의 주장들에 대한 구체적인 논의는 박성래, 1995, 〈조선시대 과학사를 어떻게 볼 것인가〉, 《한국사시민강좌》 16(일조각), 155~164쪽이 유용하다.

4) 실제로 홍이섭은 그의 《조선과학사》에서 세종대의 과학기술이 세종이라는 영명한 임금의 민본적 농본주의에 입각해 발달한 일시적인 현상이었고, 조선의 중세사회에서는 과학기술의 지속적인 발달은 기대할 수 없었다고 이해했다.

5) 전자의 주장으로는 박성래를 들 수 있고, 후자의 주장으로는 문중양과 전용훈을 들수 있다. 박성래, 앞의 글; 문중양, 2003, 〈조선후기 전통과학과 서양과학 읽기〉, 《전통문화와 국가발전》(2003년도 한국정신문화연구원 국제학술대회 발표집); 전용훈, 2004, 〈이순지와 조선전기 천문학의 성격〉, 《이달의 과학기술인물 세미나; 이순지 선생》(한국과학문화재단·한국과학사학회 공동주최) 등을 참조할 것. 문중양과 전용훈은 이 글들에서 세종대의 과학기술은 비교적 잘 계승 발전되었으며, 의약학·지리학·자연철학 등의 분야를 보면 오히려 세종대의 과학기술에 비해 괄목할 만한 발전이 이루어진다고 주장했다.

술의 역사적 성격과 위치에 대한 반성적 고찰로 이어질 것이다.

그동안 과학사학자들은 세종대 과학기술의 역사적 성격과 관련해서 일반적으로 세종대 과학의 정치적 이념적 본성에 주목해 왔다. 즉 세종대의 눈부신 과학기술의 성과는 '새로운' 왕조가 유교적 이념에 입각한 '왕도정치를 구현'하려는 노력의 산물이었다는 이해이다. 전통 천문역산학은 유교적 정치 이념에 의하면 제왕학의 요체로서 전통적으로 '관상수시'(觀象授時)는 제왕이 가장 앞서 실천해야 할 사업이었다. 따라서 유교적 사회질서와 이념을 표방하는 새로운 왕조가 그 정당성을 확보하고 국가체제를 안정적으로 운영하기 위해서 무엇보다 앞서서 확립해야 했던 것이 천문역산학이었다는 것이다.[6]

그런데 종래 선학들은 유교적 이상국가의 실현이라는 정치적 이념적 배경을 거론하면서, 동시에 세종대 과학기술의 '자주성'을 부각시키기도 했다. 일찍이 전상운이 세종대 천문역법의 눈부신 성과를 '자주적 역법'을 이룩한 것으로 평가한 뒤, 이와는 약간 다르게 박성래는 선진적인 중국의 과학기술을 수용하여 '과학기술의 민족화'를 이루었던 것으로 보았다.[7] 박성래는 이후 세종대의 천문학을 '민족 천문학', 의학을 '민족 의학'으로까지 개념화시킬 정도였다. 최근에는 구만옥이 세종대 과학기술 정책의 핵심 논리로 '풍토부동론'(風土不同論)에 입각한 '자주성'의 표방을 전면적으로 부각시켰다. 그것은 《농사직설》의 농업기술, 향의약학의 확립, 그리고 훈민정음의 창제에서

---

6) 이러한 견해는 전상운, 앞의 글(1966), 318쪽; 박성래, 1984, 〈세종대의 천문학 발달〉, 《세종조 문화연구Ⅱ》(한국정신문화연구원), 150~153쪽; 구만옥, 2004, 〈조선왕조의 집권체제와 과학기술정책―조선전기 천문역산학의 정비과정을 중심으로〉, 《동방학지》 124, 220쪽에 각각 보인다.

7) 전상운, 앞의 글(1992), 154~156쪽; 박성래, 1997, 《세종대의 과학기술, 그 현대적 의미》(한국과학재단), 200~201쪽을 볼 것.

드러나듯이 '중국과 다른 우리의 것'이 절실하게 필요하다는 주장이 '풍토부동'의 논리로 표출되어 세종대 여러 분야의 과학기술 진흥정책이 추진되었으며, 그 산물이 세종대의 '자주적 천문역법'이었다는 것이다.8)

선학들이 언급하는 '자주적'이라는 용어는 어떤 의미일까? '자주적'의 사전적인 의미는 '자기의 힘으로 자신의 문제를 해결하는' 것을 의미한다. 그러나 세종대 과학이 '자주적'이었다고 말할 때의 의미는 그 이상인 듯하다. 즉 선진적인 중국의 과학기술을 완벽하게 소화한 다음 그것을 극복하면서 '그것과 다른 우리에게 알맞은, 적합한 과학기술을 구성해 냈다'는 의미인 듯하다. 대표적인 예로 천문역산학 분야의 성과에 대한 이해를 들 수 있는데, 실제로 세종대에 중국의 수준을 넘어서서 중국의 것과는 다른 우리의 독자적인 천문역산학을 이룩해 냈다는 것이 선학들의 이해이다. 그렇다면 조선의 과학은 이제 중국으로부터 더 이상 배울 것이 없었다. 그러나 세종대 이후 조선 과학기술의 추이를 보면 아직도 중국에서 배울 것이 많았고, 그 뒤에도 계속해서 중국의 과학기술을 수용하면서 조선의 과학기술은 세종대의 과학기술을 계승 발전해 나갔다.

구만옥은 이와 약간 다르게 세종대의 과학기술에서 조선의 특수성 또는 개별성을 강조하고 있다. 그는 세종대 과학기술정책 입안자들이 유교적 보편주의를 존숭하는 가운데 조선의 토착적인 개별성을 살리기 위해서 '풍토부동'의 논리를 부각시켰다고 보았다. 그런데 이러한 조선의 특수성과 개별성에 대한 강조는 유교적 이상사회와 국가를 구현하려는 '보편성'의 추구와는 다소 거리가 있다고 할 수 있다. 즉

---

8) 구만옥, 앞의 글을 참조할 것.

‘자주적 역법’을 국가정책으로 추구했던 세종의 의도가 유교적 보편주의를 추구하기보다는 조선이 중국과는 다르다는, 즉 조선 고유의 개별성을 강조하는 정책이었다는 데 무게 중심을 두고 있는 것이 사실이다.

이 글은 세종대 과학기술의 성과가 새로운 왕조 수립과정에서 유교적 이상국가를 실현하려는 노력의 산물이었다는 주장에는 기본적으로 동의한다. 그러나 동시에 그것이 ‘자주적’이었다고 규정하는 종래의 평가에는 동의하지 않는다. 즉 세종대 과학은 그동안의 중국 의존적인 수준에서 벗어나 ‘자주적’인 수준으로 발전했지만, 선학들이 말하듯이 세종대 과학이 ‘중국과 다른, 그것을 능가하는, 우리에게 적합한 과학기술이었다’는 평가에는 동의할 수 없다.

이러한 문제의식 아래 먼저 기왕의 연구자들이 세종대 과학기술의 자주성을 보여주는 것이라고 거론했던 것들을 비판적으로 검토할 것이다. 이러한 검토를 통해서 세종대 과학기술의 성과는 ‘중국과 다른 우리의 것’이 절실하게 필요해서 얻어진 것이 아님을, 또한 조선의 토착적인 개별성을 살리기 위한 것이 아니었음을 살펴볼 것이다. 오히려 유교적 보편성을 추구하려는 노력의 과정에 그것을 구현하기 위해서는 현실적으로 조선의 개별성이 충분히 고려되어야 한다는 사실을 인식했고, 그러한 인식이 ‘풍토부동’(風土不同), ‘신토불이’(身土不二), ‘풍기이수’(風氣已殊)의 표현으로 드러났다고 할 수 있다. 아울러 그러한 중요한 인식의 전환을 하게 되는 과정을 고제(古制) 연구와 아악의 정비라는 유교적 이상국가를 실현하려는 국가적인 프로젝트를 통해서 살펴보겠다. 천문역산학의 눈부신 성과도 그러한 프로젝트의 일환으로 추진되어 얻어졌던 것임을 살펴볼 것이다.

조선사회가 기본적으로 성리학적 사회 이념과 질서를 기본 축으로 성장해 가는 사회라고 본다면, 조선 초기에는 아직 성리학에 대한 이해의 깊이가 만족스럽지 못한 때였다고 볼 수 있다. 성리학은 보편적인 '천지지성'(天地之性)과 함께 특수성을 강조하는 '기질지성'(氣質之性)도 중요하게 담아내는 사상체계이다. '이일분수'가 바로 그것이다. 그렇다면 조선 초기에 세종과 조선 사대부들이 중국의 선진적인 제도, 즉 유교적인 차원에서 보편적이고 이상적인 고제를 조선에서 재현하면서 부닥칠 특수성의 문제, 결국은 현실의 문제를 어떻게 인식하고 문제를 해결했는가가 관건이 될 것이다.

2. '풍토부동'의 레토릭

그동안 자주적 또는 민족적인 세종대 과학기술로 자주 거론되던 것은 다음과 같은 세 가지가 아닌가 싶다. 즉 《농사직설》(1429, 세종 11년)의 편찬과 삼남 지방의 선진적 농업기술의 전국적인 보급 노력, 《향약집성방》(1433, 세종 15년)의 편찬과 조선 향의약학의 정리, 그리고 훈민정음의 창제(1443, 세종 25년) 등이다. 실제로 그러한 사업들이 성공적으로 완료된 다음 사업의 주도자들이 술회하면서 적어 놓은 서술들을 보면, 유난히 중국과 다른 조선의 특수성을 강조하고 있는 것처럼 보이기도 한다.

그런데 과연 '중국과 조선은 다르다'는 언설들이 진정 중국의 보편적인 과학기술을 지양하고 조선의 특수성과 개별성을 지향하는 것이었는지는 면밀히 따져볼 일이다.

2.1. 《농사직설》과 강남농업기술의 추구

"삼가 생각하건대 태종공정대왕께서 일찍이 유신(儒臣)에게 명하시어 옛 농서(農書)에서 간절히 필요한 내용을 뽑아서 향언(鄕言)으로 주를 붙여 판각·반포하게 하여 백성을 가르쳐서 농사를 힘쓰게 하셨다.…… 오방(五方)의 풍토가 같지 아니하여 (지역에 따라) 곡식을 심고 가꾸는 법이 각기 적합한 바가 있어, 옛 농서와 다 같을 수 없다 하여, 여러 도의 감사(監司)에게 명하여 주현(州縣)의 노농(老農)들이 이미 체험한 바를 갖추어 아뢰게 하시었다. 또 신(臣) 정초에게 이를 정리하라 명하고, 종부소윤 변효문과 더불어 피열(披閱) 참고하여 그 중복된 것을 버리고 그 절요(切要)한 것만 뽑아서 찬집하여 한 편을 만들고 제목을 '농사직설'이라 했다."
(《농사직설》, 정초의 서문)[9]

이 글은 1429년 세종 11년 《농사직설》을 책임 편찬한 정초(鄭招)가 쓴 서문의 내용이다. 이를 보면 일찍이 태종대부터 중국의 농서를 활용해 써왔으나, 각 지역마다 풍토가 다르고, 그에 따른 적합한 농업기술이 다를 수밖에 없어 중국 농서로서는 한계가 있다는 사실을 말하고 있음을 알 수 있다. 그렇기 때문에 조선의 각 지역에서 체험을 통해서 검증된 농업기술을 채록해 농서를 펴내고, 그것을 널리 보급해 농업기술을 정착시키려 한다는 점을 이 서문은 명확히 밝히고 있다.

이러한 내용만 보면 조선은 중국과 풍토가 달라 그에 따른 적합한 농업기술도 다를 수밖에 없어 중국의 농서를 그대로 활용하는 데 한계가 있으며, 그렇기 때문에 우리의 독자적인 삼남 지방의 관행 농업기술을 채록해 정리하고, 그것을 널리 보급하려 했다고 이해할 수 있다. 결국 이와 같은 《농사직설》의 서문은 중국과는 다른 우리의 '자주적'인 농업기술의 발전을 추진했던 세종대 농업정책의 방향을 보

---

9) 《세종실록》 권44, 세종 11년 5월 16일(신유).

여주는 단적인 예로 이해될 소지가 크다.

그러나 조선 전기 농업기술의 역사적 추이 속에서 《농사직설》이 지니는 위치, 그리고 편찬의 궁극적인 목적을 고려하면 사정은 많이 달라진다. 먼저 《농사직설》의 편찬이 지향했던 바를 지적해 보자. 그것은 일차적으로 하삼도 지역에서 먼저 확립된 연작의 집약농업기술과 같은 선진적인 농업기술을 그 이외의 농업기술 후진지역에 보급하고자 하는 것이었음은 알려진 사실이다.[10] 그런데 《농사직설》이 강조해서 채록하고 전국적으로 보급 정착시키고자 추구했던 하삼도 지역의 연작 집약농업기술이 중국의 선진적인 강남농업기술과 밀접한 연관이 있다는 사실은 매우 의미심장하다.

이태진에 따르면 《농사직설》이 추구하는 농법과 농업기술의 발전 단계상의 위치는 중국 강남농업의 전통과 기술이었다고 한다.[11] 그에 따르면 조선 전기 농업기술의 역사적 추이는 고려말 이후 연작(連作) 상경(常耕)의 농업생산력 발전을 주도하면서 새로운 사회의 주도세력으로 부상한 신흥 사대부 세력이 그들이 이상사회로 추구하던 성리학의 발원지 강남의 선진적인 수도작(水稻作) 중심의 농업기술을 조선에서 구현하는 과정이었다고 한다. 성리학이라는 새로운 학문체계로 무장한 신흥 사대부들에게 강남의 선진적인 수도작 기술은 성리학과 떼어서 이해할 수 없는 것이고, 강남농업기술의 정착 자체가 성리학의 정착과 불가분의 관계였던 것이다. 이와 같은 신흥 사대부들의 농업기술 지향이 《농사직설》에 그대로 반영되었다고 이태진은 보고 있

---

10) 이와 같은 내용에 대한 구체적인 논의는 이태진, 1984, 〈세종대의 농업 기술정책〉, 《조선유교사회사론》(지식산업사), 27쪽을 참조할 것.
11) 이러한 구체적인 논의는 이태진, 1979, 〈14·15세기 농업기술의 발달과 신흥사족〉, 《한국사회사연구》(지식산업사)을 참조할 것.

다. 실제로 비록 이앙법과 같은 강남농업기술의 요체가 《농사직설》에서 적극적으로 반영되지는 못했지만 그것은 수리(水利)시설이 절대적으로 불충분한 여건 때문이었으며, 적어도 시비법과 같은 연작 상경을 실현하는 데 매우 중요한 농업기술의 측면에서 보면 《농사직설》의 시비법 기술 수준은 강남농업기술을 담은 대표적인 농서 《왕정농서》(王禎農書, 1313)의 기술 수준이었다고 한다. 결국 이앙법도 비록 《농사직설》에서는 수리시설이 부족한 현실에서 조심해야 할 수도작법으로 제시되면서 직파법에 비해 부수적인 도작법으로 제시되어 있지만, 궁극적으로는 수리시설의 보강을 통해서 실현해야 할 강남농법의 핵심 기술이었던 것이다.

이와 같이 고려말 조선초 새로운 사회의 주도세력인 성리학적 사회이념과 학문으로 무장한 신흥 사대부 세력이 주도하는 농업정책의 방향이 강남농업기술의 구현을 통한 연작 상경화라고 한다면, 《농사직설》 서문에 나오는 '풍토부동'의 문구가 조선적 특수성을 강조하는 의미였는지 다시 생각할 문제이다. 위 인용구에서 오히려 주목할 만한 문구는 "옛 농서와 다 같을 수 없다"(不可盡同古書)이다. 《태종실록》의 기록에 따르면 태종 17년 《농상집요》의 중요한 내용을 발췌해 '본국이어'(本國俚語)로 주를 달아 간행해 널리 배포했다는 기록이 보인다.12) 태종대뿐 아니라 세종대에 들어와서도 세종 5년에 《농상집요》와 《사시찬요》 등의 농서를 잘 활용해 농사를 지을 것을 각 도에 권면하고 있다.13) 그런데 그동안 농사에 활용하려던 농서들인 《농상집요》와 《사시찬요》는 강남의 수도작 농법기술 단계에 비해서 훨씬 뒤지는 화북의 전작(田作) 농법을 중심 내용으로 담고 있는 농서들이

---

12) 《태종실록》 권33, 태종 17년 5월 24일(기유).
13) 《세종실록》 권20, 세종 5년 6월 1일(경술).

었다. 그렇다면 "옛 농서와 다 같을 수 없다"는 표현은 화북농업의 기술을 담고 있는 《농상집요》와 같은 종래의 중국 농서들이 조선의 삼남 지방에서 일부 행해지던 농업기술, 그리고 신흥 사대부들이 구현하려던 강남농업을 제대로 반영하지 못하고 있다는 의미가 될 것이다. 본격적으로 강남농업기술을 담아낸 중국의 대표적인 농서 《왕정농서》를 조선 사대부들이 처음으로 접하는 시기가 중종대인 1543년 무렵이라는 사실[14]을 감안하면, "옛 농서와 다 같을 수 없다"는 표현은 당시 주로 의존하던 중국 농서들에 만족하지 않았던 조선 사대부들의 불만의 목소리였다고 볼 수 있을 것이다.

결국 《농사직설》의 서문은 조선의 풍토가 중국과 다르기 때문에 중국의 농업기술과 다른 조선의 풍토에 적합한 농업기술을 개발해야 한다는 점에 초점을 맞추지는 않았다고 할 수 있다. 오히려 그것은 종래 의존하던 중국의 농서들이 시대에 뒤진, 또는 신흥 사대부들이 지향하는 농업기술과는 거리가 먼 내용을 담고 있어 차라리 비교적 조선 안에서 선진적인 농업기술이 이루어지던 삼남 일부의 관행 농업기술을 채록해 활용하자는 것이었다고 할 수 있다. 그렇다면 《농사직설》에서 채록했던 농업기술은 중국과 다른 자주적 농업기술을 지향했다기보다는, 오히려 중국의 선진적인 농업기술을 따라가기 위한 자구책이었다고 보아야 할 것이다.

2.2. 《향약집성방》과 금·원 의약학의 구현

조선 초기 세종대에 이루어진 과학기술의 성과들 가운데 조선 고유의 자주적 성격이 가장 두드러지게 부각되는 분야는 향의약학 분야

---

14) 문중양, 2000, 《조선후기의 수리학과 수리담론》(집문당), 15쪽 참조.

일 것이다. 실제로 고려말 《향약구급방》(鄕藥救急方, 1233, 고종 20년)에서부터 시작해 조선 세종대 《향약집성방》(鄕藥集成方, 1433, 세종 15년)에서 완성된 향의약학에 대해서 일찍이 미키 사카에는 '고유의학'과 '의료의 자주화'라고 평가했다.[15] 미키 사카에에 이어 김두종은 "향약의 사용을 권장케 한 것은 향약에 관한 자주적 정책을 수립코자 하는 데 그 목적이 있었던 것"[16]이라며 고려말 이후 향약 의서의 편찬 전통을 '자주적 향의약학'의 성립으로 이해했다. 이에서 더 나아가 박성래는 "《향약집성방》의 발간은 고려 중엽부터 시작된 자주적인 의학 개혁운동의 절정을 뜻한다"면서, "이 책은 중국 본초학의 테두리를 탈피하여 어디까지나 한국 중심의 것으로 다듬은 것으로서, 우리나라 고유의학의 확립이라는 점에서 매우 큰 의미를 지닌다"고 평가할 정도였다.[17]

이와 같이 세종대에 편찬된 《향약집성방》을 조선 고유의 자주적인 의약학의 확립으로 보는 일차적인 근거는, 비싼 중국산 약재(즉 '唐藥')에 오로지 의존하던 상황에서 벗어나 값싸고 구하기 쉬운 국산 약재(즉 '鄕藥')를 활용하는, 즉 약재의 국산화를 이루어 냈다는 점에 있을 것이다. 그러나 약재의 국산화를 이룩한 성과만으로 '자주적 의약학'으로 보기에는 부족하다. 그것은 중국과 조선은 풍토도 다르며 사람의 몸도 다르기 때문에 약리(藥理)상으로도 조선 사람 몸에는 조선에서 나는 약재가 중국산 약재보다 적합하다는, 즉 '신토불이'(身土不二)의 논리에 입각한 향약론의 이론을 확립했다는 의미였던 것이다. 이 점이 바로 중국 본초학의 테두리를 벗어난 우리나라 고유의학 성

---

15) 三木榮, 1955, 《朝鮮醫學史及疾病史》(日本 大阪), 60, 125쪽을 볼 것.
16) 김두종, 1966, 《한국의학사 全》(탐구당), 141쪽.
17) 박성래, 앞의 책(1997), 104, 105쪽.

립의 의미였다.

그런데 과연 고려말 《향약구급방》에서 조선초 《향약집성방》에 이르는 향약서들의 편찬이 중국의 의약학 테두리에서 벗어나 자주적 의약학을 수립하려는 의지의 소산이었는지는 의문이다. 고려말 이후 조선의 의약학이 처해 있었던 당면과제가 무엇이었는지, 그리고 그러한 당면과제의 해결에 향약서들이 어떠한 역할을 해주었는지 고려하면, 고려말 조선초 향의약학 성립의 역사적 성격은 다르게 보일 것이다.

고려말 조선초에 의약학의 과제는 한 마디로 말해서 중국의 선진적인 의약학을 수용해 성리학적 '인정론'(仁政論)에 입각해 백성들을 질병의 질곡으로부터 구제해 주는 것이었다.[18] 이러한 과제를 풀려는 노력은 고려 후기 이래 줄곧 있어 온 일이었다. 예종 7년(1112) 중국 송대의 의료 개념에서 영향 받았을 혜민국을 설치해 대민 의료에 적극 나서는 등, 고려 정부와 사대부들은 중국 송·원의 의학을 수용하는 데 적극적이었다. 그러나 중국의 선진적인 의술을 전수받아 아무리 잘 배운다 해도 결정적으로 한계에 부닥친 것이 있다. 값이 매우 비싸고 구하기도 쉽지 않은 중국산 약재에 오로지 의존할 수밖에 없었던 여건 때문이었다. 1233년 《향약구급방》의 편찬으로 시작된 향약서들의 이후 계속된 등장은 이러한 절실한 문제를 해결하려는 일련의 노력이었다. 세종대인 1433년에 편찬된 《향약집성방》은 고려 후기 이래의 향약서들을 집대성하고, 민간에서 축적되었던 여러 경험적 처방들을 정리해 편찬한 향약서였다.

---

18) 중국의 선진적인 의약학의 수용 노력을 성리학적 인정론의 차원에서 이해하려는 논의는 이태진, 2002, 〈《향약집성방》 편찬의 정치사상적 배경과 의의〉, 《의술과 인구, 그리고 농업기술》(태학사), 141~145쪽을 볼 것.

한편 15세기 전반 조선의 의약학이 처해 있는 의학사적 과제를 생각해 볼 필요가 있다. 그것은 중국 의학사에서 한의학의 이론적 전통과 경험적 전통이 종합적으로 결합되는 획기적인 성과로 이해되는 금·원 의학의 수용이었다. 1444년(세종 26)에 편찬된 방대한 내용의 《의방유취》는 그러한 선진적인 금·원 의약학 지식을 담은 의서들을 집대성하여 종합한 의서였다. 이에 비해 《향약집성방》은 그동안 고려와 조선에서 축적해 온 경험적인 향약재의 처방을 종합적으로 수집 정리한 의서였다. 결국 《의방유취》와 《향약집성방》은 이론적 차원과 경험적 차원에서 각각 금·원 의학의 소화·정착을 이룩해 낸 의서였다고 할 수 있다.[19]

물론 종래 연구자들이 《향약집성방》의 편찬을 통해서 조선의 자주적 의약학의 확립을 강조하면서 그 논리적 근거로 제시하는 '신토불이'는 중국과는 다른 독자의 의약학이 필요하다는 점을 강조하는 것일 수도 있다. 그러나 지나칠 수 없는 중요한 사실은 그것이 중국의 선진적인 금·원 의학을 완벽하게 수용해서 정착하고자 하는 노력의 일환이었다는 사실이다. 오히려 그 과정에서 조선의 향약서 편찬자들은 중국과는 다른 조선의 '특수성'과 '개별성'을 인식하게 되었다고 보아야 할 것이다.[20]

---

19) 조선 초기 의약학의 과제와 발전 방향에 대한 이러한 논의는 김호, 1994, 〈허준의 동의보감 연구〉, 《한국과학사학회지》 16권 1호, 4~5쪽을 볼 것.

20) 이와 관련해서 김호의 논의는 주목할 만하다. 즉 그에 따르면 고려말 신토불이에 입각한 조선의 약재를 사용하기 시작한 것은 불교적 보편적 세계관으로부터 지역성을 중시하는 성리학적 세계관의 등장과 함께 가능한 것이었다고 한다. 고려시대 불교적 의학관에 따르면 보편주의에 입각해 중국의 (보편적) 약재가 아닌 조선의 (지역적) 약재는 약재로서 쓸 수 없다는 인식이었는데, 고려 후기 '본연지성'(本然之性)과 함께 '기질지성'(氣質之性)을 언급함으로써 지역성을 강조하는 성리학의 수용으로 사정이 달라졌다는 것이다. 즉 고려말 조선초의 신흥 사대부들은 성리학적 차원의 '기질지성의 국지성'에 대한 인식을 통해서 중국과 다른 조선의 지역적 특수성과 개별성에 대한

2.3. 훈민정음 창제와 성운학

"나라의 말소리[語音]가 중국과 달라 문자와 서로 통하지 아니하므로 우매한 백성들이 말하고자 하는 바가 있어도 제 뜻을 펼 수 없는 자가 많도다. 내 이를 딱하게 여겨 28개의 글자를 새로 만드니 사람들로 하여금 쉽게 익히고 나날이 쓰기에 편하게 하고자 할 따름이다."[21]

이 글은 이른바 《훈민정음 해례본》의 맨 앞 '어제' 부분의 처음 말이다. 세종이 1443년(세종 25) 훈민정음을 창제한 이후 창제의 목적을 직접 밝힌 중요한 내용이다. 말 그대로 우리말을 표현하는 글자가 없어 우매한 백성들이 자기 생각을 제대로 펼치지 못하니 그들이 글을 쉽게 배우고 쓰게 하고자 우리 글자를 창제했다는 것이다. 종래 연구자들은 이러한 문구를 부각시켜 세종대 민본의식과 함께 '자주의식'의 대미를 장식하는 것으로 훈민정음 창제의 역사적 의의를 지적했다.

그런데 '중국과 다른 우리의 독자적인 글자'가 필요하다는 창제의 변이 궁극적으로 '자주의식'의 발로였는가는 의문이다. 우리의 글자가 없어 불편했던 것이 무엇이었을까 생각해 보자. 과연 한자를 모르는 우매한 백성들이 불편했을까? 어차피 중세 사회에서 문자는 지배자들의 권력의 영역에 속하던 것이 아니던가. 우매한 백성들은 하등 불편할 것도 없고, 그래서 그들을 불쌍히 여길 것도 딱히 없다고 할 수 있다. 그렇다면 지배자의 처지에서 불편한 점을 고려해 봐야 할 것이다.

인식을 비로소 하게 되었으며, '신토불이'의 중요성을 자각하게 되었다는 것이다. 김호는 나아가 고려말 이후 생성된 조선의 지역성에 대한 자각은 《향약집성방》 단계에 이르러서는 조선의 약재가 오히려 중국의 약재보다 우수하다는 인식에까지 이르렀다고 파악했다.(김호, 1995, 〈《향약집성방》에서 《동의보감》으로〉, 《한국사시민강좌》 16, 62~76쪽을 참조)

21) 《訓民正音》 1쪽.

이와 관련해서 유교적 사회이념과 지식체계를 이용해 새로운 왕조의 국가체제를 안정되게 확립하려는 세종대 학예정책을 살펴볼 필요가 있다. 조선이 국정교학으로 삼기 시작한 송대 성리학의 이념에 따르면 제왕 된 자의 참된 치국(治國)의 방법은 성인의 도를 실현하는 것이라고 할 수 있다. 그런데 성인의 도를 표현하는 수단은 궁극적으로 언어인데, 참되고 바른 언어가 확립되어 있지 않으면 성인의 도를 실현하는 것은 불가능할 것이다. 그렇기 때문에 참된 언어를 확립하기 위한 성운학(즉 언어음운학)과 문자학은 나라를 다스리는 데 지나칠 수 없는 매우 긴요한 것이다.

그런데 문제는 한자라는 같은 문자체계를 쓰면서도 중국과 우리의 말이 다르다는 데 있었다. 특히 앞서 《훈민정음 해례본》의 '세종어제'의 첫 문구가 강조하는 '중국과 다른' 것의 내용은 문법이나 용어가 아닌 '읽는 소리'가 다르다는 것임에 주목할 필요가 있다. 즉 같은 한자를 읽더라도 중국과 다르게 읽었고, 그렇기 때문에 한자를 읽는 방식도 표준이 없이 혼돈된 상태였다. 또한 우리말을 표기하는 방식, 즉 차자표기 방식도 표준화되어 있지 않았다. 이는 책과 언어로써 성인의 도를 표현하고 이해하는 데에서 심각한 문제가 아닐 수 없었다. 한자의 음을 정확히 표기할 수 있고, 우리말을 정확히 표현할 수 있는 문자체계가 절실하게 필요한 이유가 여기에 있었다.[22] 결국 훈민정음의 창제는 당시의 선진적인 성운학과 문자학을 수용해 발전시키려는 국가적인 차원의 거대한 학문적 프로젝트였다고 할 수 있다. 정인지와 신숙주, 성상문과 최항 등 훈민정음 창제에 참여했던 집현전 학자들이 피나는 노력을 기울였던 것은, 바로 그와 같은 성운학과 문자학

---

22) 훈민정음 창제의 이와 같은 성운학적 동기와 배경에 대한 구체적인 논의는 강신항, 1987, 《훈민정음연구》(성균관대학교출판부), 30~42쪽을 볼 것.

에 대한 연구, 그리고 15세기 중세국어에 대한 연구였다.

세종 25년 12월 훈민정음을 창제한 이후 중요한 후속 사업으로 벌인 것이 음운학의 정비였던 것도 그러한 사정을 짐작하게 한다고 할 수 있다. 실제로 당시 심각한 혼란상태에 빠진 한자음을 통일하는 것이 중요한 과제로 부각되었는데, 이러한 문제를 해결하기 위해 《동국정운》을 편찬했던 것이다.23) 이렇게 《동국정운》의 편찬은 훈민정음을 창제한 지 3년 9개월 만인 세종 29년 9월에 완성되는데, 신숙주가 서문에서 쓴 다음과 같은 언급은 성운학이 왜 필요했는지를 단적으로 말해 주고 있다.

> "문자[書契]가 만들어지기 이전에는 성인의 도가 천지에 의탁했으나 문자가 만들어진 다음에는 성인의 도가 여러 서적[方策]에 실리게 되었다. 그래서 성인의 도를 밝히려 한다면 마땅히 문의(文義)부터 공부해야 하고 문의의 요점을 알려면 마땅히 성운(聲韻)부터 공부해야 하니, 성운이란 곧 학문과 도를 연구하는 시초[權與]이다."24)

중국과 '말소리'[語音]가 다르기 때문에 서적에 한자로 적힌 성인의 도를 밝힐 수 없고, 그러한 문제를 해결하기 위해서 '백성을 가르치는 바른 소리'(즉 훈민정음)를 창제했음을 암시하는 《동국정운》의 서문은 과학기술의 성과를 포함해서 세종대에 이루어진 여러 성과들이 어떠한 의도에서 추구되었는지 상징적으로 보여주는 대표적인 언급이라고 할 수 있다. 그것은 결국 이상적인 유교국가의 기반을 확립하기 위한 제왕 된 자로서의 절실한 과업이었다고 말할 수 있을 것이다.

---

23) 《동국정운》 편찬 동기와 과정, 그리고 성운학의 정비에 대한 구체적인 논의는 강신항, 위의 책, 63~77쪽을 참조할 것.
24) 《세종실록》 권117, 세종 29년 9월 29일(무오). 《동국정운》의 신숙주 서문.

　　세종이 이러한 시대적 과업을 자신의 치세 동안의 최우선 과제로 삼았다고 보았을 때, 주목을 받는 것이 있다. 바로 고제(古制) 연구와 아악의 정비가 그것이다. 거시적으로 봐서 세종대 천문역산학의 성과도 이러한 고제 연구와 아악의 정비 과정과 불가분의 밀접한 연관이 있었던 듯싶다.

3. 고제(古制) 연구와 아악의 정비

　　고제란 원래 유학자들이 이상적인 사회로 여기던 중국 고대의 제도를 가리킨다. 그러나 고려시대 이후 조선 초기의 유학자들이 흔히 쓰는 고제의 의미는 반드시 중국 고대 하·은·주 삼대의 제도만은 아니었다. 그것은 이른바 '시왕지제'(時王之制)로 불리는 당시 명(明) 나라의 제도 이전의 옛적의 제도를 의미했다. 한·당의 제도는 물론이고 심지어 송·원의 제도도 고제에 포함될 정도였다.[25] 유교적 이상국가의 구현을 건국의 당면과제로 하는 조선 초기에는 이미 국초부터 고제 연구가 이루어졌다. 즉 태조대부터 정도전 등을 중심으로 고제 연구가 시작되어, 태종대에는 의례상정소(儀禮詳定所)와 예조의 주도 아래 제도적으로 추진되었다. 이와 같은 고제 연구는 세종대에 이르면 과거와 비교할 수 없을 정도로 매우 활발하게 추진되는데, 특히 세종 10년 무렵에 이르면 집현전의 참여로 본격적으로 이루어지게 되었다. 고제 연구가 가장 활발하게 진행되었던 때는 집현전 주도로 고제 연구가 시작되던 세종 10년 9월 무렵부터 의례상정소가 폐지되

---

25) 이에 대한 논의는 한형주, 1992, 〈조선 세종대의 고제연구에 대한 고찰〉, 《역사학보》 136, 80쪽을 볼 것.

던 세종 17년 무렵까지였다고 한다. 의례상정소가 폐지된 것은 당시 예조판서 허조가 말하듯이 원래 그것이 고제 연구를 위해서 설립한 임시기구였고, 세종 17년 무렵에 이르면 더 이상 필요 없을 정도로 고제 연구가 마무리 단계에 이르렀기 때문이 아닌가 싶다.[26] 이와 같이 고제 연구가 가장 활발하게 이루어지던 세종 10년에서 17년 사이에 이 글이 주목하는 아악(雅樂)과 천문역산 분야의 국가적 프로젝트가 진행되었던 것이다.

유교적 이상국가를 실현하려는 의도 아래 고제 연구가 추진되었기 때문에 그것의 중심 내용은 예악(禮樂)이었다. 유교에서 예와 악이 무엇인가. 예와 악을 통해서 무엇을 얻겠다는 것인가. 유교에서의 예와 악은 이른바 질서와 조화로 흔히 구분되어 이해되기도 하는데, 쉽게 말해서 제례(祭禮)를 예로 들면, 예는 인간과 신이 교접하는 데에 합당한 위계질서의 형식을 말하며, 악은 인간과 신이 화합할 수 있도록 해주는 음악을 말한다. 합당한 형식적 질서가 보장되지 않고 신이 흠향할 수 없는 음악이 연주되면 인간과 신은 교접할 수 없으며, 그러한 의식은 그야말로 형식에 지나지 않는 것으로 아무런 의미가 없게 된다. 의미 있는, 즉 인간과 신이 제대로 교접할 수 있는 의식이란 이상적인 고제에 따른 예와 악으로써 치를 때 보장할 수 있을 것이다. 세종대에 고제 연구를 통해서 예와 악을 적극 정비하려는 배경은 바로 이런 것이었다.

이와 같이 유교적 이상국가를 실현하는 데 중요한 악이었지만, 당시 조선의 악은, 특히 정악인 아악은 거의 갖추어지지 않은 상태였다. 북송시대의 정악인 아악이 이 땅에 처음 수입된 것은 고려 예종 11년

---

26) 세종대 고제 연구의 추이에 대해서는 한형주, 위의 글, 82~84쪽을 참조할 것.

(1116)이었다. 그 뒤 역대 왕들은 아악을 제대로 연주하기 위한 노력을 꾀했지만 그 뜻을 계속해서 이루지 못했다. 특히 편종과 편경을 중심으로 하는 아악기를 오로지 중국 수입에 의존해야 했던 상황이 사정을 더욱 어렵게 한 하나의 요인이기도 했다. 사정은 조선 건국 뒤에도 마찬가지였다. 예컨대 태종 5년(1405)에 아악기를 갖추기 위해서 명나라에다 아악기를 사겠다고 요청을 했지만, 명나라에서는 '아악기는 사사로이 돈으로 구입할 수 없는 것'이라며 몇 개의 아악기만 선심 쓰듯 보내주었을 뿐이었다. 이러한 상황에서 아악의 온전한 연주를 지속적으로 보장하는 것은 불가능했다.[27]

이와 같이 아악의 온전한 연주가 힘든 여건에서 각종 의례에서 향악(鄕樂)을 섞어서 연주하는 것이 관례가 되었다. 향악이란 정악과 대비되는 우리나라의 속악(俗樂)을 말한다. 정악이 바로 고제에 따른 신이 흠향할 수 있는 바른 음악이라면, 속악은 감성에 호소하는 이른바 세속적인 음악을 말한다. 예악에서 말하는 악은 당연히 제대로 된 악인 정악을 말하는 것이며, 그러한 악은 "성인(聖人)이 (악을 통해서) 성정(性情)을 기르며, 신과 인(人)의 화합을 도모하고, 천지에 순응하며, 음양의 도를 조화롭게 한다"[28]고 일컬어지는 것이었다. 따라서 이상적인 유교적 의례에서는 당연히 정악이 연주되어야 하며, 감성에 호소하는 속악의 연주는 예악에 맞지 않는 것이었다. 그러나 세종 초까지만 해도 아악만을 온전히 연주할 수 없는 여건에서 불가피하게 향악에 의존하지 않을 수 없었다.

---

27) 세종대 이전 아악의 미비한 상황에 대한 구체적인 논의는 송혜진, 2000, 《한국아악사 연구》(민속원), 183~185쪽을 참조할 것.

28) 《세종실록》 권50, 세종 12년 윤12월 1일(丁酉)조, 〈아악보〉(雅樂譜)에 실린 정인지 서문의 첫 번째 문구이다.

고제에 따른 이상적인 중국의 정악인 아악의 정비는 세종 8년(1426) 봉상시(奉常寺) 판관 박연(朴堧)의 상소에서 비롯되는 듯하다. 그 해 4월 25일의 상소에서 박연은 한대(漢代)까지만 해도 음성(陰聲)과 양성(陽聲)의 조화를 이루어 신인(神人)이 화합할 수 있는 악이 있었지만, 당대(唐代)에 이르면 양성에만 치우쳐 성인의 법도에서 벗어났다고 하면서, 마찬가지로 우리나라에서 쓰는 제향악도 성인의 악에서 벗어났으니 악을 바로잡자고 제안했다. 이러한 박연의 주장은 바로 수용되어 세종은 그로 하여금 악학을 연구하여 악부(樂部)를 바로잡도록 했다.[29]

아악의 정비사업은 크게 두 차원에서 이루어졌다. 하나는 박연을 중심으로 하는 봉상시 주도의 표준적인 음의 제정인 율관 제작과 악보의 편찬이었고, 다른 하나는 집현전을 중심으로 하는 율려의 이론서인 《율려신서》(律呂新書)에 대한 연구였다. 널리 알려진 바와 같이 《율려신서》는 송대의 성리학자 채원정(蔡元定)의 저서로, 《성리대전》에 수록되어 성리학자들의 대표적인 성리서로 널리 보급되었던 문헌이다. 이 문헌은 중국에서 1415년에 처음 간행된 이후 조선에는 세종 원년 1419년에 처음 들어와, 아악의 정비가 시작되던 때인 세종 9년(1427)에는 복간되기도 했다.[30] 이러한 《율려신서》에는 권1에 율관의 부피와 길이를 정하는 방법, 황종음에서 비롯되는 11음의 산출 방법 등이 실려 있는 것을 비롯해, 율관의 제작과 제작원리에 대한 전반적인 내용이 담겨 있었다. 따라서 이러한 《율려신서》에 대한 연구는 고

---

29) 《세종실록》 권32, 세종 8년 4월 25일(戊子).

30) 《율려신서》가 조선에 처음 도입되고 복간되는 과정에 대한 구체적인 내용은 정윤희, 1999, 〈세종조 《율려신서》의 수용문제 고찰〉, 《한국음악학논집》 3, 486~491쪽이 유용하다.

제 연구의 차원에서 이루어진 율관 제작과 아악 정비를 위한 이론적 문헌 연구로 집현전의 학자들을 중심으로 진행되었던 것이다.31)

세종의 아악 정비에 대한 관심은 매우 컸던 듯하다. 그것은 세종 12년(1430) 가을에 《율려신서》를 경연에서까지 강의하도록 한 데에서 잘 드러난다. 사실 율관의 제작과 아악의 정비가 세종 7, 8년부터 시작되었지만, 본격적으로 급물살을 탄 것은 세종 12년(1430)에 이르러서였다. 그것은 세종이 직접 《율려신서》를 탐독하고 율관의 원리를 깨우치면서 일어난 듯하다. 그러나 이렇게 세종이 《율려신서》를 탐독하고 고제에 대한 이해가 깊어지면서 율관 제작의 실무를 맡았던 박연과 의견 차이를 드러내게 되니, 매우 흥미롭다.

세종과 박연의 의견 차이는 결국 고제에 따라 이상적으로 율관을 제작하고 그에 따라 성인의 제도와 완벽하게 동일한 아악을 완성하고자 하는 군주 세종과, 그러한 시도가 현실적으로 불가능함을 인지하고 있는 박연의 차이였다고 할 수 있다. 이미 세종 12년 2월 무렵에 이르면 율관 제작과 아악 정비사업은 마무리되었던 듯하다.

그러한 사정은 그 해 2월 19일자 실록에 실려 있는 예조 의례상정소에서 올린 장문의 박연의 상서(上書)를 통해 잘 알 수 있다. 그야말로 세종 7, 8년 이후 계속해 왔던 작업의 결과와 문제점들을 정리해 올린 것이었다. 그것을 보면 율관 제작과 관련한 핵심 쟁점은 어떻게 하면 고제에 따라 황종율관을 만들면서도, 태종 5년에 명나라에서 내려준 편경(編磬)32)의 황종음과 일치할 수 있는가 하는 문제였다. 많은

---

31) 《율려신서》 연구가 집현전 학자들을 중심으로 이루어졌음은 정윤희, 위의 글, 521~522쪽을 볼 것.

32) 세종 7년까지도 명에서 내려준 편경(編磬) 하나가 유일한 황종음의 기준이었다. 그러다가 새로운 경석(磬石)이 발견되면서 여러 제사에 통용할 경석과 함께 편종의 제작을 추진했다. 그러한 과정에 박연은 편경의 황종음에 맞는 황종율관을 제작하려고 무진

시행착오를 거쳤을 박연의 결론은 다음과 같았다.

      "(중국에서) 역대로 음률을 제정할 때에 기장[黍]으로 했으나 일정하지 않았고, 성음(聲音)의 높낮이도 시대에 따라 달랐을 것인데, 오늘날의 중국의 음률이 진짜가 아니고 우리나라의 기장이 그 진실됨을 얻은 것인지 어찌 알겠습니까? 그러나 음률과 도(度)·양(量)·형(衡)을 표준화하는 것은 곧 천자의 일이고 제후의 나라에서 마음대로 할 수 있는 것이 아니옵니다. 만약 지금 검은 기장[秬黍]이 마침내 중국의 황종과 합하지 않는다면 일단은 권도(權道)를 좇아 다른 종류의 기장을 임시로 사용해 중국의 황종에 맞추어 율관을 만드소서. 그런 연후에 삼분손익법에 의거해 성율(聲律)을 바로잡는 것이 옳을 것입니다."[33]

    고제에 따르면, 황종음은 자연산 검은 기장 1,200개를 딱 맞게 넣을 수 있는 율관의 소리였다. 그런데 당시의 표준 황종음은 '시왕지제'로서 명나라에서 내린 편경의 황종음이었기 때문에 고제에 따라 황종 율관을 만들어 그것의 음이 시왕지제의 황종음과 합치되어야 했던 것이다. 그런데 문제는 박연이 지적하는 바와 같이 기장이 시대에 따라 또는 산출되는 지역에 따라서 크기도 다르고 모양도 달라서, 기장 1,200개를 담는 율관이 일정하지 않다는 데 있었다. 그에 따라 내는 소리도 달라질 것이었다. 박연이 당시에 황해도 해주에서 나는 검은 기장을 이용해 시제품을 만들었으나, 음이 명나라에서 내린 편경의 황종음보다 높게 나왔다. 어떻게 해도 자연에서 산출되는 기장으로 황종음을 낼 수 없었던 박연은 결국 시왕지제를 인정하고 고제를 포기하는 결론을 내렸다. 표준으로서의 음률과 도량형은 중국의 천자만

    노력했다. 이러한 내용과 같은 구체적인 논의는 한형주, 앞의 글, 98쪽을 참조할 것.
33) 《세종실록》 권47, 세종 12년 2월 19일(庚寅).

이 정할 수 있는 것이므로, 당시의 표준음인 중국 편경의 황종음을 따르고 그에 맞추어 임시방편으로 기장을 작위적으로 만들어 율관을 만들자는 것이다.[34] 그러면서 당시 중국의 황종음이 진실한 음인지, 아니면 조선의 해주에서 나는 자연산 기장으로 만든 황종음이 진실된 음인지 누가 장담하겠는가라는 자조 섞인 탄식을 늘어놓았다.

그런데 사실 이와 같은 박연의 주장은 세종의 처지에서 매우 불만족스러울 수밖에 없을 것이다. 어떻게 해서든 고제를 따라서 충실하게 이상적인 황종음을 내는 율관을 만들고자 하는 세종이었기에, 시왕지제를 따라서 고제를 변통해 억지로 꿰어 맞춘다는 것은 진정한 고제의 실현이 못 되는 것이기 때문이다. 박연이 집중적으로 상소를 올리던 2월 무렵에는 세종의 즉각적인 반응은 없었던 듯하다. 그러나 그 해 8월부터 《율려신서》를 경연에서 강의하면서 직접 탐독하기 시작한 세종은, 율관 제정과 아악 정비에 대한 이론적인 분석과 현실적인 어려움들을 본격적으로 검토하면서 박연의 주장에 대한 불편한 심기를 드러내기 시작한다. 비판의 초점은 박연의 율관 제작이 고제에 충실하지 못한 점이었는데, 중국과 조선의 풍기(風氣)가 다르고 산출되는 자연물도 다를 수밖에 없는데, 조선에서 나는 기장과 대나무로 율관을 만들어서는 고제를 구현하는 율관을 만들었다고 할 수 없다는 불만이었다.

결국 세종은 박연을 믿을 수 없으니 관습도감의 관원들도 연구해 보도록 하라는 지시를 내린다. 그러면서도 동시에 중국에서도 고제의 실현은 만족스럽게 이루어지지 못했다는 인식을 보여주고 있다. 즉

---

34) 이때 박연은 해주에서 나는 검은 기장으로 중국 편경의 황종음에 맞추는 것을 포기하고 밀랍으로 인공 기장 1,200개를 만들어 황종음을 내는 황종율관을 제작했다. 이러한 사실은 《세종실록》 권59, 세종 15년 1월 1일(乙卯)조에 서술되어 있다.

아악도 일정하지 않고 황종음도 높고 낮은 것이 제각각이어서 시왕지제로서 당시 중국의 법도도 고제와 부합하지 못했다는 것이다.[35]

박연의 작업과 주장에 약간 실망했을 세종은 이어 집현전 부제학 정인지로 하여금 《율려신서》 등의 문헌을 참조하여 주척(周尺)을 바로잡아 보라고 지시한다.[36] 그러나 세종은 지시를 내린 지 20여 일 만에 주척 제작을 그만두라고 한다. 본래 원칙적으로 주척은 황종척에서 비롯되고, 황종척은 결국 황종율관이 만들어져야 가능한 것이다. 그런데 정인지에게 주척 제작을 명한 것은 황종율관에 의거하지 않고 단지 문헌조사만으로 표준적인 주척을 제작해 보라고 한 듯하다. 그렇게 제작된 주척은 문헌 고증을 통한 임시방편의 주척일 뿐 고제에 입각한 이상적인 주척일 수는 없는 것이다. 이러한 사실을 잘 알고 있는 세종이었기에 "주척의 제도는 역대의 제도가 제각기 다른데, 황종율관도 (그에 따라서) 역시 다르"기 때문이라는 사실을 인정하면서, "옛 사람들이 소리에 따라서 악을 제정했는데, 우리나라 사람들의 성음(聲音)이 중국과 다르니 비록 고제를 연구해서 율관을 만들어도 그 올바름을 얻지는 못할까 두렵다"고 자신의 심정을 솔직히 드러냈던 것이다. 결론적으로 세종은 올바른 율관에 의거하지 않은 주척의 제작은 "뒷날의 웃음거리밖에 되지 않을 것이니 차라리 만들지 말라"며 주척 제작사업을 중단시켰던 것이다.[37]

이와 같은 세종 12년 9월 무렵의 세종의 언급만을 보면, 세종은 이 당시에는 시왕지제를 좇아 고제를 변통하자는 박연의 주장을 따르지

---

35) 세종의 이와 같은 시각에 대한 논의는 《세종실록》 권49, 세종 12년 9월 11일(己酉)조에 잘 나타나 있다.
36) 《세종실록》 권49, 세종 12년 9월 29일(丁卯).
37) 《세종실록》 권50, 세종 12년 10월 18일(乙酉).

않고 고제에 집착하는 모습을 보이고 있음을 알 수 있다. 그러면서도 세종은 적어도 고제를 이상적으로 구현하기 어려운 것이 우리나라의 풍기(風氣)와 성음(聲音)이 중국과 다르기 때문에 어쩔 수 없다는 사실을 분명히 인지하고 있음도 알 수 있다. 그러나 2월에 나온 박연의 주장을 9월까지도 세종이 수긍하지 않고 제대로 하지 못할 것이면 그만두라고 했는데, 그로부터 3개월 뒤인 윤12월 1일에 《아악보》가 완성되었음을 실록은 전하고 있다.[38] 다음 해인 세종 13년 새해 아침 근정전에서 하정례(賀正禮)를 행할 때, 새로 제정한 아악이 처음으로 연주되었다. 사가(史家)는 "새로 제정한 아악을 처음으로 연주했는데, 그 의장(儀章)과 성악(聲樂)이 찬연(粲然)하여 가히 볼 만했다"고 아악의 정비와 연주를 매우 적극적으로 평가하고 있다.[39] 이러한 석 달만의 변화는 세종이 결국에는 박연의 주장을 인정하고, 권도를 좇아 황종율관의 제작과 아악의 정비가 추진되었음을 말해 준다고 할 것이다.

　이러한 일련의 세종과 박연의 논쟁 과정, 그리고 황종율관과 아악의 정비가 말해 주는 바는 무엇일까? 인조 밀랍 기장을 만들어 사용한 것을 고제의 포기로 볼 수 있을까? 고제를 포기하고 임시변통으로만 시왕지제를 좇은 것으로 볼 수 있을까? 꼭 그렇다고만 볼 수는 없지 않을까 생각한다. 단지 인조 기장을 사용했을 뿐 다른 모든 것들은 고제를 따르지 않았던가. 게다가 시왕지제도 따랐다. 그렇다면 인조 기장을 사용할 수밖에 없었던 현실을 인정한다면 모든 문제는 해결되는 것이다. 이러한 과정을 통해서 결국 우리의 풍기와 성음이 중국과 다르다는 사실에 대한 인식, 아울러 중국에서 나는 기장도 제각각 달

---

38) 《세종실록》 권50, 세종 12년 윤12월 1일(丁酉).
39) 《세종실록》 권51, 세종 13년 1월 1일(丙寅).

라 중국에서의 황종음도 일정하지 않다는 사실에 대한 이해를 세종은 하게 되었다. 사업 초기에 우리의 풍기와 성음이 중국과 달라 이상적인 고제의 구현이 불가능하다는 생각을 했던 것이 인조 기장의 사용이라는 인식의 전환을 통해서 고제를 구현했던 것이다.

그러나 이러한 인식의 전환을 많은 관료들은 저항했던 듯하다. 그것은 박연이 중국의 황종율관과 달리 인조 기장으로 만든 것에 대한 부정이었다. 실록은 이러한 사정에 대해서 박연이 인조 기장으로 율관을 만든 것을 여러 대언들이 비판하며 중국의 음을 버리고 스스로 율관을 만든 것으로 모두 거짓일 뿐이라고 부정했다고 알리고 있다. 그러나 이와는 달리 세종은 인식을 전환한 다음 "임금이 하고자 하는 바를 신하가 혹 저지하고, 신하가 하고자 하는 바를 임금이 혹 듣지 아니하며, 비록 위와 아래에서 모두 하고자 하여도 시운(時運)이 불리할 때가 있는데, 지금은 나의 뜻이 정해졌고, 국가가 무사하니 마땅히 마음을 다하여 이룩하라"고 박연에게 힘을 실어주며 아악을 정비하도록 했다. 이렇게 세종은 과거 매우 불만족스럽게 보았던 박연을 나중에는 칭찬하면서 아악 정비를 적극 맡겼다.[40]

이상 세종 7, 8년 무렵부터 시작된 고제의 구현으로서의 율관 제정과 아악의 정비는 박연에 의해서 주도되었지만, 세종 12년 무렵 세종이 고제 연구로서 《율려신서》를 탐독하면서 율관과 악의 원리에 대해 깊이 이해하면서 완성될 수 있었음을 살펴보았다. 그러한 아악의 정비는 세종 15년 무렵에는 완벽하게 마무리가 된 듯한데,[41] 이러한 세종 12년에서 15년 사이는 고제 연구를 통해 유교적 이상국가를 실

---

40) 이에 대한 구체적인 논의는 《세종실록》 권59, 세종 15년 1월 1일(乙卯)에 자세히 나와 있다.

41) 《세종실록》 권59, 세종 15년 1월 1일(乙卯); 권60, 세종 15년 6월 28일(己酉).

현하려는 세종에게는 귀중한 인식을 가져다 준 시기였다. 즉 그것은 조선의 풍기와 성음은 중국과 다르다는 사실의 인식, 그리고 그러한 차이가 고제를 구현하는 데, 즉 유교적 이상국가를 실현하는 데 큰 걸림돌이 되지 못한다는 인식이었다.

4. 천문역법 사업과 유교적 이상국가의 실현

이 절에서는 세종대 천문역산의 프로젝트가 앞 절에서 살펴본 고제의 연구와 그것의 구현을 통한 유교적 이상국가의 실현이라는 거시적 차원에서 추진되었음을 살펴보도록 하겠다. 이러한 고찰을 통해서 현대의 과학과는 그 본질적 성격이 크게 달랐던 전통 과학으로서의 세종대 과학의 성과가 당시의 역사적 맥락 속에서 어떠한 위치에 있었는지 알게 될 것이다.

세종대 천문역산 사업은 크게 두 가지로 나누어 볼 수 있다. 나중에 《칠정산내외편》(七政算內外編)의 편찬으로 귀결되는 역법 연구가 하나이고, 천문관측 의기의 창제와 자격루와 같은 표준 물시계의 제작과 같은 시제(時制)의 정비가 또 하나이다. 그 가운데 역법의 연구는 세종 24년(1442) 이순지(李純之)가 주도하여 《칠정산내외편》을 편찬함으로써 뒤늦게 완성되었지만, 상당히 일찍부터 관심을 두고 추진되었던 사업인 듯하다. 즉 이미 세종 2년(1420)에 성산군(星山君) 이직(李稷)이 역법의 교정을 건의하면서부터 세종대 천문역산의 연구는 시작된 듯하다.42) 세종 5년(1423)에는 문신들로 하여금 당(唐)의 선명력(宣明曆)

---

42) 《세종실록》 권51, 세종 13년 3월 2일(丙寅).

과 원(元)의 수시력(授時曆)을 비교 검토하도록 지시를 내리고 있다.[43] 여기서 주목할 것은 역법의 비교 분석을 서운관(書雲觀) 관원들에게 지시하는 것이 아니라 문신들에게 지시하고 있다는 점이다. 이는 당시 역법의 비교 연구가 급하게 필요했던 상황은 아니었고, 그렇기 때문에 장기적으로 문신들로 하여금 고제 연구와 같은 차원에서 고제로서의 선명력과 수시력을 연구하라는 의미였을 것이다. 이때뿐만 아니라 이후에도 세종은 문신들로 하여금 산술과 역법의 연구를 무시하지 말고 관심을 가지고 익히라고 지시하곤 했다. 심지어 그는 자신이 직접 《산학계몽》(算學啓蒙)을 공부하면서 정인지에게 말하길 "산수를 배우는 것이 임금에게는 필요가 없을 듯하나, 이것도 성인이 제정한 것이므로 나는 이것을 배우고자 한다"고 그 이유를 밝히고 있다.[44]

이렇게 세종 2년과 5년 무렵부터 시작되었던 천문역법의 연구는 세종 12년 이전까지는 두드러진 진전이 없었던 듯하다. 그러다가 세종 12년 무렵부터 천문역법의 연구가 급물살을 타기 시작한다. 이때쯤이면 세종 10년 무렵부터 본격적으로 활발해진 고제 연구가 박연의 율관 제작과 아악의 정비로 그 성과가 열매를 맺게 되는 시기이다. 세종이 경연에서 《율려신서》를 배우는 시기이기도 했다. 그러나 역법 분야의 연구는 여전히 어려웠다. 세종 12년 12월 노력한 만큼 실효를 전혀 거두지 못했는지, 역산 전문가 유순도(庾順道)에게서 상황을 알아본 세종은 천문역법 연구의 책임자였던 정초에게 천문역법의 정비 사업을 그만두는 것이 어떻겠냐고 의향을 물어볼 정도였다. 그러나 정초는 《황명력》, 《당일행력》, 《선명력》 등의 문헌을 계속 연구하면 바르게 잡을 수 있다며 계속해서 노력할 뜻을 비치고 있다.[45] 이에

43) 《세종실록》 권19, 세종 5년 2월 10일(辛酉).
44) 《세종실록》 권50, 세종 12년 10월 23일(庚寅).

세종은 다음 해 3월에 천문역법의 정비는 결국 산법(算法)을 정통해야 가능하다는 판단 아래 중국어에 능통한 자들을 뽑아 중국에 유학 보낼 것을 강구하고, 사역원 주부 김한(金汗), 김자안(金自安) 등에게 산법을 익힐 것을 명했다.46) 이어서 세종은 집현전 교리 김빈(金鑌), 한성 참군 우효강(禹孝剛)에게도 산법을 익힐 것을 명했다.47)

이렇게 세종 12년부터 박차를 가한 결과, 세종 14년 10월 무렵에는 일월식과 절기의 추보가 중국의 역서와 조금의 차이도 없을 정도로 성과를 보았다. 그러나 세종은 이 정도로 만족하지 않았다. 만일 이 정도 선에서 역법 교정의 사업을 그만둔다면 20년 들인 공이 중도에서 폐지되는 것에 다름 아니므로 다시 정력을 다해 책으로 완성해 후세에 모범이 되자며 재차 역법의 교정사업에 박차를 가했던 것이다.48) 이와 같이 긴 시간을 두고 벌인 역법의 정비사업은 세종 24년 《칠정산내편》의 편찬으로 완성되었다.

한편 역법의 교정사업이 어느 정도 궤도에 오르던 시점인 세종 14년 무렵부터는 천문관측을 위한 관측의기의 제작사업이 시작되었다. 그러한 사실을 실록은 다음과 같이 기록하고 있다.

> "선덕 7년 임자년(세종 14년) 가을 7월 성상께서 경연에 나아가 역상의 이치를 논하다가 예문관 제학 정인지에게 이르기를, '우리 동방이 멀리 바다 밖에 있어서 무릇 시행하는 바가 한결같이 중화의 제도를 준수했는데, 유독 관천(觀天)의 기구만은 빠뜨렸다. 경이 이미 역산의 제조를 맡아하고 있으니 대제학 정초와 더불어 고전을 강구하고 의표(儀表)를 창제해 측험에 대비하도록 하라. 그러나 그 요지는 북극고도를 정하는 데 있으니 먼저

---

45) 《세종실록》 권50, 세종 12년 12월 11일(丁丑).
46) 《세종실록》 권51, 세종 13년 3월 2일(丙寅).
47) 《세종실록》 권51, 세종 13년 3월 12일(丙寅).
48) 《세종실록》 권58, 세종 14년 10월 30일(乙卯).

간의(簡儀)를 만들어 바치라' 했다. 이에 신 정초와 정인지가 고제(古制)를 상고하는 일을 맡고, 중추원사 이천(李蕆)이 공역의 감독을 맡아……."[49]

이렇게 시작된 천문관측의기의 제작은 문신 정초와 정인지의 고제 연구, 그리고 무인 이천과 천재적인 기계기술자 장영실의 협동작업으로 빠른 시일 안에 수많은 관측의기들이 제작되었다. 간의(簡儀)를 시작으로 소간의, 일성정시의, 규표 등의 천문관측기구와 물시계인 자격루와 해시계인 앙부일구, 천평일구, 정남일구, 현주일구 등이 늦어도 세종 19년까지는 모두 만들어졌다. 의기는 아니지만 세종 15년에는 천문도(즉 천상열차분야지도)도 수시력법에 따라 제작되었다.[50]

이상과 같은 관측기구들을 제작한 의도와 배경은 다음과 같은 "일성정시의명"에 잘 나타나 있다.

"요(堯) 임금께서 역상(曆象)을 공경히 하고 순(舜) 임금께서 기형(璣衡 즉 璿璣玉衡)을 관찰하셨으니 역대로 이를 전하여 제작함이 더욱 정교해졌다. 때로는 의(儀)라고 하기도 하고 상(象)이라 하기도 하여 그것의 이름이 같지 않았으나 굽어보아 땅의 이치(地理)를 살피고 우러러보아 천문(天文)을 관측하여 백성에게 때를 정확하게 알려 주었다. 이제 고대로부터 오래되었으니 제도가 가리어지고 무너졌으니 책이 비록 남아 있다 하나 누가 그 책의 본래 의도를 알 수 있겠는가? 성스러운 우리 임금께서 때 맞춰 요와 순 임금을 본받아 규표(圭表)·구루(晷漏)·혼의(渾儀)·혼상(渾象)의 고제(古制)를 회복했다."

이를 보면 천문역법과 천문의기가 유교사회에서 갖는 상징적인 이

---

49) 《세종실록》 권77, 세종 19년 4월 15일(甲戌), 김돈의 〈간의대기〉(簡儀臺記).
50) 수시력에 의거해 천문도를 석판에 새긴 작업에 대한 내용은 《세종실록》 권107, 세종 17년 3월 30일(癸卯)조에 실린 《제가역상집》 발문에 잘 적혀 있다.

미지가 잘 묘사되고 있다. 즉 유가에서 고대의 이상적인 성군으로 추앙하는 요와 순이 각각 역법과 의기의 제도를 창안해서 천문을 관측하고 백성들에게 정확한 시각을 알려주었다는 것이다. 이는 성황(聖皇)이라 추앙받는 요와 순이 그랬듯이, 역상(曆象)과 수시(授時)는 단지 천문학적인 행위만이 아니라 제왕 된 자가 '하늘을 받드는 정치'를 함에 무엇보다 먼저 앞서서 행해야 할 중요한 사안임을 의미하는 것이기도 했다. 그런데 이와 같은 의미를 갖는 역법과 의기에 대한 제도가 요순시대 이후로 세월이 오래 지나 세종 당시에는 그 제도를 제대로 파악할 수 없게 되었다는 것이다. 그야말로 이상적인 유교적 천문역법의 고제가 사라진 것이다. 결국 당시에 세종의 명으로 요순의 뜻을 본받아 여러 관측의기의 제작이 이루어졌으니, 그야말로 요순시대 고제의 회복이 아닐 수 없다는 것이다.

세종 14년 7월에 시작된 천문의기의 제작사업은 비교적 단기간에 성과를 본 듯하다. 대부분의 의기들은 세종 15년 무렵에는 제작이 된 듯하며, 간의를 비롯하여 제작된 의기들을 경회루 북쪽 궁궐 담 근처에 높이 31척, 길이 47척이나 되는 커다란 관측대인 간의대를 쌓고 간의, 정방안, 동표, 혼의, 혼상 등을 설치하고[51] 관측활동을 벌이니, 그야말로 궁궐 안의 왕실 종합관측소인 셈이었다.

하지만 관측활동만 벌인 것은 아니었다. 간의와 동표 등을 이용해 실제로 관측활동을 활발하게 벌였지만, 간의대 기구들은 간의를 비롯해 혼의와 혼상의 고찰을 통해서 천체의 운행과 원리를 체득하면서 요순의 '하늘을 받드는 정치'의 깊은 뜻을 새기는 교육용 기구이기도 했다. "세자가 간의대에 이르러 정초, 정인지, 이천, 김빈 등과 더불어

---

51) 《세종실록》 권77, 세종 19년 4월 15일(甲戌), 김돈의 〈간의대기〉.

간의와 혼천의 제도를 강문(講問)했다"[52]는 실록의 기록은 그러한 사실을 잘 말해 주고 있다.

아마도 가장 늦게 만들어진 것은 일성정시의(日星定時儀)였던 듯하다. 대부분의 다른 의기들이 세종 15, 16년 무렵에 만들어진 것에 비해서 세종 19년 4월 15일의 실록 기사는 일성정시의가 제작되었음을 알리고 있다. 이때의 기사는 일성정시의 제작을 보고하는 것을 기회로, 세종 14년 이래로 추진되어 왔던 천문의기 제작의 마무리를 알리는 종합 보고서의 성격을 띠고 있다. 흥미로운 것은 앞 절에서 살펴본 바와 같이, 율관 제작과 아악의 정비 과정에서 불거진 이상적인 고제의 구현과 그것과 맞지 않는 현실적인 어려움에 대한 문제들이 천문의기의 제작과 관련해서는 전혀 사료에 보이지 않는다는 사실이다. 그것은 이미 율관 제작과 아악의 정비 과정에서 '시왕지제'를 통해서 '고제'를 구현해야 하고, 나아가 조선의 '지역성'(locality)을 인정하면서 중국과의 차이점을 반영하는 것이 오히려 현실에서의 고제의 구현임을 인식하게 되었기 때문이라면 지나친 해석일까?

한편 천문의기의 제작사업이 궁극적으로 마무리된 것은 세종 20년 1월 옥루(玉漏)가 제작되고, 그것을 흠경각을 새로 지어 설치하면서였다는 점을 주목할 필요가 있다. 옥루란 자동 시보장치를 지닌 물시계인 자격루(自擊漏) 제작의 경험과 기술을 토대로 장영실이 제작한 매우 정교한 자동 물시계였다. 유교적 정치이념에 따르면 역상(曆象), 즉 천문역법과 함께 수시(授時)는 제왕 된 자의 하늘을 공경하는 정치를 할 때 가장 앞서서 수행해야 할 업무였다. 이와 같이 정밀한 시각을 측정하고 알려주는 시계의 제작과 운영은 역법의 정비와 관측활동에

---

52) 《세종실록》 권61, 세종 15년 8월 11일(辛卯).

못지않게 중요했던 것이다.

자격루는 기계기술자 장영실의 주도로 사업이 시작된 지 14개월 정도 지난 세종 15년(1433) 9월 무렵에 1차로 만들어졌다.[53] 빠른 시간 안에 자격루의 제작 성과를 본 세종은 크게 기뻐하며, 노비 출신의 장영실에게 특별 승진이라는 큰 상을 내리기까지 했다. 이렇게 일차 제작된 자격루는 더 보완되어 다음해 세종 16년(1434) 7월 1일을 기해 최종 완성을 발표하고, 그날부터 공식적으로 조선의 표준시계로 자리를 잡았다. 실록에는 그러한 사실이 상세한 자격루의 구조에 대한 설명문과 함께 그대로 적혀 있다.[54] 자격루 제작이 세종의 격려와 칭찬을 받으며 성공적으로 제작된 뒤에 장영실은 또 하나의 물시계를 제작했으니 그것이 옥루였다. 옥루는 물시계의 기계장치에 천문의 이치를 재현한 형상을 시뮬레이션으로 작동시키는 장치를 덧붙인 일종의 천문시계였다. 그야말로 정교한 물시계의 기계장치와 전통적으로 상징적인 천문의기로 여겨지던 혼천의를 결합한 의기였다. 이러한 천문시계의 완성은 세종에게는 각별한 의미가 있었다.

김돈이 쓴 〈흠경각기〉[55]를 보면 옥루가 지니는 각별한 의미가 잘 드러나 있다. 그것은 세종 14년부터 19년에 이르기까지 오랜 기간 동안 심혈을 기울여 추진한 천문의기와 해시계, 물시계의 제작 결실을 옥루에서 짓고 있다는 것이었다. 세종은 당시의 사업이 중국의 어느 천문의기와 시계들보다도 훌륭한 것이었다고 자부하면서, 옥루와 같은 기구를 제작함으로써 과거 요(堯)·순(舜)·탕왕·무왕에 버금가는 치세를 펴겠다는 의지를 비로소 만천하에 드러내게 되었다고 기뻐했

---

53) 《세종실록》 권61, 세종 15년 9월 16일(乙未).
54) 《세종실록》 권65, 세종 16년 7월 1일(丙子).
55) 김돈의 〈흠경각기〉 전문은 《세종실록》 권80, 세종 20년 1월 7일(壬辰)을 참고할 것.

다. 그러한 의미를 지니는 기구였기에 《서경》 요전(堯典) 편의 "공경함을 하늘과 같이하여, 백성에게 때를 알려 준다"(欽若昊天 敬授人時)는 문구에서 따와 옥루를 설치한 각을 '흠경각'(欽敬閣)이라 이름 지었다. 그랬기에 세종은 이 흠경각을 왕의 침소인 천추전 바로 옆 서쪽에 세워 가까이 두었다.

세종대 천문의기 제작의 마무리를 의미하는 옥루의 형상을 살펴보면 그 의미는 더욱 분명해진다. 옥루는 정교한 기계장치로 작동되는 자동 물시계이지만, 겉으로는 기계장치가 조금도 드러나지 않는다. 옥루의 중앙에는 7척 높이의 산을 풀 먹인 종이로 만들었고, 그 둘레 사방에는 시각마다 목탁과 종, 그리고 북을 쳐서 시각을 알려 주는 인형들을 세워 놓았다. 산의 허리에는 금으로 탄환(彈丸) 크기만한 해를 만들어 구름과 함께 하루에 한 번씩 돌아 해의 운행을 재현하도록 했다. 또한 산의 동서남북에는 《시경》(詩經) 〈빈풍도〉(豳風圖)에 묘사되어 있는 사계절의 아름답고 풍요로운, 즉 유교적 지상낙원의 풍경을 만들어 놓았다.56) 그야말로 옥루는 시계라기보다 성군이 다스리는 평화롭고 아름다운 사회, 그리고 자연의 이치가 순리대로 구현되는 자연의 세계를 재현해 놓았던 것이다. 그러한 사회와 자연은 바로 유교가 궁극적으로 지향하는 바였고, 세종이 자신의 치세 동안에 이룩하려던 목표였던 것이다.

이와 같이 옥루 제작과 흠경각 설치가 세종 14년 이후 추진된 천문의기 제작사업의 완성을 의미하는 것이라고 보면, 〈흠경각기〉에서 말했듯이 세종대 천문의기의 프로젝트가 지니는 의미는 결국 천문역법의 정비를 통해서 유교적 정치이념에 따라 요순의 '하늘을 받드는 정

---

56) 이러한 옥루의 형상에 대해서는 앞의 김돈의 〈흠경각기〉를 참고할 것.

치'를 본받아 국가를 경영하겠다는 실천적 의미였다고 할 수 있다. 여기에서 조선의 자주성과 지역성, 또는 개별성은 중요하지 않았다.

5. 맺음말

이 글은 세종대 과학기술의 성격에 대한 종래 과학사 연구자들의 견해에 대한 비판적 고찰로부터 출발했다. 즉 찬란했던 세종대 과학기술이 '자주적'이었다는 평가에 대해서 비판적으로 그 함의를 검토하고, 재규정하려 했다.

본래 '자주성'의 사전적 의미는 '자기의 힘으로 자신의 문제를 스스로 해결하는 것'을 말한다. 세종대 과학기술은 이러한 사전적 의미의 '자주적'이었음은 분명하다. 즉 종래 중국에 오로지 의존하던 수준에서 비로소 벗어나 중국에 버금가는 수준의 과학기술에 이르게 되었던 것이다. 한양의 위도를 기준으로 비로소 처음으로 역법 계산을 하게 된 《칠정산내외편》의 편찬은 그러한 대표적인 예였다. 그러나 종래 세종대 과학기술이 '자주적'이었다는 이해는 이러한 사전적 의미와는 상당히 달랐음도 사실이다.

종래 과학사 연구자들이 말하는 세종대 과학기술의 '자주성'은 선진적인 중국의 과학기술을 완벽하게 소화한 다음 그것을 극복하면서 '그것과 다른 우리의 고유한 과학기술을 구성해 냈다'는 의미인 듯하다. 자주성의 의미가 이렇다면 세종대 과학기술의 역사적 성격에 대한 규정으로는 적합하지 않다는 생각을 했다. 적어도 유교적 통치이념의 이상적 구현을 위한 과학기술과, 중국에 대한 의존에서 벗어나 그것과 다른 고유의 과학기술을 수립한다는 것은 동시에 일어나는 역사상이 아닐 것으로 판단되기 때문이다. 특히 조선이 건국과 함께 성리학적 통치이념과 사회질서를 기본 축으로 운영되던 나라였다는 사실을 고려하면 더욱 더 그러했다.

조선 초기는 지배층의 성리학에 대한 이해가 아직 심화되지 못했던 때이고, 이후 성리학에 대한 이해가 본격적으로 이루어졌다. 그렇다면 조선 초기에는 선진적인 중국적인 것의 수용과 정착을 통해 유교적 통치이념의 구현을 추구하는 것이 당면 과제였고, 중국적인 것과는 다른 우리의 고유한 것을 추구하는 일은 훨씬 나중의 사안이 아닐까 생각되었다.

이 글은 이와 같은 문제의식을 가지고 종래 세종대 자주적인 과학기술이었다고 이해되던 것들을 검토해 보았다. 잠정적 결론은 그것이 조선의 고유한 개별성이나 특수성을 추구한 것이라기보다는 오히려 보편적이고 선진적인 중국의 것을 배워 익히려는 여러 노력의 과정에서 나온 성과들이었다는 것이다. 강남농법 수준의 농업기술을 궁극적으로 목표로 했던 《농사직설》, 금·원 의학의 궁극적인 소화와 정착을 목표로 했던 《향약집성방》, 그리고 '성인의 도'를 구현하는 데 걸림돌이 되었던 조선의 혼란스러운 성운학과, 문자학을 정리하려는 차원에서 이루어진 훈민정음의 창제 등이 그것이었다. 그 문헌들에서 거론되던 '풍토부동', '신토불이', '풍기이수' 등은 조선 고유의 개별성을 추구하기 위한 논리라기보다는, 조선의 과학기술을 선진국 중국의 과학기술 수준으로 끌어올리려는 과정에서 조선이 중국과 다르다는 사실, 즉 조선의 특수성과 개별성을 비로소 인식하면서 나타난 표현들에 지나지 않는다고 할 수 있다.

이와 같은 차원에서 세종대 고제(古制) 연구와 아악의 정비를 중심적으로 살펴보았다. 세종은 유교적 이상국가와 사회를 구현하기 위해 이상적인 유교적 제도로서의 고제를 추구했다. 그러나 현실은 그것을 어렵게 했다. 그것은 중국의 보편성과 조선의 지역성의 차이에서 비롯된 것이었다. 중국의 보편성은 고대의 이상적인 '고제'일 수도 있지만 현실 속의 동시대 천자가 부여한 '시왕지제'(時王之制)일 수도 있었다. 조선의 지역성은 고제와도 달랐고 시왕지제와도 달랐던 것이다. 율관의 제정과 아악의 정비 과정을 통해 이러한 어려움을 겪으면서 세종은 고제의 변통을 통해서 시왕지제와 부합하는 방식을 선택했다. 그러한 선택은 조선의 지역성이 보편성 못지않게 자연스러운 것이라는 인식의 전환을 통해서 가능한 것이었다. 율관의 제정과 아악의 정비를 통해 유교적 이상국가를 구현하려던 노력 속에서 세종이 깨닫게 된 인식의 전환이었다.

　세종대의 천문역산학 사업은 이와 같은 고제 연구 및 아악의 정비를 통한 유교적 이상국가와 사회의 구현이라는 일련의 과정 속에서 이루어졌다. 그것은 안정적인 농업생산을 위한 실용적인 차원에서 추진되었던 것도 아니었고, 중국과 다른 자주적인 역법을 얻기 위한 것도 아니었다. 천문의기 제작사업을 종결 지은 '옥루'에서 우리는 그러한 세종대 천문역산학의 의미를 잘 살펴볼 수 있었다. 즉 천문역법의 정비를 통해서 유교적 정치이념에 따라 요순의 '하늘을 받드는 정치'를 본받아 국가를 경영하겠다는 실천적 의미였던 것이다.

█ 참고문헌

《태종실록》《세종장헌대왕실록》《율려신서》《훈민정음》〈흠경각기〉

강신항, 1987, 《훈민정음연구》, 성균관대학교출판부.

구만옥, 2004, 〈조선왕조의 집권체제와 과학기술정책—조선전기 천문역산학의 정비과정을 중심으로〉, 《동방학지》 124.

김두종, 1966, 《한국의학사 전(全)》, 탐구당.

김 호, 1994, 〈허준의 동의보감 연구〉, 《한국과학사학회지》 16권 1호.

———, 1995, 〈《향약집성방》에서 《동의보감》으로〉, 《한국사시민강좌》 16.

문중양, 2000, 《조선후기의 수리학과 수리담론》, 집문당.

———, 2003, 〈조선후기 전통과학과 서양과학 읽기〉, 《전통문화와 국가발전》(2003년도 한국정신문화연구원 국제학술대회발표집)

박성래, 1984, 〈세종대의 천문학 발달〉, 한국정신문화연구원 편, 《세종조 문화연구Ⅱ》, 한국정신문화연구원.

———, 1995, 〈조선시대 과학사를 어떻게 볼 것인가〉, 《한국사시민강좌》 16.

———, 1997, 《세종대의 과학기술, 그 현대적 의미》, 한국과학재단.

송혜진, 2000, 《한국아악사연구》, 민속원.

이태진, 1979, 〈14·15세기 농업기술의 발달과 신흥사족(士族)〉, 《한국사회사연구》, 지식산업사.

———, 1984, 〈세종대의 농업 기술정책〉, 《조선유교사회사론》, 지식산업사.

———, 2002, 〈《향약집성방》 편찬의 정치사상적 배경과 의의〉, 《의술과 인구, 그리고 농업기술》, 태학사.

전상운, 1966, 〈15세기 전반기 이조 과학기술사 서설〉, 《일산김두종박사회수기념논문집》, 탐구당.

———, 1992, 〈조선전기의 과학과 기술〉, 《한국과학사학회지》 14권 2호.

전용훈, 2004, 〈이순지와 조선전기 천문학의 성격〉, 《이달의 과학기술인물 세미나; 이순지 선생》(한국과학문화재단·한국과학사학회 공동주최)

정윤희, 1999, 〈세종조 《율려신서》의 수용문제 고찰〉, 《한국음악학논집》 3.

한형주, 1992, 〈조선 세종대의 고제연구에 대한 고찰〉, 《역사학보》 136.

三木榮, 1955, 《朝鮮醫學史及疾病史》(日本 大阪).

세종의 정치리더십과 세종시대 연구

정 윤 재
한국학중앙연구원

　이상과 같은 '세종의 국가경영 연구'를 통해 연구자들은 세종대왕의 정치리더십과 세종시대의 특징들을 부분적으로나마 드러내고 확인할 수 있었다. 그리고 이 연구 결과가 비록 한계가 아주 없는 것은 아니지만 연구자들은 세종의 정치리더십이 적어도 다음 여섯 가지의 특징을 담고 있음을 알았다. 또한 연구자들은 연구하는 동안 이어졌던 토론과 대화에서 앞으로 다시 추진해야 할 연구과제가 무엇인지도 진지하게 생각해 볼 수 있었다. 우선 세종의 정치리더십의 특징은 다음과 같이 요약할 수 있다.

　첫째, 세종은 '균형감각'(the sense of balance)을 가지고 국가를 경영했다. 재위 9년째인 1427년에 개정 논의가 시작되어 17년 동안 이어진 공법(貢法) 제정 과정에서 그는 신료와 백성들, 그리고 중앙과 지방의 여론을 골고루 들었을 뿐 아니라, 국가재정의 확보와 백성들의 세 부담을 함께 고려하는 합리적인 조세제도를 도입하려고 노력했다.[1] 또

---

[1] 이는 관리가 작황을 일일이 조사하여 세금액을 정하는 손실답험법의 폐해를 시정하기 위한 목적에서 안출된 것으로, 신료들과의 오랜 찬반토론 끝에 비옥도에 따라 전분

약노(藥奴)사건[2]과 같은 형 집행의 경우에서나, 황희,[3] 허조,[4] 박연[5] 등 여러 인재들을 등용하고 활용하는 과정에서 사정(私情)과 공의(公義)의 조화를 지향했다. 또 재위 13년과 15년 사이에 부민고소금지법(部民告訴禁止法)을 재론하여 수령 등 관리들의 비리에 대한 백성들의 고발내용은 접수하여 적정하게 처리하되 해당 관리는 처벌하지 않는 융통성 있는 실행방안을 강구했다.[6] 또 세종은 각종 고전과 경서(經書)를 대량으로 편찬하는 한편, 《소학》에서 사람을 가르치는 데 반드

6등으로 나누고, 날씨와 작황에 따라 연분9등으로 나누는 세밀한 규정으로 시행하는 공법을 제정한 것으로, 반대론과 신제도의 성공 불확실성을 극복하며 마침내 세법 개정을 성취한 세종의 끈질기고 추진력 있는 정치리더십을 잘 보여주는 사례다.[한국학중앙연구원 세종국가경영연구소 편, 2006, 《세종실록에의 초대》(제2기 실록학교 교재), 318~324쪽 참조]

2) 약노는 곡산 노비로 주문을 외워 살인했다는 혐의로 투옥되었으나, 10년 동안이나 그 진위를 밝히지 못하자, 형조에서는 그녀를 살인죄로 처리하고자 했다. 이에 세종은 주문으로 살인한다는 "그런 이치가 있을 수 없다"고 말하고 좌부승지 정분을 파견하여 진상조사를 시켜, 약노가 고문과 매를 견디지 못해 차라리 죽기 위해 거짓 자백한 것이 밝혀져 결국 한 생명을 구했다.[세종 15년; 《세종실록으로의 초대》(2006), 208~209쪽]

3) 황희는 태종의 신임을 받아 비록 공신은 아니지만 태종이 하루라도 좌우에서 떠나 있지 않게 했던 인물로 세종대에는 영의정까지 올랐다. 황희가 만년에 불법한 토지거래에 연루되었음이 드러났지만, 세종은 그의 인물됨을 아끼고 살려 이 일로 탄핵하지 않고 명예롭게 치사(致仕; 나이가 많아 벼슬을 사양하고 물러나는 것)하게 해주었다. [《세종실록에의 초대》(2006), 482~491쪽]

4) 허조는 파저강 토벌이나 부민고소금지법을 논의할 때 세종의 생각과 달리 "고집불통"으로 반대의 뜻을 폈으나, 세종은 자신의 뜻대로 집행하면서도 허조의 주장을 경청했다.(박현모, 2006, 〈세종의 어전회의법〉, 《이코노미스트》 2006. 1. 10., 45쪽)

5) 박연은 아악에 지식이 많았던 천재로 세종을 도와 세종시대의 음악 발전에 크게 기여한 바 있으나, "악학제조(樂學提調)로서 사사로이 악공들을 데리고 영업행위를 하게"(세종 30년 3월 10일) 하는 등 공사 구분이 불분명했던 박연을 즉시 파면했다.[이한우, 2003, 《세종, 그가 바로 조선이다》(동방미디어), 273쪽]

6) 약 3년 동안의 토론을 거쳐 마침내 세종은 15년 10월 24일, 형조에 교지를 내려, 이제부터는 백성들의 소장을 수리하여 올바른 판결을 내려주되, 해당 관리의 오판을 처벌하지는 않게 하여 존비의 분수를 보전하게 할 것이며, 그 밖에 아랫사람이 윗사람을 고소하는 것을 금지하는 것은 일체 육전(六典)의 규정에 따를 것을 명령했다.[《세종실록에의 초대》(2006), 223~231쪽 참조]

시 예악(禮樂)과 사어(射御)를 먼저 했음을 상기시키며, 활쏘기와 같은 무예는 누구나 체통에 구애받지 않고 늘 익히고 단련하여 사방에서 적의 침해를 받고 있는 국가를 방비하고 국민들의 상무정신을 일깨우는 것이 필요하다고 강조하고 스스로 솔선수범했다.[7] 또 《총통등록》(재위 30년), 《동국병감》(재위 32년), 《역대병요》(문종 즉위년)와 같은 국방과 무예 관련 서적들을 많이 편찬, 보급하여 그의 유교정치가 문약(文弱)에 흐르지 않도록 했다.

그리고 세종은 《자치통감》과 같은 중국 역사서를 외울 만큼 탐독했지만, 우리 역사에 대한 공부에도 열성이었고, 《고려사》 편찬을 끈질기게 추진했다. 한글 창제(1443)와 반포(1446) 과정이나 중국의 아악과 다른 우리 궁중음악을 새로이 만드는 과정에서 보듯, 세종은 중국에 대한 사대외교와 자주적인 문화창달이라는 두 가치를 묘합(妙合)하는 리더십을 보였다. 세종의 이 같은 균형감각 있는 리더십은 아마도 중용을 실천하고자 했던 그의 노력의 결과라 할 수 있을 것이다.

둘째, 세종은 자신의 가치관과 정책적 판단에 따라 '예방적'(preventive) 조치들을 취하는 데 성실했다. 즉, 어려운 처지에 있는 백성들의 불만이 적극적으로 표출되기 이전에 필요한 정책들을 미리 마련하고 주변을 설득해 나갔다. 아직 근대적 인권사상이 보편화하기도 전이었지만, 세종은 재위 3년째인 1421년에 사형집행을 신중하게 하기 위한 사죄삼복계(死罪三覆啓)를 엄격히 지키게 했다. 소와 말처럼 다루어지던 관가 노비들이 상소나 시위 한 번 안 했지만, 출산이 임박하면 남편과 함께 한 달을 쉬게 해주었고, 출산 이후 휴가가 7일밖에 되지

---

7) 세종 15년 1월 2일, 세종 24년 3월 10일, 세종 30년 9월 14일, 22일, 세종 44년 10월 25일; 이석제, 2002, 《나라와 백성을 향한 세종의 번뇌》(세종대왕기념사업회), 103~104쪽 참조.

않는 것은 문제가 있다 하여 이에 100일을 추가하는 등 배려를 아끼지 않았다.(재위 8년, 1426)[8] 농업에 필요한 각종 과학기구들의 발명과 백성의 계몽에 필요한 각종 고전의 편찬 등은 아름다운 풍속이 꽃피는 문명국가로 나아가는 주춧돌을 놓는 작업이었다. 《효행록》(1428)과 《삼강행실도》(1432)를 펴낸 것도 법보다는 교화에 비중을 두는 예방적 국가경영이었다. 특히 농업에 필요한 각종 과학기구들을 만든 것은 "천민"(天民; 하늘로서 비롯된 백성)들에게 "천시"(天時; 각종 절기와 기후 등)를 제대로 미리 알려주기 위한 군주의 지성(至誠)이었다.(홍이섭 2004:269)

또 세종은 즉위년(1418)부터 나라살림에서 부정부패를 예방하기 위해 감합법(勘合法; 서류의 좌우 대조)을 도입했고, 재위 3년(1421)부터는 중기(重記; 복식부기)제도를 도입했다. 재위 14년(1432)에는 전국의 군현(郡縣)을 단위로 호수, 경지면적, 인구수, 자연조건, 논밭비율 등에 관한 세세한 자료와 통계를 집대성한 《지리지》(地理誌)를 편찬하기도 했다. 또 백성들이 법을 알게 되면 겁 없이 농간을 부리게 될 것이라는 주장에 대해, 세종은 백성들로 하여금 법을 알지 못하게 하고 벌준다는 것은 조삼모사(朝三暮四)의 술책에 가깝다면서, 예컨대 우매한 백성들에게 사형죄와 관련된 법을 널리 알게 하면, 사형죄를 범하는 사람의 수가 적어질 것이라고 주장하며, 한글을 창제했다.[9] 세종의 이 같은 예방적 조치들은 즉위년 때부터 '시인발정'(施仁發政)하고자 했던 그의 안목에서 비롯된 것으로 볼 수 있다.

셋째, 세종은 여러 형태의 토론과 대화, 그리고 꼼꼼한 현황파악을

---

8) 《세종실록에의 초대》(2006), 210쪽.
9) 세종 14년 11월 7일, 세종 21년 11월 3일; 《세종실록에의 초대》(2006), 414쪽; 이석제, 앞의 책, 363쪽.

동반하는 '숙의정치'(熟議政治, deliberative politics)를 실천했다. 세종과 신하들의 토론은 형식적인 것에 그치지 않고 현안에 대한 매우 신랄하면서도 진지한 질의응답과 상호간 금도(襟度) 있는 설득으로 진행되었고 그 사례는 무수히 많다. 그는 즉위하면서 "내가 궁중에서 나고 자랐으므로 민생의 간고한 것을 다 알지 못한다"(즉위년 12월 20일)면서 듣기와 다니기를 게을리 하지 않았다. 세종은 때때로 "잘 의논[磨勘]하여 아뢰라"(재위 16년 4월 12일)거나 "경 등은 숙의하여 아뢰라"(재위 16년 4월 2일)고 하면서 신료들에게 끊임없이 의논할 것을 당부했다. 세종은 즉위한 뒤 첫 말이 "의논하자"였을 정도로[10] "토론을 즐겨하는"(재위 16년 4월 11일) 군주였다.[11]

세종 15년에 4월에 있었던 파저강 야인토벌작전도 전투규모, 방법, 시기 등에 관한 의정부, 육조, 삼군도진무 등의 중신들과의 매우 진지한 의론 결과로 추진되었다.[12] 일종의 지방관리제도 개혁이었던 수령육기제(守令六期制)의 도입은 세종과 신료들 사이에 18년 동안이나 지속되었던 긴 토론 끝에 실시된 것이었다.(재위 7~25년)[13] 또 재위 9년

---

10) 세종은 즉위 첫날인 8월 11일, 하연에게 이르기를 "내가 인물을 잘 알지 못하니, 좌의정·우의정과 이조·병조의 당상관과 함께 의논하여 벼슬을 제수하려고 한다" 했고, 이에 하연은 반가운 마음에 과거 상왕(태종)은 공신 조준 등 일부 사람들과 비밀리에 인사문제를 결정했음을 상기시키며, "이제 전하께서 처음으로 정치를 행하심에 있어, 대신과 함께 의논하옵심은 매우 마땅하옵니다"라고 화답했다(즉위년 8월 11일).

11) 《세종실록에의 초대》(2006), 379쪽.

12) 예컨대, 세종15년 2월 21일의 논의를 보면, 세종은 영의정 황희, 우의정 권진, 도진무 하경복, 이순몽 등과 함께, 작전에 필요한 갑옷의 수, 마병 및 보병의 수, 보병들의 갑옷을 한양의 군기감에서 조달할 것인지, 현지인 평안도의 것을 쓸 것인지, 그리고 군사가 강을 건널 때 배를 쓸 것인지 부교를 쓸 것인지, 군사동원을 평안도에서만 할 것인지, 행군시와 출정시의 진법을 미리 연습하는 것이 좋은지, 중군과 좌우군의 주장은 누구로 하는 것이 좋을지 등 아주 세밀한 부분까지 진지하게 토의해서 결정했다. [《세종실록에의 초대》(2006), 174~176쪽]

13) 세종은 지방수령의 전문성과 효율성을 높여 민생을 더 잘 살피기 위한 방안으로 수령의 임기를 6년으로 할 것을 결심하고, 시행하는 과정에서 가능하면 중앙에서 벼슬을

(1427)에 논의가 시작되어 재위 26년에 전분연분(田分年分)의 방식으로 최종 확정되었던 공법(貢法)제도는 약 17년 동안 지속된 전국적인 광범위한 여론조사와 헤아릴 수 없는 횟수의 토론을 거친 결과, 당초 황희와 같은 반대자들도 설득되어 합의된 중재안에 찬성한 가운데 시행되었다.[14] 이는 세종이 유교정치의 핵심을 천심과 민심을 잘 들어 행하는 "청정"(聽政)으로 이해한 결과라 할 수 있다.

넷째, 세종은 또한 "추진력 있는"(driving) 있는 군주였다. 그가 논리적이고 참을성이 많은 성격을 지녔지만, 일을 결단하고 추진하는 능력이 뛰어났다. 그의 이러한 면모는 신료들의 끈질긴 반대에도 형 양녕대군을 극진히 대접하고, 첨사원을 두어 세자(문종)에게 섭정을 시키며, 내불당을 끝까지 지은 데서 잘 나타난다.[15] 세종은 그 자신이 말년에 술회했듯이, 공법 도입이나 수령육기제의 실시,[16] 한글창제와 4군 6진의 설치 등은 "남들이 다 불가하다는 것을 (내가) 여러 사람의 논의를 배제하고"[17] 추진한 프로젝트였다. 그는 군주라 해서 무조건

오래 하고자 하는 관리들의 심각한 반대에 직면했으나, 집현전에 명하여 《문헌통고》 《통전》 등과 같은 중국문헌들을 살피게 하고, 진지한 궁내토론을 거치면서 끈질기게 자신의 의지를 방어했다. 또 호조참판 고약해가 무례한 언사와 태도로 육기제를 극구 반대했지만 세종은 끝까지 공론 형성을 위한 절제 있는 대응으로 일관했다. 결국 세종은 이를 "공익 대 사익"의 관점에서 정리하여 논쟁을 종결했다.[배병삼, 2005, 〈세종의 시인발정의 국가경영—수령구임책의 도입과 실행과정을 중심으로〉, 한국학중앙연구원 세종국가경영연구소, 《세종의 국가경영과 한국학의 미래》(한국학중앙연구원 세종국가경영연구소 개소기념학술대회논문집), 41~75쪽 참조]

14) 박현모, 2005, 〈세종의 공론형성의 국가경영〉, 《세종의 국가경영과 한국학의 미래》, 102~126쪽.

15) 이성무, 2001, 〈세종대의 역사와 문화〉, 한국정신문화연구원 편, 《세종대의 문화》, 29~31쪽.

16) 막판에 고약해가 무례한 언사를 써가며 세종의 면전에서 반대했지만, 세종은 그의 직언은 인정하나, 무례함 그리고 사사로운 이익에 얽매임을 용서할 수 없다며 결국 파면시키고 수령육기제를 채택하여 시행했다.[배병삼, 앞의 글, 64~67쪽 참조]

17) 세종 26년 7월 23일.

적인 복종을 받으며 일한 것이 아니라 자신의 학식과 경험에 의거한 판단에서 상대방들을 논리적으로 적극 설득하고, 실천과정을 점검하면서 정책집행과정을 부단히 이끌고 추스렸던 것이다. 그는 재위 11년(1429), 정초(鄭招)에게 명하여 《농사직설》을 펴낸 다음, 배포하기만 한 것이 아니라 각 고을의 수령들에게 장문의 글을 내려 영농과 영농지도를 적극 독려했다. 또 그 책에 너무 고식적으로 매달리지 말고 각 지역의 형편에 따라 융통성 있게 농사짓도록 했다. 세종은 왕비 소헌왕후 심씨가 세상을 뜬 뒤에도 농사를 짓는 일을 포함하여 정사에 계속 정성을 기울였다.(홍이섭 2004:216~217)

세종은 재위 11년(1429)에 고인 물을 옮겨 쓰게 하는 수차(水車)를 만들어 농촌지역에 보급했을 뿐 아니라, 각 지역에 수차의 설치와 사용을 지휘할 경차관(敬差官)까지 파견하여 독려했다.(홍이섭 2004:219) 세종은 또 태조가 정도전 등을 시켜 편찬했던 《고려국사》의 내용이 사실을 기록하는 데 문제가 많았음을 지적하고 이의 개수를 명한 다음, 때때로 점검하고 독려하여 그의 전 재위기간 동안 유관·변계량·김종서·정인지 등을 활용하여 《고려사》 편찬작업을 추진, 완성시켰다.[18] 김종서를 핵심으로 하여 추진했던 6진개척도 재위 4년에 시작하여 재위 31년에 마무리할 정도로 끈질긴 세종의 영토의식과 추진능력이 없었다면 불가능했을 것이다.(홍이섭 2004:250~251) 그리고 세종이 《지리지》를 완성하여 펴내고, 비밀리에 만든 한글을 반포한 이후,[19] 공식문서에 한글을 사용토록 지시했다. 동시에 세종은 신

---

18) 이한우, 앞의 책, 293~300쪽 참조.

19) 세종은 대략 재위 21년부터 한글에 대한 본격적인 연구를 시작했으며, 이를 비밀리에 진행하기 위해서인지 모르지만, 다음 해인 22년 2월 22일에는 평안도 여연에서부터 여진을 막기 위한 천리장성 수축공사를 시작했다. 그리하여 재위 25년 12월 30일에 한글을 완성하여, 최만리 등의 반대를 극복한 이후, 재위 28년(1446) 9월 29일 한글창제

하들로 하여금 〈용비어천가〉를 한글로 짓게 하고(1445), 또 자신도 직접 〈월인천강지곡〉을 짓고(1446), 수양대군에게 〈석보상절〉을 짓게 한 것은, 그가 권력의 냉정함과 효율성을 인식했던 지도자였음을 잘 보여주는 사례다.(홍이섭 2004:266, 321~322)

다섯째, 세종은 내외의 지식과 정보를 광범위하게 수용하면서도 '줏대'(identity)가 반듯했던 정치지도자였다. 즉, 그는 각종 정책의 수립과 실천과정에서 역사적 전통을 중시했을 뿐 아니라, 그것에 바탕을 둔 창조적 발전에 합당한 여러 사업을 벌였다. 그는 역사적으로 조상이 물려준 우리 민족의 발원지와 영토는 훼손당해서는 안 된다고 생각하여 북방 경계지역에 대한 정책들을 계속 폈다.[20] 재위 26년(1446)에는 《칠정산내편》과 《칠정산외편》을 펴내 중국과 아라비아 지역의 역법(曆法)을 소개하고, 해뜨고 지는 기준을 조선의 한양에다 두는 새 역법을 만들어 실제 농사에 이롭게 했다.(홍이섭 2004:279) 또 즉위 초기부터 향약 연구를 시작하여 우리나라 삼국시대와 고려시대에 걸친 의료처방들을 두루 한데 모아 《향약제생집성방》을 펴냈고 (재위 15년, 1433), 재위 27년(1445)에는 중국의 전통적인 의약처방을 모아 《의방유취》를 펴냈다. 세종이 한글을 창제한 것도 중국과 우리나라의 음운표기방법을 모두 섭렵 연구한 다음, 둘 사이에서 발견된 "세밀한 부분에서"의 "어긋남"(홍이섭 2004:311)을 교정하고 이를 창조적으로 보완하기 위한 목적에서 시도된 것이었다. 세종은 일찍부터

를 반포했다.(이석제, 앞의 책, 362~385쪽 참조)

20) 세종은 여진족들이 함경도 북부 변경에 들어와 살고자 한다는 보고를 듣고, 그곳은 본래 우리나라 영토임을 지적한 다음, "영북진을 알목하(회령)에, 경원부를 소다로에 옮겨 옛 영토를 회복하여 조종의 뜻을 잇고자"한다는 뜻을 황희 등에게 밝혔고(15년 11월 19일), 그 뒤 김종서에게 4진의 형세를 보고받으면서, "조종께서 지키시던 땅은 비록 척지촌토(尺地寸土)라도 버릴 수 없다"고 말했다(19년 8월 6일).

동양의 고전들을 두루 섭렵하여 경연 자리에서 신료들과 막힘이 없이 대화했는데, "비록 주자의 말이라도 다 믿을 수는 없는 듯하다"고 말할 정도로 학문적으로 성숙한 주견을 가지고 있었다.(재위 16년 10월 23일)[21] 세종은 때때로 중국의 고사를 살피라고 독려하면서도 중국의 예에 얽매이지 않고 조선의 형편에 어울리는 정책을 택했던 것이다.[22] 그는 열린 자세를 지식을 흡수하면서도 줏대가 분명한 지식인 정치지도자로 온고지신(溫故知新)을 놓치지 않고 실천하고자 애썼던 군주였던 것 같다. 그는 "무릇 잘된 정치를 하려면 반드시 전대의 치세와 난세의 발자취를 돌아보아야 할 것이요, 그 발자취를 돌아보려면 오직 역사의 기록들을 상고하여야 할 것이다"[23]라고 생각했던 군주였다.[24]

여섯째, 세종은 유교적 "민본"(民本)[25]에 충실한 인본주의적 이니셔티브(humane initiatives)를 실천했다. 유교정치에서 군주는 "대천이물"(代天理物)[26]의 현실적 주관자로서 신분상 백성들과는 엄연히 구분되

---

21) 예컨대, 불교에 조예가 깊었던 세종은, 주자가 '불교가 공자의 도보다 낫다'는 것은 잘못되었다고 했지만, 이는 주자가 불교를 잘 몰라서 한 말이며, "천당지옥 사생인과는 실제 이러한 이치가 있으며 결코 허탄한 것이 아니다. 불씨의 도를 모르고 배척하는 자는 망령된 자이니 내가 취하지 않는다"라고 말했다.[이숭녕, 1981, 〈세종조의 시대적 배경〉, 《세종대왕의 학문과 사상》(아세아문화사), 180~182쪽; 이성무, 앞의 글, 32쪽 참조]

22) 세종은 중국의 예에 따라 "왕이 중국의 황제를 본받아 모든 정사를 직접 다스려야 한다"는 참찬 김점의 주장과 "중국의 법은 본받을 것도 있고 본받지 못할 것도 있다"면서 친정하지 말고 인재를 구하여 적절한 일을 믿고 맡겨 국사를 처리하는 것이 옳다는 예조판서 허조의 주장을 다 듣고 나서 허조의 의견에 따랐다.(1년 1월 11일)

23) 세종 23년 6월 28일.

24) 이한우, 앞의 책, 284쪽.

25) 이 말은 《서경》에서의 "백성은 나라의 근본이니 근본이 견고하여야 나라가 평안하다"(民惟邦本 本固邦寧)는 말에서 비롯된 것이다.

26) 세종은 재위 6년 6월에 "인군은 하늘을 대신하여 만물을 다스리는 것이니, 이 백성들을 편안하게 하고 양육하는 것으로 마음먹어야 한다"(代天理物 以安養斯民爲心)라고

는 존재이지만, 민본, 즉, 백성이 나라와 정치의 근본이기 때문에 정
치의 대상이자 정치의 존재이유인 백성에 대한 군주의 자세는 "마땅
히 천도(天道)를 따라 지극한 애민(愛民) 또는 위민(爲民)의 실천"을 이
상으로 삼는 것이었다.[27] 그리고 세종은 "백성은 나라의 근본이니, 근
본이 튼튼해야만 나라가 평안하게 된다. 내가 박덕한 사람으로서 외
람되이 생민의 주가 되었으니, 오직 이 백성을 기르고 무타(撫綏)하는
방법만이 마음속에 간절하여, 백성에게 친근한 관원을 신중히 선택하
고 점척(黜陟)하는 법을 거듭 단속했는데도, 오히려 듣고 보는 바가
미치지 못함이 있을까 염려된다"(재위 5년 7월 2일)고 언제나 겸손했
다. 세종의 경우, 이 같은 유교적 애민 또는 위민의 마음을 그대로 실
천했던 사례들이 많다.

극심한 가뭄으로 고생하는 백성들을 돌아볼 때 일산(日傘)과 부채를
쓰지 않았고 점심도 걸렀다. 가뭄이 극심했던 병진년(재위 18년)에 세
종은 4월과 5월 사이에 쉬지 않고 기우제를 지냈고, "인근(人君)의 직
책은 오로지 백성을 사랑하는 것"임을 말하면서 각 도의 반찬 진상을
중단시키고 반찬 가짓수도 반으로 줄였다.(이석제 2002:192~193, 204)
또 농사가 잘 안 된 곳에 이르러서는 반드시 내려 농부에게 그 까닭을
물었고, 그런 가운데서도 어느 곳에서 농사가 잘 되었다는 이야기를
듣고 "눈물이 날 지경이다"라고 말했다.[28]

또 "정치하는 도리는 백성의 심정이 위에 통하게 하는 것"임을 지

말했다. 그리고 이때의 "물"은 "인"(人)을 포함하는 넓은 개념이다.[조남욱, 1998, 〈세종
의 통치이념과 그 현대적 의의〉, 한국정신문화연구원, 《세종시대 문화의 현대적 의
미》(보고논총 98-2), 41~42쪽 참조]

27) 세종은 또 재위 12년 3월에 "人君 代天理物 當順天道"라 했으며, "세종정치에서 천(天)
을 상정했던 것은 결국 군권의 자제 속에서 군주의 정치능력을 극대화함과 동시에
인민을 사랑하는 선정(善政)의 요인으로 작용하는 것이었다."(조남욱, 위의 글, 41, 43쪽)

28) 《세종실록에의 초대》(2006), 8, 208쪽.

적하고 백성들이 억울함을 호소할 수 있게 했다.(재위 15년 10월 23일) 그런가 하면, 최유원이란 자가 자기 종을 때려죽인 일을 엄히 심문하게 하면서 "노비도 사람인즉" 죄를 지었다면 당연히 법에 따라 처리하지 않고 사사로이 벌을 준 것은 주인으로서 자애하는 인덕에 어긋나니 그 죄를 다스리라고 명했다.(재위 12년 3월 24일) 구속이나 고문은 누구에게나 고통스러운 것인바, 특히 15세 이하와 70세 이상인 자는 살인·강도의 죄를 지었을 때만 구속 또는 고문을 할 것이고, 80세 이상이나 10세 이하이면 죽을죄를 지었더라도 아예 구속하거나 고문하지 않도록 했다.(재위 12년 11월 27일) 또 한여름에 감방에 있는 죄수들이 병들거나 죽지 않게 하기 위해 동이에 물을 담아 넣어주고 자주 갈아주라고 지시했다.(재위 30년 7월 2일) 그리고 미아(迷兒)를 몰래 숨겨 밥 먹이며 노비로 쓰는 악폐를 없애기 위해 미아는 모두 제생원(濟生院)으로 보내 보호 양육할 것이며, 부모가 제생원에서 아이를 찾아갈 때는 저화(楮貨) 30장을 수수료로 내게 해서 아이를 발견하여 맡긴 자에게 주도록 했고, 만일 숨겨두는 자가 있을 경우 해당 이내(里內)의 관령(管領)과 오가(五家)를 아울러 논죄하도록 했다.(즉위년 8월 19일)

이상과 같은 특징을 가진 세종의 정치리더십이 한국민주주의의 공고화에 관련해서는 어떠한 의미가 있는지 살필 필요가 있다. 아울러 한국정치학의 미래 연구과제와 관련하여 앞으로 더 연구되어야 할 부분을 요약하면 다음과 같다.

첫째, 정치지도자들이 갖추어야 할 가치는 "목적가치"(end-values)와 "행동양식가치"(modal values)가 있는바(한국리더십연구회 2000), 세종의 정치리더십은 오늘날 한국의 정치인들에게 "행동양식가치"의 중요성을 크게 일깨우고 있다. 오늘의 한국정치에서는 과거와 같이 자신의 정치활동을 의미 있게 해주거나 차별시켜 주었던 목적가치가 사라졌거나 더 이상 효용성이 없게 되었다. 즉, 건국·근대화·민주화와 같은 목적가치들은 각기 그 시대마다 정치엘리트들의 존재와 권력추구 행위를 정당화해 주었지만, 지금은 각자가 주장하는 자신들의 이념적 입지나 소속정당이 무엇이든 성숙한 민주주의의 제도적 정착을 위한 정치개혁이라는 공통과제를 앞에 두고 서로 경쟁하는 형국이다. 따라서 새 정치엘리트들은 과거 목적가치에 비중을 두며 소홀히 다루엇던 행동양식가치의 실천에 더 적극 매진하는 것이 자신의 경쟁력을 높이고 권력을 얻는 데 유리해졌다. 세종이 보여준 성실한 수기(修己)의 자세와 최선을 다하는 근정(謹政)의 실천은 오늘날 우리의 정치인들이 이른바, 노블레스 오블리즈(noblesse oblige)를 충실하게 감당해야 할 이유를 잘 설명하고 있다. 그러한 정치인들이 우리의 정치를 주도할 때 국민들의 삶의 질이 높아지고 동시에 대한민국의 대외국가신인도도 올라가는 것이다.

둘째, 세종의 정치리더십은 오늘의 한국정치가 예방정치(豫防政治) 또는 예방행정(豫防行政)의 적극적인 실천을 통해 한 단계 도약할 필요가 있음을 일깨워 준다. 그동안 우리 정치지도자들은 불균형성장이론에 따른 대증요법적 개발정책을 지속적으로 수행해 왔으며, 민주화 정치과정 또한 장기적인 마스터플랜이나 비전이 빈곤한 채, 기존 정치문화와 관행에 대한 반사적 대응을 주로 하여 진행해 왔다. 그러나 이제 건국—근대화—정치민주화의 과정을 거쳐 더욱 성숙한 미래한국을 건설해야 하는 처지에서 볼 때, 이제야말로 예방정치 또는 예방행정을 적극 실천하여 우리 사회와 정치의 수준을 한 단계 업그레이드해야 할 때다. 즉, 이제는 정치적 "생존심리"(survival psychology)가 아닌 건강한 "생활(삶)의 심리"(life psychology)에 따른 행복 또는 웰빙의 증진을 위한 정책과 정치가 자리 잡아야 할 때인 것이다. 이를 위해서는 그동안 다수의 논리나 힘의 논리로 정당화되고 요구되었던 정책들보다, 질과 지혜 그리고 인간생명의 가치에 바탕을 둔 품격 있는 정치와 중장기정책들이 제시되고 실천되어야 한다. 세종은 수성기의 정치리더십[29])으로 조선왕조의 문예부흥을 실천했던 것인데, 오늘의 한국이 사실상 그 내용을 풍부하고 품격 있게 만들어야 할 시기인 것으로 보아, 세종의 정치리더십은 더욱 의미 있어 보인다.

셋째, 세종의 정치리더십은 국가발전에서 전통과 역사의 중요성을 한층 더 생생하게 일깨워 준다. 특히 우리의 정통과 역사가 현대적 과학기술이나 예술과 결합하여 유행하고 있는 한류는 그동안 비하되고 무시되었던 우리의 전통문화와 역사적 경험들을 바탕으로 '한국 신문명'(Korean New Civilization)이 태동할 수 있음을 시사해 준다. 한국의 현대사는 식민지시대와 정치적 정신적으로 혼란했던 해방 이후 반세기를 지내면서 전통과의 단절이나 상호 소외상태를 극복하지 못한 채 진행되었다.[30]) 그러다가 적어도 박정희시대와 '88올림픽, 2002월드컵, 그리고 영화를 비롯한 각종 미디어들의 활발한 해외진출을

---

29) 박현모, 2006, 《세종의 수성리더십》(삼성경제연구소) 참조.

30) 이와 관련하여 최근 조순 민족문화추진회 이사장 겸 한국학중앙연구원 이사장은 다음과 같이 언급했다. "뿌리 뽑힌 식물이 자랄 수 없듯이, 뿌리 뽑힌 나라는 발전할 수 없습니다.…… 서양의 어떤 학자가 말한 바 있습니다. 한나라나 민족을 가장 확실하게 망하게 하는 길은 그 나라의 기억을 말살하는 길이라는 것입니다. 그 나라의 지난날의 역사와 문물을 파괴해서 없애버리고, 어떤 다른 사람으로 하여금 그 나라의 역사를 새로 쓰게 하여 2, 3세대만 지나면, 그 나라는 완전히 망한다는 것입니다. 과거 일본식 민주의자들이 이 나라에 와서 한 일이 바로 그것이었습니다. 이 나라사람들의 말과 글자를 빼앗고, 이 나라의 기억이 사라져가는 틈을 타서, 역사를 고쳐 써서 식민사관을 주입시킨 것이 바로 이 나라의 멸망을 겨냥한 것이었습니다. 지금 이 나라 사람들은 자진해서 이런 일에 종사하고 있지나 않은지 모르겠습니다. 선조의 지혜와 얼이 담긴 전통문화의 의미를 거의 잃어가고 있습니다."(한국학중앙연구원 한국학대학원 2005년도 전기 학위수여식 〈기념축사〉에서)

계기로 한국문화와 한국적인 것들의 가치와 탁월성을 국제적으로 인정받게 되었다.[31] 이렇게 보아 조선왕조의 문예부흥을 성취했던 세종의 탁월했던 정치리더십은 곧바로 보편가치와 특수가치를 아우르는 한국신문명의 가능성을 한 번 더 인식시키는 계기를 마련해 주는 것이다.

넷째, 이 연구로서 세종의 정치리더십 또는 세종시대에 대한 연구가 충분하게 이루어졌다고 할 수 없다. 그러나 조선시대의 유교정치에 대한 이해의 지평을 넓히고 새로운 정보를 제공하는 데 일정한 기여를 할 것으로 믿는다. 그리고 앞으로 세종시대의 국가경영과 관련하여 적어도 다음 세 차원에서 새로운 연구들이 쏟아져 나오기를 기대한다. 첫째, 중앙조정에서 왕과 의정부, 왕과 육조판서, 왕과 대간 사이의 상호작용과정에 대한 사례 중심의 경험적 연구가 필요하다. 이것은 이른바 조선왕조에서 "궁정내의 토론정치"(palace/forum)[32]의 실상을 밝히고 서양 절대왕정과 과학적인 비교를 하는 계기가 될 것이다. 둘째, 관찰사를 포함한 각급 지방수령들의 행정과정을 백성들과의 관계를 중심으로 검토하는 것이 필요하다. 이것은 기존의 행정제도 중심의 연구를 보완하면서도 조선시대 유교정치의 질적인 측면을 평가하는 데 중요한 자료를 제공할 것이다. 셋째, 조선왕조의 대외관계의 가장 큰 특징인 사대교린정책의 전말을 종합 연구하는 것이 필요하다. 특히 최근 "사대"가 효과적인 외교수단일 수 있다는 평가

---

31) 그런데 국제사회에는 한국인에게 두 가지의 불가사의가 있다는 이야기가 유포되어 있다. "하나는 전 세계에서 일본을 우습게 아는 유일한 나라라는 것이고, 다른 하나는 자신들이 이룩한 성취를 모르고 있는 세계 유일의 나라"라는 것이다.(한형조, 2006, 〈우리만 모르는 한류열풍〉, 《중앙일보》 2006. 2. 4.)

32) S. E. Finer, 1997, *The History of Government From the Earliest Times*, Volume Ⅲ(London: Oxford University Press), 1567～1572쪽 참조.

가 자주 등장하는바, 이에 대해 정확하게 이해하고 그것의 효용성을 지구화시대의 맥락에서 따져보는 것도 흥미로울 것이다. 이러한 연구가 이루어진다면 그것은 세종시대의 학문적 재구성으로서 그 자체로 의미가 클 뿐 아니라 이것은 다른 왕들의 치세를 종합 연구하는 데 하나의 모델이 될 수도 있을 것이다. 그리고 나아가 이러한 연구가 축적된다면 그동안 식민사관에 의해 왜곡되고 폄하되었던 조선시대 전반이 재조명되고 재평가되는 계기가 될 것으로 생각한다.

■ 참고문헌

《세종장헌대왕실록》

박영규, 2002, 《세종과 그 인재들》, 들녘.
박찬욱·정윤재·김남국, 1997, 《미래한국의 정치적 리더십》, 생각의나무.
박현모, 2006, 〈세종의 어전회의법〉, 《이코노미스트》(*Economist*) 2006년 1월 10일.
번스(James M. Burns)/한국리더십연구회 역, 《리더십 강의》, 생각의나무.
이석제, 2002, 《나라와 백성을 향한 세종의 번뇌》, 세종대왕기념사업회.
이숭녕, 1981, 《세종대왕의 학문과 사상》, 아세아문화사.
정윤재 외, 2002, 《유교리더십과 한국정치》, 백산서당.
정윤재 외, 2004, 《식민지근대화론의 이해와 비판》, 백산서당.
정윤재 외, 2005, 《민세 안재홍 심층 연구》, 백산서당.
정윤재, 2003, 《정치리더십과 한국민주주의》, 나남출판.
———, 2003, 《다사리공동체를 향하여—민세 안재홍 평전》, 한울.
———, 2003, 〈대통령제 위기는 제도 아닌 사람탓〉, 《월간 넥스트(*NEXT*)》
    2003년 12월호.
———, 2005, 〈한국정치와 정치적 신뢰의 문제〉, 김홍우 외, 《가치와 한국정
    치》, 소화.

진덕규, 1978, 〈한국사회의 권력구조에 관한 연구〉, 연세대 박사학위논문(정치학).

한국정신문화연구원 편, 1998, 《세종시대 문화의 현대적 의미》, 보고논총 98-2.

———, 2001, 《세종시대의 문화》, 태학사.

한국학중앙연구원 세종국가경영연구소 편, 2005, 《세종의 국가경영과 한국학의 미래》(개소기념학술대회논문집).

———, 2005, 《세종실록에의 초대》(제1기 실록학교 교재).

———, 2006, 《세종실록에의 초대》(제2기 실록학교 교재).

홍이섭, 2004, 《세종대왕》, 세종대왕기념사업회.